U0448856

新能源

抓住第三次能源革命重大机遇

任泽平 王一渌 著

中信出版集团｜北京

图书在版编目（CIP）数据

新能源 / 任泽平，王一渌著 . -- 北京：中信出版社，2023.6
ISBN 978-7-5217-5695-1

Ⅰ.①新… Ⅱ.①任…②王… Ⅲ.①新能源－产业发展－研究－中国 Ⅳ.① F426.2

中国国家版本馆 CIP 数据核字（2023）第 081304 号

新能源

著者： 任泽平 王一渌
出版发行：中信出版集团股份有限公司
（北京市朝阳区东三环北路 27 号嘉铭中心 邮编 100020）
承印者： 天津丰富彩艺印刷有限公司

开本：787mm×1092mm 1/16　　印张：26.25　　字数：340 千字
版次：2023 年 6 月第 1 版　　　　　印次：2023 年 6 月第 1 次印刷
书号：ISBN 978-7-5217-5695-1
定价：79.00 元

版权所有·侵权必究
如有印刷、装订问题，本公司负责调换。
服务热线：400-600-8099
投稿邮箱：author@citicpub.com

目 录

序　　言　当下不投新能源，就像20年前没买房　　/ *003*

第 一 章　新能源革命：低碳转型战略选择，抓住新一轮产业
　　　　　革命机遇　/ 001

第一部分　绿色交通：
　　　　　新能源革命未来已来，拥抱未来

第 二 章　全球新能源汽车：百年未有之大变局　/ 025
第 三 章　中国新能源汽车：迎接黄金15年　/ 063
第 四 章　新能源动力电池：新能源时代，得电池者得天下　/ 111
第 五 章　新能源智能驾驶：车联万物，畅想智行　/ 137
第 六 章　新能源新基建：充电桩和换电站，谁是未来　/ 169

第二部分　绿色能源：
建设新型能源体系，催生新万亿级赛道

第七章　新能源光伏：未来最大的绿电来源　/ 193

第八章　新能源风电：走向世界，走向深远海　/ 239

第九章　新能源储能："绿电＋储能"是最终梦想　/ 265

第十章　新能源氢能：最清洁的能源解决方案　/ 283

第三部分　绿色机遇：
新能源酝酿新商业模式

第十一章　碳足迹、碳交易：碳中和带来巨大机会　/ 313

第十二章　碳捕集、碳封存、碳利用：技术减碳新模式　/ 339

第十三章　能源数字化，新能源新场景　/ 361

附　录　中国新能源企业实力排行榜 2023：换道超车　/ 379

序 言

当下不投新能源，就像20年前没买房

当下，新能源相关的产业是未来中国经济中最有希望、最具爆发力的领域。从长远看，当下不投新能源，就像20年前没买房。

新能源革命必将经历四个阶段：看不见—看不起—看不懂—来不及。

2014年，我从国务院发展研究中心下海，先后提出了一些观点——"5 000点不是梦""房地产长期看人口、中期看土地、短期看金融""新基建""放开三孩"等。站在现在的时点，又该怎样看我们的新发展阶段、新时代、新周期、新基建，以及新能源？我认为，所有的这些"新"——新机会、新机遇、新趋势，最重要的是要有新思维。

百年未有之大变局，也是百年未有之大机遇。2020年，中国新能源汽车销量为134万辆，2021年突破300万辆，2022年超过680万辆，连续两年翻倍增长；同时，新能源汽车渗透率超过20%，单月渗透率超过30%。

根据S型曲线理论，消费品渗透率从0到10%可能需要10年甚至20年，但是当渗透率超过10%以后，随着技术进步、消费习惯重构、基础设施建设日益完善等，大家对新产品的疑虑开始消退，将会迎来爆发式增长。

未来禁售燃油汽车是大势所趋，欧洲最为激进，中国和美国也在

发力，因此新能源汽车前景最好的是美国、中国、欧洲，这是新三大玩家。例如，美国总统拜登提出的万亿美元基建计划，就是为了在新能源领域取得领先地位。欧洲各国要求2030—2035年禁售燃油汽车，全部替换为新能源汽车，欧盟《净零工业法案》也要求重新发展本土的能源制造业。

新能源领域必然是未来大国竞争的制高点，2030年前后是世界各国禁售燃油汽车的共识时间，也是deadline（最后期限），是传统燃油汽车的"诺基亚时刻"。现在是燃油汽车企业转型、新能源车企抢占市场的最后时间窗口。

在传统燃油汽车时代，无论是市场、技术，还是品牌，客观来讲，我国与欧洲、美国甚至日本相比还存在巨大的差距，但是在新能源汽车时代，无论是整车还是电池等核心零部件，我们都是可以实现换道超车的。新能源汽车的发展其实离不开经济发展的大背景，我们处在一个伟大的国度、一个蓬勃发展的时代。

第一，在中国做生意有一个非常大的优势，就是我们有一个全球最大的统一市场。中国有14亿多人，美国有3.2亿人，日本有1.3亿人，欧洲有7亿多人，全球有80亿人，中国是全球最大的统一市场。在中国成为行业第一的企业，基本上就是该行业的全球第一。还有一个指标就是中国的经济规模。2022年，中国的经济总量突破了120万亿元，这是什么概念？我国是世界第二大经济体，占全球经济的比重接近1/4，占世界贸易和经济的比重持续扩大。还有一个变化是，中国经济规模与美国经济规模的比值越来越大，2019年是66%，目前已经超过了70%。这里还有一个背景，国际上一些专家和学者认为人民币是被低估的，说我们压低汇率获得贸易优势。有国际组织和机构认为，如果重新评估我国的汇率，中国当前的经济规模已经超过美国，成为世界第一大经济体了。其实，按照现价汇率，我国的经济规模已经相当于美国的75%，更重要的是，中国的经济增速比美国要高，我国的经济增速约为5%，而美国是2%~3%。美国的人均GDP（国内生产总值）是7万美元，我国是1.27万美元，日本是4万美元，韩国大约是3.5万美元，这就意味着我国潜在的增速比美国高2~3倍，再过10年会超过美国，成为世界第一大经济体。我们有庞大的统一市场、人口和经济规模，这是很重要的。

第二，我们有庞大的中产人群，人数高达5亿。我国中产群体的人口数量超过了美国和日本人口的总和。按照人均GDP，2021年中国的人均GDP达到1.27万美元，这是什么概念？按照世界银行的标准，发达国家的门槛是人均GDP达到1.26万美元，这说明我国已经达到了发达国家的标准。以前我们出国旅游，觉得自己来自发展中国家。但是按照世界银行的标准，以后大家再出国，就都是来自发达国家了。欧洲一些国家取消了我国的普惠制待遇，认为我们不再是发展中国家，不能再享受发展中国家的待遇。但是基本国情决定我国还是发展中国家，而且是世界上最大的发展中国家。

第三，在中国做生意还有一个优势，我国除了有庞大的市场、中产群体，还有一点：最完善的产业链。为什么近几年，只有中国的出口实现了大踏步增长？2018年中美爆发贸易摩擦，形势比较严峻，美国要吸引制造业回流，在多个领域采取了对中国不友好的措施。但是2021年中国吸引的外资增长了18%，出口增长超过20%，为什么呢？因为中国的企业都是非常务实的。为什么很多新能源装备制造企业选择集聚在常州市金坛区，因为那里有比较完整的产业链配套，这是无可替代的，尤其是整个苏南地区，其制造业配套可能是最强的。之前由于劳动力成本等，美国、日本的产业外迁，现在想打造产业链闭环就变得很难，而中国具有这样的优势。

有人担心美国的《通胀削减法案》会像《芯片和科学法案》打

压中国半导体产业一样打压中国新能源产业链。事实上，与半导体产业不同，在新能源领域以前我们过度相信全球化和国际产业分工不可逆，对美国抱有不切实际的幻想，而中国的新能源产业已经完成了闭环，新能源汽车销量占全球总销量的60%，锂电池出货量占全球总出货量的60%，光伏组件产量占全球总产量的80%以上，中国是世界新能源产业的最大玩家，美国不可能也没有实力像对待半导体产业一样对中国新能源产业进行"卡脖子"式的遏制。当然，我们不能大意，要进行更具前瞻性的战略规划，全力以赴加大在前沿科技领域的科研力度，营造更好的营商环境，推出力度更大的产业政策，激发企业家精神，积极与全球各国开展合作。

第四，中国有进行超前大规模基础设施建设的优势。未来中国也要进行超前大规模基础设施建设，也就是我们说的"新基建"。过去这些年，中国在基础设施方面有一个优势——举国体制。举个例子，1998年亚洲金融风暴时，财政部发行了特别国债，当时很多人争论说修了那么多路，到时候没有车跑。结果，中国加入WTO（世界贸易组织）之后，那些路全部拥堵了，因为超前大规模基础设施建设，中国成为世界的制造中心，东南亚各国包括其他国家是无法做到这一点的。中国的互联网、数字经济、新能源的快速发展也跟我们的体制有关。众所周知，近年来，从1G（第一代移动通信技术）到5G（第五代移动通信技术），中国每次都进行了大规模超前的基础设施建设，推动了互联网经济的快速发展，万物互联的时代正在到来，包括VR（虚拟现实）、AR（增强现实）、元宇宙等都需要完善的基础设施作为支撑。新能源汽车的基础设施是充电桩，而充电桩的发展也为使用新能源汽车以及新能源产业的发展带来了巨大的便利。

中国经济发展的过去与现在成就巨大，前景光明。当然这并不意味着没有挑战，客观来讲，我们面临的挑战非常大，比如中美贸易摩擦带来的脱钩风险，世界上最严峻的老龄化的到来，全球前十大高房价城市里中国城市占了一半。面对这些挑战，我们如何才能实现经济长期的健康发展？2021年房地产销售额为17万亿元，2022年约为13万亿元，房地产依然是国民经济第一大支柱行业。与此同时，2021年新能源汽车销售300多万辆，2022年销售680多万辆，产业规模仍然有成长空间。替代有一个过程，新能源、数字经济是未来最有可能替代房地产的。首先，房地产的行业大开发时代正在逐渐结束，其实2021年房地产已经开始负增长了，基本上已达到了峰值，尤其是销售面积达到峰值。其次，中国城镇化率2022年已经超过了65%，其实考虑到农民工的留守家属，中国城镇化率已经达到了75%，发达国家城镇化率为85%，可见中国的城镇化已经接近尾声。

当前，尽管新能源对于经济增长的贡献可能不如房地产，但是正在以翻倍的速度增长，总渗透率超过20%，单月渗透率超过30%，未来如果再翻倍增长呢？中国2022年乘用车销量突破2600万辆，如果未来用10年将乘用车全部替换成新能源汽车，整车销售一年就是3万亿~5万亿元，加上上下游的正负极材料、三电等，整个新能源汽车的产业链将超过10万亿元，再加上储能、氢能、智能驾驶等三大新万亿级赛道，新能源是最有希望替代房地产的领域。

20年前中国刚加入WTO时，中国的经济规模只是美国的几分之一，而今天，中国已经是世界第二大经济体，经济规模相当于美国的75%，中美贸易摩擦预估将持续15~20年，当年日美贸易战打了几十年。唯一的解决方法就是，有一天当中国的经济规模达到了美国的2~3倍时，摩擦也就解决了。现在双方进入竞争合作的发展阶段，但是我认为中国复兴的趋势势不可当。在历史上，中国成为世界上第一大经济体是以千年计的，美国也就是百来年的事情，中华民族是伟大的民族，我们叫复兴，只是告诉大家我们重新回来了，正常发挥。

中国大力发展新能源产业的原因有以下三点。

第一，新能源对国家能源安全很重要。中国70%的石油依赖进口，进口石油中的70%需要经过马六甲海峡，面对贸易摩擦、地缘冲突等挑战，发展新能源是保障我们能源安全的重大战略。

第二，中国的资源禀赋非常有利于新能源的发展。众所周知，中国中西部地区有广阔的戈壁、沙漠，中国还有广阔的海域，这些都是未来布局光伏、深远海风电等新能源的地方，得天独厚的资源禀赋非常有利于新能源的发展。中国已成为可再生能源的主要贡献国和中坚力量，在全球可再生能源新增装机中，中国占了接近一半。

第三，抢占全球科技制高点。全球能源革命有三次。第一次是蒸汽机的发明带来煤炭和火车的大规模使用，那个时候是英国工业革命的黄金时期。第二次是内燃机带来汽油和汽车的大规模使用，美国超过了英国，重大技术变革也带来了大国的兴衰。第三次是新能源革命，可再生能源革命带来新能源汽车、动力电池、光伏、氢能、储能的大规模使用，新能源领域是有可能复制在手机、家电领域出现的新国潮运动的。

近年来，中国的发展战略做出了很多调整，例如供给侧结构性改革、"双循环"新发展格局、注册制改革、创新驱动实体经济高质量发展、反垄断、"双碳"、更高水平的对外开放等。我有一个观点：未来最好的投资机会就在中国，我们站在新周期的起点上。

未来中国经济面临哪些新趋势、新挑战和新机遇？

第一，从全球化到逆全球化。2022年，美国的贸易逆差中对华贸易逆差接近一半，约为41%。面对全球化的逆风，我国应该继续推动科技领域的自立自强，解决"卡脖子"问题，加强技术研发，完善产业链，加大对外、对内的开放。同时，发展资本市场来支持科技创新，比如全面推行注册制、北交所支持专精特新，中国资本市场的改革这几年明显提速，担负起支持创新发展的使命。

第二，中国老龄化、少子化加快到来。中国的婴儿潮是1962—1976年。中国经济为什么在过去出现高增长？就是这批人年轻的时候实干出来的。中国房地产为什么经历了黄金20年？就是这批人结婚、生子需要买房。最近为什么大户型的房子卖得好？就是这批人要换房。现在问题来了，为什么要延迟法定退休年龄？主要是因为中国的婴儿潮一代已经退出劳动力市场，中国加速进入老龄化社会，以前享受了多大的人口红利，以后也将背负起多大的人口负担。大家一定要重视中国老龄化、少子化的挑战，我呼吁放开"三孩"就是基于这个背景。当年日美贸易摩擦期间，日本根本不是金融战败，而是人口战败。中国的人口结构从1980年至1990年的金字塔形，演变到2015年以来的柱状形，再过30年可能会变成倒金字塔形。因此，中国要尽快全面放开生育，甚至要鼓励生育。同时，中国每年有上千万的大学毕业生，正在从人口红利转向人才红利。

第三，建设新基建，打造中国经济新引擎。这是国家战略，随着新一代信息基础设施的建设，未来发展5G、6G（第六代移动通信技术）、车联网、互联网、数字经济和新能源是相互支撑的。

第四，迎接新能源革命。新能源是未来最有希望、最具爆发力的行业，也是中国最有可能替代房地产，实现换道超车的行业。新能源汽车正在进入大众快速普及的阶段，市场渗透率还有3~4倍的增长空间，与此同时，绿电、储能、电池、充电桩、智能化、新材料等都存在巨大的市场空间，具体而言有如下四大核心赛道。

一是新能源消费领域，主要包括新能源汽车、电池、智能驾驶等。新能源汽车应用蓬勃发展，快速渗透，未来从电动化到智能化，软件定义汽车时代即将来临。

二是新能源绿电，包括风电、光伏整个电源、电网系统面临重构。未来将从煤电发展到"绿电+储能"。现在的新能源汽车并非最终解，甚至带有伪新能源的概念，主要是因为当前的电力来源还靠煤电，未来"绿电+储能"的模式才算真正的新能源，是最终梦想。

三是新能源储能。用风电、光伏从源头对能源进行替代。用各具特色的储能电池，充分消纳新能源。储能可以均衡能源结构、储存更多绿电，进一步提升国家能源安全。

四是新能源终极解决方案——氢能。从锂电池到氢能源，用绿电制备绿氢，再把绿氢应用到汽车、化工、冶金等各个重要领域，实现真正的零碳社会。

储能、氢能、智能驾驶这三大新能源的新万亿级赛道，就像几年前的新能源汽车和锂电一样处在爆发的前夜。未来新能源社会的整体构想是："新能源电动化+绿电+储能"是最优解决方案，氢能源是未来远景。从产业投资的角度来看，这是几个最好的赛道，长期发展的潜力巨大，真正投资的核心是占赛道、选人和长期战略性持有。

全球能源向绿色低碳转型的趋势不可逆转，新能源已然成为新一轮产业革命的主战场。未来的国际能源格局，将不再是由一国或一个地区的传统资源禀赋推动，而更多是由技术和高端制造推动。新能源时代，国家在能源制造业链条——光伏、风电、氢能、储能、氢燃料、锂电池汽车上的基础实力，代表了其对新时代能源的驾驭能力。

国际地缘格局、能源格局也将就此改变。中国的光伏硅料、组件、电池片大比例出口欧洲，中国的企业向中东反向输出能源，大比例的风光基地装机建设是由中国企业承担的，中国的新能源乘用车出海到日本。种种迹象表明，中国的新能源产业，正在辐射影响欧洲、中东、日韩等全球众多国家和地区。

　　这是未来面临的新趋势、新挑战和新机遇。百年未有之大变局，也是百年未有之大机遇。新能源市场增量空间巨大、竞争格局未定，未来还将有一次大洗牌，鹿死谁手，尚未可知，百战成钢，剩者为王。放眼长远，未来能够革新新能源的只有新能源自己。未来已来，我们所需要做的无非顺势而为，拥抱未来。

第一章

新能源革命：
低碳转型战略选择，抓住新一轮产业革命机遇

能源革命是引发产业技术变革、推动人类文明进步发展的关键。人类历史上已发生过两次能源革命，成就了两次工业革命，催生了众多新兴产业，改变了现代国际格局。目前新一轮科技革命开启，世界也迎来了第三次能源革命的重要节点。

党的二十大报告指出，推动经济社会发展绿色化、低碳化是实现高质量发展的关键环节。笔者认为，低碳转型是实现安全发展的有力保障，也是满足人民日益增长的生态环境需要的必然要求。

过去几十年，中国的能源革命在水电、核能领域已取得了重大历史成就。当下在光伏、风电、储能、氢能等领域，中国的新能源革命正在不断前进。新能源革命，贯穿了能源消费、能源供给、能源技术、能源体制各个方面。未来国际合作竞争格局，乃至不同省市（区域）之间的产业格局都会被新能源影响，甚至被改写。

展望全球，世界气候变化形势严峻，《巴黎协定》奠定了全球绿色可持续发展的基础，碳中和目标已成为各国共识。化石能源带来的环境危害、供应不稳定性已经成为全球能源安全隐患，发展新能源产业具备充足的必要性与迫切性。

在新能源国际分工格局中，以中国为代表的部分国家已经占据了先发优势，其他众多国家也在快速追赶。新能源将呈现多极化协同发展的态势，风能、光能等"新煤炭"在发电领域快速扩张，锂和氢作为"新石油"在用电和储能领域不断突破。

新能源革命是中国低碳转型的战略选择。未来我们将见到更加低碳化、清洁化的能源消费，更加多元化的能源结构，更加数字化、智能化的能源体系。*

---

* 本章作者：任泽平、王一渌、刘家嘉。

第一节　全球能源革命：能源的利用决定了时代的发展

能源革命是推动人类社会发展的重要动力。可以说，能源的利用水平和利用效率，决定了一个时代经济发展的路线和上限。

能源是重要的生产要素，能源革命促进了能源利用效率的提升，为生产方式的变革提供了更多可能。能源革命促使能源结构发生重大改变，也对生产生活方式、社会结构、国际关系等领域产生了深刻的影响。

能源革命与工业革命往往相伴相生，工业革命触发了能源革命，能源革命成就了新一轮工业变革。每一次能源革命，都会带动经济产业结构的巨大变革，引发社会面貌的变化，推动人类物质财富的增加。人类历史上已发生过几次工业革命与能源革命，催生了众多新兴产业，为人类文明进步做出了重要贡献。目前，第四次科技革命正在酝酿，世界也迎来了第三次能源革命，高效化、智能化、绿色化的新能源应用未来可期。

一、煤和蒸汽机，成就了第一次工业革命

第一次能源革命，世界能源结构首次产生巨大变革：煤炭作为燃料替代了柴薪。

第一次工业革命广泛使用蒸汽机，增加了能源需求总量，也给能

源革命提供了动力。原始柴薪燃料受限多,其能量密度、释能时长、采运效率不足,不再适用于工业社会的发展。高密度能源燃料煤炭更适合大规模、重工业生产模式。就此,煤炭成为19世纪人类社会的主导能源。19世纪60年代,煤炭在英国能源消费中的比重达到92%,在法国、德国的能源消费比重均超过了50%。同时,蒸汽机技术也被广泛应用于煤炭开采领域,从而提高了煤炭生产效率,促进了煤炭工业的发展,工业技术也为大规模能源供应提供了保障。

第一次能源革命开创了经济发展的新模式,对全球历史进程产生了深刻影响。

第一次能源革命也成就了第一次工业革命,促进了工业经济发展。"煤炭+蒸汽机"使化学能转化为机械能成为现实,以极低的成本提高了人类可支配的能源总量,催生了众多新兴产业,带动了全球经济的发展。同时,煤炭取代木材,使能源行业成为工业生产的一部分,改变了传统能源供给来自农业的特点,打破了"土地经济"的增长极限,促进了城镇化与就业,极大地影响了产业结构和人口结构。

第一次能源革命改写了全球地缘政治格局,一度造成了"西强东弱"的局面。能源领域每一次划时代的进步都会推动一些国家的迅速崛起。第一次能源革命带来了产业技术路线的根本性变化,英国率先把握历史机遇,发展工业;基于其煤炭领域的生产优势、广泛应用的蒸汽机技术,成为世界第一大工业国。同时,其他西方国家纷纷效仿,投身能源与工业革命的大浪潮,全球化出现萌芽,国际权力结构发生逆转,西方国家成为近代国际社会的主导力量。

二、石油与电,开创传统能源利用新高度

第二次能源革命,石油和电大规模推广,实现了液态燃料应用,

扩大了二次能源使用范围。

科技进步是第二次能源革命的内生动力。石油分离技术保障了石油的经济价值，钻井技术为石油开采提供了条件，现代石油工业由此建立。石油取代煤炭成为最重要的一次能源，柴油、汽油应用逐渐增加，开创了化石能源广泛应用的新局面。20世纪50年代，全球众多国家工业化进展迅速，对石油的需求量呈指数级增长，石油逐渐对煤炭实现替代。同时，电磁学的进步为电力应用奠定了理论基础，发电机、电动机、交流输电技术的成熟，为电力的规模化应用提供了技术，电力成为重要的二次能源消费形式。全球发电量大幅增加，从1950年的955太瓦时（TWh）上升至1995年的1.3万太瓦时，一次能源用于发电的比例上升，电气化开始在全球铺开。

第二次能源革命在世界产业发展、国际格局等方面引发了巨变。

工业生产供给能力进一步加强，新兴产业迅速发展。石油成为航运、海运、汽运等行业的高效燃料，也成为纺织等加工行业重要的化工原料，极大地解放了人类生产力。同时，由于石油需要二次加工的特点，也促进了石油开采业、能源加工业的发展，实现了能源和工业产业链的深度拓展。电力为现代信息与通信业的发展奠定了基础，创造了无线电、电影等新兴产业。

二次能源革命以来，欧美等西方国家的经济优势进一步加强，全球地缘格局发生了重大改变，能源安全问题越发重要。至20世纪中期，西欧和美国的经济发展取得巨大突破，生产总值占全球比重已超过50%。石油成为重要的战略资源，国际能源权力格局开始形成，能源问题导致的地缘冲突随之增加。能源安全成为国际组织的重要议题，深刻影响着国际关系。

三、新能源革命：光伏、风电、氢能、储能、电动化、智能化，绿色低碳新时代到来

21世纪以来，国际能源形势发生了重大且深刻的变化，世界迎来第三次能源革命。在各国长期的政策支持下，技术不断革新，以风电、光伏为代表的可再生能源产业实现了快速发展，储能、氢能等新能源技术具备了规模化基础，站在了商业化关键节点，新能源汽车在应用端也加速了渗透。但是，石油、煤炭等传统能源仍占据重要地位，传统能源的使用惯性仍然存在，但正处于剧烈变革时期。国际能源新体系的雏形正逐步形成，绿色低碳新时代的帷幕已悄然拉开。

1. 低碳是全球目标，促进新能源加速发展

当前，全球气候变化、低碳减排已成为国际共识，世界主要经济体纷纷提出到21世纪中期实现碳中和的承诺。《巴黎协定》制定了可持续发展目标，国际能源署在《世界能源展望2020》报告中提出，到2050年发展新能源对二氧化碳减排产生的贡献度要达到32%。在低碳目标的推动下，新能源在全球能源生产消费中的比重不断提升，发展新能源成为实现碳中和目标的核心途径。

2. 技术革新，推动新能源降本增效

技术革新成为新能源发展的重要驱动力，中国、美国、日本、欧盟等众多经济体都十分重视发展能源科技。早在2011年，欧盟就制定了《2050能源技术路线图》，加强可再生能源建设。2014年，在奥巴马执政期间，美国发布了《全面能源战略》，加快低碳技术发展。2016年，日本陆续出台的《能源革新战略》及《能源环境技术创新战略》，提出注重能源安全保障，同时加速推进可再生能源、储能技术

发展。2020年，中国做出"双碳"承诺，发展新能源是"十四五"时期重要的战略举措。

技术革新推动全球新能源发电成本大幅下降，光伏发电、陆上风电的平均度电成本分别从2000年的500美元/兆瓦时和94美元/兆瓦时，下降到2021年的30~60美元/兆瓦时和35美元/兆瓦时。风光发电平价上网，使风电成本降至燃煤发电成本的一半，光伏发电成本也远低于燃煤发电成本。同时，光伏的钙钛矿、TOPCon（隧穿氧化层钝化接触）电池、异质结（HJT）电池，风电的碳纤维叶片、新型光纤复合电缆等，各种新型技术路线层出不穷，成为行业降本的新动能。

绿色能源与数字化相互赋能，数字化能源企业协调能源系统的可再生能源，提前响应负荷用电需求，合理分配资源，大幅降低能源交易成本。

3. 政策支持优化新能源发展环境

新能源发展初期，在产业技术、市场建设、投资水平上存在一定的门槛，需要公共部门高度重视，并提供良好的政策环境与支持保障，包括绿电电网体系的建立健全、应用渠道和市场容量的深入拓展、技术研发和装备制造的优化升级等。目前全球众多国家制定了明确的新能源目标，出台了相应政策支持可再生能源发展与新能源发电比重提升，以光伏发电和风电为主要抓手，尤其重视发展海上风电集群、新能源发电与氢能结合应用、本土新能源汽车品牌、新能源产业链培育等内容（见表1.1）。

表1.1 全球主要国家新能源相关政策

国家/地区	时间	政策	主要内容
美国	2021.6	《锂电池2021—2030年国家蓝图》	支持新能源汽车和锂电池方面的技术创新，未来5年提供约2亿美元
美国	2021.9	《太阳能未来研究》	2035年太阳能有潜力供应美国40%的电力，2050年比例提升至45%。2035年太阳能光伏装机容量提升至1 000GW（吉瓦），并在2050年达到1 600GW
美国	2022.1	《海上风能战略》	2030年海上风电装机容量达到30GW以实现二氧化碳减排7 800万吨，2050年达到110GW的海风装机规模
美国	2022.8	《通胀削减法案》	加大对美国国内新能源生产与制造业的投资，共计约3 690亿美元，包括商业激励、税收抵免等
欧盟	2020.7	《欧盟能源系统整合战略》	加强区域能源一体化建设，积极发展储能、数字化、氢能等能源科技，支撑更高比例的可再生能源发展，于2030年实现可再生能源占比45%的目标
欧盟	2022.5	"REpowerEU"（为欧盟重新供能）能源计划	2025年和2030年分别完成320GW和600GW的光伏装机部署，引入义务"为所有新建筑物和能源绩效D级及以上的存量建筑（能源强度最高）的屋顶建造太阳能装置"
欧盟	2022.5	欧盟四国丹麦、德国、比利时、荷兰"北海海上风电峰会"	2021—2030年四国新增海上风电装机容量49GW，年均新增5GW，2030年底将达到65GW；2030—2050年四国新增海上风电装机容量85GW，年均新增4GW，2050年底达到150GW
中国	2022.5	《关于促进新时代新能源高质量发展的实施方案》	完善新能源产业发展相关政策
中国	2022.6	《"十四五"可再生能源发展规划》	"十四五"期间，可再生能源在一次能源消费增量中占比超过50%；2025年，可再生能源年发电量达到3.3万亿千瓦时左右；风电和太阳能发电量实现翻倍

续表

国家/地区	时间	政策	主要内容
日本	2020.12	《2050年碳中和绿色增长战略》	2050年实现碳中和计划;海上风电装机容量2030年达到10GW,2040年达到30~45GW;氢能年度供应量2030年增加至300万吨,2050年达到2 000万吨
	2022	《战略能源计划草案（第六版）》	2030年可再生能源发电所占比例从此前的22%~24%提高到36%~38%
印度	2021.11	NDC（国家自主贡献）目标	2070年实现净零碳排放目标,2030年碳排放强度降低45%,非化石能源产能达到500GW,可再生能源满足国家50%的能源需求,碳排放总量减少10亿吨

资料来源：公开资料，泽平宏观。

第二节　中国能源革命：能源消费、供给和技术革命，国家安全新战略

一、中国的能源革命：从水电、核电到光伏、风电、储能、氢能

中国一直在进行与时代需求相适应的能源革命，水电从落后到领先，核电从探索到跻身世界一流，再到当下光伏、风电高速发展。我国在不同时期发展出不同的新能源，走出了特色的能源革新之路。

第一，水电能源革命以葛洲坝、三峡、白鹤滩工程为代表，用几十年的时间，中国实现了水电从落后到世界领先。1949年全国水电装机容量36万千瓦，经过32年的追赶，1981年我国首个在大江大河上建成的水电站——葛洲坝建成投产，总装机容量达271.5万千瓦，具备了大电站、大机组的设计制造和运营能力。仅13年后，三峡工程

动工，容量为葛洲坝的10倍。我国通过引进先进技术、消化再创新，实现了70万千瓦整套设计制造技术的自主化。2012年，三峡全部机组完成并网发电，迄今仍是世界上最大的水电站。2021年，白鹤滩水电站投产发电，单机容量达百万千瓦，完全自主设计制造，实现了高端装备制造的重大突破，中国水电已处于世界领先水平。

第二，核电技术以秦山、大亚湾、华龙一号为代表，中国核工业用三四十年在自主化道路上突破重围，实现了核能的和平利用，中国跻身世界核能强国之列。1970年，周恩来总理"728"指示和平利用核能，解决了华东的用电问题。1973年，首个"30万千瓦压水堆核电站"——秦山核电站建设方案通过。1991年，秦山核电站并网，实现了中国内地自主设计核电从无到有的突破。3年后，大亚湾核电站正式投运。2020年，华龙一号首堆并网发电，中国核工业集团、中国广核集团完全自主设计，我国逐步成为先进的核电技术国家。

第三，随着以光伏、风电、特高压、储能、氢能技术为代表的21世纪新能源的推进，中国新能源革命正在高质量、高水平快速发展。2013年以来，中国新增光伏装机容量连续居世界第一，2022年，中国的硅片、电池片组件等环节的产能占全球80%，硅片产能甚至占到98%。与此同时，光伏电价在过去10年降幅超过85%。随着光伏发电成本的下降、平价上网，我国发电结构发生了根本性转变，绿电更多，碳排水平大幅下降。

中国风电走向世界，走向深远海。全球排名前十的风电装备制造企业中有六家是中国企业，中国海上风电资源非常丰富，中国东部沿海的海上可开发风电资源达到7.5亿千瓦，海上风电机组单机容量纪录不断刷新。

特高压技术助力新能源时代绿电的远距离、大规模输送。比如，青海—河南800千伏工程是世界上首条专门输送清洁电力的线路，每年可输送400亿度清洁电力。特高压技术和装备也走出国门在全球应用，比如出口巴西的超远距离输送设备。

在氢能领域，中国已经掌握越来越多的制、储、运、用核心技术，处于产业爆发前夜。我国年制氢产能约3 300万吨，氢能全产业链有超过300家规模以上的工业企业。新能源时代，中国在光伏、风电、特高压、氢能领域的大跨越发展，已经成为全球新能源革命中的重要一环。

二、中国的新能源革命：从高碳到低碳，多元能源供给保障能源安全

新能源不仅是世界能源发展的大趋势，更是中国能源发展的内在规律。《中共中央 国务院关于完整准确全面贯彻新发展理念做好碳达峰碳中和工作的意见》提出的目标是：2025年、2030年、2060年，非化石能源消费比重分别达到20%、25%、80%，加快可再生能源的发展被提升到了更加重要的战略位置，推动了中国能源结构转型的步伐。

中国的新能源革命包括能源消费革命、能源供给革命、能源技术革命、能源体制革命，全方位加强国际合作，确保国家能源安全。新能源革命在中国已经取得了明显进展。

第一，能源消费革命。能源消费革命改变了传统的粗放型能源消费，大幅提升了能源利用效率。中国新能源汽车渗透率超过30%，全球领先。碳捕集利用、碳交易设计，在节能减排、化石能源清洁利用方面不断优化，依托新能源消费的产业结构不断发展。

第二，能源供给革命。中国煤炭供应比例下降，天然气占比逐步提升，光伏、风电等可再生能源成为新增装机的主流，发力"绿电＋储能"，能源输配、储备体系不断完善。中国能源供给清洁化、多元

化，更大程度地保障了国家能源安全。

第三，能源技术革命。能源技术革命包括光伏发电、风电、动力电池等技术的经济性提升，分布式能源、储能、氢能开端良好，数字化能源、碳交易、碳足迹、碳捕集等能源新业态快速发展，新能源汽车产业链的自主可控性有所抬升。

第四，能源体制革命。能源体制革命包括市场化电价、电力交易体制、油气体制改革，"管住中间、放开两头""放管服"体系改革，能源治理更加现代化。

国际合作竞争格局也将被新能源革命所影响和带动。中国和"一带一路"沿线国家深化新能源领域合作，包括对多个国家的海外能源投资。2022年，中国对"一带一路"绿色能源项目投资数增加50%，直接投资额达27亿美元，建设合同规模达53亿美元。中国在全球能源革命和气候治理中承担了越来越多的社会责任。

未来，不同省市（区域）之间的产业竞争格局也会被新能源影响，甚至被改写。国内可再生能源累计装机排名前5的省份为：山东、宁夏、广东、湖南、内蒙古。依靠丰富的风光资源禀赋，内蒙古、青海、西藏、宁夏、新疆等三北、西南地区大型清洁能源基地众多，在就地电力消纳的优势下，或许会引入更多新项目、新产业，在新能源时代会有新发展。山西、陕西等原有煤炭化石能源禀赋领先的区域，也会依托传统产业培育发展新型能源，比如引入电解水制绿氢代替焦煤制备灰氢冶金，再如引入氢燃料重卡，用于传统煤炭园区的矿石运载。

新能源革命是从高碳向低碳过渡，最终实现零碳。在迎接全球新能源革命的浪潮中，中国有望换道超车，开启新能源发展"黄金十五年"和几大万亿级赛道，引领第三次能源革命。

第三节　新能源革命的必要性和迫切性

一、全球升温，气候变化形势严峻

历史上绝大多数时期，二氧化碳都呈现周期性变化，并未显著上升，然而人类的工业化进程打破了这一规律。随着全球工业化进程高速推进，粗放式发展带来的环境问题日益严重。过去几十年，二氧化碳浓度快速上升并突破历史最高值，全球温度也显著上升，地球的碳循环平衡被破坏（见图1.1与图1.2）。

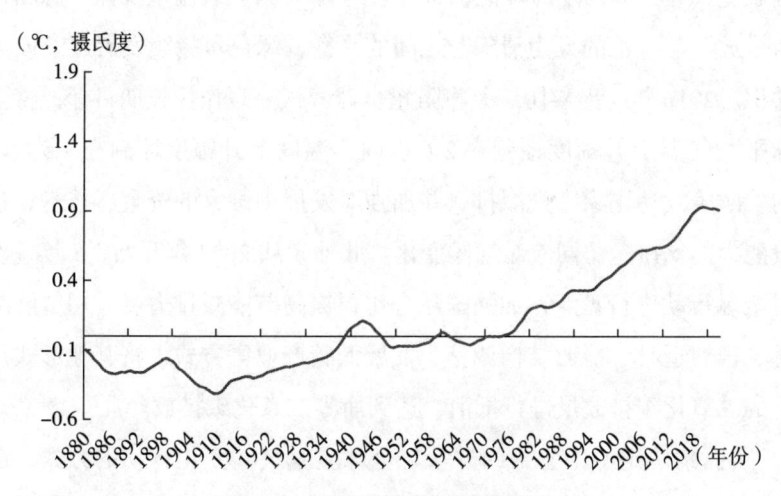

图1.1　全球平均地表气温年变化值

资料来源：NASA（美国航空航天局），泽平宏观。

（ppm，百万分比浓度）

图1.2　全球二氧化碳浓度均值

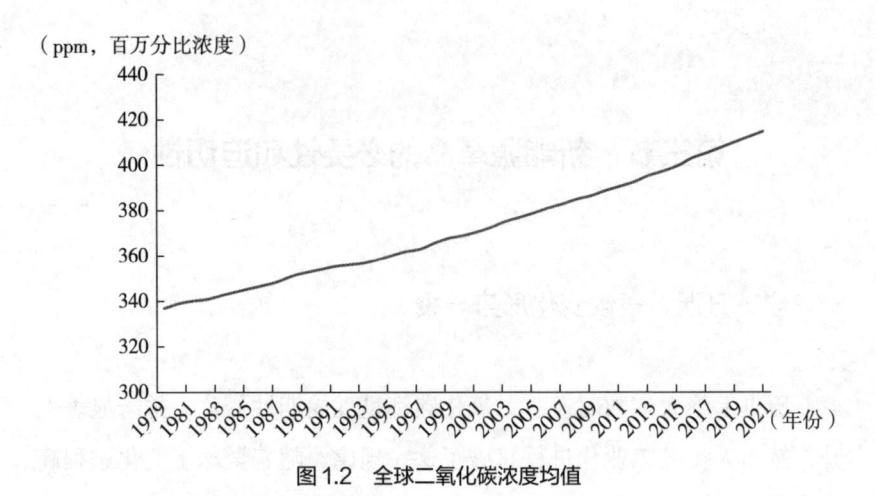

资料来源：NOAA（美国国家海洋和大气管理局），泽平宏观。

为了应对全球气候变化，各国制定碳达峰、碳中和目标，尽快达到温室气体排放的全球峰值，21世纪下半叶为实现温室气体"源的人为排放"与"汇的人为清除"之间的平衡，绿色可持续发展逐渐成为共识。2016年《巴黎协定》将阻止全球气候变暖作为长期目标：将全球平均气温上升幅度控制在2℃以内，温度上升幅度控制在1.5℃以内。欧美发达国家率先减排，并加强对发展中国家的资金、技术、建设能力的支持，协同应对气候变化。此外，从2023年开始，5年一次对全球行动进行盘点，加强国际合作，提高节能减排力度。用节能减排、植树造林、能源结构调整、发展低碳产业等方式，将其他形式产生的二氧化碳排放量进行抵消，达到净零二氧化碳排放。

《巴黎协定》中各缔约方参与全球应对气候变化行动的方式，由原来的"强行摊派、自上而下"，变为当下的"自主贡献、自下而上"。各国可依据自身实情，采取无强制约束和标准的减排承诺。目前已有超过110个缔约国和地区对此做出了承诺，中国于2020年9月公布了2030年前实现碳达峰、2060年前实现碳中和的战略目标；

欧盟宣布，到2030年温室气体排放较1990年下降40%，加拿大宣布，到2030年温室气体排放较2005年下降30%。为实现碳中和目标，各国发展清洁新能源符合全球可持续发展趋势。

二、化石能源弊端尽显：危害环境、不可再生、供给不稳定

传统化石能源在使用过程中对环境危害巨大，不可再生、能源供给不稳定，发展新能源刻不容缓。

首先，化石能源消费对环境的危害巨大。单位化石能源产生的碳排放比新能源要高很多：每万亿焦耳热值的煤炭释放的碳含量为26.37吨，原油约为20吨，天然气约为15吨；而水电、风电、核能、太阳能等新能源几乎不产生碳。2021年，煤炭、石油、天然气消费所排放的二氧化碳量分别占总排放量的40.3%、31.9%、21.3%。化石能源不充分燃烧时所产生的有害气体、固体废物、废热水对大气、土地、水域形成污染，破坏生态环境平衡，对人类及其他各种生物的生存造成威胁。

其次，化石能源不可再生。化石能源是地球生物的化石储存太阳辐射的能量后，历经千百万年的沉积而来的，主要以碳氢化合物及其衍生物的形式存在。化石能源的形成速度显然无法与人类的利用速度相匹配。虽然随着勘探技术的进步，全球已探明的化石能源储量不断刷新过往认知，但其总体储量存在客观边界。化石能源扩产限制颇多，增量微乎其微，储采比下降较快，能源枯竭的隐忧长期存在，世界各国在化石能源扩产方面均有顾虑。大部分化石能源也受环境、技术、成本、开采难度等诸多方面的限制，并不具备开采经济性。

最后，化石能源的供给相对不稳定，能源安全易受到威胁。在全球已探明的化石能源储量中，以美国、俄罗斯、澳大利亚为主的

7个国家占据了全球 86% 的煤炭资源，80% 的石油资源分布在以委内瑞拉、沙特阿拉伯、加拿大为主的 8 个国家境内，近 70% 的天然气分布在 6 个国家，全球主要化石能源集中于少数国家。三大化石能源中，前五大生产国占据的产量达到该能源全球产量的 50% 以上。这意味着，自然灾害、技术事故或地缘冲突等局部地区发生的小范围事件可能导致全球能源供给波动。1973 年 10 月，第四次中东战争爆发，虽然持续时间不到一个月，但其导致国际原油价格飙升，引发石油危机造成全球滞胀。2022 年 2 月，俄乌冲突导致欧洲能源危机，国际石油及天然气价格的上涨提高了全球的生产生活成本。如果还是依仗化石能源作为主力能源，未来将会极大地约束整个社会的生产创造能力。化石能源的产出高度集中与使用范围广泛之间存在着客观矛盾，也增加了国际局势的复杂性和不确定性。

第四节　新能源时代能否改写未来国际能源格局

　　未来国际能源格局，主要不再由一国、一个地区的传统资源禀赋推动，而是由技术和高端制造推动。新能源时代，在光伏、风电、氢能、储能、氢燃料、锂电池汽车等领域，国家在各个制造业链条上的基础实力代表了其对新时代能源的掌控能力。

　　国际地缘格局、能源格局也将就此改变。中国的光伏硅料、组件、电池片大量出口欧洲，中国的企业向中东反向输出能源，该地区绝大多数风光基地装机建设是由中国企业承担的，中国的新能源乘用车也出海日本。种种迹象表明，中国的新能源产业正在辐射影响欧洲、中东、日韩等全球多个国家和地区。

一、新能源赛道欣欣向荣，传统能源惯性未消

传统能源惯性难以消除，化石能源还是要提供基础保障，在很大程度上，化石能源难以被全面替代。首先，煤炭、石油等既是化石燃料也是化工原料，存在较大的需求刚性，未来，新能源对传统能源的替代也将是一个长期过程。其次，化石能源提炼的副产品在化工领域发挥了重要作用，短期内难以找到替代品。最后，新能源的新技术发展，比如碳捕集、利用与封存技术（CCUS），也可以帮助实现化石能源低碳化转型利用。比如通过"化石能源制氢＋二氧化碳捕集封存"，可以形成"蓝氢"。未来的化石能源不再完全是碳排放的来源，而是作为新能源的重要补充，用于保障能源长远储备。

新能源赛道欣欣向荣，市场前景广阔。新能源发电新增装机逐渐占据主导地位：2015 年，可再生能源首次超过煤炭，成为全球最大新增电能来源；2019 年，全球新增发电量的 96% 来自可再生能源。2009—2021 年，全球风电装机容量从 1.5 亿千瓦增加到 8.4 亿千瓦，光伏发电装机容量从 0.24 亿千瓦增加到 9.4 亿千瓦。消费市场中，新能源电动汽车、锂电池产品加速渗透。2022 年初，全球新能源汽车渗透率已超过 13%，中国新能源汽车市场单月的渗透率最高已经突破 30%。2022 年全球新能源汽车销量超过 1 000 万辆，未来将继续大幅增长。

二、发达国家依然强势，新兴市场快速崛起

新能源产业作为一种高新科技产业，投资门槛较高，技术垄断特性强。在新能源的国际分工格局中，部分国家逐步占据了产业优势地位，其他众多国家也在快速崛起、实现追赶。

长期以来，发达国家将新能源产业作为产业转型和经济发展的重点，在研发投入、政策扶持、市场建设等方面布局较早，具备先发优势，且掌握部分高壁垒技术，在新能源汽车等终端市场上也占据相对优势地位，比如美国和欧洲等地也是可再生能源发电市场的主要客户。从全球新能源500强企业来看，美国、日本和欧洲部分国家在企业规模、增长速度上依然占据优势。2022年全球新能源500强企业中，德国、美国、中国、日本企业平均规模分别为165亿元、125亿元、103亿元、90亿元。

同时，发展中国家尤其是新兴市场国家对新能源产业的重视度不断提高，在新能源领域强势崛起。开发新能源产业是新兴经济体应对气候变化，实现低碳转型的必然要求，也是提高能源保障能力，维护本国能源安全的关键举措。以中国、印度为代表的亚太新兴市场国家在新能源领域加紧布局，企业竞争力快速增强，直追发达国家，甚至在某些领域实现赶超（见图1.3）。

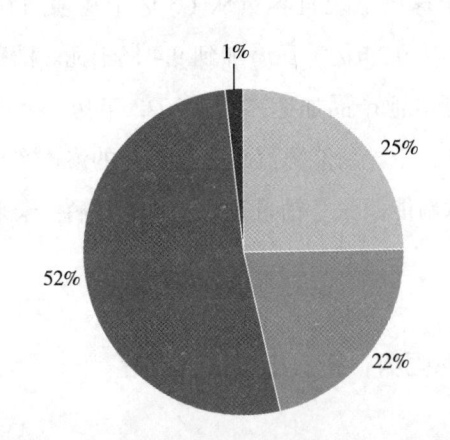

图1.3　全球陆上风能新增装机量集中于亚太地区

资料来源：全球风能理事会（GWEC），泽平宏观。

以新能源光伏、风电产业为例。经过多年的发展，中国在全球光伏产业中逐渐占据主导地位。行业占比方面，2021年中国光伏新增装机容量约为55吉瓦，占全球装机容量的36.4%。光伏设备方面，2021年中国光伏设备份额已接近45%，中国企业包揽全球前十大光伏设备厂商。在风电领域，中国也取得了较大成果，截至2021年底，中国风电装机容量达3.3亿千瓦，同比增长16.6%，增长迅速。同时，印度在光伏发电领域的进展也十分迅速，光伏装机容量约占全球装机容量的9%，跃居第三，仅次于中国和美国。在2022年全球新能源500强企业中，中国企业的营收占比最高，达2.5万亿元，约占全球新能源企业营收的46%（见图1.4）。

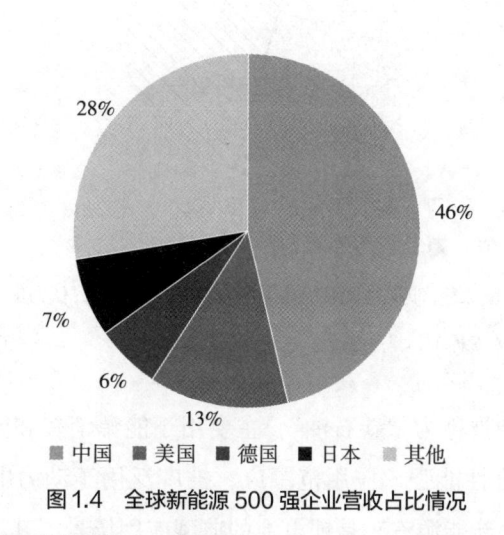

图1.4 全球新能源500强企业营收占比情况

资料来源：中国能源经济研究院，泽平宏观。

三、风光锂氢，能源结构多元化

第三次能源革命，能源结构多元化的特征将进一步突出。能源结构由以化石能源为主转向以新能源为主，新能源内部分工也比较明确，风电、光伏、锂电、氢能等不同的新能源形式各司其职，呈现出多极化能源协同发展的格局。

风能、光能等可再生能源被称为"新煤炭"，主要用于绿色发电。水电、风电和光伏是低碳发电的绝对主力，由于水电对地理环境、投资成本的要求较高，未来低成本、灵活、可以分布式发展的光伏以及广阔深远海布局的风电是新能源的重点发展方向（见图1.5）。

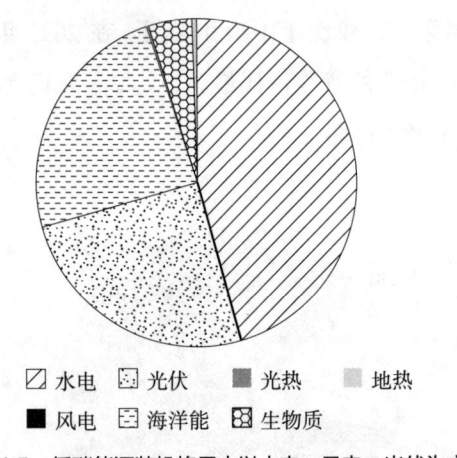

☐ 水电　☒ 光伏　■ 光热　▨ 地热
■ 风电　▦ 海洋能　☒ 生物质

图1.5　低碳能源装机格局中以水电、风电、光伏为主

资料来源：Wind（万得），泽平宏观。

锂和氢能被称为"新石油"，主要用于能源消费和能源储存。锂离子电池综合性能强、应用范围广，被广泛用于动力电池及便携式电子设备中。新能源汽车是锂电池的典型应用场景，其渗透率加速提高，尤其在乘用车市场领域，有望取代传统燃油汽车，引发传统汽车产业变革、汽车强国变迁。

氢能，燃烧产物仅有水，尤其是绿氢，是实现能源转型的重要路径。氢能是重要的战略性能源，制氢技术极其重要，可以将风光等其他形式的能量通过电解水制氢转化应用，如氢能"115"——电解1

升水、使用5度电可以制1标方氢气，1标方氢气产生的热量相当于0.4升汽油。使用氢燃料电池装配商用车，可以促进商用领域的新能源渗透。氢储能也可以满足大规模、低成本、长周期、高能量密度的电能储存需求，因此被视为第三次能源革命的颠覆性技术方向，未来将在储能市场发挥巨大作用。

第五节　新能源大趋势：清洁低碳、结构多元、数字化、高效率

未来新能源革命有三大趋势：一是能源消费清洁化、低碳化，二是能源结构多元化，三是能源系统数字化。

第一，能源的清洁、低碳发展是历次能源革命的重要趋势。在传统化石能源中，天然气是一种相对低碳的能源。21世纪以来，天然气的使用量快速增长，替代了部分煤炭需求。

新型可再生能源的单位热值碳含量更是远低于传统化石能源。过去10年里，风电、光伏等可再生能源的发电成本快速下降，在全球日照充足的地区，太阳能光伏已经成为成本最低的发电资源。风电、光伏等新增装机容量迅速增长，不久之后，可再生能源发电投资额在全球发电投资总额中的占比或将逐步超过2/3，甚至超过3/4。绿色能源快速发展，将使能源消费更加清洁化、低碳化。

第二，能源结构多元化。从前两次能源革命的结果来看，能源革命中并不会出现一种能源完全替代另一种能源的情形，而是新型能源发展速度远超传统能源，并在能源消费中占有相对主导地位，最终形成多元化的能源结构。

第一次能源革命后，煤炭是主要能源。第二次能源革命后，煤炭仍然是仅次于石油的第二大能源。而第三次能源革命，将会使能源结构由化石能源占主导的结构，转变为可再生能源占主导、多种能源共存的结构。同时，由于新能源中的风电、光伏等能源受天气影响较大，供给侧的不确定性客观存在，因此对能源系统的建设要求也随之提高，比如配置大规模长时储能。各经济体要结合自身资源禀赋，在提高新能源使用比例的基础上保留部分化石能源，优化整体能源结构，提升多元化的能源自给能力，实现多元化的清洁能源供应。

第三，新型能源系统将融入互联网、大数据、人工智能等数字技术，实现能源系统数字化。每次能源革命都伴随着新技术的发展应用，第一次能源革命中的蒸汽机，第二次能源革命中的内燃机和发电机，第三次能源革命除了应用风能发电、光伏发电、生物质能发电等技术外，还可以结合数字化新技术、减碳负碳技术。

数字化的能源系统可以降低如分布式光伏这类分散、小型的发电设施的电网接入成本。在新型的能源系统中，每个能源生产者和消费者都是网络的节点，且能够实现双向转换。基于此架构，能源生产者和消费者可以在高效、透明、便利的环境中平等地使用能源互联网，使能源得到充分利用，减少中间成本消耗。

同时，借助互联网、大数据、云计算等数字技术完善能源供应安全建设，可以帮助提升能源网络输送、转换、调度和存储能力，加强能源系统韧性及应对极端情况的能力，提高能源系统的自适应、自调节和自优化能力。新能源的供给与消费可以在更大范围内实现耦合，可以较大程度地降低新能源发电的波动性，保障能源系统的可靠和稳定。

随着能源系统的数字化发展，推动能源技术升级、产业重构，保障能源的供应与需求匹配，也将激励能源业务内容和商业模式的创新。

第一部分

绿色交通:
新能源革命未来已来,拥抱未来

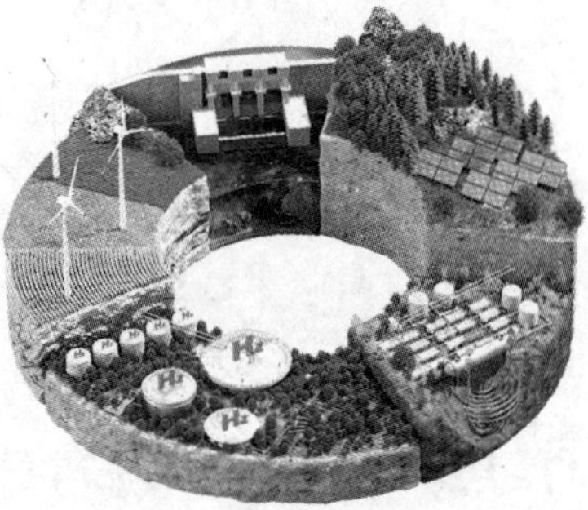

第二章

全球新能源汽车：
百年未有之大变局

新能源汽车产业变革是整个新能源革命的起点。交通领域是碳排放最多的领域，发展新能源汽车，首先应从大众的能源消费上进行变革。新能源汽车使用电力替代燃油，尤其是大量风光电接入电网后，新能源汽车完全使用绿电，从源头上真正做到清洁化。新能源汽车也将带来汽车产品结构的重塑——三电系统替代发动机、智能车减少线束、电池车身一体化、轻量化压铸、电池循环利用，每个生产和使用环节都更加绿色低碳。

新能源时代，传统汽车的两个技术将被替代：一个是硬件变革，锂电、燃料电池、三电系统逐步替代发动机；另一个是软件定义汽车，实现自动驾驶。

汽车产品的定位转型也将引发产业链重塑、价值链转移。传统车企"护城河"被削弱，新势力车企崭露头角、抢占份额。这次新能源汽车革命将是前所未有的、颠覆性的，甚至是汽车工业史上最具"破坏性"的一次变革，汽车产业的"诺基亚时刻"正在到来。

当前，新能源汽车产业面临三大客观情况。一是庞大的本土汽车消费市场会为新能源汽车产业的培育提供沃土，以需促产，加速渗透。二是当前阶段全球各国新能源汽车消费还是偏于本土品牌。不可小觑的是，电动化转型之路上，中国新能源汽车品牌的全球影响力正在逐步扩大。三是三电技术是新能源汽车产业的核心，车用芯片自主可控、充电基建设施配套是产业长期发展的关键。

各国都不甘落后，积极推进财政补贴、政策扶持、品牌搭建、产业链本土化，全球新一轮汽车产业革命初具雏形，但格局未定。各国积极培育本土新能源汽车产业，这既是"双碳"时代下，各国勇于承担国际社会责任、寻求可持续发展的表现；也是在新一轮汽车革命浪潮中，把握先机、培育本土优势新能源产业链的关键。世界正在经历百年未有之大变局，那么在这场新能源汽车产业革命中，谁主沉浮？*

---

* 本章作者：**任泽平、王一渌、刘家嘉、廖世祺**。

第一节　新能源时代的大国布局，加快电动化转型

人类历史上共经历过三次能源革命，历次能源革命均推动了工业革命，并建立了新的国际秩序。第一次能源革命的核心是煤炭，催生的动力装置是蒸汽机，交通工具是火车。第二次能源革命的核心是石油、天然气，能源载体是汽油和柴油，催生的动力装置是内燃机，交通工具是汽车。全球正处于第三次能源革命阶段，能源核心是可再生能源，能源载体是电和氢，催生的动力装置是锂电池、风电、光电、氢能，交通工具是新能源汽车（见图2.1）。

在第一次能源革命的过程中，英国超过荷兰。在第二次能源革命时期，美国超过英国。正在进行的第三次能源革命中，全球各国都在积极布局站位，想要在新能源时代占据科技和产业的制高点。

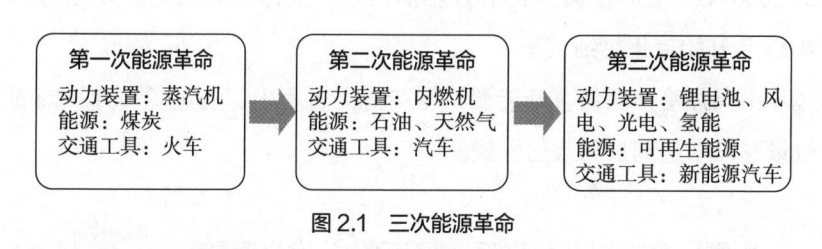

第一次能源革命	第二次能源革命	第三次能源革命
动力装置：蒸汽机 能源：煤炭 交通工具：火车	动力装置：内燃机 能源：石油、天然气 交通工具：汽车	动力装置：锂电池、风电、光电、氢能 能源：可再生能源 交通工具：新能源汽车

图2.1　三次能源革命

资料来源：公开资料，泽平宏观。

全球主要经济体对发展新能源、培育本土新能源汽车产业的认知逐渐深化。

发展新能源汽车产业有三个意义：一是"双碳"时代寻求全球发展共识，承担国际社会责任；二是在地缘不确定性抬升、通胀大周期

的背景下，实现能源结构优化、转型能源自主可控；三是在新一轮工业革命浪潮中，把握汽车消费先机、培育本土品牌优势、加速产业链升级。

新能源汽车发展之初，作为新生事物，在成本、技术成熟度上必然难以与传统燃油汽车进行竞争，因此无论是前期技术积累还是中期市场导入，都需要政府大力支持，中国、美国、日本、欧盟等相继出台各种产业政策。可以说，各国针对新能源汽车的产业政策激励并孕育了行业发展，而政策退坡、周期波动也影响市场渗透进程。

全球各大经济体逐渐禁售燃油汽车，欧盟正式确认2035年禁售燃油汽车和柴油车。挪威政策较为激进，将在2025年全面禁售，荷兰、英国等将在2030年禁售燃油汽车，加拿大也将在2035年禁售燃油汽车。中国、美国明确表态全面支持新能源汽车发展，均在本国部分区域开展燃油汽车禁售试点。海南或将成为我国首个禁售燃油汽车试点区域，《海南省碳达峰实施方案》指出，到2025年，公共服务领域和社会运营领域新增和更换车辆使用清洁能源比例达100%；到2030年，全岛全面禁止销售燃油汽车。美国加利福尼亚州也将从2035年开始禁售燃油汽车。

不同经济体在培育新能源汽车产业的过程中，制定了多种不同的政策，以求达到最高效的发展。

一、中国：全方位激励政策，"双积分"优化调整

中国先后出台了全方位激励政策，从研发环节的政府补助、生产环节的"双积分"，到消费环节的财政补贴、税收减免，再到使用环节的不限牌、不限购，运营侧的充电优惠等，几乎覆盖了新能源汽车生产使用的整个生命周期。补贴、"双积分"政策对中国新能源汽车

发展影响深远。

数年间，中国对新能源汽车的购置补贴力度极大，对产业的初期发展起到了扶持作用。到2021年，10年间中央对新能源汽车的补贴累计达到1 478亿元。自2017年开始补贴退坡，2019年加速退坡，退坡主要体现在：在同等续航里程下，单车补贴逐年递减，鼓励消费高能量密度、低电耗技术的新能源汽车，并将部分补贴转向用车过程和充电基础设施建设。此外，地方财政补贴政策不同，补贴资金也略有不同，参照国家补贴情况，地方补贴占国家补贴的20%~50%。

2022年后，补贴虽有退坡，但政策层面对新能源产业发展的支持力度不减，各部门联合开展新能源汽车消费下乡、以旧换新，购置税减免维持，叠加地方性新能源补贴政策，共同促进新能源汽车渗透率提升。但总体而言，未来新能源汽车发展从政策端走向市场端是大势所趋。

"双积分"是指同时对乘用车企的平均燃料消耗积分和新能源汽车积分进行核算，旨在鼓励企业多生产新能源汽车，同时不达标企业的高油耗车型生产将受到限制。从2017年正式发布，2019年开始正式积分交易，"双积分"政策对促进我国新能源汽车发展起到了重要作用。由于既有节能油耗、新能源汽车积分占比的硬性约束，又有积分交易、转让的价格信号引导，"双积分"政策在产业供给侧构建了长效发展驱动机制。

随着新能源汽车产业链的发展完善，我国也不断对"双积分"政策做出优化调整。2022年7月，工信部完善"双积分"管理办法，侧重于让企业生产更具产品力的新能源汽车。一是下调了同等标准下单辆新能源汽车可获得的积分，也就意味着，如果想要获得同样的新能源积分，需要生产比之前更高续航里程、更低能耗的新能源汽车，对产品力的要求进一步提升。二是进一步优化了积分交易的市场调节机制，允许各年度进行结转，同时建立积分池制度，以市场机制收储或释放、自动调节积分存量，增强新能源积分结转与交易的灵活性。

二、欧洲：严格实施减排标准，新能源汽车市场逐渐成熟，补贴退坡

欧洲高度重视新能源汽车发展，多年来通过系列政策推动新能源汽车市场迅速扩大，有效减少了汽车尾气的排放。

欧洲各国对新能源汽车的支持分为直接补贴和税收优惠两种类型。主要国家对购买新能源乘用车大多有每辆车 3 000~6 000 欧元的补贴，具体补贴金额根据碳排量、单车价格加以区分。在经历了大力度补贴后，部分国家已进入补贴的温和退坡阶段，比如德国、瑞典等在欧洲内部属于电动化渗透率较高的地区，德国 2022 年取消了插电混合车型补贴，2023 年后继续降低纯电车型补贴，瑞典 2022 年后终止对电动汽车的激励措施。部分电动化渗透率相对较低的国家，其补贴与之前持平，并分别推出增加单车补贴额度、根据居民收入增加补贴等政策（见图 2.2）。

对于大部分欧洲国家而言，新能源汽车的税负成本普遍低于同级燃油汽车，为电动汽车消费的市场驱动提供了保障。欧洲各国汽车税种设置多样，包括购置税、所有权税、能源消费税等，针对不同税种，各国推出了不同的税收减免机制。比如法国、挪威、荷兰等国家的车辆购置税税率较高，对于纯电类车型的购置税政策优惠力度较大；比如欧洲大部分国家对新能源汽车的所有权税有相关优惠政策，德国对 2025 年前注册的纯电动汽车、燃料电池车进行 10 年所有权税豁免；又如与同类型燃油汽车相比，新能源汽车每年的公司用车税的优惠从几百欧元到几千欧元不等；再如德国、英国、荷兰等对汽油、柴油等能源使用征收较高的消费税，力图差异化油电使用成本，保障

新能源汽车的消费活力。

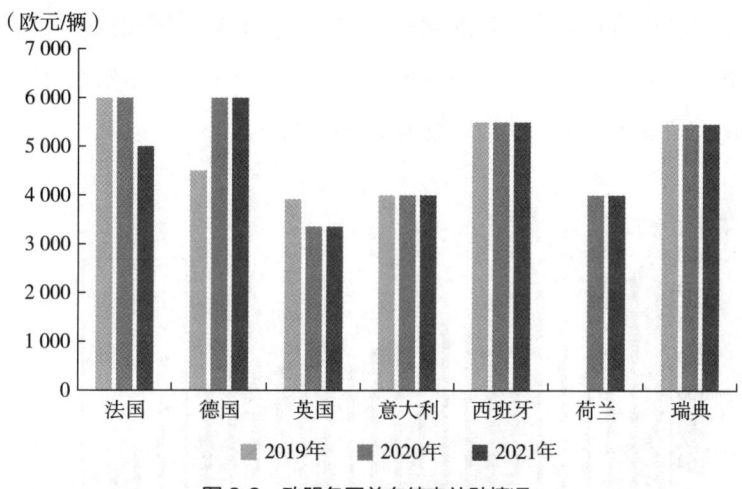

（欧元/辆）

图 2.2　欧盟各国单车纯电补贴情况

资料来源：公开资料，泽平宏观。

欧洲推出了最严格的禁售燃油汽车政策，未来欧盟的碳排放法规标准将更加严格。2021年，欧盟开始执行 WLTP（全球统一轻型车辆测试程序标准），相比 NEDC（新欧洲驾驶循环测试标准），WLTP测算碳排放的严格程度高出 20% 以上。根据欧盟"Fit for 55"（减碳55%）能源和气候计划减排标准，2021—2024 年，欧盟乘用车企实际碳排放目标约 119g/km（克/千米），2025 年、2030 年碳排放要在 2021 年的基础上分别再减少 15%、37.5%，2030—2034 年进一步减排 55%（见图 2.3）。

2022 年欧盟公布的第七阶段排放标准，是史上最严格的汽车排放标准，内容包括扩大汽车污染物覆盖范围，对刹车、排气管、轮胎颗粒物设定限值，并对电动汽车电池的耐用性制定了规则，要求到 2035年使汽车和货车的氮氧化物排放量减少 35%，公共汽车和卡车排放量减少约56%，刹车产生的颗粒物减少27%，尾气微粒减少13%。法国、意大利对于高碳排放的车型还有单独的罚款政策。到2035年，欧盟要求销售新车实现二氧化碳零排放，全面禁售燃油汽车。面对严格的碳排放管理，车企在传统燃油汽车上改进节能技术效果有限，电动化转型成为车企在欧洲市场的唯一出路。

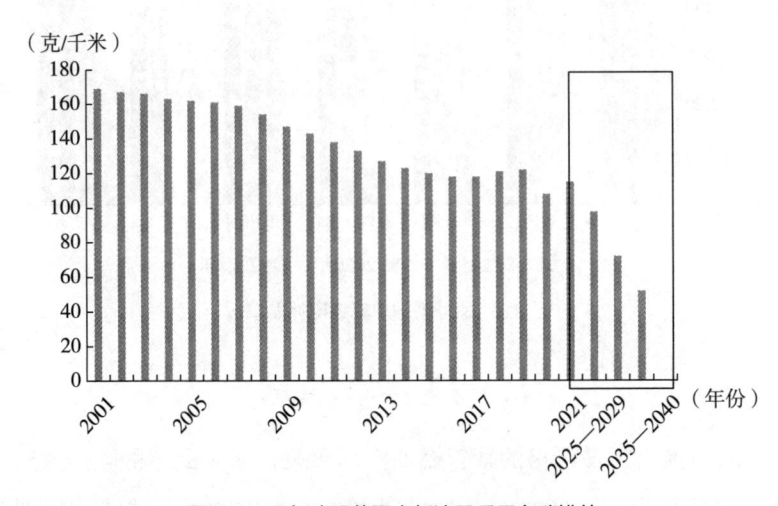

图 2.3　历年欧盟范围内新注册乘用车碳排放

资料来源：ICCT（国际清洁交通委员会），泽平宏观。

三、美国：低息贷款、单车补贴、税收减免、积分驱动，旨在促进产业链重回北美，重塑新能源汽车行业

美国注重从企业端推动新能源汽车制造发展，从消费端推行单车补贴和税收减免。

美国政府从2007年开始推行"先进车辆贷款计划"，支持研发新技术，为制造企业提供低息贷款。特斯拉、福特分别于2010年、2009年获得4.65亿美元、59亿美元低息贷款。2022年，美国政府继

续向通用汽车、LG（乐金）新能源提供25亿美元低息贷款。税收减免政策旨在为美国的新能源汽车及其产业链提供支持。2008—2013年，美国国会先后通过《能源改善与拓展法案》《美国经济复兴法案》《美国纳税人救助法案》三项法案，给予新能源汽车购置返税。2021年，《美国清洁能源法案》出台，力图提升单车税收抵免上限。

2022年，《通胀削减法案》进一步强调产业链重回北美，规定只有在北美进行最终组装，或电池生产和回收条件符合美国规定的汽车才能享受全额税收抵免，并取消之前对累计销量超20万辆的车企的政策补贴上限，扩大新能源汽车补贴范围到氢燃料车，并将补贴最低电池容量大幅提升，体现了美国大力发展清洁能源体系、重塑新能源汽车行业的决心。

CAFE（企业平均燃油经济性）标准和GHG（温室效应气体）标准，分别对汽车的燃油经济性、碳排放指标进行考核，推动美国车企转型。相较于特朗普政府时期对汽车燃油经济性较为宽松的要求，近年来，拜登政府更强化对汽车燃油经济性的考核，重新开始加强对油耗超标车企罚款，力图加速新能源汽车渗透。对乘用车、轻型卡车企业的平均燃油经济性制定更严格的标准：2024—2025年燃油经济性考核要求较上一年度提升8%，2026年继续提升10%。对于2019—2021年的新车，未达油耗标准的部分，每单位罚款从5.5美元提升至14美元，2022年后提升至15美元。

美国继续调高了未来对车辆的碳排放要求。美国国家环境保护局（EPA）要求，到2023年排放标准要严格提高10%，到2024年严格提高5%，2025年和2026年进一步分别严格提高6%和10%。美国也采用积分制计算汽车碳足迹情况，由美国国家环境保护局发布年度各车企碳情况报告，公示积分，负积分车企需要购买正积分冲抵，对于不满足标准的车企，单车可罚款3万美元以上（见图2.4、表2.1）。

(克/英里)

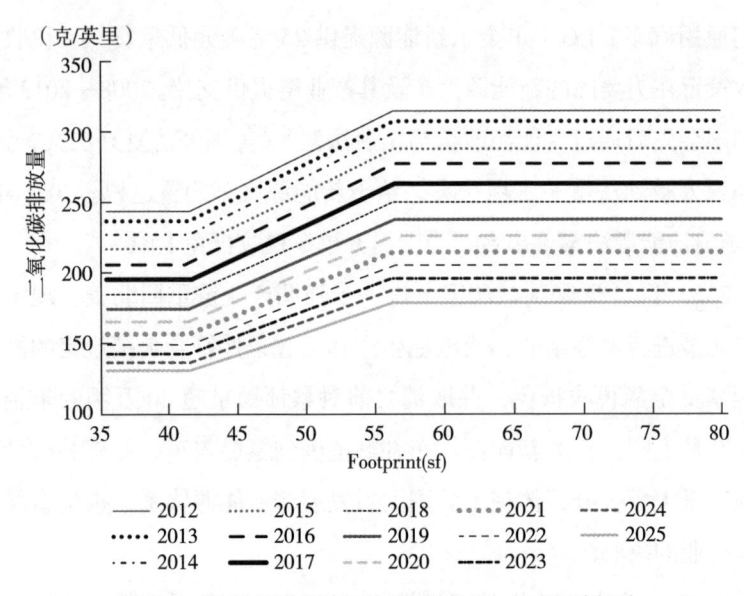

图 2.4 美国乘用车温室气体目标值曲线，标准逐步提升

资料来源：EPA，泽平宏观。

注：1 英里 ≈1.6 千米；Footprint= 轮距 × 轴距 ÷144；sf= square feet，平方英尺（1 平方英尺 ≈0.092 9 平方米）。

表 2.1 车企温室气体排放积分计算例示

车型	假设产量	实际 GHG（克/英里）	目标 GHG（克/英里）
传统燃油汽车	20 000	300	210
插电混动汽车（PHEV）	10 000	80	
乙醇汽油车（FFV）	2 000	160	
压缩天然气汽车（CNG）	2 000	40	
混动汽车（HEV）	5 000	150	
纯电动汽车（EV）	10 000	0	
燃料电池汽车（FCV）	1 000	0	

平均 GHG 值：（20 000×300+10 000×80+2 000×160+2 000×40+5 000×150+10 000×0+1 000×0）÷（20 000+10 000+2 000+2 000+5 000+10 000+1 000）=159 克/英里

积分：（210−159）×（20 000+10 000+2 000+2 000+5 000+10 000+1 000）×195 264÷1 000 000= 497 923 兆克（Mg）

资料来源：EPA，泽平宏观。

注：195 264 英里为美国联邦定义的车辆生命总里程数。

四、日本：财政补贴、税收减免双核推动，倾向氢能路线

作为资源相对匮乏、能源对外依存度高的国家，日本很早就重视新能源汽车的开发和应用。2009年日本经济产业省提出"EV/PHV（电动汽车/插电式混合动力汽车）城市"倡议，在18个地区建设电动汽车示范区，由点及面推动电动车全面普及。2010年日本经济产业省发布《下一代汽车战略2010》，首次确立新能源汽车的中长期发展目标。

2020年底，日本经济产业省《2050年碳中和绿色增长战略》，提出到2035年前后，日本国内乘用车新车都将成为电动化车辆，即"下一代汽车"，包括非插电式混动、纯电动、插电混动、燃料电池汽车、清洁柴油车等。日本经济产业省对节能车、清洁能源汽车（CEV）、充电设施、加氢设备持续进行补贴。清洁能源汽车补贴将补贴金额与车型动力类型和续航里程挂钩。2022年，日本政府继续加大对纯电动车和插电混动车的补贴力度，纯电动车补贴80万日元，插电混动车补贴50万日元，氢燃料车补贴250万日元。

日本政府新能源汽车战略路线不同，其将氢能作为重要脱碳路径。丰田、本田等车企早先更倾向于开发氢能源路线，专利和技术积累优于锂电池产业链。日本对氢燃料电池汽车线路的规划是：2020年推广4万辆燃料电池汽车，2025年推广20万辆，2030年推广80万辆，年复合增速近35%。为配套支持燃料电池发展，在加氢站方面，日本政府将在2025年力争完成320个加氢站建设。2021年，全球主要国家共销售氢能源车16 313台，同比增长68%。受强势补贴政策和产业链驱动，日本市场全年共售出氢能源车2 464台，同比增长显著，无论是丰田的Mirai、本田的CR-V氢燃料电池车，还是日产的SOFC（固态氧化物燃料电池）系统车，都是日本汽车氢能化发展的代表

之作。

为促进节能环保汽车的普及，日本实施了环保车辆减税、绿色税制政策。环保车辆减税分为购置税、车重税，对所有类型的新能源汽车一律免征。绿色税制是根据汽车排量标准制定的，对低油耗车型减税，对高油耗车型加税，对所有新能源乘用车的绿色税收减免 75%。

五、东南亚：大规模支持，重视本土化发展

东南亚人口基数大、消费潜力高、自然资源多，近年来其新能源汽车市场快速增长，新能源汽车产业已逐渐成为众多国家的发展战略重点。当前，东南亚各国新能源汽车占比较低，未来增长空间较大。为进一步推动本土新能源汽车产业发展，东南亚各国纷纷推出了补贴和减税刺激、政府直接采购、基础设施投建、关键法规限制等政策与措施。

补贴和减税方面，泰国以降低关税、增值税减免、政府奖励等优惠方式鼓励电动汽车消费。2022 年泰国推出新刺激方案，200 万泰铢（约合人民币 36 万元）以上纯电动车进口减免 40% 关税，其他减免 20%；本土电动车增值税从 8% 降至 2%。单台纯电动车有 15 万泰铢（约合人民币 3 万元）购车补贴，优惠水平居全球前列。印度尼西亚期望到 2025 年新能源汽车用户数达到 250 万，并计划从 2023 年开始为新能源汽车提供补贴。

政府直接采购方面，菲律宾政府积极推动电动三轮车项目，力图将交通领域的化石能源消耗每年降低 2.8%，每年在全国投放 10 万台电动三轮车。此外，政府直接采购电动公交车，与旗下的菲律宾电动车协会共同提出计划，要求公共交通领域企业的纯电动车比重提升至 5% 以上。

新能源基础设施投建方面也在加速。泰国提出到2030年建成1 450个公共快充站，并且具备提供1.2万个快充充电头的能力。印度尼西亚政府推进充电设施建设与标准制定，为本土电动汽车产业生态的整体发展提供指引，为电动汽车企业和零部件生产商提供补贴政策支持。

政府制定关键法规限制，旨在推动本土新能源汽车产业发展。2019年8月，印度尼西亚政府颁布《2019年第55号总统条例》，表示将优先发展用于制造电动汽车和相关零部件的国内设施。法规要求印度尼西亚本土生产的电动车必须至少有35%来自本土企业或资源，该限制在2023年将达到40%，2029年将达到60%。2022年7月，印度尼西亚政府表示，未来将禁止包括镍、铝土矿和锡在内的多种矿产出口到海外。镍是三元锂电池正极材料的重要元素，印度尼西亚作为占全球镍产量37%的最大储量国，禁止镍出口的举措透露出其将本国建设成东南亚电动车产业链关键一环的决心。

第二节　新能源汽车市场、品牌、产业链：新一轮汽车产业革命，谁主沉浮

新一轮汽车产业革命既是能源动力系统的革命，又是智能化网联化技术的革命。在这个过程中，各国都不甘落后，从产业政策到市场培育，从品牌搭建到产业链配套设施完善，全球新一轮汽车产业革命初具雏形，格局未定。到底谁能成为这次汽车产业革命的主宰国？有哪些品牌的故事能为世界汽车史所载录？

一、新能源市场：汽车产业需要庞大的市场培育，中国是全球最大的汽车市场，有充足的沃土发展新能源产业

全球汽车消费 50% 以上集中于中美两国。中国有培育新能源汽车市场发展的良好消费基础。2022 年全球汽车销售 8 105 万辆，中国市场销售 2 686 万辆，汽车销量全球占比约为 33%，乘用车销量占比在 35% 以上。可见，中国已经是全球汽车消费尤其是乘用车消费的主力市场。广阔的用车市场、巨大的消费潜力，为中国新能源产业的成长提供了充足的沃土和成长资源。

从新能源乘用车消费的全球占比情况看，中国发展最快，销量占比已过半；欧洲重视碳中和进程，销量占三成；美国近年补贴发力，销量占一成左右。中国新能源汽车从 2014 年全球销量占比不足 20% 到全球市场份额升至一半以上，用时仅 7 年。中国 2022 年新能源汽车销量全球份额超 60%，仍保持上升趋势，新能源汽车产业已具有相当的规模优势。欧洲、美国、日本的新能源汽车销量全球占比也相对稳定，占比分别约为 24%、9%、0.6%（见图 2.5）。2022 年，中国新能源汽车销售 688 万辆，对比来看，欧洲市场是 260 万辆，美国市场是 99.2 万辆。

从新能源汽车市场渗透率看，受益于较早开启"双碳"目标，欧洲先发优势明显，新能源汽车渗透率偏高，2022 年全年达到 28%。其中，挪威、瑞典、荷兰等国家渗透率较高，2022 年分别为 88%、53%、35%，领衔欧洲新能源汽车市场；德国新能源汽车渗透率约为 31%，英国、法国分别为 24%、22%。同期，中国新能源汽车渗透率为 28%，美国为 7.3%，虽然中美新能源汽车市场起步相对较晚，但中国已进入较高渗透率区间，美国新能源汽车渗透率仍整体偏低，还需要加速追赶。

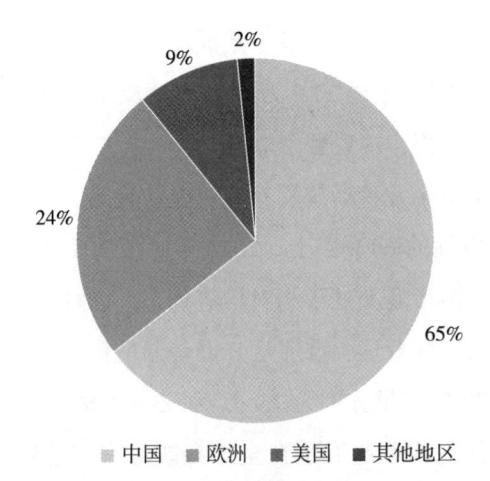

图 2.5　全球各地区新能源汽车市场份额

资料来源：中国汽车工业协会，国际能源署，欧洲汽车制造商协会，日本经济产业省，Markline（全球汽车产业平台），泽平宏观。

二、新能源品牌和车型：全球新能源汽车消费趋于本土化，中国新能源汽车的品牌影响力逐步扩大

我们观察到，无论是在美国、欧洲，还是在中国市场上，消费者对于新能源汽车的品牌选择还是更趋于本土化。

在欧洲，除了特斯拉，本土品牌大众的各种子系列新能源车型销量领先。比如，大众的电动化 ID 系列，2020 年 ID.3 面世，ID 系列几年内在全球完成 58 万辆交付，其 ID.4 在 2022 年的全球销量约为 17 万辆。其他欧洲本土集团企业如斯柯达、Stellantis（斯泰兰蒂斯）集团旗下的菲亚特、欧宝、标致，雷诺集团旗下的达契亚子品牌等都有新能源车型销量居前。比如菲亚特 500、斯柯达 Enyaq iV、达契亚 Spring 等车型，在欧洲年销量分别约为 6 万辆、5 万辆、5 万辆，位列第四、第六、第七，但这些车型在欧洲以外的市场表现欠佳。吉利-沃尔沃集团也在积极发力。此外，宝马、奥迪、奔驰等也在布局

新能源转型，宝马走在前列，有 3 系混动、i4 等不少车型的新能源转型尝试。2022 年宝马完成 37.2 万辆新能源汽车销售，奔驰完成 29.3 万辆新能源汽车销售，接近翻倍增长。

在美国，本土企业特斯拉拥有绝对电动化实力，占据美国新能源汽车整体市场份额的 60% 以上，2022 年销量为 131 万辆。其余各家车企的车型在美国市场上处于相对均势状态，如福特、通用汽车两家美国车企推出的福特野马、雪佛兰 Bolt 等新能源车型在市场上占有一席之地，在 2022 年销量分别为 7.9 万辆、3.8 万辆。

韩系车企如现代和起亚也在全球新能源汽车热销榜中，2022 年现代 Ioniq5 和起亚 EV6 的销量分别为 10 万辆和 7.9 万辆。在电动化转型之路上，日本车企已经掉队，日产、丰田、本田无一上榜销量前 20，在新能源时代转型过慢，2022 年无论是销量、营收还是利润都呈下降趋势。在新能源革命的浪潮下，错失先机的车企或许要投入更多的成本，但也不一定能追赶上先发企业。未来 5 年，我们或见证一些耳熟能详的车企巨头遭遇"诺基亚时刻"，憾然离场。

中国品牌中，比亚迪、上汽、广汽、长安、奇瑞等各方本土的车企、新势力企业在电动化转型浪潮中充当排头兵和先行者。五大品牌在 2022 年分别完成 184.8 万辆、71.9 万辆、27.2 万辆、23.7 万辆、23 万辆的新能源汽车销售，分别位于全球新能源汽车企业前 20 的第一、第三、第八、第九、第十。比亚迪一骑绝尘，2022 年其一家企业的新能源汽车销量就相当于其余众车企之和。

总的来看，本土品牌仍然是全球各国新能源汽车市场的主力。未来在本土市场发展稳固后，整车出海、抢占海外市场份额或将成为车企全球化发展趋势。

全球新能源汽车销量排名前列的车企有：比亚迪、特斯拉、上汽（含通用五菱）、大众、吉利（含沃尔沃）、宝马、奔驰、广汽、长安、奇瑞、起亚、现代、东风、合众、福特、理想、标志、长城、蔚来、小鹏。前20名中，中国车企有12家，比2021年增加3家；德国3家、美国2家、韩国2家、法国1家。比亚迪市占率接近18%，超过特斯拉的12.3%，成为全球第一电动车品牌。上汽排名第三，市占率超过6%（见图2.6）。

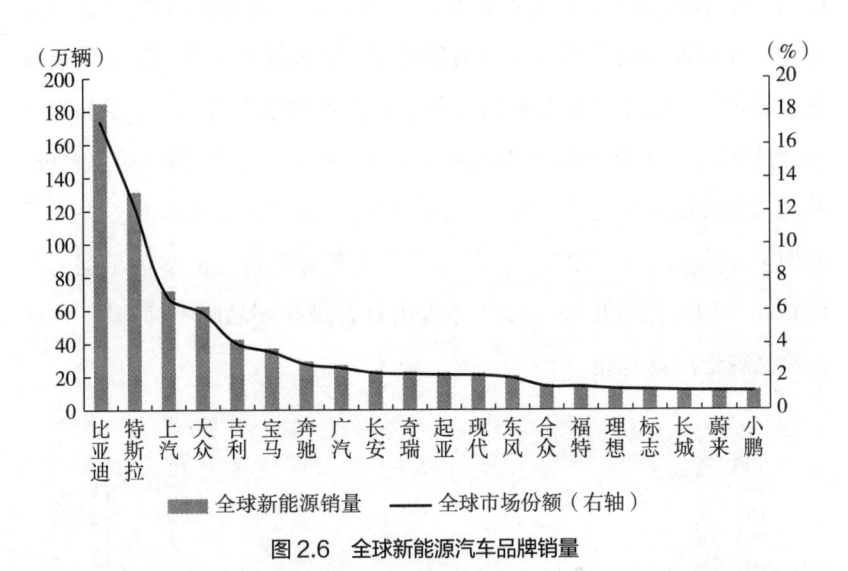

图2.6 全球新能源汽车品牌销量

资料来源：Cleantechnica（知名清洁能源媒体），泽平宏观。

从热销车型榜来看，中美品牌占据热销车型主流。全球新能源汽车销量排名前10的车型中（见图2.7），中国品牌车型占据7种，美国品牌车型占据2种，欧洲品牌车型仅1种。特斯拉Model Y与Model 3凭借超高性价比领跑全球，位列第一与第三，车型市占率达到7.2%与4.5%；上汽通用五菱通过性价比优势攻占经济适用型市场，位列第四，车型市占率4.0%；比亚迪畅销车型最多，宋PLUS、秦PLUS、汉、海豚、元PLUS位列第二、第五、第六、第七、第八，市占率分别为4.5%、3.0%、2.6%、1.9%、1.9%。

无论是特斯拉的 Model 系列，还是比亚迪的王朝系列、海洋系列，都是被消费者认可的经典新能源车型，可以连续几年都让品牌在新能源汽车市场中保有相对优势。

具体看，特斯拉的 Model 3、Model Y 车型相较于全球其他同价位车型，性能、续航、补能、设计均占据优势，其热销符合全球汽车市场一般消费规律。五菱宏光 MINI EV 的崛起则依赖于其对经济适用型市场和城市内通勤需求的精确把握，以超低的价格和充足的续航里程满足了市场中大部分价格敏感型消费者的核心需求，一跃而起成为全球黑马。比亚迪的王朝系列和海洋系列，在舒适感、动力总成、电动技术方面不断赶超，深入人心。此外，比亚迪在紧凑型、SUV（运动型多用途汽车）、MPV（多用途汽车）等各种价位的多类车型上全面布局，加速拓宽市场，2023 年推出百万级高端品牌"仰望"，也在加速品牌走向高端化。

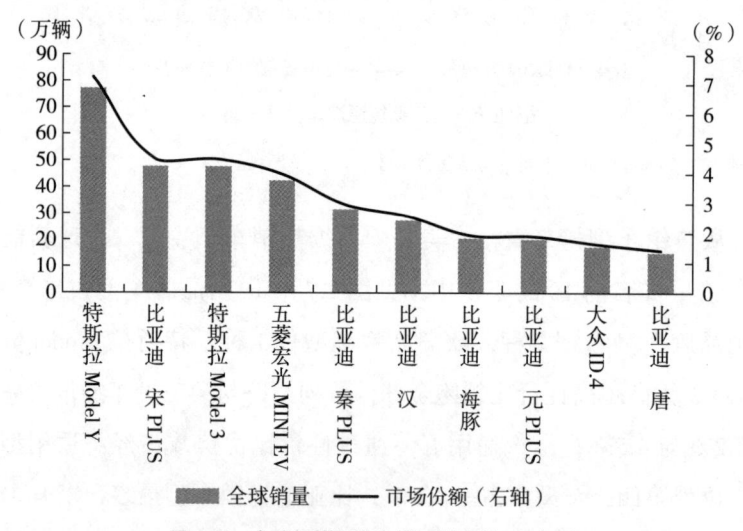

图 2.7 全球新能源汽车销量排名前 10 车型

资料来源：Cleantechnica，泽平宏观。

品牌力是核心竞争力，中国车企要在未来引领全球汽车产业发展，一是需要长期的市场沉淀与品牌积累，在产品建设、服务、升级方面把握趋势，得到消费者的广泛认可与信赖；二是要不断自主研发、引领创新，用过硬的技术实力提升汽车产品的综合竞争力，特别是要在电动化关键的三电系统方面打造高技术壁垒的中国产业链；三是要走出去，不仅要用低价位车型在海外拓宽市场，还要在高端市场上推出领军型产品，让世界认可，才能在全球汽车产业变革中占据优势地位。

三、新能源产业链：三电技术是新能源汽车产业的核心，充电基础设施配套不可或缺

新能源汽车按动力来源形态可以分为纯电动（BEV）、混合动力（HEV）、燃料电池（FCEV）三种。纯电动汽车与混合动力汽车是市场上主流的新能源汽车，新能源汽车产业链的核心就是三电系统：电池、电机、电控。

电池是新能源汽车的能量来源，是电动车的核心，是价值含量最高的零部件。在电池技术方面，无论是企业综合实力，还是技术形态掌握，中国都已经做到全球领先。2022年全球排名前10的动力电池企业依次是：宁德时代、比亚迪、LG新能源、松下、SK On、三星SDI、中创新航、国轩高科、欣旺达、孚能科技。其中中国企业占6家，市占率为60%；韩国3家，市占率接近24%；日本1家，市占率为7%。

中国的动力电池企业装机量增速明显超越行业平均水平。比如，2022年，宁德时代全球动力电池装机量达192GWh（吉瓦时），同比增长92.5%。比亚迪首次进入全球前二，装机量近70GWh，同比增长

167.1%。中创新航为中国本土排名第三的品牌,同比增长151.6%。中国的电池企业,尤其是原本处于第三名以后的电池企业装机量增长迅猛。与之形成对比的是,日韩企业中曾经的行业龙头LG新能源、松下的装机量同比增速放缓,分别仅为18.5%、4.6%(见图2.8)。

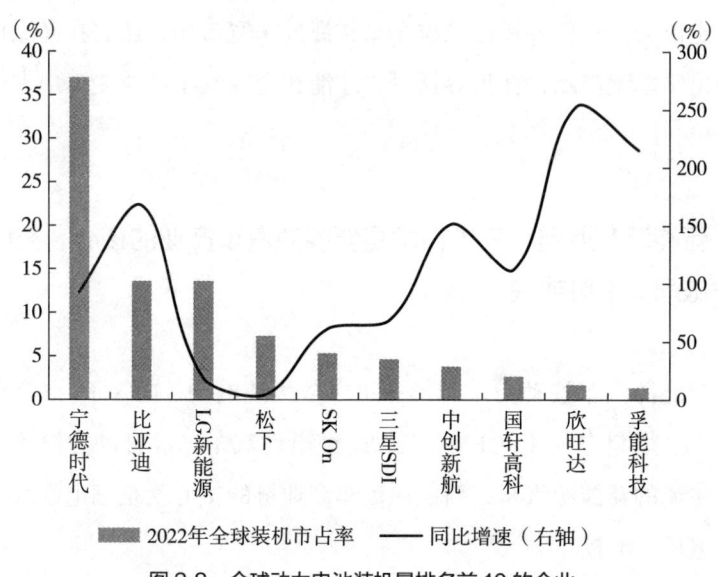

图2.8 全球动力电池装机量排名前10的企业

资料来源:OFweek锂电网,泽平宏观。

电驱动系统负责新能源汽车动力总成,包括电机、电控、减速器,其中电机和电控成本占动力总成的比重分别超过30%和40%。电机负责新能源汽车的动力输出,是将电能与机械能相互转换驱动车轮运动的部件,决定了汽车动力的输出能量。电机按技术原理可分为交流异步电机与永磁同步电机,交流异步电机是特斯拉Model S等早期新能源车型的选择,优点是成本低、结构简单,缺点是功率密度一般、控制复杂。当前的主流技术选择是永磁同步电机,功率密度大、效率高且控制简单,但永磁材料需要使用到稀土钕铁硼。

日本曾是全球最大的永磁材料生产国，垄断全球生产并占据了40%的稀土永磁体专利，三菱、安川、松下等日企占据市场主导。近十年来，中国新能源汽车产业发展进入快车道，政策端对企业技术进步的鼓励和高端产品转型的支持力度加大，中国在高性能钕铁硼永磁材料领域不断赶超，产量占到全球总量的近70%，取代日本成为世界第一大生产国。中国电机技术不断突破，国产新能源汽车车用电机基本实现自主替代，比如华为的DriveONE电机、比亚迪8合1电机、蔚然电机等电驱产品，市占率高，比亚迪电机占据国内近30%的市场份额。

电控系统是新能源汽车的大脑，负责功能管理、能量管理、安全诊断、功能协调等多方面协调与优化。IGBT（绝缘栅双极型晶体管）约占电控系统成本的37%，是新能源汽车电控系统核心零部件，也是工业自动化领域的半导体核心元器件，全球产量主要集中于英飞凌、三菱等海外企业，我国本土企业自给率在2021年前还不足20%，严重依赖进口。2022年以来，IGBT模块国产化迎来了快速增长，汽车半导体赛道迎来多方入局。以比亚迪为首的国产IGBT模块自供比率合计约为60%；时代电气、士兰微等拥有IGBT车规级认证的产品且具备稳定产能供应的厂商助力汽车半导体供应链，有望在未来实现IGBT产业链全面自主化。

但是，与此同时，海外企业仍然具备技术优势。以德国半导体企业英飞凌为例，其IGBT产品经历3轮革命性迭代突破，降低了开关损耗，提升了器件输出能力；最新的第7代IGBT在电场分布、短路能力等参数方面领先全球。从核心设备来看，自主企业与海外的主要差距在于芯片产业整体设计水平，芯片设计工具EDA（电子设计自动化）由新思、铿腾、西门子三大海外巨头垄断。2022年8月的EDA软件出口限制发布，海外三大巨头陆续对中国企业断供。这对中国半导体产业以及新能源汽车产业发展造成重大打击，也警示国内企业必须实现核心技术自研，加速重点领域布局，补齐短板，实现供应链自主。

充电设施是电动汽车不可或缺的配套设备。"里程焦虑"是新能源汽车用户的一大困扰，解决"最后一公里"充电问题的重要性凸显，旺盛的新能源用车需求离不开充电基础设施的扩建。中国得益于新能源汽车产业的快速渗透、基础设施建设完善发展和明确的政策目标，充电设施铺设速度领先全球，率先突破车桩比3∶1关卡，成为目前全世界充电设施数量最多、车桩比表现最优秀的国家。对比来看，欧洲和美国的车桩比分别为10∶1和20∶1。日本因其新能源汽车市场不及预期，市场表现逐渐从第一梯队脱节，其充电设施增长步伐也持续减缓，车桩比较长时间处于停滞期。由于日本对氢燃料电池汽车的发展更为重视，2022年已建成142座加氢站，数量位于全球前列。其规划是到2025年推广20万辆燃料电池汽车，并力争完成320座加氢站的建设。美国在全球电动车布局初期并未重视，导致充电设施布局速度一直较为缓慢，但随着拜登政府于2022年签署的一系列新能源汽车产业扶持政策逐渐生效，其车桩比表现有望迅速改善。

四、新能源汽车时代的大国布局：技术创新是内在动力，供应链把控是竞争实力，配套设施决定发展速度

总结来看，作为前两次新能源革命的发源地，欧美传统汽车产业布局齐全，在向新能源、智能化汽车产业链转型的过程中，在全球新能源、智能化汽车产业供应链上仍占据重要地位。

欧美传统零部件供应商竞争优势依旧存在，在新时期也孵化出了众多新兴智能化企业。产业链代表企业有法国的激光雷达龙头法

雷奥、德国的汽车供应链百年企业博世、顶尖变速箱厂商采埃孚、全球最大的车载电子通信系统厂商大陆集团。美国也在李尔、安波福、博格华纳等传统零部件供应商的基础上，孕育出激光雷达企业Velodyne，以及无人驾驶赛道企业Mobileye、Waymo等一批背景雄厚的汽车智能化企业。此外，自动驾驶的主要环节仍由欧美企业主导，以基础型操作系统为例，QNX、Linux、WinCE、安卓等均由北美企业开发。汽车开放系统架构（Autosars）组织的300多位成员中，有几位核心成员是戴姆勒、大众、博世、大陆集团、福特等老牌欧美企业。

新能源汽车的发展离不开汽车芯片技术的进步。欧洲和美国在从成熟的燃油汽车产业迭代到新能源汽车产业的过程中，其半导体产业的地位仍然显赫，新能源汽车的电子控制元件由欧美汽车电子龙头垄断，集中度极高。全球半导体行业的核心——芯片设计工具EDA被新思、铿腾、西门子三大海外巨头垄断，前两者为美国企业，后者为德国企业。从芯片制造的不同环节来看，美国、欧盟在芯片核心IP（知识产权）中的价值占比分别为52%、43%，制造设备占比分别为44%、23%，芯片设计占比分别为47%、10%，控制了汽车半导体产业的关键环节。再加上欧盟与美国在半导体产业上的共生关系，两者政策合作紧密，对其他国家的汽车半导体发展形成战略压制。全球新能源汽车半导体市场规模测算见图2.9。

在新能源基础设施建设方面，欧美的充电桩建设已经落后。美国受制于乘用车新能源渗透率有限，欧洲则是因为各国电动化转型力度差异，导致充电桩建设进度不及新能源汽车销量增速。欧洲和美国的车桩比分别为10∶1和20∶1，面临电动化基础设施严重不足的局面。

日韩一度是动力电池产业强者，重视细分领域，日本重点布局氢能路线。日韩作为传统汽车大国，在新能源赛道上秉持着以电池技术为核心布局的理念，电池产业链虽逐步被中国企业替代，但仍占据不少市场份额。2022年，韩国的LG新能源、三星SDI、SK On合计占有约24%的全球动力电池市场份额，日本松下占比约为7%。日韩电池技术实力仍处于业内领先地位，以特斯拉采用的松下21700NCA（镍钴铝）三元锂电池为例，其单体能量密度能达到300Wh/kg（瓦时/千克）。

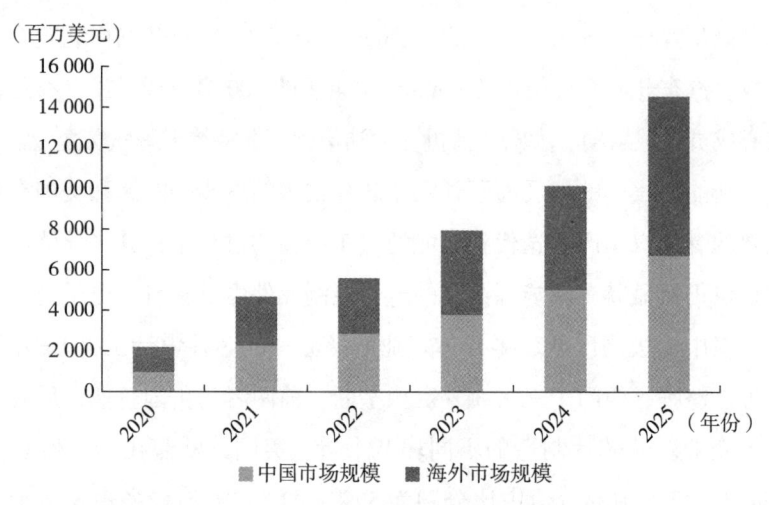

图2.9 全球新能源汽车半导体市场规模测算

资料来源：ICWise，泽平宏观。

日本在新能源转型中则选择了氢燃料电池技术路线，丰田的Mirai是全球氢能乘用车的开山之作，2019年日本燃料电池汽车能达到平均650千米的续航里程和3.0 kW/L（千瓦/升）的体积功率密度，技术领先全球。

在重要细分领域，日韩企业还占据重要地位。比如，日本拥有全球顶级的汽车零部件供应商日本电装，电控系统供应商三菱电机和富士电机，变速箱生产商爱信。在汽车芯片领域，得益于其半导体产业的发达，日本企业已经占据半导体晶圆、制造设备、封装测试、设计环节的56%、29%、44%、10%的市场份额，在汽车智能化硬件上的布局也遥遥领先，瑞萨电子在 2021 年全球汽车半导体产业中份额排名第三，仅次于恩智浦与英飞凌。韩国新能源汽车产业链虽依赖中国，但半导体产业具备相对优势，在设计和生产环节上韩国企业分别占据了 19% 和 22% 的市场份额。

在基础设施方面，因日本的新能源转型选择不同，新能源汽车表现逐渐从第一梯队脱节，其充电设施建设也长时间处于停滞状态。日产汽车报告显示，2022 年日本全类型充电桩数量仅 4 万个。但是，日本对氢燃料电池基础设施的发展尤为重视。截至 2022 年，日本加氢站已建成 142 座，数量位于全球前列。其规划是到 2025 年完成 320 座加氢站的建设，推广 20 万辆燃料电池汽车。

中国新能源汽车产业链实力完备，但部分受制于关键技术和材料"卡脖子"的情形，自主可控的芯片产业也在加速追赶。中国拥有一套成熟的新能源汽车产业链，涵盖上游正极材料、锂电池、三电系统，到智能化设备、整车制造，以及下游充电桩配套。动力电池是我国主导全球新能源产业的核心，政策支持、渗透率提升，中国成长为全球最大的动力电池产地。2022 年中国动力电池企业总装机量占全球的 60% 左右。此外，在下游的充电桩建设上我国也遥遥领先，受益于政策激励和下游需求拉动，我国公共充电基础设施快速建设。中国充电联盟披露，我国充电桩保有量从 2015 年的 6.6 万台增加到 2023 年初的 520 万台，车桩比从 2015 年的 6.4∶1 下降到 2.5∶1，在全球属于领先水平。

我国的新能源汽车产业短板主要是在上游的锂资源和中游的汽车半导体产业。在上游，我国的锂资源总储量虽然仅次于智利、澳大利亚、阿根廷，位居全球第四，但锂资源形式主要是云母和盐湖，与锂精矿相比杂质多，分离难度大，提取成本高。为此，近年来国内锂矿和电池企业纷纷加大投资力度，布局海外锂矿产业。《时代周报》统计，2022 年，我国锂电产业链上下游 12 家上市公司投资海外锂矿项目达 15 个，总投资额高达 139 亿元。

下游的汽车半导体行业是我国发展的痛点，目前仍以海外垄断为主。2020 年芯片短缺问题发生以来，车辆生产上减产约 200 万辆。当前，我国芯片产业面临三大挑战。一是高度依赖进口，全种类芯片，从计算控制到储存、通信、感知，自主率最高不超过 10%，最低不足 1%。二是产业链短板，上游的关键 EDA 芯片设计软件被美国垄断，中游晶圆制造设备——光刻机，制程相对落后，下游的封装测试检测和光束设备也依赖美国进口。三是人才短缺，2023 年半导体全行业人才缺口约为 20 万人，由于集成电路人才原本集中在消费类芯片领域，转换到汽车芯片领域还有适应性问题，叠加美国《芯片和科学法案》对人才的进一步限制，挑战巨大。同时，整车厂对于供应商的选择慎重，芯片量产前需要各种试验认可和充分验证。总体来看，中国汽车半导体自主化还有很长的路要走。

第三节　百年汽车大变局，守得云开见月明

一、变局之一：汽车产品的定位和核心竞争力转变，汽车将成为软件定义的智能移动终端

传统燃油汽车时代，车企默认的用户划分刻度是"轴距–种类"，用车场景、车内舒适度、动力综合性能是用户的关注焦点，硬件定义汽车的时代持续了一个多世纪。21 世纪是新能源时代，全球消费主力人群发生改变，底层消费观念也随之变化，能源清洁化、互动娱乐

化、定制化以及差异化消费成为趋势，汽车产品的用户也随之分化出不同维度，智能电动化时代需要重新研究用户、规整用户，软件定义汽车的时代来临。

当汽车消费由"硬件定义"为主转向以"软件定义"为主，汽车的核心竞争力也由传统的动力总成、底盘、电子电气转向智能电动硬件与软件一体的服务方案。

在硬件变革趋势上，电池、电机、电控组成的三电系统逐步取代发动机，汽车动力总成面临百年来的最大变革。随着智能驾驶技术的发展，汽车感知、交互与决策等硬件也将全面升级。传感器、中控屏、芯片等成为汽车的核心零部件。尤其是智能驾驶核心的AI（人工智能）算法芯片的技术突破，成为促进行业前进、提升汽车使用感的主要驱动力。汽车半导体市场将成为全球技术博弈的制高点。

在软件方面，汽车电子发展迎来关键期，电子电气架构（E/E）将由分布式转向集中式，通过中央计算与区域控制集成管理汽车功能。其作用类似于智能手机的操作系统，涵盖底层操作系统、系统级芯片（SOC）等环节。随着海量驾驶数据积累、数字孪生仿真，软件计算也将为汽车行业智能化变革带来新的支撑点。软硬件解耦，既能够实现硬件标准化，又可以实现软件的可重复开发利用，大量减少了内部冗余。在软件系统上，未来将出现汽车界的iOS（苹果公司开发的移动操作系统）与安卓之争。

在汽车服务与综合生态方面，智能驾驶全面变革驾乘体验，安全高效的出行模式将解放人的四肢、大脑。智能座舱系统为车内娱乐提供了更多可能，例如交互语音、抬头显示系统（HUD）、多屏游戏音乐等服务，改变了汽车的使用属性。随着车联网的发展，汽车可以在生命周期内通过空中下载技术（OTA）持续更新应用，界面交互赋予汽车更多应用场景——在无人驾驶的情况下，司机将有更多的自由时间，而车联网技术使汽车随时与办公室、家、公共设施相连，实现远程控制。汽车将成为各种服务和应用的入口和智能移动终端。

汽车的终极定位是消费品。在软件定义汽车的时代，未来汽车将承载更多与消费者内在需求相匹配的属性，而不仅仅是传统的出行工具。电动化、智能化、网联化、共享化成为汽车的发展趋势；新能源动力、自动驾驶、智能座舱、轻量铸造等系统与功能、工艺的进步，是汽车产品顺应市场需求发展的成果。车企需要积极布局转型，应需而为，提升汽车电动化、智能化水平，重新研究用户群体并调整产品市场定位，否则恐将复刻"诺基亚遭遇苹果"的窘境。

二、变局之二：新能源时代，汽车产业价值转移、产业链重构，新势力崛起，竞争激烈化

新能源时代，汽车的定义和定位发生了改变，汽车制造业的核心竞争力也发生了改变，价值链从传统的发动机、底盘集成环节，向智能电动车的三电系统、智能化软硬件一体化方案开发和市场品牌定位能力转移。

从经济价值来看，在传统燃油汽车中，以内燃机为主体构成的动力系统成本占总成本的比重在 15%~25% 之间。在新能源汽车中，以锂电池为主体的三电系统的成本占整车成本的比重达 50% 以上。智能化座舱产品的价值提升普遍在 5 000~18 000 元之间。

从技术价值来看，传统燃油发动机在长期迭代与发展后已不具有较高壁垒，而新能源汽车系统的各部分，无论是结构不断创新的锂电，还是尚未成熟的燃料电池系统，抑或是车身轻量化、一体化压铸等各种技术，都存在创新突破的空间。全球头部的传统车企 BBA（奔驰、宝马、奥迪）等纷纷转型，而那些走在前列的企业，如比亚迪，早已

经停止生产燃油汽车。

在价值链转移的过程中，汽车智能电动化使整车厂与一二级供应商之间的边界逐渐模糊，国内外"造车新势力"强势崛起，互联网、半导体等科技巨头跨界进入汽车赛道，传统汽车零部件供应商积极转型。全球市场上，以美国特斯拉，中国蔚来、小鹏、理想、哪吒等为代表的造车新势力纷纷入局，有的先声夺人、抢占先机，有的资源禀赋优势和互联网基因特征明显，新势力入局后不断抢占传统车企的市场份额。

由于汽车的"软件"属性逐步显现，在智能移动终端拥有技术经验与市场积累的互联网、科技企业优势凸显，纷纷布局汽车赛道。从海外来看，美国谷歌在 2007 年开始无人驾驶测试，逐步转型无人驾驶车制造。苹果也开启 Apple Car（苹果汽车）布局。全球显示芯片巨头英伟达，其新能源汽车相关业务是增速最快的业务板块，推出的 Orin 系统级芯片不断为合作车企赋能，正成为自动驾驶汽车硬件和软件的领导者。从国内来看，百度在 2013 年就开始自动驾驶研究，2021 年正式成立智能汽车事业部，以新型智能化 Tier 1（一级）角色深度加入，小米也随即加入。此外，阿里巴巴与腾讯也作为跨界融合的共同开发商，在中游积极为车企提供软硬件、系统解决方案，拥有汽车操作系统 AliOS、仿真系统 TAD Sim 等行业前沿产品。

造车新势力的崛起与科技巨头跨界的加入进一步加速了产业链重构。传统的供应链格局是垂直向上的金字塔式结构，Tier 2（二级）供应商为 Tier 1 供应商提供零部件，Tier 1 供应商为主机厂提供系统等底层零部件的集成，整车企业的价值差异在于系统和设备集成能力（见图 2.10）。新能源时代的供应链格局是多面散开的蛛网式结构，造车新势力重新定义"零整"关系：垂直供应、共同开发、跨界融合、渠道自营等新模式出现，催生了跨界 Tier 0.5、Tier 1.5 供应商。跨界 Tier 0.5、Tier 1.5 供应商作为上下游之间的纽带，向上提供部分集成的软硬件，向下提出定制化需求。供应商之间业务关系交错、技术合作密切、竞争位势发生改变，产业技术核心向上游转移。新能源时代下的车企格局面临重塑，整车企业若不掌握核心技术，将逐渐被边缘化，沦为中上游企业的组装代工厂。

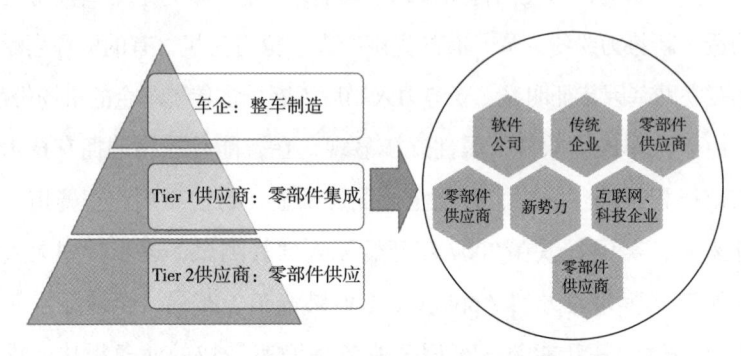

图 2.10　汽车行业格局从垂直金字塔式转向多元网络式

资料来源：泽平宏观。

在汽车产业链的重构中，车企表现出两极分化：从严酷竞争中突出重围的优质新势力车企业绩一路高歌；在行业头部的传统车企或转型布局孵化"传统新势力"，或失去竞争优势重组破产。一方面，在全球新能源市场，特斯拉的销量超过大众、宝马、奔驰之和。国内比亚迪一家企业的新能源汽车销量接近其他各家的总和，哪吒、理想、蔚来、零跑、小鹏的新能源汽车总销量均突破10万辆，组成了新势力"第一梯队"。吉利旗下的极氪也完成了高速增长与万台月销，成为"传统新势力"中的佼佼者。另一方面，通用汽车、福特等传统车企业绩下滑，陆续裁员，重组求生；2021年，FCA（菲亚特克莱斯勒）和PSA（标致雪铁龙）合并成为全球第四大车企，传统车企抱团取暖与新势力的高歌猛进形成鲜明对比。从国内市场来看，力帆、众泰、中华、江铃汽车等老牌车企都已黯然离场，威马、拜腾、极星等造车新势力也陷入困境，面临危机。

未来汽车行业最强势的竞争者，或许不再是曾经的奔驰、宝马和大众，而是比亚迪、特斯拉等具有强劲电动化优势、智能化优势的企业。谷歌、高通、英伟达、华为、阿里巴巴、百度等巨头已通过合作、授权或供应商身份等，嵌入智能驾驶细分环节，占据了行业重要的价值点。车企唯有看到变局和大势，把握市场变化并积极拓展和布局，大力发展电动车业务，进行电动化、数字化转型才能逆势而上。

三、变局之三：新能源时代，中国汽车品牌能否守住先发优势，决胜新能源时代？

复盘全球汽车发展历程，欧洲、美国、日本的汽车产业依次崛起。新能源时代，世界汽车产业发展重心或会再次转移。中国汽车品牌能否守住先发优势，决胜新能源时代？

通过研究欧洲、美国、日本等经济体的汽车产业历程发现，汽车工业实现从自立自强到走出去的三个必要因素是技术、成本和契机，即拥有核心竞争力的技术，降低成本，找到合适的全球化契机，多方因素协同作用才能成就一国繁荣的汽车产业。

汽车百余年的工业发展史已经历三次变革，汽车产业的发展重心长期聚集在欧洲、美国、日本等国家和地区。

工业革命后期到一战前，欧洲把握住了第一次汽车产业变局的关键，依托工业革命打下的技术基础，成为汽车工业的摇篮。1885年，德国人卡尔·本茨成功研制第一辆三轮汽车，获得了"汽车制造专利权"，现代汽车诞生。1886年，德国人戈特利布·戴姆勒又成功研制第一辆四轮汽车，两人分别创办奔驰汽车公司和戴姆勒汽车公司，后来就是戴姆勒-奔驰汽车。

20世纪初,汽车制造技术迅速发展,欧洲迅速掌握了汽车产业的各种核心技术,在之后相当长的时间内都处于世界领先地位,早期世界汽车产业的发展重心就在欧洲。

世界第一大汽车零部件企业博世在德国诞生,博世经营刹车系统、柴油喷射系统、汽车诊断系统等多项业务,其电子车身稳定系统(ESP)被许多厂商采用,成为这一领域的代名词。德国采埃孚的汽车动力传动系统与底盘技术亦处于全球领先地位,其研发的ZF8速自动变速器是世界上最早的8速变速器。法国的佛吉亚集团是全球第六大汽车零部件供应商,其座椅技术与排放控制技术处于全球领先水平。一战前,欧洲是世界汽车工业的中心。

从一战到二战,欧洲承受较大的人力、物力损失,汽车工业发展一度停滞,产能出现真空期。美国由于多数时间处于中立角色,以产业发展为主,汽车产能不断扩大,产业实力不降反升,从欧洲手中接过了汽车产业第一的位置。美国汽车在变局中走向世界,不仅在于把握住了欧洲汽车产能的真空期,更重要的是流水线技术的应用。

1914年,美国的福特汽车成功实现了流水线生产,现象级车型出现,T型车引领发展。装配时间从12.5小时缩短至1.5小时。改进的流水线技术实现了产品的降本,T型车成本从850美元降至260美元,彼时美国车的价格只有同类欧洲车价格的25%,甚至更低。规模化降本增效是汽车工业史上一次革命性的创新,也改变了汽车只是少数人使用的奢侈品的定位,汽车进入普通家庭,成为大众化商品,具体有两个表现:一是汽车消费迅速在美国本土普及,二是汽车工业终于有条件发展为具有广泛用户群体和宏大产业规模的世界性成熟产业。继欧洲之后,美国也成为世界汽车工业的发展中心。19世纪上半叶的大部分时间,美国是全球汽车产销第一(见图2.11)。1930年,美国已充分确立了彼时世界汽车霸主的地位,美国汽车产量570万辆,为

1919年的3.04倍，是世界总产量的80%；汽车千人保有量为252辆，为1919年的3.5倍。美国有汽车的家庭占比为60%（见表2.2）。

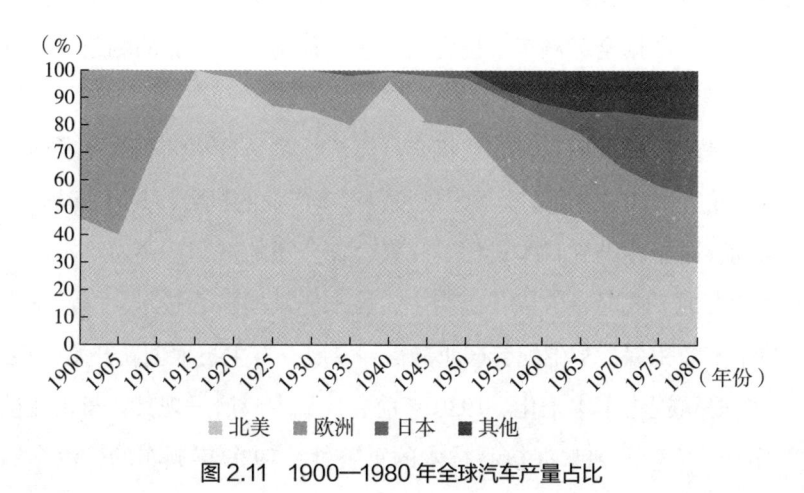

图2.11 1900—1980年全球汽车产量占比

资料来源：公开资料，泽平宏观。

表2.2 1919—1930年美国社会与汽车产业变化

时间	1919年	1930年
人口数量（亿）	1.04	1.23
汽车产量（万辆）	187.6	570
汽车保有量（万辆）	757.7	3 100
汽车千人保有量（辆）	72	252
拥有汽车的家庭所占比例（%）	26	60

资料来源：公开资料，泽平宏观。

总结美国汽车产业发展历程可见：在技术上，实现了革命性的生产销量提升和大排量发动机技术的创新；在成本上，流水线作业模式大幅降低了家庭用车成本。此外，抓住他国产业真空期的契机，美国汽车一举走向了世界。

日本汽车工业在20世纪60年代至21世纪前期，曾是全球汽车发展的标杆。战后快速重建，学习美国汽车发展经验，为成为世界汽车强国创造了充分条件。日本汽车产业发展之路比较清晰，主要是通过引入外资品牌积累生产、技术、管理经验，最后依托自主品牌发展走出国门，占据全球汽车市场主要份额。日本汽车产业的崛起主要可以归因于以下三点。

一是重视外资引入。寻找机会、模仿学习是日本汽车产业发展的起点。战后的日本借助了美国发展投资汽车产业的机会，其时福特、克莱斯勒、通用相继到日本设厂。几家合资公司的汽车产销占日本市场份额约九成。此时日方以代工为主，虽未能掌握核心技术，但汽车生产技术不断积累，基础配套产业链得到发展，自主技术创新开始萌芽。

二是重视汽车本土化。1930年前后，日本政府发现其汽车工业被美国垄断，意识到掌握核心技术的重要性。1936年颁布的《汽车制造事业法》要求：产量3 000台以上的车企，必须由政府批准，车企的股东必须半数以上是日本公民。同时对汽车生产销售、产品进口也有严格限制，该政策一度使福特、通用等外资汽车退出了日本市场。1945—1965年，日本大力进行政策扶持，坚决推行关税保护，实施汽车产业本土化垄断。日本政府认为，汽车行业是战后支撑经济复苏的重要产业，在各层面明确要求：合资造车必须技术引进。这也是当时大多数日本车企的选择，比如日产、日野、五十铃分别与英国奥斯汀、法国雷诺和美国奥弗兰德合作，都明确涉及专利转让。日本政府为致力于自主研发的企业提供大量资金支持，丰田是代表企业之一。1955年的第一代皇冠基本完成了100%国产化。在关税保护层面，日本不断提高关税，保护本国的汽车工业。1960年小轿车关税税率高达35%，1968年仍有28%，1971年为10%，直到20世纪70年代末期本土产业培育成熟后，关税才降至0。市场发展层面，日本政府积极调动国民情绪，引导国潮消费，国民收入倍增计划也让汽车在日本快速得到普及（见表2.3）。

三是重成本管理。发源于日本丰田的精益生产是先进制造业管理的革命性理念，通过最大限度地减少浪费，有效规划产能与库存，极致追求产品质量，来降低管理与运营成本。大力推行精益文化的日本车企实现了全面降本增效，20世纪60年代日本推出的汽车售价较前10年下降了30%~50%。丰田汽车在1973年全球经济危机时，仍创下高额利润，引发全球关注。2003年，丰田汽车创造净利润81亿美元，超过美国四大车企之和，净利润率高出行业8倍。

表2.3 日本初期主要汽车工业扶持政策

时间	政策	内容
1936年	《汽车制造事业法》	外资在日本汽车生产全部停止经营
1937年	《进出口物品临时处理法》	限制进口，打压外国汽车制造厂
1946年	成立负责汽车工业自动车课	各政府机关用轿车必须使用国产轿车
1955年	《经济自立五年计划》	全方位支持引进底特律生产线
1956年	《机械工业振兴临时措施法》	扶持15年零部件业

资料来源：公开资料，泽平宏观。

20世纪70年代，日本汽车产业抓住对外发展契机，在15年内实现全球市场的扩张。20世纪70年代爆发了两次石油危机，全球油价迅速上涨，低油耗、小排量的经济车型在全球流行。日本由于地理因素，资源有限，石油多靠进口，因此早期日本车企也多把研究重心放在小排量发动机的研制上，汽车产业发展一直以经济型为主。1972年，本田研发了低公害发动机CVCC，通过了当时最严格的美国汽车排放法规《马斯基法案》，在海外市场的竞争力不断上升。1970—1985年，日本汽车产量从529万辆提升到1 227万辆，增长1.3倍，汽车出口量分别从100多万辆上涨到673万辆，出口比率从20%上升到50%以上。日系车排量小、更轻巧、更省油，保养维修也相对便宜。以20世纪70年代爆发的两次石油危机为契机，日本汽车的全球出口份额得到了跨越式推进。至此，日本汽车实现了国内销售与出口量双高速增长，成为继美国和欧洲之后的第三个世界汽车工业的发展中心。以丰田和日产为代表，日系汽车正式打开了全球市场。从20世纪80年代至今，保持了30%左右的全球市场占有率（见图2.12、图2.13）。

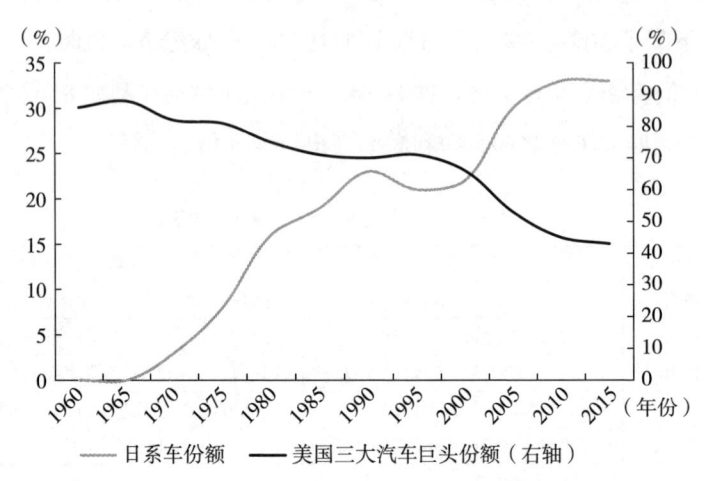

图2.12　日系车抓住出口契机，70年代在美国销量份额大幅抬升

资料来源：公开资料，泽平宏观。

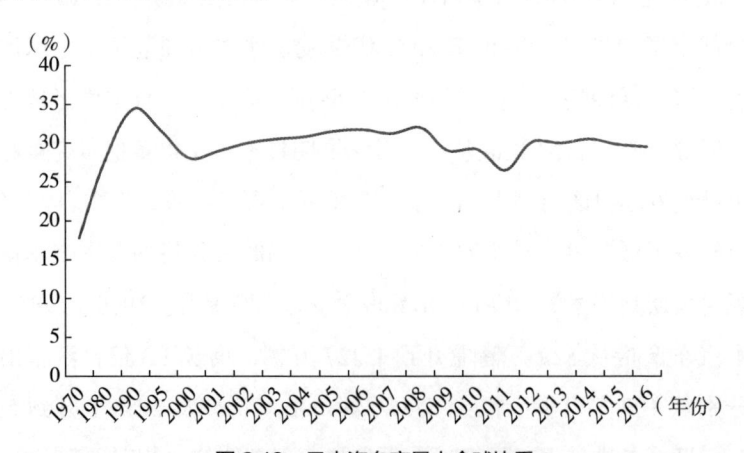

图2.13　日本汽车产量占全球比重

资料来源：公开资料，泽平宏观。

总结日本汽车产业的发展历程，技术上，依靠政府产业政策支持，向国外学习，以合作换技术，进行管理创新，降本增效。同时，在自主研发、储备技术方面，主推符合国情的小排量发动机。两次石油危机给日本车企带来发展契机，日本汽车的优势凸显，迅速进入欧美市场。1980年以后，日本汽车的产量已经与欧洲、美国产量相当，全球格局一度呈现三足鼎立之势。

如今，新一轮汽车产业变革已然到来，每一轮汽车产业变局的背后都是全球工业秩序的重构。掌握新能源技术，降低综合造车成本，抓住时代契机，是新能源时代的决胜关键。

各国公认的新时代汽车产业两大变革是动力驱动变革、驾驶方式变革，即新能源、车联网、自动驾驶、智能座舱几大方向。哪个国家能在上述技术中取得开创性突破，促进新一轮的全球汽车消费，哪个国家就将成为新的世界汽车工业中心。

21世纪以来，中国汽车工业高速发展，成为全球最大的汽车生产和消费国家，拥有完整的汽车制造产业链和早期布局的先发优势。中国的新能源汽车产业经过10年的规划和培育，已具备一定的先发优势和规模优势，比如供应链体系、资源储备、强大的本土市场等，有望通过新能源汽车实现汽车产业的"换道超车"。产业链优势方面，2009年国务院提出布局新能源汽车战略，实施至今经过多年的发展，我国已形成了从上游资源到动力电池，再到整车智能化的完整产业链体系，积累了丰富的运营管理经验。市场优势方面，中国是全球最大的新能源汽车制造和消费国，新能源乘用车销量也占全球的60%以上。

但是在新能源新时代的变局中，客观上，中国的汽车产业也面临众多挑战，比如，重点技术突破瓶颈、配套产业差距、品牌出口短板等。我国新能源汽车的核心技术仍有待突破，关键零部件还面临"卡脖子"问题。比如动力电池，我国在高比能电池、高安全电池、长寿命电池方面仍需加大研发力度。又如电机系统，我国在高效、高密度驱动电机系统等关键技术方面，相较国际先进水平仍有差距。关键零部件方面，车用芯片、高速轴承、智能汽车传感器还需要追赶突破；汽车芯片方面，其不仅是技术短板，更是我国半导体产业的长期自主化发展问题。比如电控核心零部件 IGBT 器件和图像处理芯片方面，2022 年全球 IGBT 市场中，德国、日本、美国分别占比 31%、26%、10%；图像处理芯片基本被英伟达和英特尔 Mobileye 垄断。

中国汽车品牌的短板在于，内销有力而出口不足。2022 年，全球新能源乘用车销量前 10 的车企中，自主品牌占据 4 席，分别是比亚迪、上汽通用五菱、广汽、上汽。然而，中国新能源汽车大部分仍在依靠内销，难以进入发达国家市场，美国、欧洲市场畅销的电动车型仍然被本土品牌垄断。中国的新能源汽车产业也亟待补齐短板，将先发优势转化为技术和品牌优势。

总的来看，中国离汽车强国的梦想从未如此接近。当今世界的电动化转型如此之快，一次次验证了 10 年前中国发展新能源汽车产业的战略前瞻性。中国汽车自主品牌能否守住先发优势，真正站在未来世界汽车产业的舞台中央？让我们一起找寻答案。

第三章

中国新能源汽车：
迎接黄金 15 年

多年来，中国的汽车产业先后通过市场换技术、产业链完善构建和降本增效，实现了从开拓到崛起，再到逐步飞跃，发展出全球最大的汽车市场和最完善的产业供应链。

发展新能源汽车是国家战略。在新一轮能源革命和汽车产业变革的当下，中国的车企、中国的新能源汽车逐步开始引领全球，整车、三电、智能化等自主技术逐渐实现突破，产业集群与合作开发模式迭代创新，动力电池等子领域的优秀企业层出不穷。引领全球这一轮汽车行业百年变革的，将是有所准备的中国汽车制造业。

中国汽车在新能源时代要开辟出自己的道路，政策支持是起点，技术和产业链构建是基座，品牌建设是影响力和口碑的关键，这几点缺一不可。随着新能源补贴逐步退场，全面转向市场驱动时代，中国新能源汽车的"新四化"——电动化、智能化、网联化、共享化突破发展，三电（电池、电机、电控）技术不断得到验证，智能网联、汽车共享是未来趋势。大变局之中，中国车企"五分天下、合纵连横"，逐鹿新能源。

机遇的背后也预示着挑战。在爆发式的高速增长过后，激烈竞争的时代也必然来临。新技术加速迭代，新企业入局充分竞争，车企的业绩或两极分化，有的降价自保，有的发展强大。唯有应需而为、顺应时代，才能在变局中屹立。只有电动化、智能化技术过硬，自主品牌力强势，海外竞争得胜的中国车企，才能书写汽车产业的下一个百年。*

---

* 本章作者：任泽平、王一渌、刘家嘉、廖世祺。

第一节　中国汽车行业，站在全球汽车产业变革的舞台中央

一、中国汽车制造业的发展历程是中国经济发展的缩影：从开拓到飞跃的逐步崛起

我国汽车产业的发展是中国经济现代化建设的缩影。回顾过去几十年，中国的汽车产业从开拓走向飞跃，再逐步走向成熟，开启全球化。进入新能源时代，中国汽车产业的崛起依靠的是技术进步、产业自主、抓住时代契机三大要素。

1949—1979年是中国汽车工业的开拓阶段，先是一汽、长春、长安、东风、北汽等早期骨干企业搭建了中国汽车工业的基础，实现了我国汽车工业从无到有的跨越。改革开放后，汽车行业迎来了合资潮和飞跃阶段，早期国有军品企业在市场化改革的浪潮下进入乘用车制造领域，与日本、美国、欧洲等地的车企合作，以市场换技术的方案促进了中国自主车企快速学习进步。

1998年，我国轿车产量占汽车总产量的比重突破40%，标志着汽车产业结构发生根本变革，家用汽车登上历史舞台。同年自主品牌吉利汽车走下生产线，我国第一家民营车企出现，汽车行业进入高速增长期，虽然主要核心技术还在外资手中，但各大国有和民营车企都陆续布局自主研发和设计创新。

2009年，我国汽车产销超越美国，成为世界汽车产销第一大国。

次年，我国国民生产总值超越日本，成为世界第二大经济体，汽车产业成为国民经济的核心组成部分，进入了成熟阶段。在这一阶段，虽然合资车依然是市场主流，但技术自主已广泛实现，从核心零部件到发动机集成，全产业链都已具备国产化实力，自主品牌布局的成效开始显现。2008—2017年，自主品牌市占率从28%升至41.7%，2022年，自主品牌市占率进一步升至50%（见图3.1）。国产汽车逐渐得到市场认可，自主品牌进入全面发力期。2010年，比亚迪第一款国产新能源汽车F3DM发布，为自主新能源汽车发展埋下了伏笔。2014—2015年，造车新势力登上舞台，把握"双碳"和全球电动智能化转型的契机，引领中国汽车产业进入新能源时代。

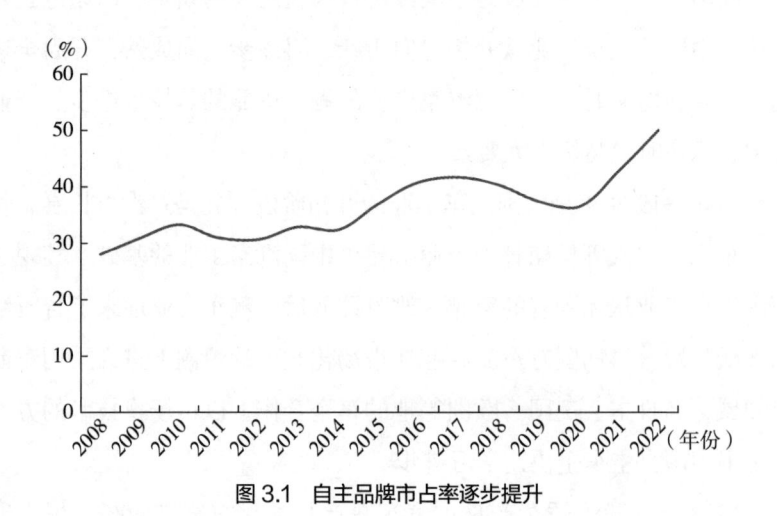

图3.1 自主品牌市占率逐步提升

资料来源：Wind，泽平宏观。

当下，中国汽车产业以新能源、新战略开启新阶段，用增量新能源汽车替换存量传统燃油汽车，引领我国走向汽车强国。新阶段，需要关注汽车产业价值创造的三大方向。

一是"电动化＋智能化"。具备自动驾驶功能的电动车将替代传统燃油汽车，动力电池、车载软硬件、系统是关键。

二是汽车品牌的自主化。本土品牌崛起是成为汽车强国的必由之路，德国、日本的本土品牌的本国市占率分别为 70.3%、84.2%，而中国的自主汽车品牌的本国市占率为 50%，增长空间充足。

三是汽车销售的全球化，中国汽车走出国门，与德系、美系、日系车竞争全球份额是一大趋势，也是在本土竞争加剧后，创造新增量的有效途径。2022 年，我国汽车累计出口 311 万辆，同比增长 54.4%，其中新能源汽车出口 67.9 万辆，同比增长 1.2 倍。

二、中国汽车产业：实现技术突破、具备成本优势、把握契机，逐步占领制高点

我国汽车产销量居于世界前列。2021 年我国汽车产销量在 2 600 万辆以上，2022 年我国汽车产销量分别为 2 702 万辆和 2 686 万辆，同比增长 3.4% 和 2.1%，中国汽车产销量连续稳居全球第一，销量占全球比重的 33%。

2021 年，我国新能源汽车产销量分别为 354.5 万辆和 352.1 万辆，销量占全球比重的 52%。2022 年，我国新能源汽车产销量超过 680 万辆，占全球比重超过 60%。不可否认的是，作为世界汽车产销第一大国，我国在新能源时代已经积累了一定的先发优势。

1. 技术优势：中国新能源三电产业链逐渐完整，自主智能化发展快

新时代汽车产业变革是驱动能源、动力系统和驾驶方式的变革。新能源、车联网、自动驾驶、智能座舱是未来的发展方向。对于三电系统等关键技术，中国企业已具有一定的技术储备。

电池方面，中国新能源汽车动力电池技术已经达到国际领先水平，动力电池产量占全球比重与电池单体能量密度持续提升，宁德时代、比亚迪电池的市场份额引领全球，中创新航的高压电池技术成果显著，蜂巢能源叠片制造工艺不断实现创新突破。同时，电池安全问题、循环利用问题也在不断改善。

电机方面，我国驱动电机技术基本已达到国外水平，大部分已经接近国际先进水平，在功率密度、系统集成度、绕组制造工艺、冷却散热技术等方面日益成熟。以上海电驱动、精进驱动、联合电子等为代表的独立电机供应商的部分产品已实现出口。

电控方面，在关键技术领域取得快速发展，产品系列化可基本满足 200kW 以下的动力需求。比亚迪、斯达半导体、中车时代电气等优质企业已经开始努力追赶，国产替代化脚步将会加快。

同时许多科技企业如百度、华为、滴滴出行等都在向自动驾驶研究领域进军，为智能汽车时代的发展注入了新鲜血液，提供了强有力的科技基因与创新活力。智能网联汽车是汽车的终极形态，在此之前，人工智能、大数据、云计算、5G 等新兴技术提供了先行技术条件，而目前我国在上述领域的发展都站在了世界前列。基于先进的基础设施优势，中国有望在全球率先实现 L4~L5 级自动驾驶的商业化应用。众多企业发布量产级无人车，实现了无方向盘，取消了刹车踏板。全自动驾驶离我们越来越近，汽车行业从传统燃油汽车向智能网联汽车的转变已不可逆转。

2. 成本优势：产业集群、跨界集成、共同开发，新能源产业模式创新助力形成竞争优势

百年间发生在美国、欧洲、日本的多次汽车工业革命，通过批量化生产、精益生产等方式降本增效，为汽车工业的发展带来了变革。

新一轮汽车工业革命将以产业集群、跨界集成、共同开发为核心。

产业集群能够整合区域性资源，集群内企业的信息共享与合作频次相对更高，交易成本也进一步降低，产业链集群发展更加完善。以江苏常州为例，其作为长三角核心的新能源产业区域，产业链相对完整，供应半径较小，是新能源汽车产业得以蓬勃发展的重要原因。整车制造方面，理想、东风、北汽、众泰汽车、上汽大通、比亚迪等企业的工厂先后落地常州，基本形成新能源汽车生态圈；电池方面，江苏时代、中航锂电、蜂巢能源等电池企业建成投运，实现规模化发展；材料方面，当升科技、贝特瑞等锂电池关键配件材料企业的加入，成为不可或缺的一环。上述企业之间的地理距离较近，物流便捷，可在一定程度上节省运输成本，实现合作发展，规模效应显现。

跨界集成与共同开发能够加深整车厂与科技企业、零部件供应商的直接合作。以百度的智能驾驶业务为例，作为一家互联网科技巨头，百度致力于成为全球领先的 Tier 1 智能化技术服务商，基于自身现有的业务，为车企提供各类智能化软件、系统解决方案。向智能化方向转型的车企如果选择自己布局自动驾驶算法和平台，投入将是几十亿元，甚至达到百亿元级别，并且研发验证周期短至 3~5 年，长则 5 年以上，超出了单一车型的开发周期，也超出多数车企能接受的时间范围。通过将专业的事情交给专业的企业，在智能化转型的大背景下，车企可以选择与百度、华为、腾讯、阿里巴巴等科技巨头跨界合作，共同开发是降本增效的有效途径。

3. 发展契机：全球"双碳"，气候问题，俄乌冲突引发能源危机，全球汽车消费转型，我国新能源汽车迎来出口契机

气候问题是全球面临的最重大的挑战之一，新能源汽车不仅是我国坚持确定的汽车发展路线，也是全球各大经济体和企业的共识。传

统燃油汽车带来的污染不容小觑，我国汽车碳排放占交通领域碳排放的比重超过 80%，占全社会碳排放的比重为 7.5% 左右。目前我国是全球最大的碳排放国，发展新能源汽车产业是积极参与国际社会碳减排，实现"双碳"目标的重要举措。

全球大部分国家将禁售燃油汽车的时间节点定格在 2035—2040 年。世界主流的车企都发布了相关战略，比如，2015 年丰田发布了《丰田环境挑战 2050》，提出了 2050 年全球新车平均行驶过程中二氧化碳排放量较 2010 年削减 90% 的目标。宝马也不断提高减碳目标，宣布到 2030 年平均单车全生命周期碳排放量相较于 2019 年有所下降，减碳目标由此前的降低 1/3 调高至降低 40%。戴姆勒 2019 年宣布，计划到 2040 年做到二氧化碳零排放。

地缘冲突等因素持续扰动，全球供应链紧张，但也为我国新能源汽车出口带来了机会。欧洲地缘政治风险对全球供应链造成了巨大影响，也包括对汽车供应链的冲击。比如在俄乌冲突的影响下，大众集团暂停了德国茨维考与德累斯顿两家 MEB（模块化电动工具）纯电平台汽车工厂的生产，福特汽车也表示全球半导体短缺和俄乌冲突影响了其在欧洲的汽车生产和订单量，由于芯片短缺，其曾暂停在德国萨尔路易和科隆的工厂。汽车供应链环环相扣、相互依赖。随着中国新能源汽车自身产业链逐渐完备，布局更加全面，在物流、生产、供应等方面逐渐累积了优势。

除此之外，近年来全球通胀预期加剧。2020 年以来，美联储持续性扩大资产负债规模，俄乌冲突阻断全球能源供应链，布伦特原油价格连续飙升，用车成本与出行成本的增加削弱了消费者购买燃油汽车的意愿，新能源汽车的市场关注度与消费者接受程度显著提升。随着全球汽车消费转型，我国作为新能源汽车最大生产国，具有填补庞大的外需缺口的能力，中国新能源汽车产业进一步开拓国际市场迎来契机。

第二节　发展新能源汽车是国家战略，从政策驱动转为市场驱动

一、中国能源消费结构升级，新能源汽车保障可持续发展

我国能源的现状是"缺油少气"，为保证国家的可持续发展，能源消费结构需要升级。我国目前是全球仅次于美国的第二大石油消费国，但截至2021年，中国石油探明储量只占全球总探明储量的1.5%。我国原油产量相对稳定，但消费量持续走高。2015年以来，我国的原油产量在2亿吨左右。与此形成对比的是，我国的原油消费量却在不断攀升，从2015年的5.43亿吨上升至2022年的7.1亿吨。我国原油进口量从2015年的3.36亿吨增长至2022年的5.08亿吨，对外依存度超过70%（见图3.2、图3.3、图3.4）。这样的能源消费结构

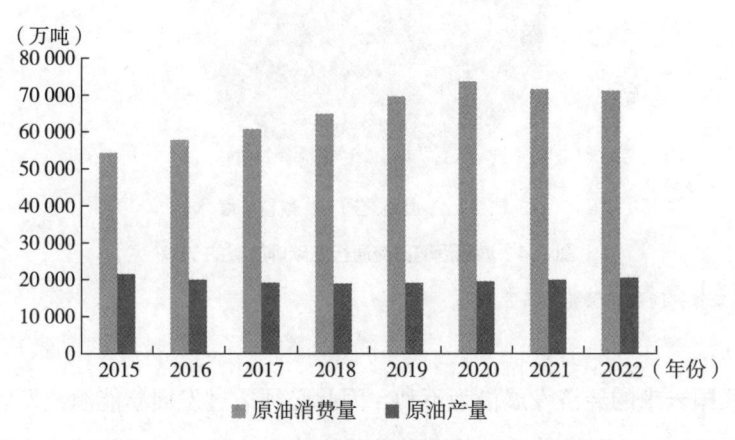

图3.2　2015—2022年中国原油产量及消费量

资料来源：国家统计局，泽平宏观。

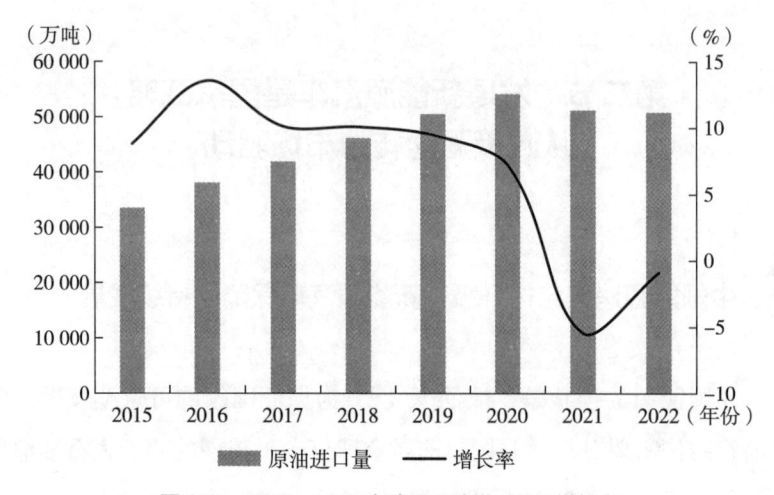

图 3.3 2015—2022 年中国原油进口量及增长率

资料来源：海关总署，泽平宏观。

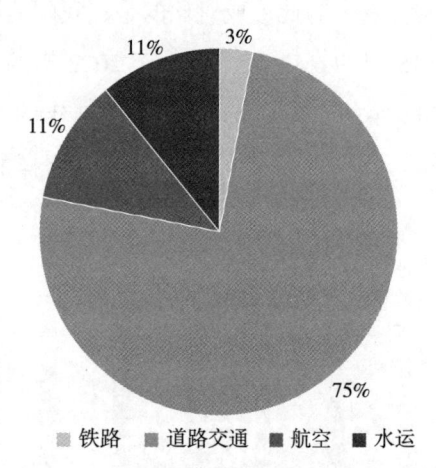

图 3.4 道路运输占交通行业碳排放量的 75%

资料来源：国际能源署，泽平宏观。

对我国未来的经济发展极为不利，因此必须通过发展新能源、发展新能源汽车，有效地将化石能源消费转变为电力消费，缓解国家能源压力，这对我国具有十分重要的战略意义。

二、政策大力支持，我国新能源汽车长期发展战略规划清晰

我国新能源汽车的发展是战略性、多方位、全链条的长期布局规划。战略性是指从五个方面给予发展规划引导，制定减排指标规范与技术标准。多方位是指我国的"双积分"政策，通过燃料消耗积分和新能源汽车积分核算鼓励制造端转型。全链条是指不仅对制造端予以引导，还对消费端给予直接补贴和购置税减免的双重支持。

2010年，我国首次将新能源汽车产业列为七大战略性新兴产业之一，给予高度重视，新能源汽车走过快速发展的10年。2020年11月，国务院印发《新能源汽车产业发展规划（2021—2035年）》（简称《规划》），我国新能源汽车长期发展规划就此形成。《规划》就产业发展愿景主要提出两点。

一是到2025年，纯电动乘用车新车平均电耗降至12.0千瓦时/百公里；新能源汽车新车销售量达到汽车新车销售总量的20%左右，高度自动驾驶汽车实现限定区域和特定场景商业化应用，充换电服务便利性显著提高。

二是力争经过15年的持续努力，纯电动汽车成为新销售车辆的主流，公共领域用车全面电动化；燃料电池汽车实现商业化应用，高度自动驾驶汽车实现规模化应用，充换电服务网络便捷高效，氢燃料供给体系建设稳步推进，有效促进节能减排水平和社会运行效率的提升。

基于《节能与新能源汽车技术路线图2.0》，目前我国新能源汽车技术发展着力点放在电动化和智能网联化上，具体发展路径规划有如下五个方面。

一是在节能汽车油耗方面，提出至2025年、2030年、2035年新车平均油耗目标，其中乘用车（含新能源）分别为4.6L/100km（升/百公里）、3.2L/100km、2.0L/100km，传统能源乘用车（不含新能源

汽车）分别为 5.6L/100km、4.8L/100km、4.0L/100km，混合动力乘用车分别为 5.3L/100km、4.5L/100km、4.0L/100km。

二是在纯电动和插电式混合动力汽车方面，到 2035 年，形成自主、完整的产业链，自主品牌纯电动和插电式混合动力汽车产品技术水平和国际同步；新能源汽车占汽车总销量的 50% 以上，其中纯电动车占新能源汽车的 95% 以上；实现纯电动技术在家庭用车、公务用车、出租车、租赁服务用车以及短途商用车等领域的推广应用。

三是智能网联汽车方面，到 2025 年，L2、L3 级智能网联汽车销量占比达到 50%，L4 级智能网联汽车进入市场；到 2030 年，L2、L3 级智能网联汽车销量占比达到 70%，L4 级智能网联汽车销量占比达到 20%，且实现 L4 级智能网联汽车在高速公路广泛应用，在部分城市道路规模化应用；到 2035 年，L4、L5 级智能网联车辆具备与其他交通参与者间的网联协同决策与控制能力，各类网联式高度自动驾驶车辆广泛运行于中国广大地区。

四是在新能源汽车电驱动系统方面，到 2035 年，我国新能源汽车电驱动系统产品总体达到国际先进水平。其中，乘用车电机比功率达到 7.0kW/kg（千瓦/千克），乘用车电机控制器功率密度达到 70kW/L，纯电驱动系统比功率为 3.0kW/kg 等。

五是在充电基础设施方面，到 2035 年，建成慢充桩端口达到 1.5 亿端以上（含自有桩及公共桩），公共快充端口（含专用车领域）为 146 万端，支撑 1.5 亿辆以上车辆充电运行，同时实现城市出租车和网约车共享换电模式的大规模应用。

新能源制造端，"双积分"是政策层面鼓励车企转型的重要制度。2017 年，工信部发布《乘用车企业平均燃料消耗量与新能源汽车积分并行管理办法》，对乘用车企实施积分考核，按照车企生产车型的平均燃料消耗积分和新能源汽车积分进行核算，达标企业产生正积分，反之为负积分，负积分企业须购买正积分抵消以达到合规。"双积分"旨在限制车企生产高油耗车型，鼓励多生产新能源车型。

近年来，新能源汽车发展逐渐完善，政策端也不断对"双积分"政策做出优化。2022年7月，"双积分"政策迎来新调整：一是对同等标准下单辆新能源汽车可获得的积分做出下调，这意味着，为获得与调整前等额的新能源积分，车企需要生产比之前更综合低能耗的新能源汽车；二是对积分交易市场进行机制优化，允许积分在各年度间进行结转，同时建立积分池制度，提高了积分交易灵活性。"双积分"政策对促进我国新能源汽车发展起到了重要作用。既有节能油耗、新能源汽车积分占比的硬性约束，又有积分交易、转让的价格信号引导，在产业供给侧构建了长效发展驱动机制。

新能源消费端，我国对新能源汽车购买给予的财政支持力度巨大。一是直接的购车补贴，二是予以购置税减免优惠。自2010年正式发布《关于开展私人购买新能源汽车补贴试点的通知》到2021年，新能源汽车10年间累计补贴达到1 478亿元。2014年发布的《关于免征新能源汽车车辆购置税的公告》为购置新能源汽车提供进一步支持。随着新能源汽车发展趋于成熟，2020年补贴政策开始进入梯度退坡，每年以10%的比例渐进下调补贴额度。2022年，按照四部门发布的《关于2022年新能源汽车推广应用财政补贴政策的通知》，新能源车型补贴只持续至2022年12月31日，2023年起中国新能源汽车市场由政策驱动转向市场驱动。

2022年后，补贴虽有退坡，但政策对新能源产业发展支持力度不减。一是购置税减免政策基本确定延续至2023年，我国车辆购置税税率为10%，在扣除增值税后，用户购买新能源车型仍可享受千元至万元不等的优惠。二是全国各级地方政府出台政策接力购置电动车和"以旧换新"补贴。2021年末至2022年中期，天津、上海、广东、福建、湖北、江西、海南等省（直辖市）级地方政府，深圳、郑州、青岛、长春、汕头等市级地方政府陆续出台新能源消费刺激政策，对单车购买给予补贴 3 000~10 000 元，以旧换新 2 000~5 000 元。三是各部委联合开展新能源汽车消费下乡、以旧换新，促进新能源汽车市场渗透。2022 年 5 月印发的《关于开展 2022 年新能源汽车下乡活动的通知》，组织在山西、吉林、江苏、浙江、山东等地的三四线城市、县区，举办若干场专场、巡展、企业活动，鼓励新能源汽车消费。

三、中国新能源汽车发展将由政策驱动转向市场驱动

回顾我国新能源汽车行业发展，产业发展初期以政策引导为主，大致可分为以下四个阶段。

萌芽期（2009—2013 年）：政策偏向公共端和企业端。2009 年，科技部、财政部、国家发展改革委、工信部发布"十城千辆节能与新能源汽车示范推广应用工程"。同时，财政部和科技部联合印发《节能与新能源汽车示范推广财政补助资金管理暂行办法》，对试点城市购置混合动力、纯电动和燃料电池汽车等节能与新能源汽车给予一次性定额补助。2010 年，国务院将新能源汽车列为七大战略性新兴产业之一，并进一步将补贴制度落实到位。这一阶段以公共领域示范为主，各项政策工具逐渐丰富，技术和市场尚在培育，新能源车型销量增速缓慢。

成长期（2014—2018 年）：从 2014 年起，政策开始向私人用户端侧重发力，出台高额的购车补贴鼓励私人购买新能源汽车。2014 年 8 月，财政部等部门联合发布《关于免征新能源汽车车辆购置税的公告》，并在 2017 年底又将免征新能源汽车购置税的期限延长至 2020 年底。在这一阶段，电动车销量出现快速增长。从销量增速来看，过

去我国新能源汽车增速变化基本与政策方向保持同步，政策驱动明显。根据中汽协的数据，2014年和2015年我国新能源汽车销量分别同比增长320%和340%。此后，2016年、2017年和2018年，市场进入稳定发展期，销量增速同步放缓，分别同比增长53%、53%和62%。

调整期（2019—2020年）：自2017年之后，财政补贴进入退坡时期，2019年开始加速退坡。其中，2019—2020年的补贴标准在2016年的基础上下降了40%。随着补贴政策开始调整，叠加汽车产业寒冬，新能源汽车增速减缓，2019年和2020年新能源汽车的销量增长同比分别为-4%和13%，销量增速大幅减少并首次出现负增长。增长幅度的回调并没有改变政策端对新能源汽车适应市场化发展的信心。2021年，新能源汽车补贴标准在2020年的基础上退坡20%。2021年12月31日，财政部、工信部等四部门发布了《关于进一步完善新能源汽车推广应用财政补贴政策的通知》，要求2022年新能源汽车补贴标准在2021年的基础上退坡30%；城市公交、道路客运、出租等公务领域符合要求的车辆，补贴标准在2021年的基础上退坡20%。

爆发期（2021年之后）：在长达10年的蓄势和积累后，2021年中国新能源汽车市场迎来了全面爆发，电动车市占率呈指数级增长，行业从0到1发展可能需要多年，但是从1到100可能只需要几年。2021年中国新能源汽车销售352.1万辆，同比增长160%，市场渗透率为13.4%；2022年销售680万辆以上，同比增长一倍左右，渗透率接近30%（见图3.5）。我国此前在《新能源汽车产业发展规划（2021—2035年）》中制定的"2025年新能源汽车销售量达到新车总销量的20%"的目标已提前完成。2035年，新能源汽车销量占比预计超过60%。2023年起，新能源补贴全面退出。这预示着中国新能源汽车市场已准备好，全面进入市场驱动时期。新能源汽车已具备市场竞争力，未来人们购买新能源汽车将是趋于对新能源汽车的根本需求,以及对新技术、配套设施的认可。

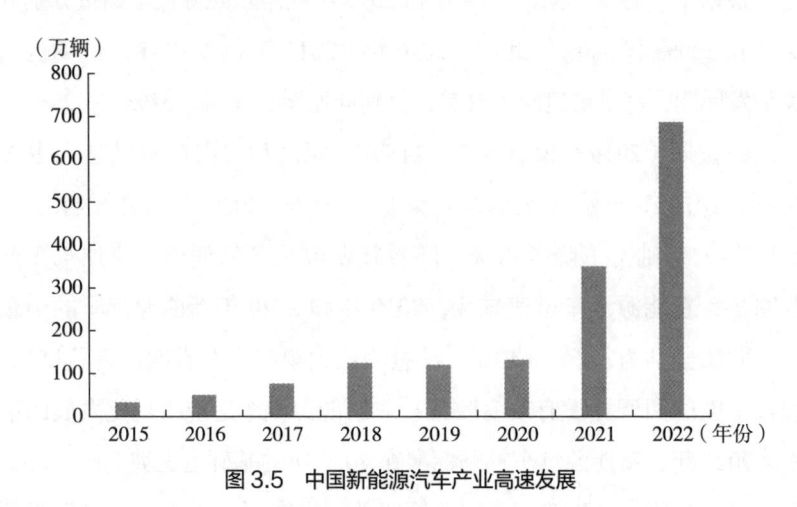

图 3.5 中国新能源汽车产业高速发展

资料来源:中汽协,泽平宏观。

第三节 中国新能源汽车"新四化":电动化、智能化、网联化、共享化

　　汽车"新四化",即电动化、智能化、网联化、共享化。电动化是新的能源动力系统领域,是目前实现低碳化出行的最优解决方案,也是新一代汽车变革的基础,我国在电动化领域已经具备先发优势。智能化是智能驾驶和智能座舱的结合,智能驾驶是通过"人车、车车、车路"的全面交互,最终真正实现"解放双手和大脑",智能座舱是通过车载娱乐设施的全面智能升级,满足人们对于极致驾驶体验的全部设想。网联化是万物互联、车联网布局,汽车将结合信息技术的不断发展,最终帮助人们实现"人、车、路"全面融合及车路协

同,真正意义上把汽车从原先简单的交通运输工具变为全智能移动载体。共享化是更新出行模式,包括汽车共享与移动出行,未来无人驾驶应用是一大场景。汽车"新四化"细分领域众多,赋予新能源汽车发展无限可能性。

电动化、智能化、网联化天生互补互融、相辅相成:电动化的发展带来汽车电子架构的升级,推动智能化设备迭代;同时智能化、网联化的发展将进一步促进电动化效率的提升,加快新能源建设进程。电动汽车反应时间短(电动车反应时间约30毫秒,燃油汽车约500毫秒)、电池容量大(停车时可长时间给车联网通信模块供电),是汽车智能化、网联化最好的载体。反过来,智能化、网联化可以极大地提升电动汽车的驾驶体验,也为新能源汽车创造出差异化竞争优势(见图3.6)。

电动化	智能化	网联化和共享化
·锂电池电芯、关键材料、电池管理系统 ·电池的回收与再利用 ·燃料电池电堆及膜电极、空压机、储氢制氢设备 ·高效驱动系统的电机本体、电力电子器件(IGBT)、电机控制器及系统 ·智能充电系统、储能与清洁能源利用、双向充电系统等	·自动驾驶系统的开发及测试验证技术 ·智能感知系统及多传感器融合技术(激光雷达、高清摄像头等) ·高精度动态地图开发与应用 ·底盘、线控技术 ·智能座舱(人机交互、智能语音、出行和娱乐服务等) ·基础软件(操作系统) ·车规级芯片(主控芯片、功能芯片、传感器等)	·整车及零部件智能制造、数字化工厂(物联网应用) ·新一代车载通信模块及应用技术 ·自动泊车系统开发及应用(车端、场端) ·大数据(人类驾驶、机器动态地图)与驾驶、出行服务系统 ·商用车数据处理与信息化应用系统

图3.6 汽车"新四化"

资料来源:公开资料,泽平宏观。

我国对于汽车"新四化"的发展越发重视。国务院《新能源汽车产业发展规划（2021—2035 年）》针对新能源汽车未来发展趋势、总体思路部署以及人才队伍建设方面，特别提到了电动化、网联化、智能化三化，为未来 15 年的新能源汽车发展规划了方向与道路。

我国汽车"新四化"整体进程较快，电动化、网联化提升尤其明显。乘用车市场信息联席会（简称乘联会）每月发布的乘用车"新四化"指数显示，2022 年乘用车"新四化"指数为 79.3，其中智能化指数为 44.1，即调查符合 SAE（国际自动机工程师学会）标准 L1 及以上的车型占比为 44.1%；电动化指数为 31.8，即纯电动和插电式混合动力等新能源乘用车市场渗透率为 31.8%；网联化指数为 57.8，即带有移动通信模块、高水平网联功能的车型占比达 57.8%。回看 2018 年，"新四化"指数仅为 50.3，其中智能化指数为 42.5，电动化指数为 7.1，网联化指数为 19.5。对比看，2018—2022 年，我国"新四化"指数提升 57.7%，提升十分显著，尤其是在电动化和网联化方面（见图 3.7）。

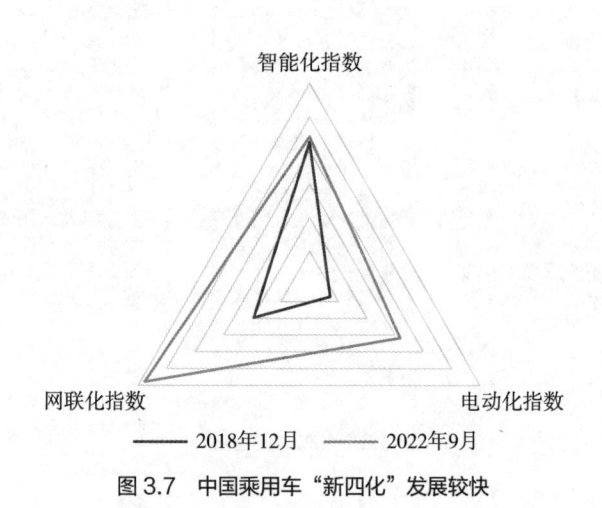

图 3.7 中国乘用车"新四化"发展较快

资料来源：乘联会，泽平宏观。

一、电动化：电池、电机、电控，电动车动力系统核心

汽车电动化三大全新领域——电池、电机、电控，俗称三电系统。三电系统是纯电动车的动力系统核心，其重要性就像燃油汽车的发动机一样，是电动车的根基所在。三电系统目前占整车成本的50%~60%。

电池系统主要为汽车提供动力来源，而不是单纯为车辆提供照明、空调等所需要的电力。电机系统是为汽车提供扭矩的高压电机，就是为汽车提供向前和倒退的力。电控系统可以理解为一台车载计算机，采集驾驶途中如油门、制动踏板、方向盘转向等各种驾驶信息，并为汽车的下一步动作发出指令，犹如人体的神经中枢（见图3.8）。

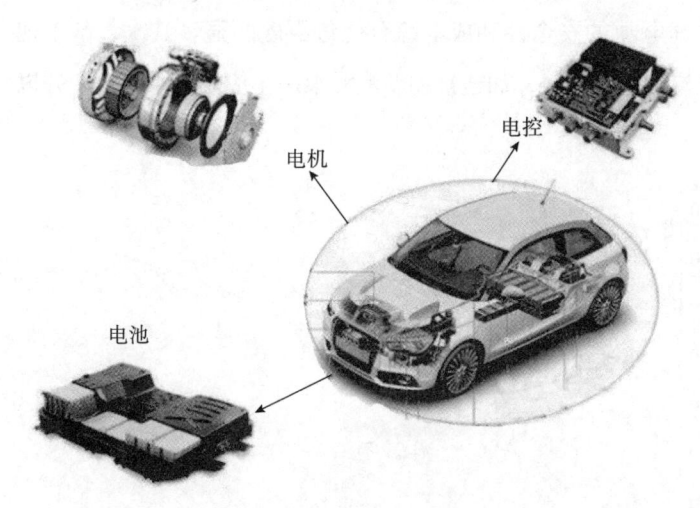

图 3.8 电动车三电系统

资料来源：公开资料，泽平宏观。

1. 电池

电池是新能源汽车的"心脏"，电池技术的发展、性能的提升决

定了新能源汽车能否长久发展。动力电池在新能源乘用车整车成本中的占比在40%以上，主要包括正负极材料、电解液和隔膜，其中正极材料约占电池总成本的40%，决定了电池的容量寿命等核心性能。

未来，中国电池行业将形成"一大支柱，两大应用场景，多元化技术发展路线"的发展格局。首先，未来5~10年，以磷酸铁锂和三元锂电池等为代表的动力电池发展将继续作为新能源电池产业的第一大支柱。2018—2020年，三元锂电池是市场主流，三元材料与磷酸铁锂装机量比值都在6∶4左右；2021年由于新能源车企走量扩张，性价比更具优势的磷酸铁锂装机量上升，将比值拉至1∶1；2022年电动车继续高速增长，三元锂电池装机量被磷酸铁锂电池反超至4∶6(见图3.9)。未来新能源汽车动力电池市场发展路线较为清晰，下游车企基本确定了三元锂电池和磷酸铁锂电池两条路线，随着政策补贴退坡，磷酸铁锂电池的安全性和成本综合优势再度凸显。其次，基于现有动力电池技术成本优势，加速推动新能源乘用车应用场景落地，并以氢燃

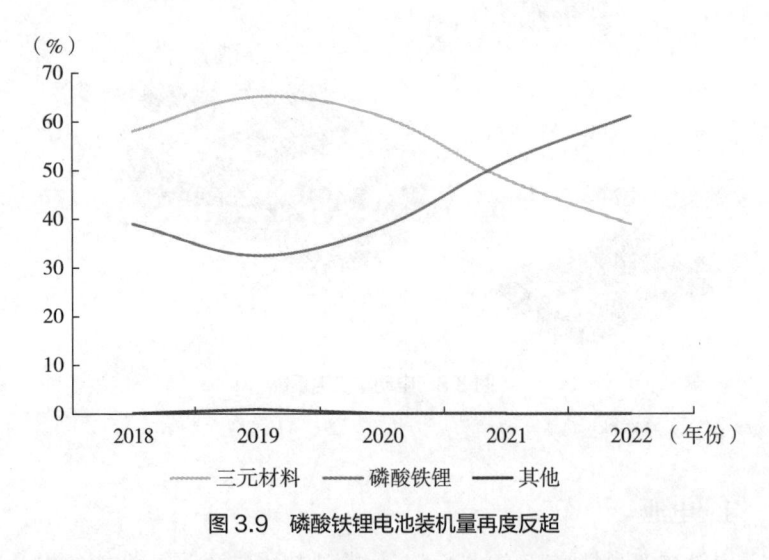

图3.9 磷酸铁锂电池装机量再度反超

资料来源：GGII（高工产业研究院），动力电池产业创新联盟，泽平宏观。

料等燃料电池为切入点，丰富和扩展新能源乘用车、新能源商用车应用场景。最后，以固态、钠离子、高镍多元、铝空气等为代表的众多新兴电池技术，将丰富新能源电池市场发展的多元化战略格局（见图3.10）。

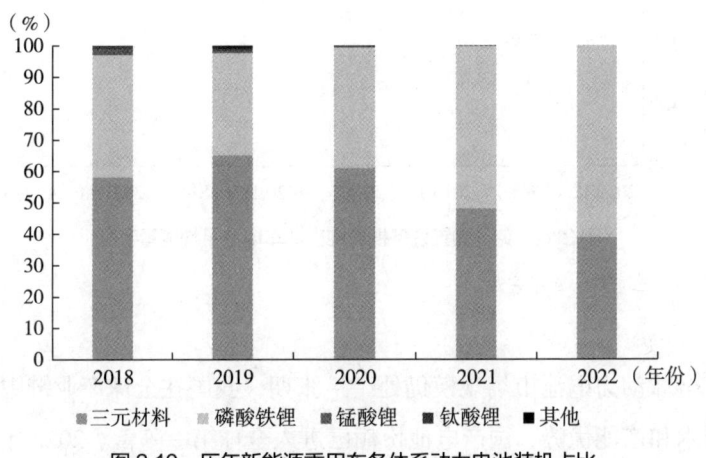

图3.10　历年新能源乘用车各体系动力电池装机占比

资料来源：动力电池产业创新联盟，泽平宏观。

我国动力电池的系统能量密度未来有望继续提升。据工信部定期发布的免征车辆购置税的新能源汽车车型目录，入选目录的纯电动乘用车型电池系统平均能量密度持续攀升，从2018年12月（第22批）的140.7Wh/kg，持续提升到2021年（第49批）的152Wh/kg（见图3.11），以及2022年（第60批）的151.6Wh/kg，平均能量密度提升7.7%。未来工信部会有更高要求，新建的动力电池项目单体密度要求大于等于180Wh/kg。同时，我国动力电池企业仍持续注重新型电池的研发与制造，例如比亚迪的刀片电池，宁德时代的钠离子电池，中创新航在高压电池技术领域不断创新，提升能量密度远超行业平均水平，蜂巢能源也在电池制造的叠片技术领域提升效率，亿纬锂能积极布局4680电池的制造，加速工艺迭代。

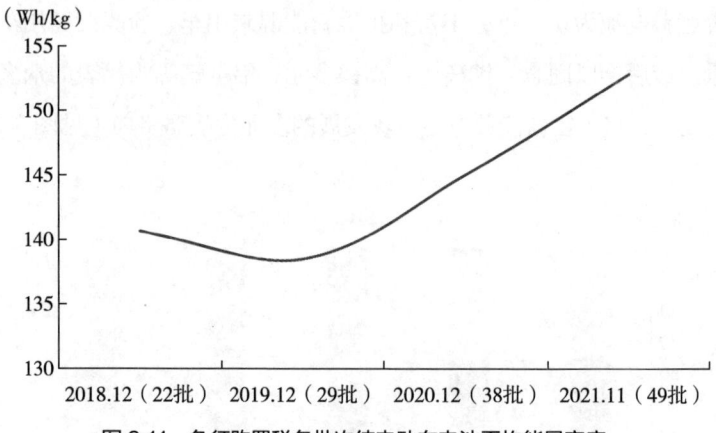

图 3.11　免征购置税各批次纯电动车电池平均能量密度

资料来源：工信部，泽平宏观。

全球动力电池市场规模仍处于扩张期，我国在全球产业链中已形成技术和产能优势，国产电池份额已进入全球第一阵营。2022年全球动力电池装机量排名前十的厂商分别为宁德时代、比亚迪、LG新能源、松下、SK On、三星SDI、中创新航、国轩高科、欣旺达、孚能科技，其中宁德时代占比为37.0%，装机量蝉联全球第一。中创新航累计装机量持续突破，成为国内第三、全球第七的动力电池供应商。值得注意的是，宁德时代装机量比日韩四大企业之和还要高，占据绝对的世界主导地位。同时可以看到，动力电池行业市场集中度较高，前十家企业合计市场份额达到90%（见图3.12、图3.13）。

2. 电机

电机驱动系统是新能源汽车行驶中的主要执行结构，相当于燃油汽车的发动机，是将电能与机械能相互转换、驱动车轮运动的部件。其性能决定了汽车的加速、爬坡能力以及最高车速等，主要参数有

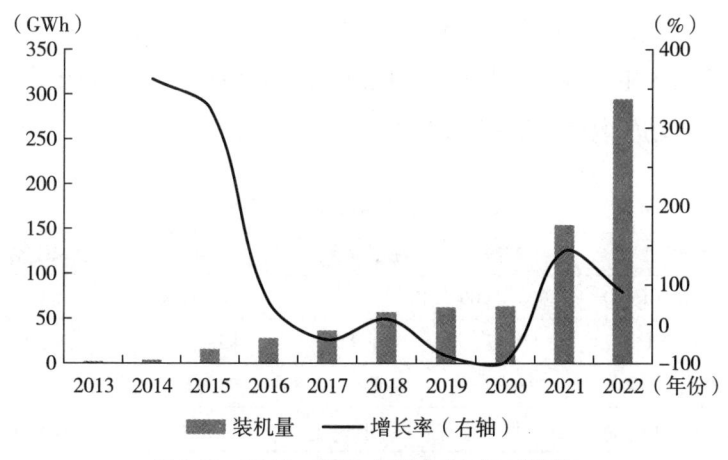

图 3.12 2013—2022 年我国动力电池装机量

资料来源：动力电池产业创新联盟，泽平宏观。

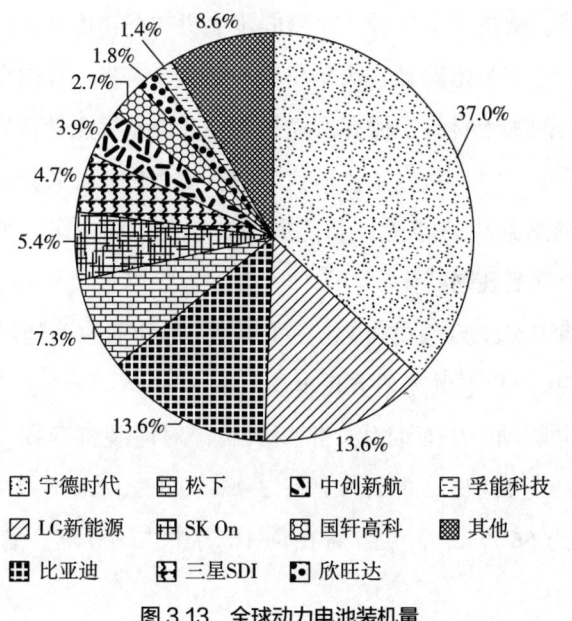

图 3.13 全球动力电池装机量

资料来源：SNE Research（市场研究公司），泽平宏观。

峰值效率（%）、功率密度（kW/kg）、峰值功率（kW）、最高转速

（rpm）等。按工作原理划分，主要有直流电机、感应电机、永磁电机、开关磁阻电机，其中永磁电机以其高功率密度、高峰值效率等优势成为市场的主流（见表3.1）。

表3.1 不同类型电机性能参数

生产企业	直流电机	感应电机	永磁电机	开关磁阻电机
转速范围（rpm）	4 000~8 000	12 000~20 000	4 000~10 000	>15 000
负荷效率（%）	80~87	90~92	85~87	78~86
峰值效率（%）	85~89	90~95	95~97	<90
功率密度（kW/kg）	低	中	高	较高

资料来源：中汽协，泽平宏观。

近年来，我国新能源汽车电机配套供应商中，自主品牌占据的份额提升显著。从技术上来看，永磁同步电机功率密度大、效率高且控制简单，是主流技术路径，市场份额占比为95.7%。我国在永磁同步电机所必需的稀土材料上拥有产能优势，高质量稀土钕铁硼产量占到全球比重的近70%。从自主化占比来看，中汽协统计我国驱动电机自主配套比例达到95%以上，新能源公交、纯电动卡车、纯电动物流车等领域全部实现国产化。

2022年电机配套数量排名前10的厂商分别为弗迪动力（比亚迪）、特斯拉、日本电产、方正电机、联合电子、蔚然动力、双林汽车、上海电驱动、中车时代、汇川科技，对应装机套数占比分别为28.6%、8.3%、5.4%、5.3%、4.7%、3.9%、3.3%、2.8%、2.4%、2.0%，合计占比为66.7%，本土厂商在前10名中占有7席，合计占比为48.3%。

双电机配置逐渐成为高端车型的竞争点，目前特斯拉Model 3、比亚迪、蔚来ES8、问界M7等都采用双电机配置，双电机配置将进一步拉动行业规模增长。与此同时，对轮边、轮毂等分布式电机的关注度提升，四电机驱动技术开始发展。2023年，比亚迪在"仰望"车型发布会上提出"易四方"技术，尝试四电机，或将引领电驱行业的新一代变革。

3. 电控

电控系统由传感器、整车控制器（VCU）、电气架构、控制软件与硬件组成，是新能源汽车的大脑，负责功能管理、能量管理、安全诊断、功能协调等多方面协调与优化。其主要由IGBT功率半导体模块、关联电路等硬件部分，以及电机控制算法、逻辑保护等软件部分组成。其中，IGBT占据电控系统成本的40%，折合到整车上约占总成本的5%，如果加上充电系统中IGBT，成本占比更高。纯电动新能源汽车中IGBT的成本占比为7%~10%。

从电控配套厂商来看，配套数量排名前10的厂商分别为比亚迪、特斯拉、汇川科技、联合电子、蔚然动力、日本电产、上海电驱动、阳光电动力、中车时代、英博尔，合计装机占比为66.5%；本土厂商在前10名中占有7席，合计占比为49.4%。

展望未来，比亚迪、斯达半导体、中车时代电气等企业已经在电机控制器领域开始努力追赶，国产替代化脚步将会加快。但目前IGBT全球市场仍被英飞凌、三菱电机、富士电机、安森美和阿西布朗勃法瑞所占据，这五大企业的市占率合计超过70%。值得注意的是，目前我国本土企业在IGBT的研发上已完成一定突破。2021年底，比亚迪基于高密度Trench FS（沟槽栅场截止型）的IGBT 5.0技术已实现量产。比亚迪半导体以车规级半导体为核心，同步推动工业、家电、新能源、消费电子等领域的半导体业务发展，持续量产IGBT、SiC（碳化硅）、IPM（智能功率模块）、MCU（微控制单元）等产品。IGBT模块国产化迎来了快速增长，汽车半导体赛道迎来多方入局。

2016—2020 年，我国新能源汽车驱动电机的市场规模从 74 亿元增长至近 220 亿元，增长显著，2017—2022 年驱动电机装机量稳步上升（见图 3.14）。随着我国新能源汽车渗透率以及国产电机替代率的进一步提升，电机、电控规模有望持续攀升，未来年市场规模有望超过千亿元。

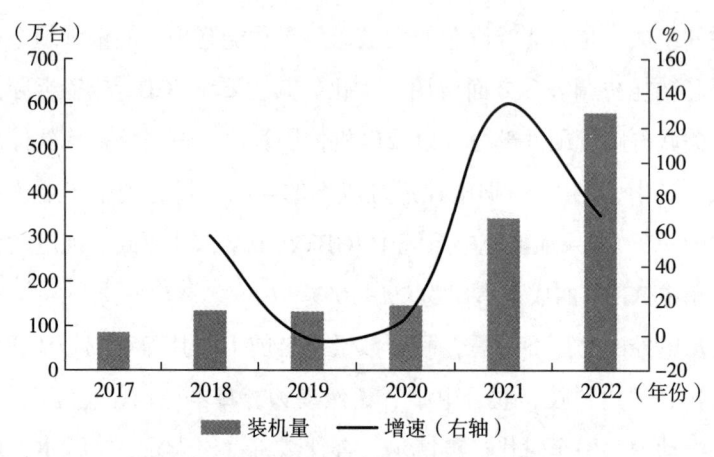

图 3.14　中国新能源汽车驱动电机市场规模巨大

资料来源：EVTank（伊维碳科管理咨询有限公司），NE 时代（汽车产业服务平台），泽平宏观。

4. 充电桩

为较好地扶持新能源汽车发展，我国充电桩行业的发展也一直颇受重视。早在 2016 年《"十三五"国家战略性新兴产业发展规划》中就提到，"按照'因地适宜、适度超前'原则，在城市发展中优先建设公共服务区域充电基础设施，积极推进居民区与单位停车配建充电桩"。2020 年，充电桩被纳入新基建，并被首次写入政府工作报告。之后在 2021 年"十四五"规划中再次被提及，要求加快扩建充电桩。

受益于国家政策激励和下游需求拉动，我国公共充电基础设施快速建设。根据中国充电联盟的数据，我国充电桩保有量从 2015 年的 6.6 万台增加到 2023 年初的超过 520 万台。车桩比从 2015 年的 6.4∶1 下降到 2.5∶1，可见我国的车桩匹配度较高（见图 3.15）。对比来看，欧洲和美国的车桩比分别为 10∶1 和 20∶1。

总体车桩比 1∶1 是长期目标，未来将加速建设以确保公共需求。根据国务院 2020 年 11 月发布的《新能源汽车产业发展规划（2021—2035 年）》，加快充换电基础设施建设，提升充电基础设施服务水平与鼓励商业模式创新是发展方向。关于充电桩的建设，贴合实际用桩情况，充分考虑运营商的长期运营效率是核心。2022 年，上海等城市发布充换电基础设施计划，将车桩比不高于 2∶1 定为目标。建设快充桩、治理"僵尸桩"、普及小区桩是实质性提高充换电基础设施使用效率的途径。1∶1 的总体车桩比，是结构优化后的长期目标（见图 3.16）。

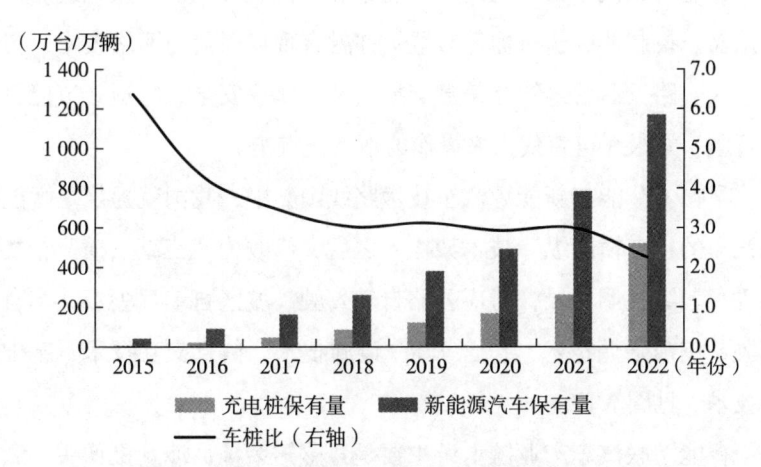

图 3.15 我国历年充电桩保有量迅速增长，车桩比下降

资料来源：中国充电联盟，公安部，泽平宏观。

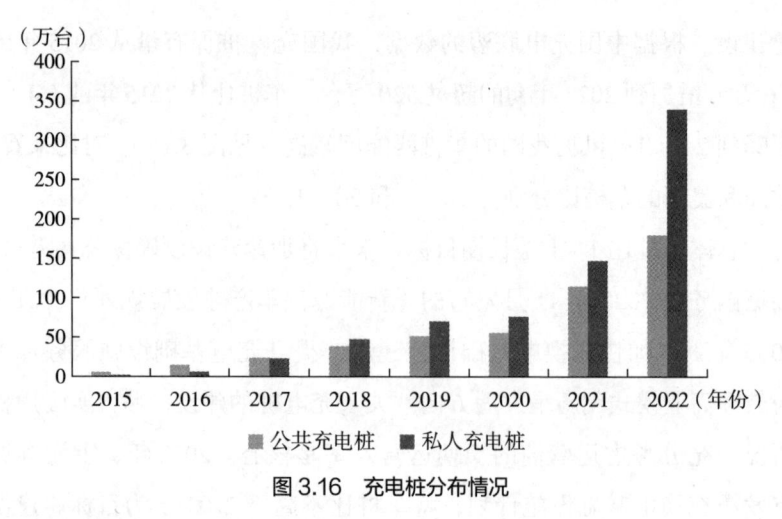

图 3.16　充电桩分布情况

资料来源：中国充电联盟，泽平宏观。

二、智能化、网联化：智能网联是新能源汽车革命的下半场

智能网联汽车是车联网与智能车的有机联合，是搭载先进的车载传感器、控制器、执行器等装置，并融合现代通信与网络技术，实现车与人、路、后台等智能信息交换共享，实现安全、舒适、节能、高效行驶，并最终可替代人来操作的新一代汽车。

早在《节能与新能源汽车技术路线图》中，我国就提出了智能网联汽车的"三横两纵"技术架构，之后又修改为"三纵三横"新技术架构。三纵强调场景，对应公路自动驾驶、城区自动驾驶、共享自动驾驶；三横强调技术，包含车辆/设施技术、信息交互技术、基础支撑技术（见图 3.17）。

智能网联汽车产业链上游主要是：感知系统，涉及摄像头、激光雷达、毫米波雷达、高精地图、定位系统等；控制系统，涉及算法芯片、操作系统等；通信系统，包括电子电气架构和云平台。产业链中游则主要分为：执行系统，比如 ADAS（高级驾驶辅助系统）执行、智能中控、语音交互等；整车制造。下游则是维护运营等服务类，包括开发测试、出行服务、物流服务等。

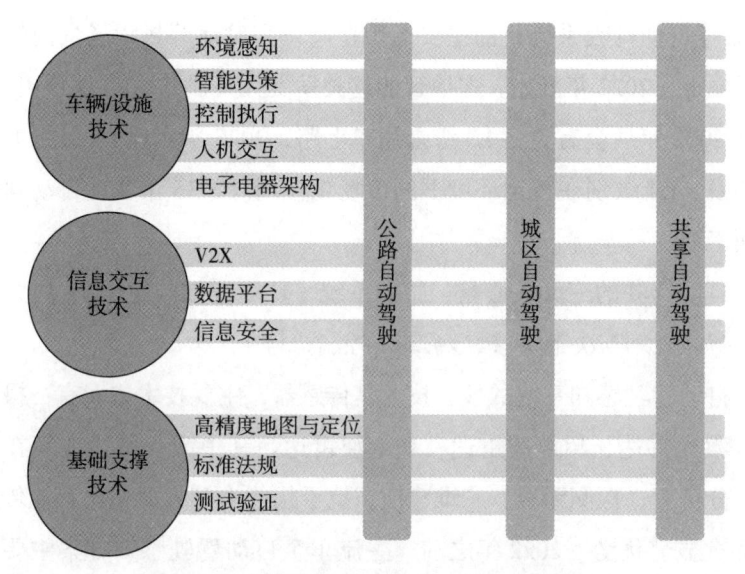

图 3.17　智能网联汽车"三纵三横"新技术架构

资料来源：《中国智能网联汽车产业发展报告》，泽平宏观。

注：V2X 表示车对外界的信息交换。

市场数据显示，我国智能网联汽车产业规模从 2016 年的 792 亿元增长至 2020 年的 2 556 亿元，5 年增长 223%。中国汽车工程学会测算，2025 年智能网联汽车新增产值约 8 000 亿元。从智能网联整体行业来看，我国企业已经在产业链多个环节完成布局。包括德赛西威、中科创达、四维图新、科大讯飞、东软集团等公司，逐步构建起完善的智能网联汽车产业链。

1. 智能驾驶

汽车自动驾驶分为 6 级，其中 L0~L2 级是驾驶辅助，探测响应仍需要驾驶员和系统共同完成，L3~L5级才能称为自动驾驶系统，由系统负责。目前市场售车绝大部分搭配L2级或以下驾驶辅助系统，常见的有并线辅助、主动刹车辅助、自适应巡航、自动泊车等。L3级、L4级等自动驾驶系统目前主要运用在港口和矿地等封闭场景内的重卡运输上。2022年开始，多地智能驾驶发展势头强劲，L3法规出台。预计2023年后会有更多L3级乘用车上路，2025年实现L3级别大规模普及、L4级别在特定环境下的市场化应用。2035年实现自动驾驶全面落地。

自动驾驶的三大核心是：感知系统（环境感知与定位）、决策系统（智能规划与决策）、执行系统（控制执行）。

自动驾驶感知系统的核心技术是传感器，主要技术方案有：摄像头、激光雷达、超声波雷达、毫米波雷达。其中激光雷达方案在精度、分辨率、探测距离、三维建模、抗干扰能力等方面相比其他传感器都有显著优势。2022年之前，主流车企自动驾驶感知方案主要由"1个前视摄像头+4个环视摄像头+12个超声波雷达+3~5个毫米波雷达"构成。2022年起，激光雷达开始逐步装车上路，包括小鹏、极狐、理想、蔚来等企业的多款车型上均有装配。早期激光雷达技术不够成熟，成本极为昂贵，2023年起将进入逐步放量阶段，行业降本明显。

自动驾驶决策系统的核心是计算平台，包括核心软硬件。软件的核心在智能驾驶算法，包括配套的训练平台、操作系统和中间架构；硬件的核心在车载芯片。一个计算平台可以包括多种芯片，如华为MDC300计算平台由"1个CPU（中央处理器）芯片（鲲鹏）+4个AI芯片（昇腾）"构成。目前，国内知名智能驾驶计算平台供应商主要有华为、地平线等，其中华为的代表性计算平台有MDC300和MDC600，对应芯片有CPU鲲鹏芯片和AI昇腾芯片，地平线代表性计算平台有 Matrix，对应芯片有征程®2 AI 芯片。

当前我国计算平台供应商尚处于成长阶段，其产品实际应用效果还需客户长期验证，因此当前国内自动驾驶芯片基本依赖进口。以部分造车新势力为例，智能驾驶系统和智能人机交互系统都可以自研，但是智能驾驶芯片基本被英特尔的 Mobileye 和英伟达垄断。

美国麦肯锡公司发布的《展望 2025：决定未来经济的 12 大颠覆技术》中将自动驾驶列为十二大颠覆技术的第六位。投融资方面来看，自动驾驶相关领域是目前乃至未来几年投融资的火爆方向。比如 2021 年，自动驾驶投融资累计 435 亿元，2022 年全年自动驾驶相关的投资事件发生约 125 起，累计披露融资金额超过 205 亿元。2023 年，禾赛科技等引领上市，自动驾驶行业或将迎来上市热潮，如文远知行、智加科技、知行科技等自动驾驶公司相继准备中。

2. 智能座舱

智能座舱是除了智能驾驶之外汽车发展的另一个重点赛道，主要是针对用户端，即"对人智能""人车交互"。相比于自动驾驶和"车路交互"，智能座舱算是智能化中已经比较成熟的板块。智能座舱是由不同的座舱电子组合而成的完整体系，其逐步融合汽车电子、人工智能领域的先进技术，以人机交互为最终目标能增强娱乐性与功能性，使消费者对汽车的认知从"单一的交通工具"向"第三空间"（休闲生活空间）转变。

目前智能座舱细分种类众多，基本功能包括导航、影音娱乐、通信、车辆信息查询、车辆控制等。主要硬件则可归纳为四大部分：中控大屏（包括车载信息娱乐系统）、流媒体中央后视镜、HUD、全液晶仪表。据统计，2020 年中控大屏、流媒体中央后视镜、HUD、全液晶仪表的车载渗透率分别为 80%、7%、10%、30%，预计到 2025 年，渗透率分别达到 100%、30%、30%、70%。

汽车座舱从简单化发展到如今越来越智能化且充满科技感，大致经历了三个阶段。第一阶段（2000 年以前），20 世纪 30 年代，雪佛兰、凯迪拉克陆续开始搭载车载收音机；1965 年福特搭载磁带播放器；1986 年别克推出可触控中控屏。这个阶段座舱电子化程度较低，仅能提供较为简单的车载信息娱乐功能。第二阶段（2001—2015 年），这一阶段汽车座舱逐步实现了电子化，车载屏幕变为液晶显示屏，逐步具备蓝牙、导航等功能。但是屏幕尺寸总体较小，服务内容也较为简单，娱乐感有限，更多以功能性为主。第三阶段（2016 年以来），当前汽车座舱以大屏化、多屏化为主流，融合众多先进软硬件技术。HUD、流媒体后视镜等发展迅速，车辆逐渐实现了语音交互，360 度全景摄像头、车载 Wi-Fi（无线网络通信技术）、车载视频等功能装车上路。现在，智能座舱时代真正来临。近些年，特斯拉推出的中控大屏引起了业内大屏幕配置的潮流；AITO 问界系列发布，融合鸿蒙系统生态，也标志着操作系统一体化座舱生态打造是智能座舱时代的一大方向。

展望未来，智能座舱或将最先迎来高速发展期，主要是因为消费需求和技术支撑。从消费需求来看，驾驶者和乘客在车内的生活需求场景逐渐增多。对于驾驶者来说，更便捷的座舱主动辅助会为其带来更加智能化的驾驶体验；对于乘客来说，汽车已从硬件定义的出行工具转向休闲娱乐空间，其对汽车智能化的期待将对标手机智能化的发展，希望车载娱乐信息系统能满足个性化需求。根据罗兰贝格与地平线联合发布的《智能座舱发展趋势白皮书》，用户对于汽车的需求趋势已经从安全为主逐渐转向以主动智能、内容、服务综合体验为主。

根据 IHS Markit（埃信华迈）2022 年的市场调查，61.3% 的用户认为智能座舱配置会极大地提高他们的购车意愿，17.4% 的用户认为购车时智能座舱相关功能是必备的。相较于智能驾驶，智能座舱的技术壁垒较低，有智能手机的发展路径为借鉴，且因其不涉及底盘控制，基本不会影响车辆的行驶安全，也就不会轻易受到法律法规的影响，整体实现难度较低，商业化进程更加顺利。

目前，中国市场新车中智能座舱配置渗透率接近50%，预计到2025年可以超过75%。到2025年，智能座舱预计市场规模或将超过1 000亿元，年复合率将达到12.7%，2030年市场规模有望达到1 500亿元（见图3.18）。

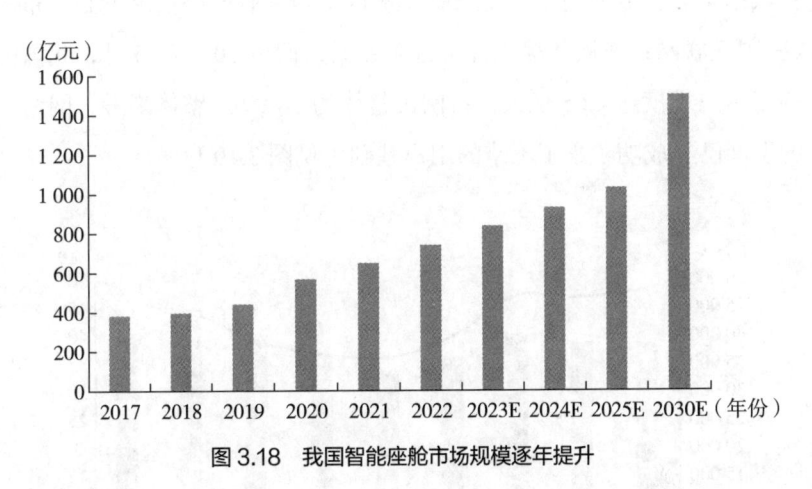

图3.18 我国智能座舱市场规模逐年提升

资料来源：ICVTank（前沿科技咨询公司），泽平宏观。

三、共享化：全新出行方式，无人驾驶是未来

共享化是自2016年兴起的一种全新经济概念，本质是一种全新的商业模式，也是智能化和网联化的重要补充。汽车共享，即许多人合用一辆车，能够增加出行效率，减少空气污染。共享化这个概念实际上更像是"互联网+"时代的产物，因为未来如果要实现共享化，

是需要建立庞大的数据处理平台和高效的网络通信系统的，即通过平台化建设强化信息配置能力。未来在智能网联化技术的支持下，共享化有望进入全面爆发期。

目前汽车共享主要有两种模式。一是汽车租赁领域中的分时租赁模式，就是指企业以小时或天计算提供汽车随取即用的租赁服务，消费者可以按个人用车需求和用车时间预订租车的小时数，其收费将按小时来计算。这种模式在国外十分常见，但在国内普及程度较低。二是出行服务领域中形成的网约车模式，例如大家所熟知的滴滴出行、首汽约车等。从网约车市场来看，根据中国互联网络信息中心发布的《中国互联网络发展状况统计报告》数据，截至 2022 年 6 月，我国网约车用户规模达 4.05 亿人，占网民整体的 38.5%。整体来看，网约车的发展已经成功积累了不错的用户基础（见图 3.19）。

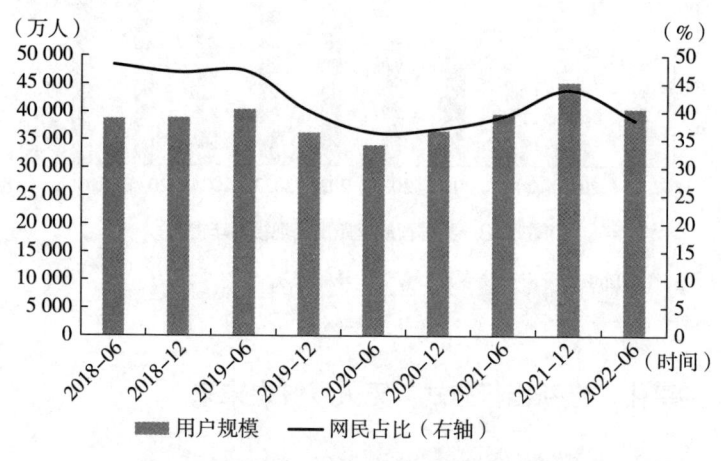

图 3.19 近年来，我国网约车用户规模发展情况

资料来源：中国互联网络信息中心，泽平宏观。

未来，在新能源汽车的智能化、网联化相对成熟之后，新能源时代的共享化将会迎来新的爆发期。无人驾驶技术的应用将提升共享化的需求维度，逐步整合分时租赁模式与网约车模式，在乘用体验、隐私保护、路线效率、用车成本上全面优于当前的出行模式。

第四节　中国新能源汽车企业品牌：
多方入局，争雄天下

一、车企逐鹿新能源，百花齐放、百家争鸣

随着新能源汽车爆发式增长，造车新势力、传统"车二代"、合资品牌纷纷入局，汽车行业不断洗牌。在新时代，我国新能源领域的整车制造企业，广义上可分为如下五大类。

第一类是大型国有车企：上汽、一汽、长安、东风、广汽、奇瑞、北汽等。这类车企早年由合资车系起步，以燃油汽车品牌为主，当下正聚焦自主品牌发力，向智能电动化转型。大型国有车企的相对优势在于市场、量级、供应链三个方面。一是具有丰厚的燃油汽车造车经验，品牌已得到市场认可，在转型新能源造车时，用户对其信任度更高。二是企业量级庞大，在重资产、高研发投入的新能源造车赛道上拥有资本和研发优势。三是供应链布局完善，国有车企深耕汽车行业数十年，行业影响力大，供应链把控能力强，拥有率先布局的优势。

传统车企转型新能源无非三种路线。第一种是与科技巨头企业联手孵化独立的"二代新势力"品牌，如上汽与阿里巴巴合作的智己汽车，华为、宁德时代与长安打造的阿维塔。第二种是发展全资控股的独立"二代新能源"，如东风旗下的岚图汽车、广汽集团成立的广汽埃安。以上两种路线的新品牌均有独立上市的潜力。第三种是不另设车企，直接在原车

企的基础上发展新能源品牌,如上汽通用五菱的五菱宏光 EV 系列。

大多数传统国有车企在上述三种路线上都有布局,试图从不同的品牌维度打造具有竞争力的新能源汽车。上汽通用五菱,就是传统车企转型新能源的成功案例,2022 年五菱宏光 MINI EV 在全球热销新能源车型中排名前五。在中国市场上,该车型的销量排名第一,市占率达到 7%。其他国有车企的新能源转型效果也十分突出,广汽、奇瑞、长安等品牌的新能源汽车零售销量都名列前茅。

第二类是成熟民营车企:比亚迪、长城、吉利等。这类车企多成立于 2000 年前后,经历了完整的燃油汽车时代,积累了丰富的造车经验,布局新能源和智能化也较早,在电动车时代发展较快。除了拥有传统车企的部分优势外,成熟民营车企的主要优势在于其自主品牌实力强劲。在"新国潮"的消费大趋势下,自主乘用车品牌的市场空间充足,相较于从合资中逐步蜕变的大型国有车企,成熟民营车企的自主品牌起步更早且市场根基稳固,品牌认可度更高。

在战略布局方面,三家代表性民营车企走出了三条不同的道路。比亚迪实现全产业链布局,拥有比亚迪半导体、比亚迪电子、弗迪科技、弗迪动力等下属企业,涵盖除汽车玻璃、轮胎和轮毂之外的汽车零部件生产与整车集成能力。长城汽车积极布局动力系统与智能化平台,孵化的动力电池黑马蜂巢能源已在上市阶段,旗下智能驾驶企业毫末智行也完成独立融资。吉利汽车重视打造差异化整车品牌,拥有极氪、几何、睿蓝、领克等子品牌,分别聚焦高端纯电、性价比纯电、换电车型、合资模式。

从电动化市场角度来看,代表性车企比亚迪已经在新能源赛道独占鳌头,2022 年,比亚迪新能源汽车全球销量超越特斯拉,排名第一,销量约等于第 2~6 名车企的新能源汽车销量之和。在全球热销的 10 款新能源车型中,比亚迪占据 6 款,王朝系列、海洋系列品牌化深入人心，宋、秦等车型销量领先。长城汽车智能化技术领先布局，其自主的智慧线控底盘技术平台，实现了五大系统线控相互协调，支持L4级别及以上的自动驾驶，其电子机械线控制动系统能将汽车制动响应时间缩短至80ms（毫秒）。2022年，比亚迪、吉利、长城汽车的国内市场新能源份额排名分别位列第一、第四、第九。

第三类是造车新势力：蔚来、理想、小鹏、哪吒、赛力斯。这类车企成立于最近10年，赶上了全球智能网联汽车的发展，凭借智能化新技术应用开启新的商业模式，尝试新的定价策略，并且成功地在共同开发、跨界融合、品牌塑造方面进行创新探索，引领行业变革。造车新势力的竞争优势来自理念与渠道两个方面。在造车理念方面，新势力企业不像前两类车企一样拥有造车的"历史包袱"，可以大胆地在汽车设计、技术合作、经营理念、营销渠道等方面探索论证。同时，新势力品牌在发展初期不会被局限在某一类用户定位中，市场对于其新发布的车型不容易产生先入为主的观念，或形成刻板印象。用户也更容易接受差异化、定制化的新势力品牌。在销售渠道方面，不同于传统车企以4S店（汽车销售服务4S店）模式为主，新势力车企注重塑造品牌差异化，以自营综合体验店和互联网销售为主，打造灵活渠道模式，也引领了全行业的销售探索与创新。

造车新势力的竞争位势已发生多轮变化，从最初的"蔚小理"，到2021年的"小蔚理哪"，再到2022年的"哪理蔚小"，造车新势力内部第一名多次易主。2022年，新能源汽车销量领先的新势力是哪吒汽车，销量超15万辆；其次是理想汽车，蔚来和小鹏紧随其后，销量超10万辆。赛力斯在华为的赋能下异军突起，单月销量破万辆，增长迅猛。虽然在销售量级和市场份额方面，造车新势力无法与第一梯队的传统车企直接对比，但考虑到新势力成立时间普遍偏短，近几年销量增长十分迅猛，已有部分进入行业前十或在门槛徘徊，未来品牌发展潜力仍然巨大（见图3.20）。

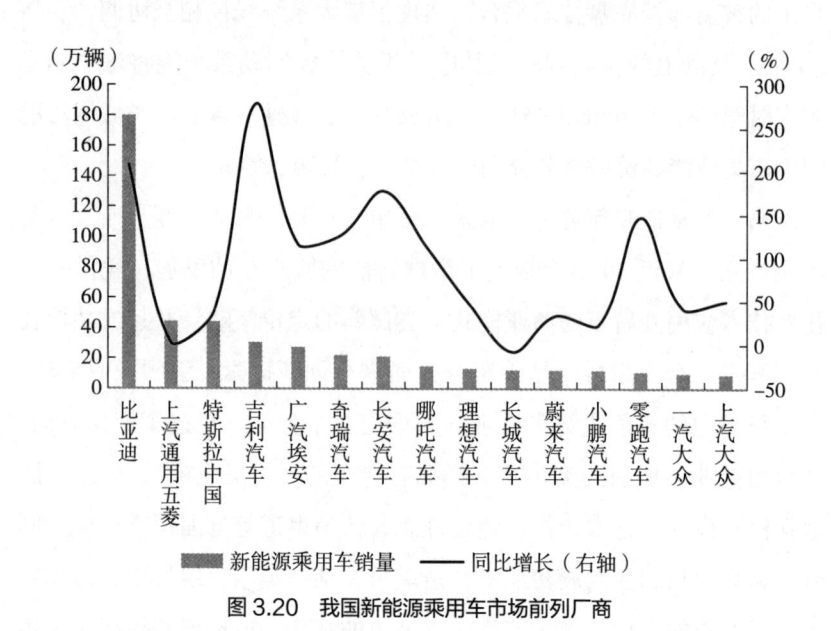

图 3.20 我国新能源乘用车市场前列厂商

资料来源：乘联会，泽平宏观。

第四类是跨界科技公司：百度、华为、腾讯、阿里巴巴、小米。这类企业早先没有整车制造经验，但凭借在信息技术领域、智能移动设备集成方面拥有的强劲实力，正通过合作研发或自主开发模式支持汽车智能化发展，逐步且间接地进入整车制造领域。跨界科技企业的赛道优势，在于智能化技术实力与软硬件方案经验。在智能化领域，这类科技企业可以在原有的大数据、云计算、通信技术、AI等业务上进行拓展，促进汽车智能化发展。在软硬件方案设计上，有的科技企业拥有成熟的移动智能产品研发经验和高市场认可度，也具备提供"软件＋硬件＋系统"一体化方案的能力，因而在软件定义汽车的变局下也掌握更多先发优势。

百度在智能驾驶领域赶超传统车企，是我国最早开启无人驾驶试验的科技企业之一，也是首批致力于降本量产无人驾驶汽车的互联网科技企业。2022年百度推出第六代无人车Apollo RT6，进一步实现了成本控制优化，陆续实现了在北京、重庆、武汉等城市的自动驾驶商业化示范运营。华为在智能化领域布局广泛，在智能驾驶方面开发了MDC（移动数据中心）智能驾驶计算平台和Huawei Inside全栈智能汽车解决方案，在智能座舱方面推出了Harmony OS鸿蒙系统构建华为汽车生态链。在智能网联方面，华为联合多方开展公路信息化与V2X创新研究。在整车领域，华为也通过战略合作的方式积极助力车企智能化转型，分别与赛力斯、北汽、长安携手打造出问界、极狐阿尔法、阿维塔等高端电动智能汽车。腾讯的汽车业务围绕其"车云一体化"架构展开，在实力突出的腾讯C端（用户端）基础上打造软件生态平台，并将过去积累的技术应用至汽车领域，例如，将游戏科技的音视频技术与虚拟仿真自动驾驶测试相结合。阿里巴巴的智能化汽车布局也十分广泛，有达摩院的自动驾驶实验室、自主操作系统AliOS、"一横三纵"的汽车云业务、科技出行领域的斑马智行，还有整车制造与上汽联合打造的智己汽车。小米在智能手机领域积累深厚，其MIUI（米柚）生态系统在全球范围都具备影响力。2022年9月，MIUI全球月活用户达到5.6亿人。在汽车向智能移动终端转变的变局下，小米手机的成功路径有望成为其造车之路的强力支持。

第五类是外资汽车品牌：大众、丰田、特斯拉。这类海外车企通过合资或独资方式在中国市场扎根已久，占据中国乘用车市场的重要份额，在合资股比开放的背景下或谋求进一步扩张。由于中国新能源发展速度全球领先，企业参与度与积极性也普遍高于欧美、日韩地区，无论是从市场角度、供应链角度，还是从技术角度看，外资车企巨头都将中国市场视为新能源时代的关键。特斯拉作为新能源龙头车企，其1/3的产能来自上海超级工厂，95%采用本地供应链，33.9%

的销量来自中国市场。大众在2022年重组中国董事会，赋予中国区更大自主权，与地平线合作聚焦无人驾驶计算平台开发。丰田在2020年与一汽、东风、广汽、北汽、亿华通共同出资设立燃料电池研发公司，看好中国市场的氢燃料电池机会。宝马也在中国市场推出7款新能源车型，并计划将MINI电动车产线迁往中国。福特则大力推进"福特中国2.0"战略，将新一款蒙迪欧交由福特中国团队主导设计研发。倘若外资车企无法把握住中国这个全球最大的汽车消费市场，恐将复刻当年"诺基亚遭遇苹果"的窘境。BBA等海外车企正在加速追赶，在电动智能化领域的竞争力有所恢复。

新时代既代表了新机会，也代表着新挑战、新竞争格局。传统车企迫切寻求升级转型，造车新势力与跨界车企崭露头角，外资企业积极寻求扩张。中国汽车的黄金15年，也是优胜劣汰的15年。百家争鸣的春秋之后，必然是逐鹿中原的战国。

二、行业发展转折时刻已至，危机并存

行业发展的转折点已经出现，中国车企将要面临的竞争格局与10年前截然不同。

中国的汽车行业经历了2001—2004年和2009—2010年两次高速增长阶段，年增速分别达到36%和30%的区间峰值。2017年，我国汽车年产量达到2 902万辆的历史高点，10年间行业平均增速约为5%。2022年，我国汽车保有量约为3.2亿辆，乘用车保有量约为2.68亿辆。与此同时，全球都存在汽车产能利用率偏低的情况，美国、日本、韩国、中国、欧洲的乘用车制造业产能利用率分别约为73%、68%、75%、53%、62%。未来的在建和投产产能以新能源车型为主，这也意味着有大量传统车企产能在接下来10年面临淘汰。总的来看，

汽车总量高增速时代已经过去，稳健增长成为我国汽车行业的新常态，行业的博弈和竞争将更加残酷（见图3.21）。

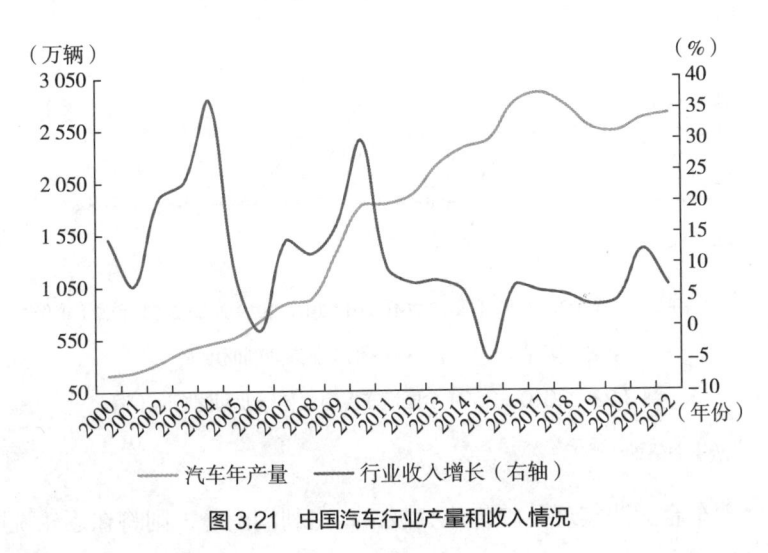

图 3.21 中国汽车行业产量和收入情况

资料来源：中汽协，泽平宏观。

从车企盈利能力的变化来看，剧烈博弈时代已经到来，近年来汽车制造业利润情况不容乐观。从行业角度看，车企利润低主要有三个原因。一是对电动化至关重要的锂资源产能不足，原料价格高位运行，产业链利润向上游转移。二是多方车企争先入局，带动全产业链扩张，但终端消费的汽车总量无明显增长，存量博弈加剧。三是部分车企的产品辨识度不高、提价空间有限，相较于合资、外资汽车品牌，部分自主品牌面临溢价能力低的困境。分梯队来看，车企已有两极分化的趋势。比亚迪、广汽、长城、长安、上汽净利润情况良好，而赛力斯、北汽、江淮、东风、福田等暂时面临亏损。从单车综合利润来看，比亚迪为自主品牌第一，单车利润约1万元，部分车企单车利润不足5 000元，部分造车新势力甚至面临亏钱卖车的局面（见图3.22）。

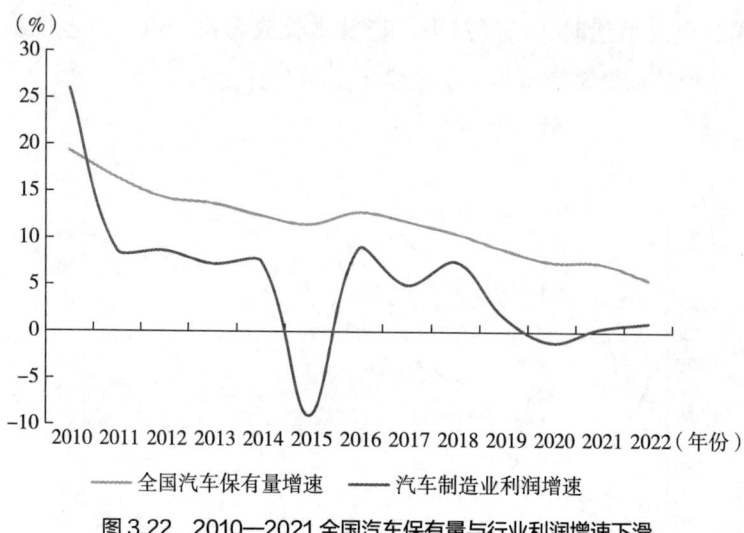

图 3.22　2010—2021 全国汽车保有量与行业利润增速下滑

资料来源：中汽协，泽平宏观。

若车企无法实现品牌价值突破，走出利润困境，则将在逐轮洗牌中被淘汰。迄今，力帆、众泰、江铃等老牌车企都已离场，威马、拜腾、极星等新势力车企也面临生存问题。未来，随着竞争更加充分，将会有更多车企失去阵地，或残酷出局，或无奈重组。强者恒强、赢家主导是汽车行业今后的主要发展趋势。中国汽车的黄金 15 年是"危"与"机"并存的 15 年。

第五节　顺应时代，中国汽车行业在变局中屹立，迎接黄金 15 年

顺应时代、应需而为，是未来在新能源时代，车企寻求发展、竞争破局的关键。总量消费趋稳，创造增量价值的五大主要逻辑是：

电动化转型、智能化升级、需求端变化、自主品牌崛起、海外市场扩张。

一、电动化转型，新能源渗透率将保持高速增长

2022年，全球新能源汽车总销量规模为1 000万辆。预计到2025年，全球新能源汽车销量有望达到2 000万辆，到2030年，达3 000万辆以上。全球新能源汽车成长空间巨大。

从我国的情况来看，2022年我国新能源汽车销量达680万辆以上，单月渗透率超过了36%，全年市场渗透率超25%，已经提前实现《节能与新能源汽车技术路线图2.0》等规划的目标。我国新能源汽车保有量持续实现突破，2022年中期突破千万辆。目前，中国的汽车保有总量3.2亿辆，相比而言新能源汽车还有较为充足的发展空间。伴随着电池安全体系建设、充换电基础设施建设、新能源以及电池回收市场建设，我国新能源汽车发展将释放更大潜力。

加强电池安全体系建设是电动化转型的保障。根据应急管理部的数据，2022年第一季度新能源汽车火灾共发生640起，比2021年同期增加32%，高于交通工具火灾平均8.8%的增幅，平均每日发生7例以上火灾。这既是因为存量高危车数量依旧比较多，也是因为早年生产的电动汽车批量进入退役期而使问题频发。为了让用户放心购买新能源汽车，可以通过如下措施提供根本保障：利用大数据平台等建立预警机制，加强监管；建立动力电池全生命周期安全测试，优化检测；建立追责制度，即时有效反馈质量问题。

加快充电桩等基础设施建设，推广智慧充电用电模式是基础。充电难可能会限制新能源汽车的发展。2022年，我国充电桩保有量超520万个，公共、私人充电桩分别为180万个、340万个，总体车桩

比约为 2.5∶1。我国车桩比已经超过海外很多地区，总量虽大，但仍然存在结构性不足、布局不合理、接口不统一、利用率不高、安全性低等问题。对小区电网负荷冲击较大是私人充电桩建设缓慢的重要因素，推广社区智慧充电可有效实现削峰填谷，降低电网负荷。

新能源二手车市场建设将同步发展。通常，传统燃油汽车 3 年残值率在 70% 左右，新能源汽车 3 年残值率普遍在 30% 左右。贬值快导致消费者有一定的观望情绪。随着新能源汽车技术进一步成熟，市场认可度提升，二手车交易也会迎来高速增长期。

电池回收利用市场的发展潜力巨大。未来动力电池将会迎来退役高峰期，平均每年退役可能超过几十吉瓦时，到 2026 年累计退役超过 100 吉瓦时，接近百万吨。由于当前动力电池正极材料产能有限，价格居高不下，且电池处置不当会对环境造成严重污染，因此动力电池回收体系的建设具备长期必要性。

二、智能化升级，汽车也将成为移动智能终端

汽车的智能化发展方向是"软件定义汽车"，这是新能源汽车革命的下半场。电动化与智能化不可分割。可以说，新能源汽车发展前期，电动化挑起了人们对于汽车智能化的兴趣，带动了汽车产业对于智能化的探索；后期车辆搭载的智能驾驶系统、影音娱乐等软件的嵌入将给人们带来全新的驾驶体验，反过来继续促使电动车的全面替代，智能化与电动化必将协同发展，让汽车最终演变成一个移动智能终端。

总体来看，我国汽车电动化发展已经相对成熟，新能源汽车销售渗透率超过 30%，完成了行业从 0 到 1 的质变。值得注意的是，目前的新现象是，软件在汽车性能中的重要性也正在由量变走向质变。如果说传统汽车的发展只是对于汽车硬件的不断精进，那么如今，软件

对于人们驾驶体验的影响将成为最大变量。

智能化升级的领域依然广泛。预计智能座舱产品中的流媒体中央后视镜、HUD系统、全液晶仪表渗透率到2025年将超过50%。智能驾驶方面，2021年L2级别驾驶辅助系统渗透率为28.5%，预计到2030年，L2级自动驾驶汽车会超过一半，L3级及以上自动驾驶系统渗透率将超过20%，L4级及以上也会逐步得到推广。

未来汽车智能化将成为发展重心，主要趋势有两点。一是技术进步。万物互联时代，以芯片技术、人工智能技术、物联网技术、大数据技术等为代表的第四次工业革命浪潮兴起，将会极大程度地左右今后新能源汽车的发展格局。二是用户需求。随着互联网的普及，用户对于和软件相关的性能体验需求越发强烈。人们希望在不久的将来，在汽车行驶途中驾驶者和乘客的手、脚、脑都能在一定程度上得到解放。政策端对智能驾驶核心技术研发的支持至关重要，开拓更多智能驾驶试验区、园区路端支持智能驾驶测试，成为持续鼓励行业发展的重要一步。

三、需求端变化，环保理念认可度更高，高端新能源车型发展空间大

用户对新能源汽车的环保认可度提升。目前，中国用户购买新能源汽车的原因主要有以下几点：一是认同新能源理念，节能环保；二是用车成本低；三是有税费减免和价格补贴；四是追求科技感和智能配置；五是尝试新鲜事物；六是有购车需求，但没有燃油汽车牌照；七是不限行；八是跟随潮流趋势；九是车内杂音小。

上下班代步、市区范围用车是当前新能源车主的主要用车场景，跨省长途用车需求仍相对较少，单次用车平均行驶里程主要集中在

10~40千米。在纯电技术优化、混动技术和增程式技术迭代发展后，用户对于续航和充电的焦虑进一步缓解，新能源汽车适用场景将进一步扩大，不仅是日常出行，还有长途旅行、郊区露营反充电，各种功能适配场景将远超燃油汽车。

中国的新能源汽车在消费方面有如下四个特征。一是纯电动汽车受到消费者的青睐，销售逐步占据主导。二是一、二线城市渗透率稳步增长，未来大规模增长点在三、四线城市的普及。三线城市新能源汽车上险占比超过一线城市，非限行限购地区购买意愿增强，2022年非限购地区新能源汽车销量占比已经达到73.5%。三是新能源车型高端化，B级、C级新车型增多，大型车销量增长明显，代表消费升级且有高端技术优势的新能源汽车前景广阔（见图3.23）。四是私人新能源汽车的购买量上升明显，与"十三五"初期相比，私人消费占比从47%提升到78%。

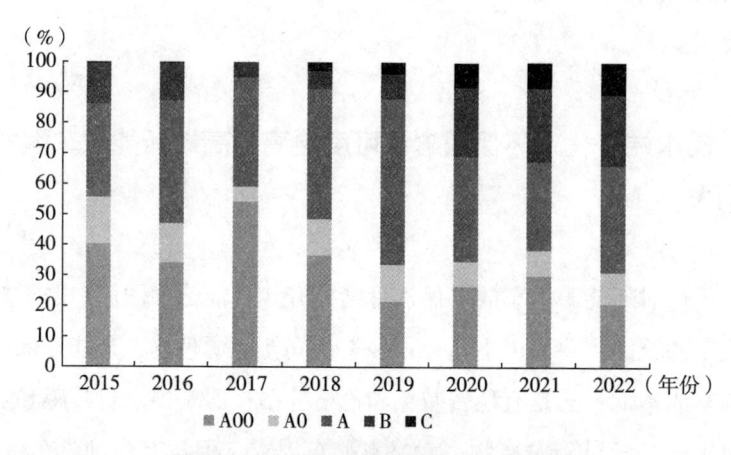

图3.23 中国新能源乘用车销量分级情况

资料来源：乘联会，泽平宏观。

注：根据行业惯例，A级车（包括A00、A0）是小型轿车，B级车是中档轿车，C级车是高档轿车。

四、自主品牌崛起，行业洗牌加速

2022年上半年，我国自主汽车品牌本土市占率为47%。同期，日本、德国、韩国、美国四个汽车制造业大国的本土品牌市占率约为85%、70%、88%、41%，美国燃油汽车市场虽然被日系、德系汽车瓜分，但新能源领域自主市占率在65%以上。对比来看，我国自主品牌仍有充足的上升空间，国产崛起将成为汽车行业主逻辑。

2016年中国新能源汽车市场CR1、CR3、CR5、CR10（前1、前3、前5、前10集中度）分别为31.6%、57.3%、70.1%、95.6%，2022年下降至31.3%、47.2%、57.3%、72.3%（见图3.24），集中度下降明显，众多新生品牌涌入市场抢占市场份额。

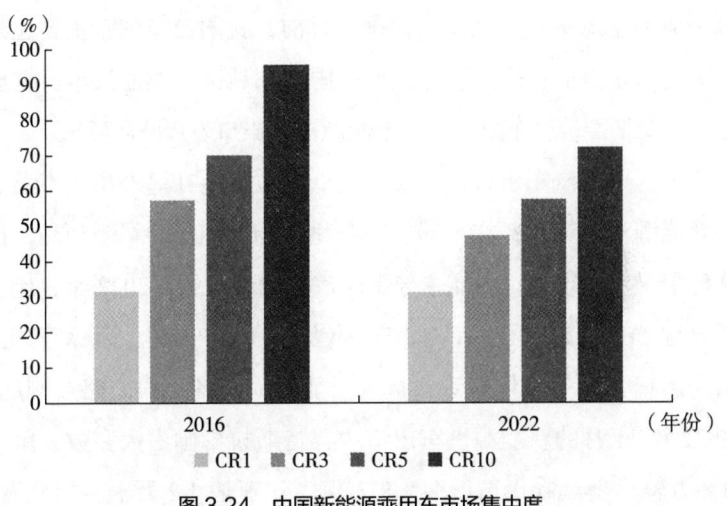

图3.24 中国新能源乘用车市场集中度

资料来源：乘联会，泽平宏观。

新能源汽车行业开始大洗牌。2022年，比亚迪、上汽通用五菱、特斯拉三者占据接近一半的新能源汽车市场份额，哪吒、小鹏、理想、蔚来等造车新势力波动,广汽埃安、问界、东风岚图等新秀崛起。我国新能源市场畅销车型几乎全来自国内自主品牌,2022年销量排名前列的车型分别为宏光MINI、比亚迪秦、比亚迪汉、比亚迪海豚、特斯拉Model S、广汽Aion S、奇瑞QQ冰淇淋、奇瑞eQ、长安奔奔EV、东风风神E70。相对于国外车企,国内自主品牌在新能源汽车的销售上凭借其贴近国民的设计理念、快速进步的技术及各种黑科技,反而占据一定的先发优势。

五、海外市场扩张,中国车企把握契机,走出国门

中国汽车产业是否已经把握住了契机?主要衡量标准是看国产新能源汽车品牌是否走出国门,在全球汽车消费市场占据一席之地。2022年,我国汽车累计出口311万辆,同比增长1.2倍,预计未来中国将超越日本成为全球第一大汽车出口国。目前,我国出口国家主要还是中东、南美、东南亚、俄罗斯等发展中国家和地区,燃油汽车占据出口主导,以中低端价位车型为主。新能源汽车出口发展空间巨大。

未来的中国汽车出口,不仅要用低价位车型在海外拓宽市场,还要以新能源汽车为主,在高端、定制化市场上推出领军型产品,让世界认可中国汽车设计,才能主导全球汽车消费升级。2022年,比亚迪敲开号称"进口禁区"的日本市场的大门,元PLUS、海豚等车型开启出海新篇章。但总体来看,自主新能源品牌的出口之路才刚起步。在2022年11月的新能源汽车出口中,特斯拉中国占大多数,单月出口3.8万辆,上汽乘用新能源1.8万辆,比亚迪1.2万辆。如此看来,中国新能源汽车甚至中国的汽车产业可能还有很长的路要走。

面对汽车业百年大变局,中国汽车强国之路面临前所未有的机遇与挑战,相信通过政策与全产业链的通力配合,中国汽车行业一定能够实现"换道超车",把握黄金15年,在这场变局中引领全球汽车产业发展。

第四章

新能源动力电池：
新能源时代，得电池者得天下

新能源汽车爆发式增长，电池作为提供动力的核心部件，是新能源汽车的"心脏"，在新能源乘用整车成本中占比40%以上。电池技术的发展、性能的提升，决定了新能源汽车的长久发展，得新能源电池者得天下。

中国新能源电池产业发展战略明确，以动力电池、燃料电池为重点，多元电池技术综合发展。涵盖乘用车、商用车两大领域，呈现"一大支柱，两大应用场景，多元化技术路线"的发展特征。

一大支柱。动力锂电池将继续作为产业第一大支柱，包括磷酸铁锂、三元锂等路线，是未来5~10年新能源电池"主力军"。2025年，全球装机规模或超1 500GWh，增量空间显著。中国企业多年积累的技术和产能优势凸显，全球份额占比已占据绝对优势。未来应发挥动力电池技术研发、成本优化、产业集群优势，在关键材料、制造设备、系统集成等环节加强覆盖，同时注重结合市场节奏，把控产能投放力度，避免内卷、阶段性产能过剩。

两大应用场景。除乘用场景之外，要注重商用场景的新能源渗透。一是动力电池在新能源乘用场景加速渗透；二是氢燃料等新电池技术切入，继续拓展了新能源商用场景。未来的格局可能是：市区用锂电、长途用氢能；小型乘用车辆用锂电，大型商用车用氢能；南方用锂电，北方等冬季温度偏低、影响续航的地区用氢能。氢燃料电池在功率密度、充氢效率等方面优势提升，适合商用远途。未来氢电池将在国产化率提升、规模化降成本、氢能产业链协同发展的作用下，加速步入商用化阶段。

多元化技术路线。固态、钠离子、高镍多元、铝空气等新型电池技术不断发展，这些技术各具特色，延伸了能量密度和里程上限，提高了安全性和环境友好性，帮助不同场景的新能源渗透。

未来，提高电池研发实力、产业链综合实力、回收循环绿色发展能力、加氢和充换电等基础设施建设水平，有利于进一步促进新能源电池行业高效健康发展，促进固态等新电池技术，开拓梯次回收利用等细分市场"新蓝海"。*

---

* 本章作者：任泽平、王一渌、廖世祺。

第一节　电池是新能源汽车的"心脏"

一、新能源时代到来，电池重要性凸显

在全球"双碳"目标下，新能源汽车普及率不断提升，产销表现远超市场预期。2021 年全年，我国新能源汽车产销分别完成 354.5 万辆和 352.1 万辆，同比均增长 1.6 倍。2022 年，我国新能源汽车产销分别完成 705.8 万辆和 688.7 万辆，继续翻倍式增长。

展望未来，一是新能源乘用车渗透率将会不断提升。预计到 2025 年，全球新能源汽车销量将接近 2 000 万辆，国内新能源汽车销量或达 1 000 万辆级别；到 2030 年，全球新能源汽车销量约达到 3 000 万辆规模。二是燃料电池汽车产业化预期提前，预计 2030—2035 年，国内氢燃料电池汽车保有量达到 100 万辆左右，商用车实现氢动力转型。全球新能源应用领域发展已进入快车道，未来随着技术实现突破，持续推升大规模商用化落地，行业将呈现非线性爆发式发展趋势。

电池作为新能源汽车的"心脏"，在新能源乘用整车成本中占比 40% 以上，电池技术的发展、性能的提升是决定新能源汽车实现长久发展的核心动力。展望未来，动力电池匹配新能源乘用车市场，装机规模增势显著。燃料电池技术突破式发展，拓展新能源商用领域，包括大型客车、物流车、重卡、牵引车、港口拖车等更多应用场景。

从装机容量看，2021 年全球动力锂电池累计装机量 296.8GWh，较 2020 年有翻倍式增长，与 2011 年装机总量相比更是实现了超越百倍增长。2022 年全球动力电池装机量 518GWh，继续高速增长（见

图 4.1）。预计到 2025 年，全球汽车电池装机规模将达 1 000GWh 以上，仅中国汽车电池装机量或达 600GWh 以上规模；到 2030 年，全球装机规模或达 3 000GWh 以上，未来增量空间显著。

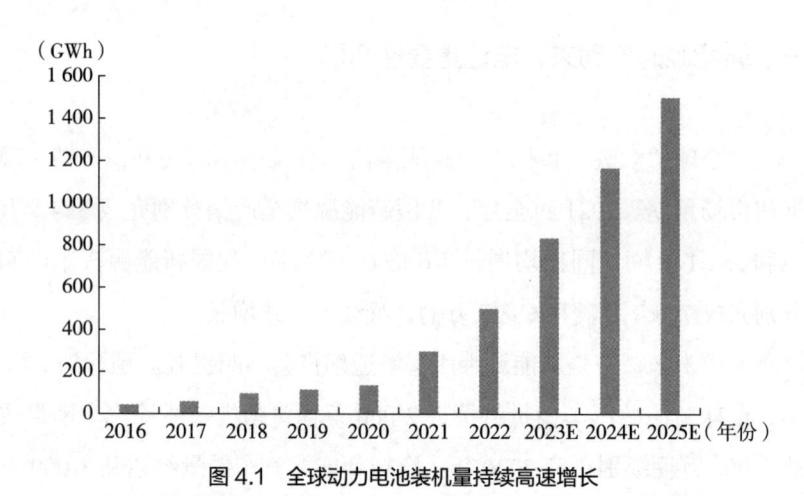

图 4.1 全球动力电池装机量持续高速增长

资料来源：Wind，泽平宏观。

从市场规模看，根据 Research and Markets（爱尔兰市场研究机构）的调研数据，2021 年全球锂离子电池市场价值约为 600 亿美元。2022 年装机总量对应的锂离子动力电池全球市场规模为 1 000 亿美元以上。预计到 2025 年，全球动力电池市场规模或将达 3 000 亿美元。

二、新能源电池发展战略规划

《节能与新能源汽车技术路线图 2.0》将动力电池和燃料电池作为未来新能源重点领域发展技术（见图 4.2）。

动力电池领域，将涵盖能量型、能量功率兼顾型和功率型三大技术类别，以及乘用车和商用车两大应用领域，面向普及、商用、高端二类应用场景,实现动力电池单体、系统集成、新体系动力电池、关键材料、制造技术及关键装备、测试评价、梯次利用及回收利用等产业链条全覆盖。

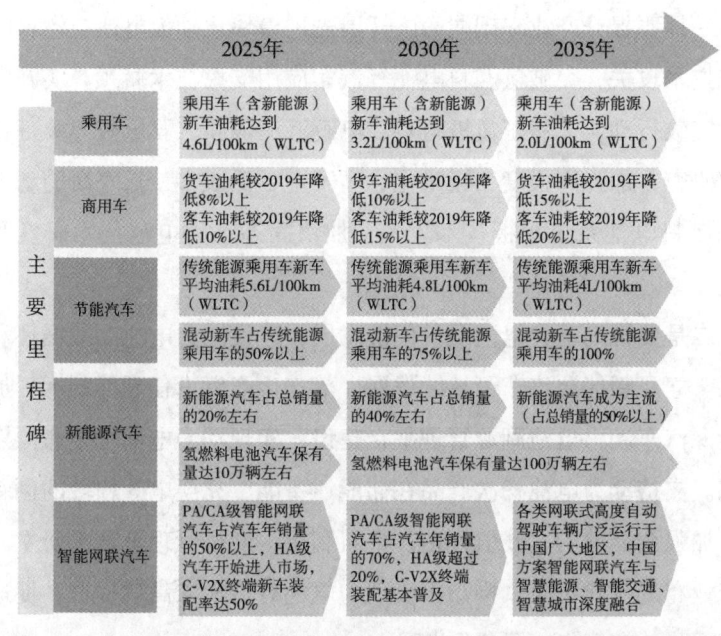

主要里程碑		2025年	2030年	2035年
	乘用车	乘用车(含新能源)新车油耗达到4.6L/100km(WLTC)	乘用车(含新能源)新车油耗达到3.2L/100km(WLTC)	乘用车(含新能源)新车油耗达到2.0L/100km(WLTC)
	商用车	货车油耗较2019年降低8%以上；客车油耗较2019年降低10%以上	货车油耗较2019年降低10%以上；客车油耗较2019年降低15%以上	货车油耗较2019年降低15%以上；客车油耗较2019年降低20%以上
	节能汽车	传统能源乘用车新车平均油耗5.6L/100km(WLTC)；混动新车占传统能源乘用车的50%以上	传统能源乘用车新车平均油耗4.8L/100km(WLTC)；混动新车占传统能源乘用车的75%以上	传统能源乘用车新车平均油耗4L/100km(WLTC)；混动新车占传统能源乘用车的100%
	新能源汽车	新能源汽车占总销量的20%左右；氢燃料电池汽车保有量10万辆左右	新能源汽车占总销量的40%左右；氢燃料电池汽车保有量达100万辆左右	新能源汽车成为主流(占总销量的50%以上)
	智能网联汽车	PA/CA级智能网联汽车占汽车年销量的50%以上，HA级汽车开始进入市场，C-V2X终端新车装配率达50%	PA/CA级智能网联汽车占汽车年销量的70%，HA级超过20%，C-V2X终端装配基本普及	各类网联式高度自动驾驶车辆广泛运行于中国广大地区，中国方案智能网联汽车与智慧能源、智能交通、智慧城市深度融合

图4.2 《节能与新能源汽车技术路线图2.0》对新能源电池发展提出新要求

资料来源:《节能与新能源汽车技术路线图2.0》,泽平宏观。

注:WLTC表示全球轻型车测试规范；PA/CA级智能网联汽车,即部分自动驾驶汽车和有条件自动驾驶汽车；HA级汽车,即高度自动驾驶汽车；C-V2X表示基于蜂窝技术的车联网通信。

燃料电池领域,将发展氢燃料电池商用车作为整个氢能燃料电池行业的突破口,以客车和城市物流车为切入领域,重点在可再生能源制氢和工业副产氢丰富的区域推广中大型客车、物流车,逐步推广至载重量大、长距离的中重卡、牵引车、港口拖车及乘用车等。2030—2035年,实现氢能及燃料电池汽车的大规模推广应用,燃料电池汽车保有量达 100 万辆左右；完全掌握燃料电池核心关键技术，建立完备的燃料电池材料、部件、系统的制备与生产产业链。

国务院《新能源汽车产业发展规划（2021—2035 年）》亦对新能源电池发展提出新战略布局。

一是要提升产业基础能力，开展先进模块化动力电池与燃料电池系统技术攻关，突破氢燃料电池等汽车应用支撑技术瓶颈。实施电池技术突破行动，开展正负极材料、电解液、隔膜、膜电极等关键核心技术研究，加强高强度、轻量化、高安全、低成本、长寿命的动力电池和燃料电池系统短板技术攻关，加快固态动力电池技术研发及产业化。

二是要推动动力电池全价值链发展，建设动力电池高效循环利用体系。立足新能源汽车可持续发展，落实生产者责任延伸制度，加强新能源汽车动力电池溯源管理平台建设，实现动力电池全生命周期可追溯。支持动力电池梯次产品在储能、备能、充换电等领域的创新应用，加强余能检测、残值评估、重组利用、安全管理等技术研发。利用产业布局优化再生，推动报废动力电池有价元素高效提取，促进产业资源化、高值化、绿色化发展。

自 2013 年起，全球主要国家和地区纷纷制定相应的动力电池规划路线。目前，全球动力电池技术发展百花齐放，包括锂离子电池、氢燃料、固态电池和一些新电池技术等。但各国电动化的技术路线不一，主流优势电池技术发展节奏亦有所差异：日本更侧重发展氢能燃料电池，以及动力电池方面固态电池的研发；美国能源部发布《锂电池 2021—2030 年国家蓝图》，将继续侧重对锂电池、固态电池等领域的发展部署；欧盟发布的《电池 2030+》《2030 电池创新路线图》，将持续发展锂、镍、钠基电池等具备创新发展潜力的电池。

第二节 动力电池加速乘用渗透，氢燃料电池拓展商用场景，多元化技术协同

"十四五"期间将是新能源快速发展，对传统能源形成大规模替代，逐步形成环保和成本优势的重要时期。中国仍将作为世界上最大的动力电池生产基地，延续技术研发和产业集群优势，实现动力电池全价值链跨越式发展。此外，氢燃料电池、固态电池也将超前产业化，拓展新能源汽车商用场景，形成大规模产业。

中国电池行业将形成"一大支柱，两大应用场景，多元化技术路线"的发展格局。技术路线更新迭代，各电池材料路线选择没有绝对的好坏之分，更多是适用于不同的场景。

一大支柱是指，以磷酸铁锂和三元锂电池等为代表的动力电池发展将继续作为新能源电池产业第一大支柱。

两大应用场景是指，基于现有动力电池技术成本优势，加速推动新能源乘用车应用场景落地，并以氢燃料电池技术为切入点，丰富和扩展新能源乘用、新能源商用应用场景。

多元化技术路线是指，以固态、钠离子、高镍多元、铝空气等为代表的众多新型电池技术，将补充丰富新能源电池市场发展的多元化战略格局。

一、动力电池是新能源电池的一大支柱，加速商业化量产，实现跨越式发展

当前磷酸铁锂和三元锂等动力锂电池技术在乘用纯电动和混动汽

车的应用中占据绝对主导地位，已处于商业化量产阶段，是支撑新能源汽车发展的第一大支柱。

1. 动力电池产业发展情况：三元锂电池和磷酸铁锂电池双雄并立

动力电池的构成主要包括正极材料、负极材料、电解液和隔膜，其中正极材料约占电池总成本的40%，决定了电池的容量、寿命等核心性能。

动力电池通过锂离子"正极→负极→正极"的运动状态实现充放电工作，充电时，电池正极上生成的锂离子经过电解液运动到负极碳层结构的微孔中，嵌入的锂离子越多，充电容量越高。放电时，负极碳层中的锂离子脱出运动回正极。回到正极的锂离子越多，放电容量越高。

动力电池技术经过多年发展，已经进入加速商业化量产阶段，其中三元锂电池和磷酸铁锂电池双雄并立。

三元锂电池是指以镍、钴、锰聚合物作为正极材料的锂离子电池，其中，镍可提升电池的体积能量密度，从而提升续航能力，高镍三元锂电池是三元锂电池能量密度升级的一个发展方向；钴决定了电池的充放电性能，也可以提升电池稳定性，延长电池寿命。三元锂电池可以实现的最大能量密度高，充放电效率高，低温性能更好，因此纯电续航里程更长、应用地域更广泛；但其耐高温性相对较差，高温条件下的安全性有待提升。

磷酸铁锂电池是指以锂、铁、磷和碳等元素为主要原料的正极材料电池。磷酸铁锂电池成本相对较低，耐高温，安全性能更好，使用寿命较长，但其耐低温性能和总能量密度有待提升（见表4.1）。

表 4.1 磷酸铁锂电池在循环性与成本方面优势突出

正极材料种类	磷酸铁锂	三元材料
单体能量密度（Wh/kg）	160	210~300
循环寿命（次）	>4 000	>1 000
安全性能	好	一般
高温性能	好：耐高温 400℃	一般：NCM11 材料 300℃左右发生分解，NCM811 材料 220℃左右分解
低温性能	一般：不低于 -20℃环境下使用	好：在 -30℃环境下仍然能够使用
原料资源	相对丰富	相对匮乏
2022 年电芯均价（元/Wh）	0.78~0.90	0.94~1.10

资料来源：GGII，泽平宏观。

注：NCM 指镍、钴、锰。

我国动力电池产业发展经历了以下几个阶段。

2015 年前，磷酸铁锂电池因成本、安全性和循环寿命优势，是主流厂商选择的技术布局路线，装机占比最高超过 70%。

2017 年前后，随着政策对高能量密度电池补贴力度加大，三元锂电池取得较大发展，阶段性成为市场主流。

2021 年以来，磷酸铁锂和三元锂电池产量格局再度出现逆转。随着政策补贴退坡，磷酸铁锂电池的安全性和成本综合优势再度凸显。尤其是伴随比亚迪刀片电池、蜂巢叠片等技术应用，磷酸铁锂电池能量密度突破发展，再度成为市场主流。2021 年全年，磷酸铁锂电池累计装机量为 79.8GWh，占动力电池总装机量的 51.7%。2022 年，国内动力电池累计装机量为 294.6GWh，同比增长 90.7%。其中，三元锂电池累计装机量为 110.4GWh，占总装机量的 37.5%，同比增长 48.6%；磷酸铁锂电池累计装机量为 183.8GWh，占总装机量的 62.4%，同比增长 130.2%。特斯拉、比亚迪、上汽、小鹏汽车等汽车厂商均大规模采用磷酸铁锂电池，磷酸铁锂电池优势凸显，未来几年占比或将提升到70%~80%（见图4.3）。

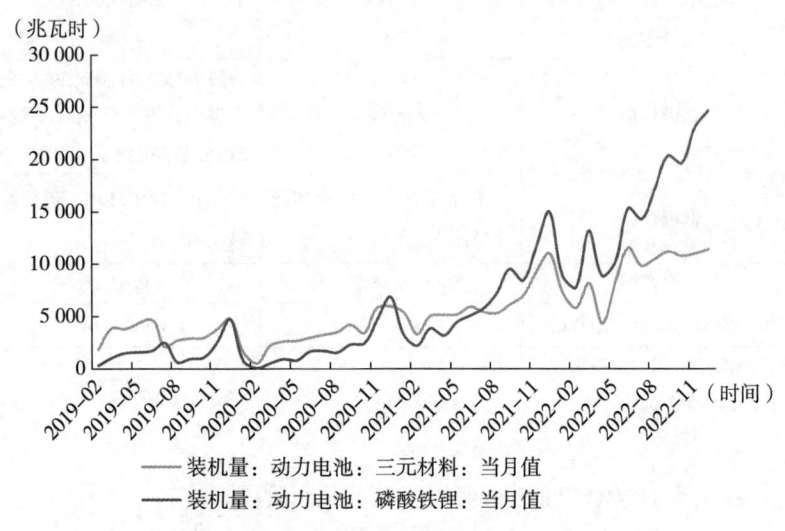

（兆瓦时）

— 装机量：动力电池：三元材料：当月值
— 装机量：动力电池：磷酸铁锂：当月值

图4.3 动力电池装机量变动趋势，磷酸铁锂电池再度成为主流选择

资料来源：Wind，泽平宏观。

2. 动力电池竞争格局：中国电池全球份额已经占据绝对优势

全球动力电池产能仍集中于中、日、韩三国，全球出货量占比连续多年保持在90%以上。国内电池企业经过多年积累，技术和产能优势凸显，国产电池全球份额已占据绝对优势。自2015年赶超日本成为全球最大的动力电池生产国以来，中国动力电池的全球份额连续多年不断上升，国产电池全球装机量占比多年在50%以上，持续有所突破。

技术方面，能量密度是衡量动力电池技术水平的核心指标，代表了电池的平均单位体积或质量所释放出的电能，决定了车辆续航能力和综合性能。中国动力电池厂商技术积累优势明显，各项发明专利均处于世界领先水平。比亚迪的刀片电池工艺在结构上不断创新，针刺后无明火、无烟，实现了空间利用率的提升和材料成本的下降，其量产的 622 电芯系统能量密度在 160Wh/kg 左右，在方形非 811 体系中属于顶尖水平。宁德时代第三代 CTP（无模组动力电池包）组成技术搭配高镍技术、掺硅补锂，将铁锂电池的能量密度提升至 160Wh/kg，三元锂电池提升至 255Wh/kg，相比 4680 系统电量提升 13%。

产业链方面，中国各大动力电池企业的上下游产业链资源配置与布局合理，上下游产业链整合加速。上游持续加强资源调用，下游进一步发展客户关系。比如电池企业大力布局上游锂资源产业链，并通过签订长期合作协议、开展海内外收购、设立合资公司等方式快速完成布局。下游客户合作方面，比亚迪利用自身技术优势，与海外整车企业如特斯拉、丰田开展电池供应合作，刀片电池出海节奏加速。

产能方面，中国动力电池企业产能投放进入加速阶段，产能投放优势显现。到 2025 年，宁德时代、比亚迪、蜂巢能源、中创新航、国轩高科、亿纬锂能产能或将分别达 800GWh、600GWh、600GWh、500GWh、300GWh、200GWh。

海外产能拓展方面，比亚迪已在东南亚、欧洲、南美、北美等地布置刀片电池产线，电池出海成为我国动力电池企业提升品牌影响力的新选择。众多电池企业凭借技术积累和先进产线布局优势快速成长，如中创新航与蜂巢能源，2022 年装机市场份额增长迅速，跻身主要电池厂商梯队前列（见图 4.4）。未来，比亚迪、中创新航、蜂巢能源等一批代表性电池企业的发展速度、全球地位将进一步提升。

3．动力电池四大趋势：新能源主力军、成本优势、技术迭代、回收利用"新蓝海"

未来新能源动力电池行业发展将呈现以下四大趋势。

一是在未来 5~10 年，动力锂电池仍将主导新能源电池产业发展，是新能源汽车电池的"主力军"，并逐步延伸至储能"新蓝海"。动力锂电池是最成熟的一条技术路线，将在新能源电池整体产业中保持产品技术、量产成本和产业链配套等惯性优势，步入渗透高增、加速发展的快车道。

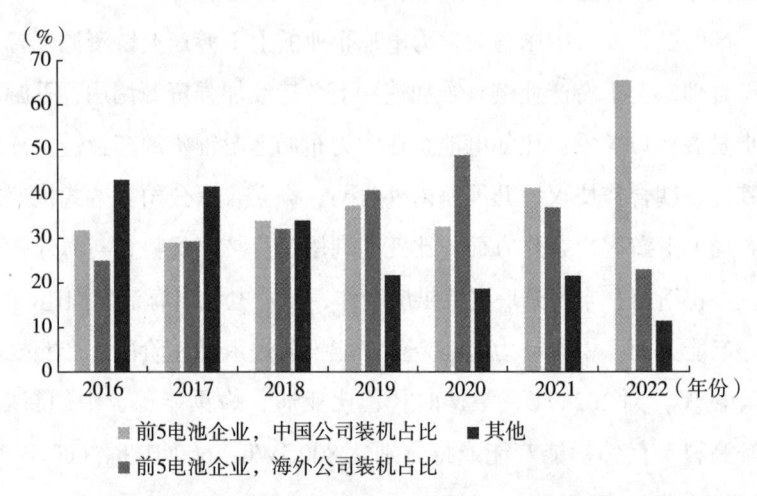

图 4.4　新能源动力电池竞争格局：中国厂商已占据绝对份额优势

资料来源：Wind，泽平宏观。

二是动力电池技术日趋成熟，量产成本下降优势逐步凸显。汽车用动力锂电池的价格由 2011 年的 3 800 元 / 千瓦时下降到 2020 年的 578 元 / 千瓦时，量产电池的单体能量密度由 2011 年的 80Wh/kg 上升到 2020 年的 270Wh/kg。2020 年后，受全球大宗商品涨价影响，动力电池使用的原材料如碳酸锂、六氟磷酸锂等的价格阶段性波动较大，使整体电池成本阶段性抬升，但在 2022 年 11 月以来已见顶回落。未来一段时间，在批量化生产规模效益优势凸显、能量密度技术提升、上游锂资源价格回归正常化等因素的作用下，预计汽车用动力电池成本仍将保持年均5%左右的降幅，在此成本优势下，新能源汽车对传统燃油汽车的替代优势将进一步显现。

三是CTP、CTB、CTC等新型车身一体化技术发展。CTP全称是"Cell to Pack"，即跳过标准化模组环节，直接将电芯集成在电池包上，应用有比亚迪、蜂巢能源刀片电池技术。CTB全称是"Cell to Body"，是CTP技术的延伸，实现电池车身一体化，减少因车身与电池盖相连接而导致的空间损失，电池不仅是能量体，也作为结构体参与整车传力与受力。CTC全称是"Cell to Chassis"，是把电芯直接集成于车辆底盘，加深了电池系统与电动车动力系统、底盘的集成。这些技术直接集成，取消附属结构件，去除冗余结构，优化座舱Z轴空间，给车辆带来了更好的续航。当然，CTB、CTC等集成技术，也要求电池企业绑定车企，联合开发，电池企业在产业链中的话语权和定价力进一步增强。

此外，动力电池技术迭代，固态等新电池技术兴起。国务院《新能源汽车产业发展规划（2021—2035年）》中，明确要求"加快固态动力电池技术研发及产业化"。固态电池将包括正极、负极、电解质三大材料，未来固态锂电池产业的发展将基于现有的液态锂电池技术，实现"液态—半固态—固态"的转变。全球固态电池有望于2030年实现产业化。

四是基于动力电池回收循环利用和梯次利用的"新蓝海"细分市场发展空间广阔。动力电池最大使用年限一般为5~8年，其中电池衰减在20%以内为有效动力电池，有效使用年限为4~6年。2016年以来全球动力电池装机进入加速阶段，相应地在2021年以后，存量动力电池加速"退役"。根据Trend Force（集邦咨询）的数据，2025年预计中国动力电池报废量将达到91GWh。根据美国市场调查与咨询公司Markets and Markets的预测，2025年全球动力电池回收行业规模将达到 122 亿美元，到 2030 年将达到 181 亿美元，动力电池回收循环利用和储能等领域的梯次利用等市场空间广阔。

二、新能源电池两大场景：动力电池适配乘用场景，氢燃料电池扩展商用场景

动力电池、氢燃料电池均是新能源电池的重要技术路线。新能源电池有两大场景：商用车和乘用车。搭载动力电池的新能源汽车适配城市、短途等乘用场景，氢燃料电池扩展了新能源汽车的长途、大型等商用场景。

商用车碳排放占比高，发展新能源商用车对"双碳"目标的达成至关重要。从全球碳排放占比看，据国际能源署统计，交通运输产业是仅次于电力与热力供应产业的第二大碳排放来源，年排放量为 82 亿吨，占比为 24.6%。而从交通运输产业的碳排放结构和占比看，传统商用车虽在总体汽车保有量中占比小，但燃油消耗量大、污染排放量高。2022 年全国汽车保有量约为 3.2 亿辆，其中载货类商用汽车保有量约为 4 000 万辆，占比仅为 10%，但碳排放量占比却高达 50% 以上。发展商用新能源汽车电池，扩展商用场景渗透率，对实现"双碳"目标至关重要。

商用车与乘用车相比整体电动化水平低，以氢燃料电池为切入点，发展适合商用车的新能源电池是关键。当前新能源汽车产销仍以乘用车为主，2021 年，新能源乘用车渗透率达 14.8%，新能源商用车渗透率不足 4%；2022 年，新能源乘用车渗透率达 27.6%，商用车渗透率为 10.2%（见图 4.5），差距较大。从结构看，商用车中客车渗透率相对较高，而货车渗透率较低。新能源商用车渗透率较低的原因有两个方面：一是商用车由于自重大和对远途运输的需求大，对电池

容量、电池续航能力、电池充电速度有较高的要求；二是2017年后，对新能源商用车的补贴存在一定退坡。

商用车、公共用车领域，电动化仍有较大发展空间。2023年2月，工信部等八部门发布《关于组织开展公共领域车辆全面电动化先行区试点工作的通知》，针对公务用车、城市公交、出租、网约车、环卫、邮政快递、城市物流配送、机场等领域用车电动化做出指导意见，力图提高在新增及更新车辆中的新能源汽车比例，部分公共领域车辆电动化达80%以上。未来也可以发展氢燃料电池商用车，将其作为发展新能源商用车领域的切入点，解决商用车电池里程和充电时间"焦虑"问题，发展更多适合商用车的新能源电池，对提升未来新能源商用车渗透率至关重要。

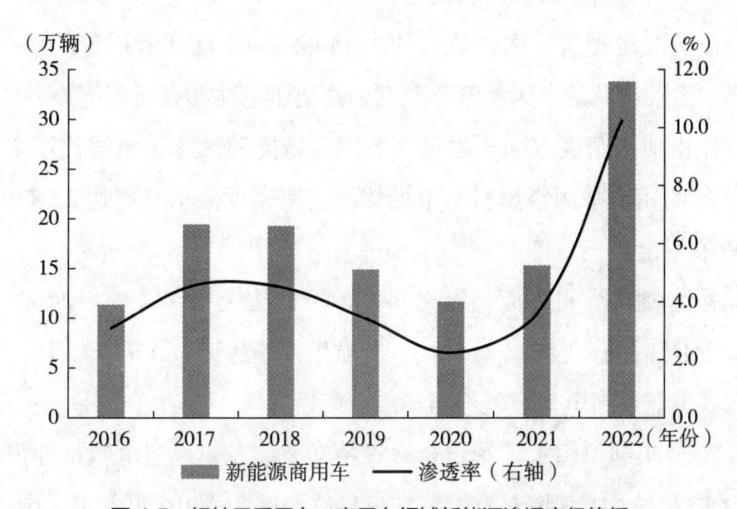

图4.5 相较于乘用车，商用车领域新能源渗透率仍偏低

资料来源：Wind，泽平宏观。

1. 氢燃料电池产业发展情况：产业化预期提前

氢燃料电池系统由电堆、氢气循环系统、空压机构成。其中燃料

电池堆栈，即电堆为电池内部重复单元，是最关键、最昂贵的部分之一。电堆由膜电极组件和双极板构成，膜电极组件包括电解质膜和催化剂，双极板包括燃料电极和空气电极。氢气循环系统将氢气罐中的氢气从高压条件转移到低压条件，并输送至电池堆栈。空压机通过空气净化系统清除颗粒物和其他杂质，以增加供应洁净度。

氢燃料电池无须燃烧，而通过将储氢罐中的氢气和空气中的氧气转换成水这一化学反应产生电能，是一种能产生电能、水和热量的电化学能量转换装置。将氢和氧分别供给阳极和阴极，氢通过阳极向外扩散和电解质发生反应后，放出电子通过外部的负载到达阴极。

氢燃料电池本身具备零排放、零污染、无噪声、充氢快、续航强等优势。相比于纯电动力电池，氢燃料电池在质量能量密度、体积功率密度、充氢效率方面具备优势。

质量能量密度方面，氢气约为 140MJ/kg（百万焦耳/千克），远超煤、汽油、柴油、天然气，较动力锂离子电池亦有显著优势。

体积功率密度方面，根据《节能与新能源汽车技术线路图 2.0》，2025 年商用、乘用氢燃料车电堆体积功率密度分别有望达 2.5KW/L、4KW/L 以上。

补充燃料时间方面，氢燃料电池可以极大地缓和充电时间"焦虑"，加氢时间一般在 5 分钟内，续航里程能达到 600 千米以上。

我国氢燃料电池发展经历了以下阶段。

2017 年起，国家陆续出台政策推动氢能及氢燃料电池产业发展。2017 年发布《中国燃料电池汽车发展路线图》，2019 年发布《中国氢能源及燃料电池产业白皮书》，分别对技术和产业路线做出指引。

2020 年，氢燃料电池加速进入示范导入期。2020 年出台的《关于开展燃料电池汽车示范应用的通知》确定了以商用车为抓手，约定示范的期限、城市群、产业化目标及奖励支持力度。氢燃料电池客车续驶里程、百公里氢耗量、最高车速等指标，商用车燃料电池系统额定功率、功率密度、冷启动温度、寿命等指标，均实现或超额完成目标，商用车燃料电池系统多项技术指标与国际先进技术水平同步，实现了电堆、压缩机、变换器、氢气循环装置等关键零部件的国产化。

2021年以来，包括技术路线、产业规划和示范应用方案在内的全产业商业化发展思路更加清晰。2021年10月，国务院发布的《2030年前碳达峰行动方案》指出，"大力推广新能源汽车……推动城市公共服务车辆电动化替代，推广电力、氢燃料、液化天然气动力重型货运车辆"。2021年11月，《中共中央 国务院关于深入打好污染防治攻坚战的意见》特别提出，"持续打好柴油货车污染治理攻坚战。深入实施清洁柴油车（机）行动，全国基本淘汰国三及以下排放标准汽车，推动氢燃料电池汽车示范应用，有序推广清洁能源汽车"。

2. 氢燃料电池参与者：格局未定，看企业的技术和市场先发优势

全球氢燃料电池还在商业化早期，市场竞争格局将在未来一段时间处于不稳定状态。氢燃料电池参与厂商，一是布局上游材料、膜等关键研发环节，二是绑定下游客户，并与乘用车企业、商用车企业、有大型货运客运场景的企业联合布局。因此，具备技术先发优势、市场和资源卡位优势的企业未来的胜率更高。

加拿大、美国、日韩企业较早开始氢燃料电池研发。加拿大巴拉德、水吉能公司、美国普拉格能源公司为全球氢燃料电池制造厂商。

加拿大巴拉德是零排放质子交换膜燃料电池生产商，其客户主要包括奔驰、奥迪、大众等整车制造商以及军工、叉车企业，潍柴动力通过投资成为其大股东。水吉能公司主营业务包括燃料电池及水电解制氢设备，并为客户提供储能整体解决方案，在德国、比利时、美国

均有生产基地。其产品广泛应用于以阿尔斯通、液化空气集团为代表的下游大型交通运输企业中,为阿尔斯通的 Coradiai Lint 客运列车开发和实施氢燃料电池系统,该公司被美国重型卡车企业、氢能龙头企业康明斯收购。

美国是最早研发氢燃料电池的国家之一,美国普拉格能源公司的氢燃料电池叉车产品在美国、欧洲等地区的保有量十分可观,在沃尔玛、亚马逊、联合利华、通用汽车等大型企业的车间中均有应用。

日韩车企如现代、丰田均在氢燃料电池汽车方面有所发力,现代推出氢燃料电池车 NEXO。丰田从 1992 年开始开发氢燃料电池汽车,2014 年成功推出量产氢燃料电池汽车 Mirai,单次充氢续航里程可达 1 000 千米以上。从乘用整车和系统集成层面,丰田的氢燃料电池领先。

国内氢燃料电池参与者主要有燃料电池系统集成厂商、整车企业。

氢燃料电池厂商有亿华通、潍柴动力、国氢科技、雄韬股份、国鸿氢能、重塑股份、新源动力等。亿华通主要为商用车提供氢燃料电池发动机系统,主要客户包括宇通客车、北汽福田等整车制造商,并与丰田合作金属板电堆技术,2022 年,其燃料电池装机套数约千台,市占率约 1/4,排名第一。潍柴动力布局新能源动力总成,先后作为第一大股东参股加拿大巴拉德、英国锡里斯动力两家世界领先的氢燃料电池、固态氧化物燃料电池技术公司,推进新能源产业布局。国氢科技是国家电投旗下的氢能科技公司,主打多元、自主化、系列化燃料电池和 PEM(质子交换膜)制氢产品,具备自主化、高性能、量产低成本的产业化推广优势。雄韬股份成立较早,在国内多地投资设立子公司推进氢能产业规划与布局,投资制氢、膜电极、电堆等多家产业链企业,致力于打造氢能产业平台,整合和拓展氢能产业链。国鸿氢能是一家以氢燃料电池为核心产品的高科技企业,主要产品包括柔性石墨双极板、电堆、燃料电池系统、燃料电池备用电源等。重塑股份除了与丰田合作金属板路线电堆技术，还与富瑞氢能、嘉化能源合资，从事加氢站等氢能基础设施的建设和运营业务。

整车企业有长城汽车、上汽集团、宇通客车等参与布局。长城汽车最早于2016年开始氢燃料电池研发，2019年成立未势能源，主要包括燃料电池发动机、电池堆、核心零部件、高压储氢瓶阀、减压阀等产品，也有低成本加氢站集成化解决方案。上汽集团则主要通过子公司捷氢科技进行氢燃料电池核心技术的研发，其质子交换膜燃料电池电堆应用于大巴、乘用车和商用车等多种车型中。

3. 氢燃料电池市场三大展望：商用提速，自主化、规模化降成本，上中下游协同发展

当前氢燃料电池在新能源领域渗透率远低于锂电池，未来随着技术进步、量产和加氢基础设施进一步落地，氢燃料电池有望在新能源商用车领域大有可为。未来行业有三大趋势。

一是国内氢燃料电池起步虽晚，但商用化和产业化速度快。2015年以来，我国燃料电池车市场初步有所突破，年销量从2015年的10辆上升至2022年的5 009辆，年复合增长率为143%。2020—2025年，新能源燃料车和氢燃料电池快速发展，2022年全国氢燃料电池汽车保有量约万辆。根据《节能与新能源汽车技术路线图2.0》的发展目标，预计到2025年，氢燃料电池汽车保有量有望达到10万辆，氢燃料商用车年销量约达1万辆。"十四五"期间，氢燃料电池汽车销量增幅约达15倍。2030—2035年，燃料电池汽车保有量将约达100万辆。

二是国产自主可控和规模化提速，氢燃料电池成本下降，助推市场加速渗透。国产自主可控率加速提升，2017年以来，我国燃料电池系统国产化率从30%上升至90%，从掌握系统集成、双极板技术，到电堆、膜电极等核心部件自主可控率大幅提升，未来质子交换膜等核心材料加速研发，将推动燃料电池国产化率进一步提升。规模化对燃料电池成本下降影响显著。与2010年以来锂离子电池成本下降过程相似，规模化发展将助推燃料电池系统成本下降，燃料电池成本下降空间约为70%。当前丰田Mirai燃料电池乘用车售价约40万元，未来乘用车燃料电池系统成本或下降到10万元以下，整车成本下降至20万元以下，进一步实现平价化。

三是氢燃料电池将依托于氢能产业链，上中下游协同发展。氢燃料电池市场发展是一项系统性工程，氢燃料电池的商业化需要相对完善的氢能产业配套，包括上游氢气制取、纯化、氢气液化等环节，获得环保、成本低廉的氢能源；中游发展储氢运氢装置，实现气态、液态、固态安全储运；下游加氢基础设施建设，方便用氢。《中国氢能源及燃料电池产业白皮书》预测，到2050年氢能产业链产值将超过10万亿元（见图4.6）。

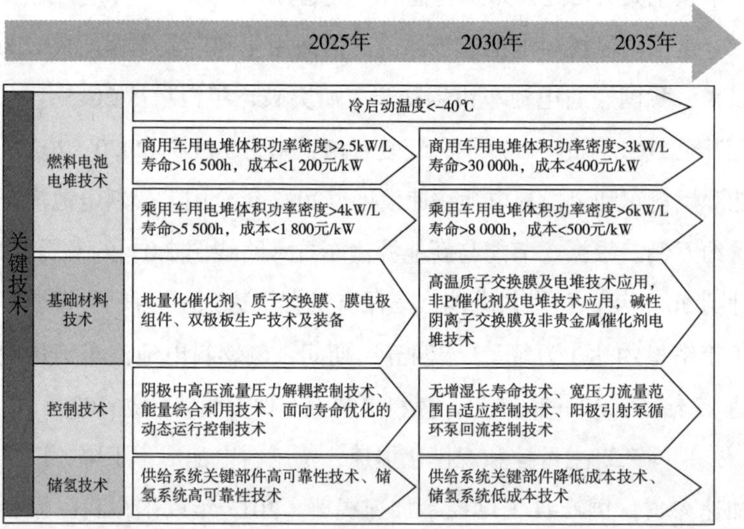

关键技术		2025年	2030年	2035年
	燃料电池电堆技术	商用车用电堆体积功率密度>2.5kW/L 寿命>16 500h，成本<1 200元/kW	冷启动温度<-40℃ 商用车用电堆体积功率密度>3kW/L 寿命>30 000h，成本<400元/kW	
		乘用车用电堆体积功率密度>4kW/L 寿命>5 500h，成本<1 800元/kW	乘用车用电堆体积功率密度>6kW/L 寿命>8 000h，成本<500元/kW	
	基础材料技术	批量化催化剂、质子交换膜、膜电极组件、双极板生产技术及装备	高温质子交换膜及电堆技术应用，非Pt催化剂及电堆技术应用，碱性阴离子交换膜及非贵金属催化剂电堆技术	
	控制技术	阴极中高压流量压力解耦控制技术、能量综合利用技术、面向寿命优化的动态运行控制技术	无增湿长寿命技术、宽压力流量范围自适应控制技术、阳极引射泵循环回流控制技术	
	储氢技术	供给系统关键部件高可靠性技术、储氢系统高可靠性技术	供给系统关键部件降低成本技术、储氢系统低成本技术	

图4.6 《节能与新能源汽车技术路线图2.0》对氢燃料电池发展规划路线

资料来源：《节能与新能源汽车技术路线图2.0》，泽平宏观。

三、电池技术多元化：钠离子、固态电池等新型电池技术，是时代发展的必然趋势

近年来，以钠离子电池、固态电池等为代表的新型新能源电池技术逐步得到发展。未来电池路线多元化是新能源时代的必然发展趋势。

一是发展各具特色、各显优势的新型电池技术，有助于新能源电池在不同适用市场的应用拓展。例如，未来发展固态电池有助于进一步提高现有动力锂电池的能量密度上限，克服远距离运输阻碍；发展氢燃料电池，可以极大地扩展新能源电池在商用货车、客车、叉车等领域的应用。

二是发展多元化电池技术路线，可以缓解原材料价格上涨压力。随着新能源电池和储能需求爆发，对锂、镍、钴的需求迅猛增长（见图4.7）。但是我国的钴、镍等资源探明储量的全球占比较低，其中钴储量约占全球储量的1%，镍储量不足全球储量的4%。发展新技术电池

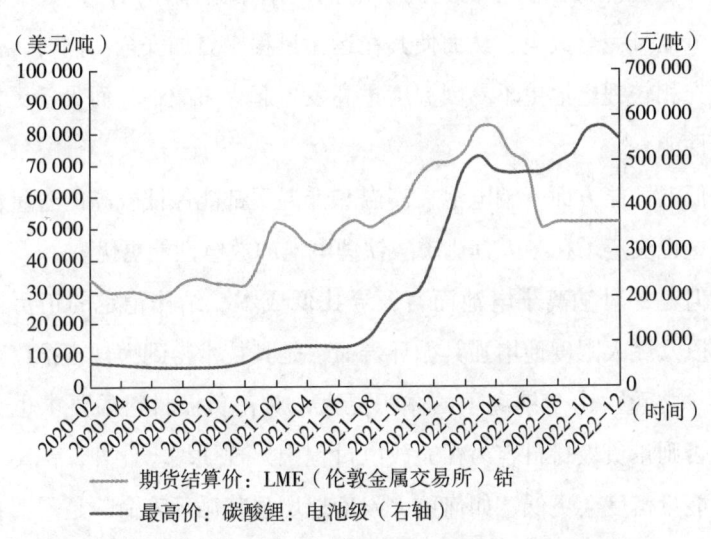

图4.7 2020年以来，新能源动力电池原材料价格加速上涨

资料来源：Wind，泽平宏观。

品类，例如高镍低钴、无钴、钠离子电池等，走多元化技术路线可以在一定程度上减少对特定上游资源的依赖，降低上游大宗原料供应不稳定对电池厂商生产成本的影响。

因此，以固态、钠离子、高镍多元、铝空气等为代表的众多新型电池技术，将极大地丰富新能源电池市场发展的多元化战略格局。

1. 钠离子电池：成本低廉、安全性高、低温性能佳

钠与锂在元素周期表中处于同一族，钠离子电池与锂离子电池的工作原理相似，即通过钠离子在正负极之间移动实现充放电过程。

钠离子电池的优点主要在于成本低廉、安全性高，同时兼具低温性能。

成本方面，钠元素在地球中的含量高，钠元素的获得较锂元素更加容易；钠元素不与铝发生反应，电池正负极均可以选择成本较低的铝箔，因此总体成本相对低廉。

安全性能方面，若在钠离子电池中采用集流体铝箔，更不易氧化，电池可完全放电，从而使其在运输过程中更加安全。同时，钠电池快充相较锂电池更不易因温度过高发生起火事故，从而具备更好的安全性能。

低温性能方面，钠电池在高温和低温下都能保证较高的容量保持率，这也决定了在冬天其比磷酸铁锂电池的放电性能更优。

但是，对钠离子电池而言，寻找低成本、结构稳定的正负极材料，以及更大限度地增强其循环寿命，是其技术得到大规模推广落地的重中之重。由于钠离子的体积更大，对正负极材料的要求也会更高，否则正负极材料容易在充放电过程中出现崩塌。此外，钠离子电池的能量密度会更低，如何更大限度地增强其循环寿命，是需要在应用中继续解决的问题。未来钠离子电池或会作为锂电池的重要补充。

2. 固态电池：热效能表现佳、极限能量密度高、量产成本优化空间大

固态电池是基于现有液态锂电池技术，在其基础上进一步发展，实现"液态—半固态—固态"的转变。

固态电池优点主要在于提高电池热效能表现、能量密度，未来量产后成本优化空间较大。

热效能方面，固态电池的固态电解质将降低电池组对温度的敏感性，较大限度地降低电池短路的可能性，提高电池的使用寿命。

极限能量密度方面，固态电解质同样有利于提高电池正负极之间的电压差，在匹配更加合适的正负极材料后，可较大限度地提升锂电池的能量密度。

量产成本控制方面，未来固态电池成本下降的空间或比现有液态锂电池更大，彭博数据预计，2028—2035 年，采用固态电池的电动车数量将增长 37 倍，而固态电池的成本将下降至 40 美元 / 千瓦时。

但是，对于固态电池而言，需要在电解质、正负极材料以及充导电效率方面取得突破。固态电池无法大规模量产的主要原因是，未寻找到成本低、稳定性高的固态电解质，固态电池电极的锂金属的粉化与循环寿命的问题也需要解决。固态电解质的电阻更高、导电率更低，电解质材料与正负极之间连接不如液态电解质紧密，所以在充电效率表现方面或需技术提升。

3. 铝空气电池：比能量大、电池自重轻、环境友好性高

铝空气电池是以高纯度铝作为负极，以氢氧化钠或氢氧化钾水溶液作为电解质，摄取空气中的氧气并以其作为正极，在电池放电时以氧和铝生成氧化铝的一种空气电池。

铝空气电池的优点主要在于比能量大、电池自重轻、环境友好性高。

比能量和续航能力方面，铝空气电池理论比能量可达到 8 100Wh/kg，远高于当今各类电池的比能量上限，因此采用铝空气电池的车辆理论续航能力比现用电池种类强。

电池自重方面，铝空气电池质量轻，可以减少车载负荷。

环境友好程度方面，铝空气电池生成的氧化铝对人体和环境无害，可以将电池回收后进行还原反应，循环投入使用。

但是，对于铝空气电池而言，需要在放电速度、替换效率以及电解质膜解决方案等方面突破其自身短板。铝空气电池中电子只能从阳极流向阴极，导致铝空气电池需要更换新的电池以实现持续使用，这就对电池替换技术和效率有较高的要求。另外，未来铝电池实现量产的主要条件之一是完善电解质膜解决方案，既能保护金属在碱液中的稳定性，又能以离子的方式传输电流。未来铝空气电池技术的突破将不仅影响电动汽车等行业，亦对军用、民用的应急、备用领域有很大的意义。

第三节　新能源电池技术迭代、产能出海、回收利用"新蓝海"

交通运输领域是实现"双碳"目标的主战场，汽车产业作为碳排放贡献量较高的产业，需要先行一步。而电池作为提供动力的核心部件，毫无疑问是新能源汽车的"心脏"。具体而言有以下三个方面。

一是发展新能源汽车有利于维护国家能源安全。我国年消费原油约 7.1 亿吨，进口原油 5.08 亿吨，进口占比为 70% 以上，对外依存度高。若新能源汽车逐步取代传统燃油汽车，将降低原油总需求量，从而降低原油进口量和对外依存度，有利于保证国家能源安全。

二是动力电池技术迭代，持续带动新能源汽车产业链协同发展。比亚迪、中创新航、国轩高科总装机量迅猛增长，带动了行业上游包括正负极、电解液、金属元素开采等子领域。

三是开辟新赛道，实现对传统汽车强国的超越。美、日、欧等传统汽车强国和地区在燃油汽车领域深耕已久，国内汽车厂商在发展时具有先天劣势。而在新能源赛道，中国以动力电池为首的三电技术创新发展，这是国内汽车厂商一次绝佳的"换道超车"的机会。

发展新能源电池产业，需要综合考量和提高技术研发能力、产能供应保障能力、制造综合实力、加氢充电等基础设施水平。未来新能源电池发展有几大趋势。

一是技术加速迭代。加强系统短板技术攻关，对新能源电池行业整体发展至关重要。正负极材料、电解液、隔膜等关键核心领域技术加速迭代，促进电池强度、重量、安全性、成本、寿命等核心指标优化；攻克氢燃料电池关键部件核心技术，如膜电极、燃料电池电堆、空气供给系统、储氢等；提升绿电制氢比重，摆脱化学能源制氢限制。

二是电池战略性资源储备更加重要，解决上游钴矿、锂矿资源稀缺问题。拓展新电池技术，发展高镍低钴、无钴、钠离子电池等新技术电池品类，促进生产原材料如电池级碳酸锂的生产供应稳定，解决上游大宗原料供应成本高等问题。

三是动力电池回收成为"新蓝海"，包括退役动力电池多层次、多梯次循环利用，下游报废拆解，精细化、智能化、高值化管理，全生命周期溯源。衰减在20%~40%是符合能量衰减程度的退役动力电池，可以梯次利用，包括应用于低速车、环卫车、太阳能路灯、通信基站等领域。完善新能源汽车产业的全价值链，促进绿色低碳、循环可持续发展。此外，回收利用电池也可以减少对锂、镍等资源的依赖。

四是全球产能规划、动力电池出海。国内动力电池企业在维持装机份额绝对优势的同时，进一步深化海外市场合作。出海布局可进一步贴近下游整车生态，加强本土化适应能力。

五是注重制造综合实力，也注重产能投放力度，避免内卷、阶段性产能过剩，保障电池行业长期稳健增长。

六是电池产业的发展要与基础设施建设配套。第一，建设充换电基础设施、充换电运营服务平台，进一步提升服务便利性。第二，规划城乡电网，形成智能化的居民区、高速公路和城乡公共充电网络。第三，研发大功率充电、无线充电等新技术。第四，因地制宜地建设燃料电池加氢基础设施，油氢、气氢共建站，离网制氢技术，高压气态、深冷气态、低温液态及固态等氢燃料制储运基础设施。

第五章

新能源智能驾驶：
车联万物，畅想智行

软件定义汽车时代来临，汽车智能化是电动化后的一个新的重要发展阶段。智能驾驶给用户带来便捷且富有科技感的驾乘体验，彻底改变人们的出行方式、生活体验，在出行安全、节能性价比、出行效率等方面贡献显著。

我国是全球最大的汽车消费市场，通信基础设施、智能化道路基础设施配套齐全，消费者对新事物的接受度高，市场活跃，有发展智能驾驶的优势条件。智能驾驶的发展也是大国博弈的一环，欧盟、美国、日本都在轮番出台政策抢占制高点。多年来，我国也从政策层面呵护智能驾驶行业的发展，2022年以来，L3、L4等高级别智能驾驶逐步试点，技术和标准趋于完善。

智能驾驶分不同阶段，当前L2级智能驾驶正在快速装机落地，2022年渗透率超30%。行业正处于从低级别驾驶辅助到高级别真正自动驾驶的关键时期，技术与安全是首要考量，配套与成本是落地关键。

智能驾驶的实现，本质上是看感知、决策、执行三大核心系统的协同发展。感知层类比五官，感知环境、收集数据；决策层类比大脑，处理数据、输出指令；执行层类比四肢，执行智能驾驶指令。

智能驾驶产业要发展成熟，离不开智能交通建设，而真正实现从单车智能到车路协同，也离不开规模效应和技术的迭代发展。因此，需要密切关注车载摄像头、超声波雷达、毫米波雷达、激光雷达、高精地图、算法、AI芯片、计算平台、线控制动、线控转向等核心环节国产化自主可控进程。

汽车在新能源时代的革命，上半场的电动化正在如火如荼地开展，下半场的智能化也已经悄然开启。智能化有可能改写和重构很多行业，包括车联网、车路协同、共享出行、无人公交系统、无人港口物流、智能交通运营等领域。*

---

* 本章作者：任泽平、王一渌、刘家嘉。

第一节　电动化后看智能化，软件定义汽车时代到来

智能驾驶为用户提供了舒适、安全、科技感的驾乘体验。按照工信部提出的定义，智能网联汽车是指搭载先进的车载传感器、控制器、执行器装置，融合现代通信与网络技术，实现车与"X"——包括人、车、路、云端等智能终端的信息交换、共享。智能车可以对复杂环境进行感知、智能决策、协同控制，实现安全、高效、舒适、节能的行驶，并最终可实现替代人来操作。

汽车"新四化"包括电动化、智能化、网联化、共享化，智能驾驶就是聚焦智能化和网联化两大属性。智能化包括驾驶智能和座舱智能，驾驶智能化就是自动驾驶（见图5.1）。

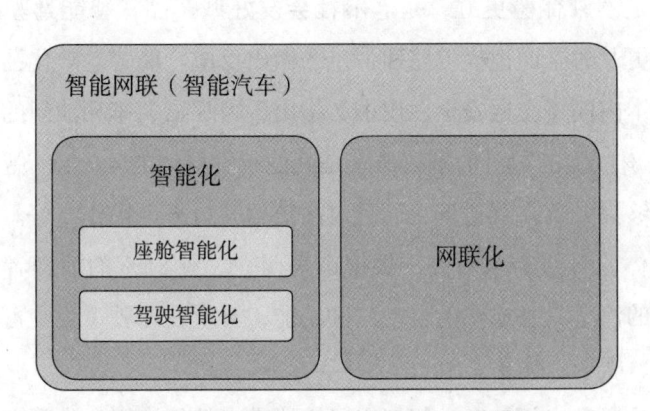

图5.1　智能网联汽车：自动驾驶＋智能座舱

资料来源：泽平宏观。

一、发展智能驾驶具有必要性、迫切性和合理性

首先，发展智能驾驶具有必要性。对消费者和社会而言，智能驾驶在出行安全、节能、性价比、驾乘体验、出行效率等方面贡献显著。

一是更安全。世界卫生组织披露的数据显示，每年道路交通事故造成全球约130万人死亡、5 000万人受伤。密歇根大学报告指出，20%~46%的碰撞事故可以被ADAS功能所避免。美国公路安全保险协会指出，自动驾驶可以减少34%的安全事故。

二是更节能。智能驾驶的控制系统能够优化汽车加速、制动、减速方式，有效地提高燃油和电力利用率。卡内基梅隆大学报告指出，带有智能驾驶功能的汽车，燃油经济性提升10%，自动化等级越高，节能效率越高。

三是更具性价比。智能驾驶对人力成本较高的场景意义重大，比如将自动驾驶用于卡车长途运输，每年每车可节省人力成本6万~15万元。

四是驾乘体验更好，是老龄社会友好型产品。智能驾驶操作简单，可更及时全面地捕捉路面信息，做出反应。随着老龄化社会的到来，日本内阁《交通安全白皮书》指出，因踩错刹车和油门的死亡事故，75岁以上的司机的事故概率是其他年龄群体的4.9倍。智能驾驶不仅能够提升驾乘舒适度，而且对高龄驾驶员来说操作友好。用户对于出行体验升级需求较高，根据市场调查，有85%的消费者希望自己购买的汽车具备成熟的自动驾驶功能，希望在驾驶过程中可以自由地吃饭、娱乐、休息。

五是提升出行效率。每年交通拥堵带来的经济损失为国内生产总值的5%~8%，自动驾驶实现后至少可以使整体交通效率提高10%。智能驾驶能减少交通事故，改善道路拥堵，降低人员和经济损失。

其次，发展智能驾驶具有迫切性，对汽车产业影响深远。汽车是居民消费品中附加价值较高的产品，是一国制造业的核心领域之一。智能驾驶的发展将带动汽车产业技术升级，推动供应链和产业生态的革新，促进上下游核心科技突破，也是各国必争的战略高地。从自动驾驶专利申请数量来看，截至2022年初，日本、美国、中国、韩国、德国分别为7 323、6 211、5 911、5 752、1 332件，对应占比分别为27.6%、23.4%、22.3%、21.7%、5.0%。我国自动驾驶技术申请数排名第三，处于国际前列。百度、腾讯、商汤、华为等企业分别以2 336、1 482、1 115、978项专利优势领先。全球自动驾驶技术排名前列的企业还有丰田、三星、IBM（国际商业机器公司）、本田、博世、LG、现代、起亚、索尼、福特、电装、英特尔、微软、谷歌、苹果、佳能等。

最后，发展智能驾驶具有合理性。我国是全球最大的汽车消费市场，不仅基础设施配套齐全，技术和标准趋于完善，而且消费者对新事物接受度高，市场活跃。2022年，我国机动车保有量达4.2亿辆，汽车约3.2亿辆。汽车市场庞大，通信基础设施、智能化道路基础设施、高速公路等基础设施不断完善，百万级5G基站、80%以上的ETC（自动收费系统）渗透率，都将支撑我国智能驾驶的发展。

智能驾驶相关技术取得重大进展，以高精地图、激光雷达、车载AI芯片等为代表，未来将有众多跨时代意义的新技术得到应用。以车载AI芯片为例，高阶自动驾驶芯片已具备量产装机能力。华为昇腾910、地平线征程5等智能驾驶芯片的推出，推动实现了量产，算力较前代呈倍数级增长。海外企业推出的高算力芯片，如高通Snapdragon Ride、英伟达Orin等也陆续面世。

对于车企而言，智能驾驶带来的价值增量明显，将成为车企新的盈利增长点。据测算，到2030年，车企软件驱动收入占比将从2010

年的7%增长到30%。以特斯拉为例，2016年特斯拉开始在其出厂车型上配置Autopilot（自动领航）硬件，用户可选择付费开启EAP（增强版自动辅助驾驶）和FSD(全自动驾驶）。FSD的价格经历四次上调，从最初的6 000美元上涨到2022年的1.5万美元，对营收的贡献非常可观。根据特斯拉的财报，2022年第三季度特斯拉以FSD为主的增值服务收入为16.45亿美元，占当季营收214.54亿美元的7.7%。

智能驾驶的行业标准日趋完善，市场接受度也在快速提升。国内首部L3级自动驾驶法规《深圳经济特区智能网联汽车管理条例》实施，支持了L3级以上智能驾驶汽车上路行驶。工信部、公安部《关于开展智能网联汽车准入和上路通行试点工作的通知（征求意见稿）》，对具备量产条件的L3、L4级别搭载自动驾驶功能汽车，逐步开展准入试点。

二、智能驾驶有六大等级，解放人的手脚和大脑

智能驾驶可划分为不同等级。我国《汽车驾驶自动化分级》规定智能驾驶分为6个等级：L0~L2为驾驶辅助，L3~L5为自动驾驶。通俗来讲，L1一般可以解放手或者脚，L2可以同时解放手和脚，L3可以进一步解放眼，L4及以上级别还可以解放大脑（见表5.1）。

自动驾驶技术涉及交通、通信、电子等多领域融合和多产业协同，是一个从L0、L1、L2往L3、L4、L5渐进的过程。随着等级提升，软硬件配置的要求也在提高。以激光雷达为例，L0~L2驾驶辅助无须激光雷达，但在L3及以上级别的高阶自动驾驶中，激光雷达是必不可少的硬件设备。芯片方面，若要实现L2~L3级别的跨越，算力需要从24Tops（处理器运算能力单位，每秒可进行万亿次操作）跨越到300Tops，提升至少11.5倍（见表5.2）。

表 5.1　中国与美国 SAE（汽车工程师学会）自动驾驶分级标准

等级	部门	名称	驾驶操作	周边监控	驾驶任务接管	场景
L0	工信部	应急辅助	驾驶员	驾驶员和系统	驾驶员	限制
L0	SAE	No Driving Automation（无自动化）	驾驶员	驾驶员	驾驶员	—
L1	工信部	部分驾驶辅助	驾驶员和系统	驾驶员和系统	驾驶员	
L1	SAE	Driver Assistance（驾驶员支持）	驾驶员和系统	驾驶员	驾驶员	
L2	工信部	组合驾驶辅助	系统	驾驶员	驾驶员	
L2	SAE	Partial Driving Automation（部分自动化）	系统	驾驶员	驾驶员	
L3	工信部	有条件自动驾驶	系统	系统	动态驾驶任务接管用户	限制
L3	SAE	Conditional Driving Automation（有条件自动化）	系统	系统	驾驶员	限制
L4	工信部	高度自动驾驶	系统	系统	系统	
L4	SAE	High Driving Automation（高度自动化）	系统	系统	系统	
L5	工信部	完全自动驾驶	系统	系统	系统	无限制
L5	SAE	Full Driving Automation（全自动化）	系统	系统	系统	无限制

资料来源：工信部，SAE，泽平宏观。

表 5.2　各级智能驾驶功能逐步完善，配置要求逐渐提升

级别	L0	L1	L2	L3	L4	L5
功能涵盖	前方碰撞预警（FCW）车道偏离预警（LDW）交通标志识别（TSR）盲点检测（BSD）	自适应巡航控制（ACC）自动紧急刹车（AEB）车道保持辅助（LKA）	泊车辅助（APA）变道辅助（LCA）注意力监测（DMS）	交通拥堵领航（TJP）高速公路领航（HWP）	城市领航（CP）自动代客泊车（AVP）	所有条件下自动行驶（理想状态）

续表

级别	L0	L1	L2	L3	L4	L5
硬件配置要求	摄像头、超声波雷达、毫米波雷达	摄像头、超声波雷达、毫米波雷达	摄像头、超声波雷达、毫米波雷达、部分V2X	摄像头、超声波雷达、毫米波雷达、激光雷达、完整V2X		
摄像头数量	1	1~3	3~8	8~12		
芯片算力（Tops）	<1	2	24	300	700	4 000+

第二节　技术与安全是首要考量，配套与成本是落地关键

推动智能驾驶发展的核心是需求端，汽车用户群体的出行偏好改变。消费者选择从传统汽车升级成智能汽车，是基于对智能驾驶的技术认可，这需要建立在一个成熟、完整、自主的智能汽车产业链上。驾驶安全也是根本问题，关于人和系统哪方的驾驶决策更优引发多方关注，事故责任的界定也需要全面系统的讨论。

"单车智能"与"车路协同"之间争论仍存，不断完善的配套基础设施，使智能驾驶更友好出行成为可能。汽车智能化升级必然引入新技术、新系统、新软硬件，未来只有成本继续优化，才能吸引更多用户升级到智能驾驶汽车，进一步打开市场发展空间。

一、智能驾驶技术：感知、决策、执行三大系统协同

智能驾驶的实现，本质上是感知、决策、执行三大核心系统的协

同，三大系统分别负责环境感知与定位、智能规划与决策、控制执行。如果将其类比：感知层相当于人的五官，感知周围的环境，收集数据传输到决策层；决策层相当于人的大脑，处理数据，输出相应的操作指令给执行层；执行层相当于人的四肢，执行大脑发出的指令。感知层主要是环境感知、位置感知、速度感知和压力感知，关键软硬件设备包括车载摄像头、超声波雷达、毫米波雷达、激光雷达、高精度地图等；决策层主要包括算法操作系统、AI芯片、计算平台；执行层主要包括动力供给、方向控制、车灯控制（见图5.2）。

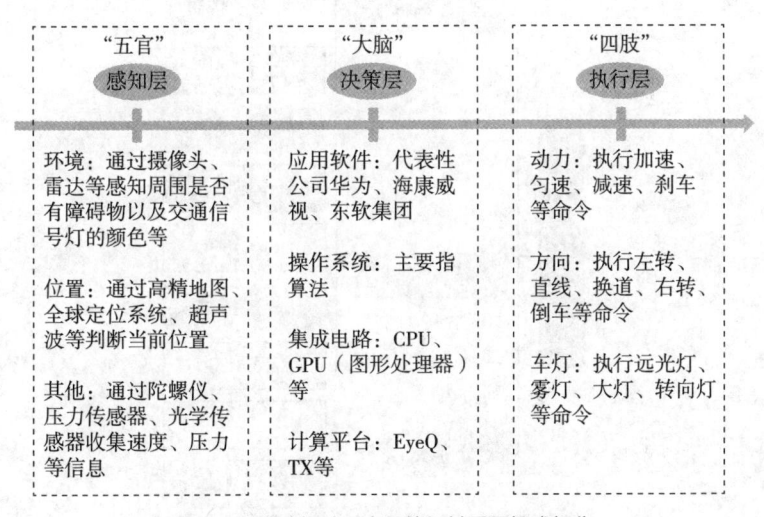

"五官" 感知层	"大脑" 决策层	"四肢" 执行层
环境：通过摄像头、雷达等感知周围是否有障碍物以及交通信号灯的颜色等 位置：通过高精地图、全球定位系统、超声波等判断当前位置 其他：通过陀螺仪、压力传感器、光学传感器收集速度、压力等信息	应用软件：代表性公司华为、海康威视、东软集团 操作系统：主要指算法 集成电路：CPU、GPU（图形处理器）等 计算平台：EyeQ、TX等	动力：执行加速、匀速、减速、刹车等命令 方向：执行左转、直线、换道、右转、倒车等命令 车灯：执行远光灯、雾灯、大灯、转向灯等命令

图5.2 自动驾驶三大系统及其重要组成部分

资料来源：工信部，信通院，泽平宏观。

从技术和产业链发展阶段来看，感知环节基本实现国产替代，产业链较为成熟。车载摄像头、毫米波雷达、超声波雷达都已实现自产。国内激光雷达企业技术路线多元化，具备集成能力。决策环节技术壁垒较高，国内相关产业链仍处于技术攻坚阶段。应用软件算法在加速追赶，自主AI芯片满足驾驶辅助需求，部分厂商推出高阶自动驾驶芯片。智能驾驶 AI 芯片自主可控，是一场需要时间的攻坚战。执行环节处于起步阶段，因为传统车技术迁移成本高，升级到新技术的市场积极性有待提高，实现商业化落地还需时间。随着国内整车和零部件企业技术逐渐成熟，布局逐一完善，有望逐步实现国产替代。智能驾驶各系统自主化程度见图 5.3。

```
                    ┌── 车载摄像头
                    ├── 超声波雷达
              感知 ──┼── 毫米波雷达
                    ├── 激光雷达
                    └── 高精度地图

                    ┌── 上层：应用软件
智能驾驶 ──   决策 ──┼── 中间件
                    ├── 底层：操作系统
                    └── 智能驾驶芯片

              执行 ──┬── 线控转向
                    └── 线控制动
```

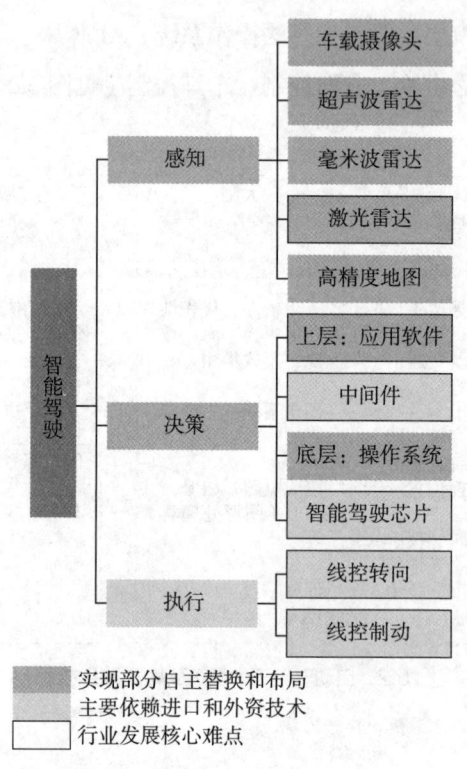

■ 实现部分自主替换和布局
▨ 主要依赖进口和外资技术
□ 行业发展核心难点

图 5.3 智能驾驶各系统自主化程度

资料来源：泽平宏观。

感知系统的主要任务是获取各种道路信息，目前有以特斯拉为主的"纯视觉路线"和其他主流厂商的"融合感知方案路线"。纯视觉路线认为，仅用摄像头就能完成路面信息的收集、侦察、识别任务，不需要与激光雷达绑定。算法系统仅需要从模拟中穷举场景，建模理解信息再做出判断，就可以保障智能驾驶运行。

融合感知方案路线认为，依靠单一视觉系统会出错，仅凭借"眼睛"无法即时精准而全面地收集信息，应该采用全方位、多种类的感知系统。除摄像头外，还需要毫米波雷达、超声波雷达、激光雷达。毫米波雷达的穿透性强，超声波雷达短距离精度高，能帮助车辆应对复杂的天气与环境。而在 L3 级以上的高级别自动驾驶，装配精度高、稳定性强的激光雷达成为共识。

激光雷达是上述两类路线的争议核心，也是高级别自动驾驶需要突破的痛点。激光雷达先把激光发射到目标物体上，再收集和建模处理反射回来的激光，得到车辆、行人等具体形态，最后扫描形成更加完整的图像（见图 5.4）。主要有四种路线：机械式、闪光雷达、OPA（光学相控阵）、混合式。混合式方案相对成熟，又分为 MEMS（微机

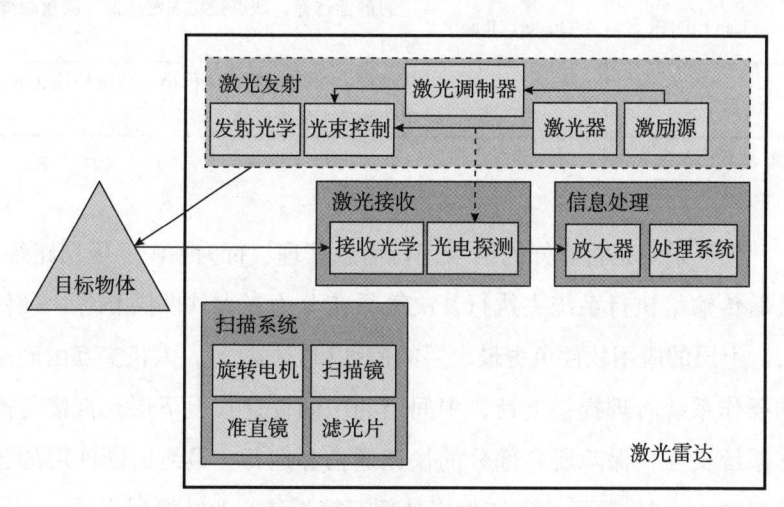

图5.4 激光雷达工作原理

资料来源：公开资料，泽平宏观。

电系统）微振镜与转镜两种，MEMS微振镜路线的成本和工艺门槛低，也容易通过车规认证，有望在未来成为主流解决方案。转镜路线已经成熟落地，是行业龙头法雷奥和主流激光雷达厂商在前装市场的选择。激光雷达市场取得较大突破，众多产品装车落地（见表5.3）。

表5.3 激光雷达技术路线

分类原理	代表厂商	技术特点
机械式	Velodyne	可实现360度扫描，成本高、体积大、扫描速度慢、机械部件寿命短，基本已经不作为前装激光雷达的主流选择，通常用在后装市场
混合半固态式－MEMS微振镜路线	速腾聚创、华为、Innoviz、大陆集团	容易实现高分辨率，只需要一个激光器和MEMS微振镜组合，就能实现激光脉冲的扫描，装配容易，成本低，未来有望成为主流方案
混合半固态式－转镜路线	法雷奥、华为、览沃（大疆）、禾赛科技	半固态方案中较为成熟的，最高只能做到120度的水平扫描视野，兼顾了测量距离和速度，已经是前装前向激光雷达的主流选择
闪光雷达（固态）Flash LiDAR	大陆集团、Ouster、Ibeo	可以同时测量大范围内的目标，是侧向激光雷达的最佳选择，缺点是功率密度低，测量距离较短
光学相控阵	—	精度高、可控性好、体积小、理论性能优越，工艺和技术尚未成熟

资料来源：汽车人参考，泽平宏观。

决策系统是将感知的结果进行信息处理、行为预测、规划路径，最后传输给执行系统去执行，决策系统分为三大软件层和芯片硬件层。上层的应用软件负责最表层的信息和数据处理，人机交互由底层的操作系统管理提供支持，中间层的中间件连接上下层，直接与操作系统交互，保障所有部分的快速通信和运行。最终由硬件层的智能驾驶AI芯片执行算法和数据处理运算。从产业链发展来看，上层应用软件算法、中层中间件以及AI芯片是技术挑战最多的环节（见图5.5）。

```
感知 → 信息处理 → 行为预测 → 路径与行动规划 → 执行
```

上层：应用软件	·场景算法、地图数据、人机交互
中层：中间件	·集成AutoSAR（自适应平台），保证系统所有部分快速通信
底层：操作系统	·如QNX、Linux、WinCE、安卓等，管理车载硬件和软件
硬件：智能驾驶AI芯片	·执行算法，数据处理与运算

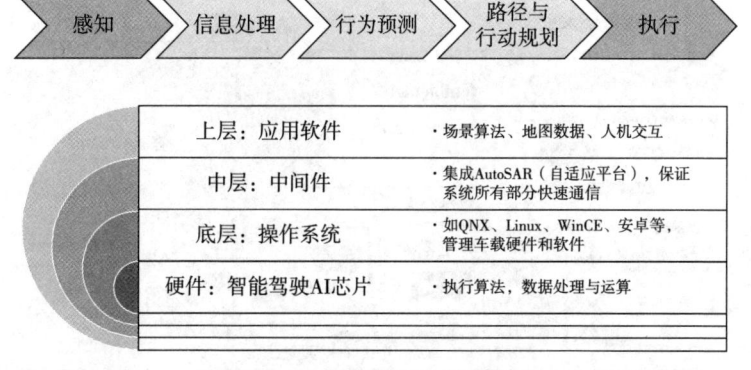

图 5.5　决策系统流程与架构

资料来源：CSDN，泽平宏观。

决策系统三大软件层，上层是应用软件，算法复杂，为实现各种场景下的自动驾驶功能，需要海量的模型搭建、道路测试、模拟数据来完成开发。特斯拉依靠全栈式自研 AI 平台实现领先。国内主要应用软件开发是基于共享的深度学习网络，国内整车厂、Tier 1、科技巨头正在积极发力，也用数字孪生、仿真测试，实现海量数据积累和用户规模效应，未来独立建立算法平台是趋势。

中层是中间件，是解决不同供应商软硬件兼容性问题的核心，也是域控制器产品中技术壁垒最高的环节。通过集成的 AutoSAR 框架，连接上层应用软件和底层操作系统，实现交互。中间件的开发需要投入极高的时间、人力和财务成本，此外，还需要与多家供应商长时间合作来进行产品兼容性调试与匹配。中间件准入门槛高，AutoSAR 框架从 2003 年建立至今，联盟包含近 200 家企业，只有 9 家核心企业和 63 家一级会员能实际参与开发模式的筹划、管理和调控。我国百度、华为、经纬恒润、国智汽控等 8 家企业是一级会员，完成中间件的自主替代是较为艰巨的长期任务（见图 5.6）。

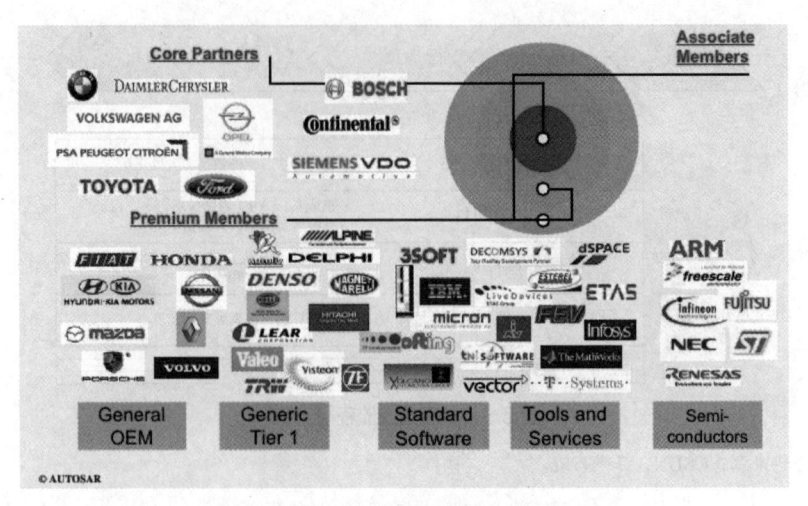

图 5.6 中间件 AutoSAR 框架由海外厂商主导

资料来源：AutoSAR 官网，泽平宏观。

底层是操作系统，管理和控制车载硬件和软件资源，分基础型和定制型。基础型操作系统有 QNX、Linux、WinCE、安卓等，约 75% 的自动驾驶底层操作系统使用的是 QNX 系统。定制型操作系统是在基础系统上再深度开发、定制化。百度车载 OS、大众 VW.OS 都属于此类，整车厂可以和百度、华为等科技企业合作开发。

决策系统硬件层的智能驾驶 AI 芯片，是汽车智能驾驶行业关注的核心。智能 AI 芯片存在三个方面的挑战。一是行业进入壁垒高，汽车芯片研发验证周期长、资金投入大，切换供应商存在失败风险，多数整车厂选择与先发的海外芯片厂深度绑定。二是研发技术难度大，智能驾驶 AI 芯片不同于传统汽车域控制器的 32 位 MCU 芯片，在算力、性能、功耗、操作系统方面的要求显著较高，导致研发成本高和制造工艺复杂。三是海外政策变量多。2020 年以后，美国出台《芯片和科学法案》等政策规划，旨在将半导体产业链重新迁回美国。2022 年后，针对 EDA 芯片涉及软件、DRAM（动态随机存取存储器）

存储芯片等诸多领域，又发出多项出口限制、投资限制禁令，旨在遏制我国半导体行业的发展。未来我国智能驾驶 AI 芯片关键技术要想实现独立自主，需要攻坚克难，突破"卡脖子"的问题。

AI 芯片主要有四种算法支持技术路线：封闭算法、提供工具链、自研、提供硬件平台。长期来看，全栈自研和平台化硬件可能是较优路径。全球第一梯队厂商有英特尔、英伟达等，国内芯片厂商也逐步具备智能驾驶辅助芯片自供能力。从高阶自动驾驶能力来看，目前拥有 200Tops 以上算力 AI 芯片的厂商有英伟达、英特尔、高通、华为等少数几家。华为昇腾 910 在 2022 年 8 月正式推出，算力达到 640Tops。国内其他芯片厂商如地平线、黑芝麻等企业也在陆续发力（见表 5.4）。

表 5.4　AI 芯片主要技术路线和代表产品

技术路线	厂家	代表芯片	Int8 算力（Tops）	算法支持	制程（nm）	推出时间
整套解决方案	英特尔（Mobileye）	EyeQ5	24	封闭算法	7	2021 年
平台化硬件	英伟达	Orin	254	提供工具链和软件算法参考模型，客户自定义算法	7	2022 年
	高通	Snapdragon Ride	360		5	2023 年
	华为	昇腾 910	640		7	2022 年
	地平线	征程 5P	128		7	2022 年
	黑芝麻	A1000	40		16	2020 年
全栈自研	特斯拉	升级版 FSD	210	自研	5/7	2021 年
传统 EE 转型	德州仪器	TDA4VM	8	提供硬件平台，提供算法相关支持	16	2020 年

资料来源：公司官网，采埃孚，SystemPlus（咨询公司），泽平宏观。

智能驾驶执行系统，负责决策后的转向和制动——改变方向、减速、停车。随着智能驾驶级别的提高，L3 及以上级别自动驾驶要求驾驶员部分或全程脱离驾驶操控，转向和制动系统要部分或全面实现自动化。线控技术升级也是智能驾驶发展的重点和难点之一。我国《新能源汽车产业发展规划（2021—2035年）》强调了线控执行系统技术发展的重要意义。

目前乘用车主要利用两种转向技术，电动助力转向（EPS）和线控转向（SBW），两种技术最大的区别是线控转向取消了方向盘和转向轮之间的物理连接，也就是转向可完全由算法控制，可以脱离方向盘、根据自动驾驶的转向要求独立转向。线控转向反应速度快、能耗低，是实现完全自动驾驶必要的一环，但技术仍待成熟，未来随着成本优化得以实现量产。《线控转向技术路线图》规划到2025年、2030年，线控转向的渗透率分别达到5%、30%。

由于新能源汽车失去了由发动机产生的真空压力来源，也倒逼了制动系统升级。线控制动主要有电子液压制动（EHB）、电子机械制动（EMB）等路径。前者保留了液压系统，以电子助力器取代真空助力器，成本低，但响应速度更长，且有制动液泄漏风险。后者的无液压系统，制动力由电机提供，更先进，反应时间更短，安全优势突出，无泄漏风险，有利于轻量化和降噪，能量回收效率更高。国际厂商博世，国内厂商伯特利、拿森等都在线控制动领域占据一席之地。

执行系统完成智能化升级，需要降低线控转向和制动系统的成本，联动路面信息反馈系统，减少对传统汽车时代零部件系统黏性，进一步提高整车厂、零部件供应商升级的积极性。

二、智能驾驶安全：智能决策效率更优，现阶段须科学认知驾驶辅助并非自动驾驶

智能驾驶并非零事故，但可以有效降低交通事故发生率。一是智能驾驶提前进行全方位路况信息收集，规避可能发生的道路风险。二

是凭借智能决策系统和精确执行系统，杜绝疲劳驾驶、酒后驾驶等危险行为，防范违反交规的行为。三是智能驾驶像驾驶员一样具备案例分析和不断学习的能力，在复杂的出行场景中也可以逐步解决不少痒点、痛点和高频问题，让出行的所有节点都有迹可循。随着用户信任普遍形成，智能驾驶普及率提高，相关法律法规和标准完善，智能驾驶会更加安全。

引发大家对智能驾驶安全问题开展讨论的因素主要有两点：一是技术盲点，二是人车决策的认知偏差。技术盲点指的是纯视觉路线无法应对和解决所有的自动驾驶场景。据统计，特斯拉汽车在自动领航状态下发生的交通事故多是在与白色大型货车相关的场景中。特斯拉的纯视觉路线采用单目和三目摄像头，无法通过视觉差判断距离，即使静止不动的物体，也可能被毫米波雷达忽略，对于新场景，纯AI算法穷举可能判断失误。因此，近年来随着激光雷达技术的不断成熟，多传感器融合感知方案成为自动驾驶落地的普遍共识。认知偏差是指用户对车辆的智能驾驶级别理解错误，认为在低级别辅助驾驶车辆上可以启用高级别自动驾驶功能。

智能驾驶分为驾驶辅助（L0~L2）与自动驾驶（L3~L5）两个阶段。当下主流的驾驶辅助系统的决策范围十分有限，主要的周边监控和任务接管还需要由驾驶员负责。部分用户误把市场上的驾驶辅助系统和自动驾驶画等号，导致在驾驶过程中错误地把驾驶员负责的任务完全交给车辆。在多起相关事故中，用户都在驾驶辅助功能下放弃了对车辆的控制，且在收到系统提醒后，在有充足反应时间的情况下，没有恢复对车辆的控制。实际上，当前主流的L2只是在L1的自适应巡航（ACC）和车道保持辅助（LKA）功能上增加了自动变道功能，并不等于能完全替代人类司机。

因此，尽管智能驾驶系统决策可以优化驾驶效率，但在目前高度智能的高阶无人驾驶技术还没有完全普及的情况下，驾驶员还需要理性区分驾驶辅助和自动驾驶的区别，及时地执行接管控制任务，实现安全行驶。

三、智能驾驶配套：完善车路协同等多环节建设

单车智能和车路协同之争被视为智能驾驶解决方案的终极课题。单车智能是仅依靠车身传感器和算法来获取、计算外部信息，不依赖通信网络获得信息与决策的方案。车路协同是通过C-V2X实现车、路、云端信息交互、协同执行，保障车辆行驶效率与安全。当前，单车智能离技术成熟十分遥远，不仅需要海量场景训练与计算，而且车身感知硬件能力还存在许多不足。车路协同是各国政策的主要支持方案与主流汽车厂商的发展方向。

在车路协同路线上实现L3~L5的高阶智能驾驶，需要完善智能交通多环节建设，包括优化公路标志标线、道路监测传感器的铺设、高精度地图辅助、V2X协同设备等。

优化公路标志标线是在道路层面实现智能驾驶的第一步。智能驾驶需要车辆感知系统识别路面交通标志，并以此来实现对交通规范的遵守。因此，减速标志、导流线、可变车道线、人行横道、让行线等标志标线的全国统一优化是基础设施完善的第一步。交通运输部印发的《关于开展公路交通标志标线优化提升专项工作的通知》强调，严格执行国家和行业标准规范中的交通标志标线有关信息内容、颜色、形状、字符、图形、尺寸，坚持严格执行标准。

道路监测传感器是智能公路建设的硬件要求。智能公路需要在交叉路口、路侧、弯道等关键位置铺设传感器，配合车载感知系统，保障公路信息的实时传输。磁诱导技术是道路监测传感器发展方向，通

过在道路上纵向按照一定距离铺设磁道钉，车辆感知系统中的磁传感器可以实时获知车辆相对于磁道钉的位置，从而计算出车辆与道路的情况，并通过应用软件建立模型，显示提醒驾驶员当前的车辆状态。类似的解决方案还有引导电缆、雷达反射性标志、专用短程通信（DSRC）设施等，均可以帮助车辆实时监控道路情况。

精度高、时效性强、数据维度广的高精度地图，是辅助环境感知、定位、路径规划与控制的软件，也是智能公路建设不可或缺的条件。道路监测传感器易受到大雾、大雨等天气的影响，且在夜间光线差、地下信号差的地方表现不佳，通过高精地图实现精准定位是对传感器的重要补充。在汽车行驶过程中，由于信号、时延等多种因素，存在一定的位置误差，也可以用高精地图的精准匹配作为补充。

V2X车对万物通信，即"网联化"，是智能公路系统的关键技术。是连接车与路、车与车、车与基站、基站与基站之间的核心。广义上的V2X平台还包含全球定位、云计算、云控制等支持车辆通信的技术。这需要高精度北斗定位系统、超级计算机控制中心、移动终端、高速无线通信系统以及相应的配套基础设施来协同完成。我国《"十四五"信息通信行业发展规划》中重点提及，V2X是国家规划智能汽车的关键方向，尤其是C-V2X。5G的成熟也为最新一代C-V2X提供了解决方案，是未来发展的方向。

除上述主要基础设施外，智能公路还需要智能停车系统、智能充电系统、智能检修系统、智能清障车和电子信息提示牌等配套设施。

四、智能驾驶成本：规模效应与技术成熟是关键

现阶段智能驾驶的成本高，最核心的因素还是配套硬件和域控制器系统的采购成本高。市面上基础款的L2智能驾驶车型售价约为10

万~20万元,而同期L3车型售价为35万元起步。增加了交通拥堵领航和高速公路领航功能的L3车型价格跨度达10万元以上。

智能驾驶要求软硬件升级,L3及以上级别配备激光雷达是行业共识,拉高了单车成本。此前激光雷达单颗售价高昂,例如,激光雷达鼻祖Velodyne在2020年发售的单颗价格约3 999美元。近年来,单颗售价呈现逐步走低、平价化趋势,欧洲激光雷达龙头法雷奥,其主流产品Scala2的单价在1 000美元左右,小鹏P系列装配览沃科技国产激光雷达,单价约9 000元。未来,预计到2025年能实现420万颗量级左右的激光雷达出货,单价下降到200~300美元,使消费者接受度更高,这也是激光雷达大规模装车落地的关键(见表5.5)。

表5.5 激光雷达出货量测算

智能驾驶级别	假设单车装配数(颗)	2025年		2030年	
		渗透率(%)	出货量(万颗)	渗透率(%)	出货量(万颗)
L3	2	6	252	15	504
L4	3	2	126	8	630
L5	4	0.50	42	1.50	126
总计		8.5	420	23.5	1 260

资料来源:泽平宏观。

注:测算采用保守假设乘用车年销量为2 100万辆。

域控制器系统也是拉高整体成本的因素。智能驾驶的域控制器是指主控芯片等电子元器件和软件集成后,负责信息通信、汇总、运算的一套系统,其中主控芯片成本占50%~60%。中低算力的域控制器平均售价为500~1 200美元,能实现L1至L2+的驾驶辅助级别功能,主要装配于10万~20万元经济型车。而L3及以上级别的高算力域控制器,售价区间为4 000~5 000美元,折合人民币28 000~35 000元,通常是30万元以上高端车才会装配的。

未来实现智能驾驶大规模降本过程将会加速:一是智能驾驶渗透

率提升，用户规模效应凸显，激光雷达出货量达到百万量级以上；二是国产技术创新，软硬件技术成熟，自主替代、原材料等环节实现有效突破。

第三节　政策呵护发展，各国抢占制高点

一、海外政策：智能驾驶也是大国博弈内容之一

美国尽力保持在自动驾驶领域的全球领先地位。2013年制定了《关于自动驾驶汽车的初步政策》，2014年再推出《智能交通系统战略规划2015—2019》。2017年发布更具体的《自动驾驶系统2.0：安全愿景》，加大对智能驾驶技术的重视。2020年，正式出台《确保美国在自动驾驶技术领域的领先地位：自动驾驶汽车4.0》，明确自动驾驶发展的重要地位。2022年3月，美国国家公路交通安全管理局发布最终规定：优化测试审批流程，自动驾驶汽车的制造商无须为了满足碰撞标准，配备手动驾驶控制系统，代表其全自动驾驶无须人工控制的时代来临。

回顾美国的自动驾驶产业政策沿革，从最初的制定自动驾驶测试的相关标准、确定以自动化和网联化为核心发展目标，进化到全面打开全自动驾驶的大门。其目标是2025—2030年，美国大多数汽车实现自动驾驶；到2045年，美国全部汽车实现自动驾驶。

欧洲是最早重视自动驾驶发展的地区。早在2003年就联合产业界出台了"eSafety欧洲道路安全行动计划"，提供了智能驾驶发展的总框架和战略：一是实现到2010年道路安全事故死亡人数减半的目标；二是利用先进的信息与通信技术，探索车路协同方案的可行性。

2011年《欧洲一体化交通白皮书》成为统一欧盟交通基础设施的规范与规划。2013年批准实施"地平线2020计划"。2015年《欧洲自动驾驶智能系统技术路线》，正式提出了欧洲自动驾驶发展战略。2020年，欧洲经济委员会通过关于自动驾驶豁免的新法规，放松了自动驾驶的测试监管。2021年9月，欧洲道路运输研究咨询委员会发布最新的自动驾驶技术路线图，政策从最初的以保障车辆安全为目的发展到建立智能化、自动化车联网。欧盟提出了全球范围内最激进的自动驾驶计划，2022年起，全欧所有新车将统一支持车联网，最快到2030年，欧洲进入全自动驾驶社会。

日本希望通过自动驾驶技术为经济提供新增长点。2013年，"自动驾驶系统战略创新项目"开始重视自动驾驶产业发展。2014年，发布《官民智能交通系统构想与路线图》，通过政府和私营企业联合制定、共同实施、一致发展智能驾驶产业。2016年和2018年分别发布《自动驾驶汽车道路测试指南》和《未来投资战略2018》，鼓励自动驾驶测试，强调人工智能在出行领域和智能驾驶的结合。2020年推出《实现自动驾驶的相关报告和方案》。2022年4月修改《道路交通法》，放宽自动驾驶范围，允许在高速公路上使用L3级自动驾驶。日本的自动驾驶产业政策已经从最初的建立世界最安全的交通系统，发展为希望通过自动驾驶技术带动日本经济增长。目标是，到2030年，L3级汽车达到新车销量的30%。同时实施监管沙盒制度，在特定空间创造更宽松的环境，使自动驾驶实证测试可以进行。但日本的自动驾驶测试的准入主体仍然有限，这也使日本自动驾驶的发展相对缓慢。

二、国内政策：产业支持充足，高级别智能驾驶法规陆续出台

2015年，《中国制造2025》的发布是我国自动驾驶政策起步的关

键,也标志着我国开始对自动驾驶产业进行总体方向规划(见表5.6)。2017年,《汽车产业中长期发展规划》是第一部对自动驾驶级别分类、对市场提出规划的文件,并在同年提出了完善相关标准的指南。2018年《智能汽车创新发展战略(征求意见稿)》具体指出发展自动驾驶所需要的V2X技术要求。

2020年,作为第一个重要节点,我国总结过去自动驾驶发展取得的进展,并展望了未来5年,重新制定自动化分级标准。2020—2022年,推出一系列政策,针对性地对产业链完善、场景化应用、具体技术创新做出发展指引。2022年7月,深圳迎来了划时代的"我国首部L3级自动驾驶法规";9月,上海出台政策对L3级实际落地和L4级商业化应用提供了支持。

表5.6 我国智能驾驶行业政策一览

政策	时间	主要内容
《中国制造2025》	2015年5月	指出到2025年掌握自动驾驶总体和关键技术,并建立完善自主研发和生产体系,完成汽车行业的转型升级
《汽车产业中长期发展规划》	2017年4月	到2020年,L1、L2、L3级别系统的新车渗透率合计超过50%,到2025年达到80%,高度和完全自动驾驶开始进入市场
《国家车联网产业标准体系建设指南》	2017年12月	到2020年,初步建立能够支撑驾驶辅助及低级别自动驾驶的智能网联汽车标准体系,到2025年,系统形成能够支撑高级别自动驾驶的智能网联汽车标准体系
《智能汽车创新发展战略(征求意见稿)》	2018年1月	到2020年大城市、高速公路的车用无线通信网络(LTE-V2X)覆盖率达到90%,北斗服务实现全覆盖;到2025年,新一代车用无线通信网络(5G-V2X)基本满足智能汽车的发展需要
《交通强国建设纲要》	2019年9月	加强智能网联汽车(智能汽车、自动驾驶、车路协同)研发,形成自主可控完整的产业链

续表

政策	时间	主要内容
《智能汽车创新发展战略》	2020年2月	到2025实现有条件自动驾驶的智能汽车达到规模化生产，实现高度智能驾驶的智能汽车在特定环境下市场化应用
《汽车驾驶自动化分级》	2020年3月	对自动驾驶的定义、驾驶自动化分级原则、驾驶自动化等级划分要素、驾驶自动化各等级定义
《2020年智能网联汽车标准化工作要点》	2020年4月	针对驾驶辅助系统、自动驾驶、信息安全、功能安全、汽车网联功能与应用领域特点，有计划、有重点部署标准研究与制定工作
《新能源汽车产业发展规划（2021—2035年）》	2020年11月	在"提高技术创新能力"方面提到，要提高"三纵三横"研发布局，以动力电池与管理系统、驱动电机与电力电子、网联化与智能化技术为"三横"，构建关键零部件技术供给体系，加强智能网联汽车关键零部件及系统开放
《智能网联汽车技术路线图2.0》	2020年11月	按照"三横两纵"关键技术架构，智能网联汽车分三步走。其中短期目标为到2025年高自动驾驶级别汽车渗透率持续增加，到2025年达50%；C-V2X终端的新车装配率达50%
《关于促进道路交通自动驾驶技术发展和应用的指导意见》	2021年1月	到2025年，自动驾驶基础理论研究取得积极进展，出台一批基础性、关键性标准；建成一批国家级自动驾驶测试基地和先导应用示范工程，在部分场景实现规模化应用，推动自动驾驶技术产业化落地
《国家综合立体交通网规划纲要》	2021年2月	加强智能化载运工具和关键专用装备研发，推进智能网联汽车（智能汽车、自动驾驶、车路协同）、智能化通用航空器应用
《国家车联网产业标准体系建设指南》	2021年3月	到2022年底，初步构建起支撑车联网应用和产业发展的标准体系；到2025年，系统形成能够支撑车联网应用、满足交通运输管理和服务需求的标准体系
《2021年汽车标准化工作要点》	2021年6月	围绕多场景应用，加快L3、L4应用功能要求和场地、道路试验方法等标准的制定出台，研究港口、配送等特定应用需求相关标准
《关于加强智能网联汽车生产企业及产品准入管理的意见》	2021年8月	压实企业主体责任，加强智能网联汽车数据安全、网络安全、软件升级、功能安全和预期功能安全管理，保证产品质量和生产一致性

续表

政策	时间	主要内容
《物联网新型基础设施建设三年行动计划（2021—2023年）》	2021年9月	打造车联网协同服务综合监测平台，加快智慧停车管理、自动驾驶等应用场景建设，推动城市交通基础设施、交通载运工具、环境网联化和协同化发展
《深圳经济特区智能网联汽车管理条例》	2022年7月	有驾驶人的智能网联汽车发生交通违法或者有责任的事故，由驾驶人承担违法和赔偿责任。完全自动驾驶的智能网联汽车在无驾驶人期间发生交通违法或有责任的事故，原则上由车辆所有人、管理人承担违法和赔偿责任
《上海市加快智能网联汽车创新发展实施方案》	2022年9月	目标到2025年，本市初步建成国内领先的智能网联汽车创新发展体系。产业规模力争达到5 000亿元，L2级和L3级汽车占新车生产比例超过70%，L4级及以上汽车在限定区域和特定场景实现商业化应用

资料来源：国务院，工信部等各部委网站，泽平宏观。

2022年，国内智能驾驶行业标准日趋完善，《深圳经济特区智能网联汽车管理条例》、工信部会同公安部发布的《关于开展智能网联汽车准入和上路通行试点工作的通知（征求意见稿）》等政策陆续推出，对具备量产条件的L3、L4级别搭载自动驾驶功能汽车，逐步开展准入试点。

自动驾驶由算法主导，事故中的道德困境如何解决的问题，引发了一定的社会争议和伦理挑战。目前不同国家对自动驾驶责任认定存在差异，不同责任认定区间或影响用户对自动驾驶的使用意愿（见表5.7）。智能驾驶的进一步发展，关键在于实现从L2到L3，即从驾驶辅助到自动驾驶的跨越，实现真正意义上的自动驾驶，这也是最难的一步。

2022年我国车企有多款L3车型发布，逐步开启量产交付。从零部件供应商的角度来看，传统Tier 2二级供应商转型普遍顺利，软硬件方面也能满足自动驾驶配套需求。从互联网科技公司造车来看，有的甚至已经越过 L3，实现了 L4 及以上级别的车型孵化。未来期待相关法规和政策支持进一步完善，打开更多智能驾驶适用场景，实现智能驾驶产业发展的世界领先地位。优化事故责任界定，推行无人牌照及营业收费牌照，开放道路测试，营造更开放的交通政策支持环境，补充完善在实际多应用场景中的规范，是未来发展需进一步明确的方向。

表5.7 主要国家自动驾驶责任认定差异

国家	法规	主要内容
中国	《深圳经济特区智能网联汽车管理条例》	在交通事故为主责一方时，驾驶人承担责任；因为汽车产品的质量缺陷造成事故，则可以在赔偿后向汽车生产者和销售者追责
美国	视各州情况而定	（1）华盛顿特区、田纳西州、佛罗里达州：在自动驾驶系统受控制的情况下，制造商应承担责任 （2）密歇根州和内华达州：通常制造商应承担责任，但不包括未经授权经第三方改装的车辆负责 （3）得克萨斯州：车辆所有人应对事故和交通违法行为负责
日本	《道路交通法》	自动驾驶过程中，没有按照系统要求切换驾驶模式而导致事故发生时，驾驶员将承担刑事责任，因系统错误操作等明显故障导致事故发生时，制造商将承担过失
德国	《自动驾驶法》	车辆可以在全境 1.319 1 万千米高速公路上行驶，速度不高于 60km/h（千米/小时）。如果事故发生在人工驾驶阶段，则由驾驶人承担责任；如果发生在自动驾驶阶段，或由于系统失灵酿成事故，则由汽车厂商承担责任
英国	《公路法》	司机有义务随时收回对车辆的控制权。当汽车处于自动驾驶模式时，保险公司将对事故负责，司机无责

资料来源：公开资料，泽平宏观。

第四节　智能驾驶的未来：车联万物，畅想智行

智能驾驶的终极阶段，是实现车联万物的无人驾驶。在智能化和网联化构想下，无人驾驶要在融合现代通信与网络技术的基础上实现车与万物的智能信息交换与共享。因此，智能驾驶的未来发展离不开车联网的技术进步与车路协同的建设完善。此外，智能交通运营商的兴起，将继续推动市场进步，最终在政策的引导下，推广更丰富的智能驾驶场景应用落地。

一、车联网：电气架构转型实现车联万物，通信技术进步促进车路协同

智能驾驶的实现与车联网密不可分。车联网是指，通过车载无线通信设备与人、其他车辆、道路、云端等实现高速通信的技术，其实现有四个要素：车、路、网、云。其工作原理是，车辆端的感知系统时刻保持对路况和运行的监控，通过V2X技术和道路与其他车辆保持同步连接，道路端的传感器、摄像头、信号站、路灯等收集道路信息、交通状况；通过网络通信技术上传给云端的储存、计算和决策中心，再由云端通过网络反馈信息和决策给车辆端。简单来说，车联网的实现，需要从车端、网端、路端共同进行改造，再由云端来统一协作、调度管理。

车联网发展的本质是改造汽车电子电气系统的过程。汽车有五大系统和域，电子电气系统是汽车"大脑"。在传统汽车中，传感器与

各种电子电气系统的信息传输与控制都由车载电脑（ECU）完成。每个功能都由一个独立的 ECU 分布式汽车电子控制器实现。当前 ECU 正向域集成化演变，不同的功能将集成到一个域内来实现，提升算力利用率。在未来，ECU 架构将变为中央集中式，一个车载中央计算器控制全车的域控制器，最终通过云计算达到"车联万物"。

在车联网实现的车路协同场景中，确保车端与路端的信息实时交互十分重要，通信模组负责车与车、车与路之间实时传输信息，能通过可靠、低延时的网络环境确保两端快速接入网络，是车路协同发展的关键技术。通信技术是车路协同中的连接通道，也是车联网的底层技术。目前，主要的车路协同的底层通信技术是 DSRC 和 C-V2X。DSRC 属于特定频段技术，是一种专用的短程通信技术，可以实现小范围内图像、语音和数据的实时、准确、可靠的双向传输。目前海内外主要的 ETC 都采用 DSRC 技术。C-V2X 起步相对较晚，但因为基于蜂窝通信技术，其在便捷性、可靠性方面具有优势。通信技术在路线上各有优劣，应用单个通信技术难以满足车路通信需求，因此多技术兼容的通信平台在中短期内都将是主流。除此之外，C-V2X 可以与 5G 兼容，未来在自动驾驶领域的应用也广受关注。2022 年，华为表示正在探索推进 5.5G 技术研发以及其在智能驾驶领域的应用。5.5G 技术将拥有在远距离实现高峰值传输的能力，并给宽带实时交互带来约 10 倍的提升。届时，自动驾驶车辆算力要求与网络速度的不匹配问题将得到解决，车路协同的发展也将迈出决定性的一步。

高级别车路协同公路成为促进智能驾驶发展的重要新型基础设施，近年来，我国开展了近万千米的车路协同高速公路建设。随着未来通信技术与 C-V2X 的进一步融合，三维建模、时空同步、智能识别等技术越发成熟，聪明的车匹配智慧的路，再加上智能云网，使车联万物时代成为可能（见图 5.7）。

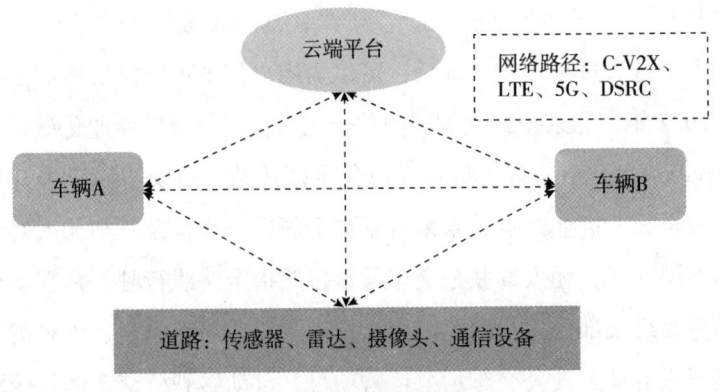

图 5.7 车联万物、车路协同

资料来源：泽平宏观。

二、无人驾驶应用场景：解决乘用痛点，拓宽商用范围

工信部在《2021年汽车标准化工作要点》中强调要围绕多场景应用，加快L3及L4应用功能要求和场地、道路试验方法等标准的制定出台，研究港口、配送等特定应用需求相关标准，扩大自动驾驶应用范围。智能驾驶的应用场景可以分为乘用场景和商用场景。乘用场景有用户自购自用、智能出行服务。商用场景主要有无人码头运输、高速无人重卡、矿区无人重卡等。

乘用方面，智能出行服务是涉及消费群体最广泛的服务场景。智能出行和传统出行最大的区别在于"无人"。目前市场上较为成熟的智能出行方案主要是无人驾驶出租车（Robotaxi）和无人驾驶公交车（Robobus）。无人驾驶出租车有三大优点。一是可以避免乘客在狭小空间内与他人的接触，减少沟通成本，保护乘客隐私，提高乘坐体验。二是可以适应城市道路的多种复杂路况，根据实时交通信息做出路线调整。在路况判断、规划执行、遵守交规方面也优于人类驾驶员，能给乘客带来便捷高效的出行体验。三是成本更低，国内一线城市出租车均价区间为2.6~3.2元/千米，驾驶员成本约占50%，在未来无人出行大规模商用落地后，可以为用户带来更经济实惠的出行体验。2022年，北京正式开放国内首个无人化出行服务商业化试点，百度Apollo Go、小马智行进行常态化示范运营。重庆、武汉也开启自动驾驶全无人商业试点，未来有望在全国进一步普及。与无人驾驶出租车不同的是，无人驾驶公交车通常按照指定路线行驶，是智能化生活的重要组成部分。全国范围内，重庆永川、河北沧州、山东菏泽都相继开通自动驾驶公交车示范运营项目，自动驾驶公交车体验线路陆续开展。无人驾驶公交车对车路协同、车辆智能监控、安全预警等方面的要求比乘用车更高，实现大规模商用还需要时间验证。

商用方面，主要是将具备无人驾驶条件的作业型和运输型专用车辆在限定的工业、商业区域应用。无人码头运输对交通运输业和物流产业影响深远。无人码头运输能提高运货精准度，帮助港口提升作业效率，在缓解港口压力的同时还能够降低运营成本，可以极大地减少码头安全事故。天津、厦门、宁波、青岛等多城市港口都升级采用了无人驾驶集装箱卡车，深圳妈湾智慧港、山东日照港、广州港南沙港四期、安徽合肥港都有智能化无人港区陆续建成。粤港澳大湾区的广州港南沙港区自动化码头，集成了无人驾驶、5G通信、北斗导航等多项先进智能技术的应用，是全球首个江海铁多式联运全自动化码头，未来推广应用空间巨大（见表5.8）。高速无人重卡的应用和无人码头类似，只不过场景从封闭式的港口区域变成了高速公路。公路干线物流运输的痛点之一是物流成本，而无人重卡的应用可以显著地实现降本增效。目前对高速无人重卡发展的担忧主要还是道路安全隐患，为此，需要在高速公路中间设置自动驾驶干线物流专线，一旦出现车辆问题，能紧急停靠，避让行车。我国矿区无人重卡的应用走在世界前列。早在2018年，国家能源集团的露天煤矿用自卸车无人驾驶系统立项。2022年，我国自主的930E矿用卡车在内蒙古投入使用，是全球最大的无人驾驶矿用卡车。实现"装、运、卸、配合"作业流程完全无人，自主操作。矿区无人卡车因为在封闭区域内作业，风险因素相对更容易控制，大规模商用未来可期。

表5.8 无人驾驶应用港区

港口	投运时间	特点
深圳妈湾智慧港	2021年6月	首创了人工驾驶集卡与智能驾驶集卡混行的全天候协同管控系统
山东日照港	2021年10月	全球首个顺岸开放式全自动化集装箱码头，率先采用"北斗+5G"技术
广州港南沙港四期	2022年7月	全球首个江海铁多式联运全自动化码头
安徽合肥港	待投运	国内内河港首个无人码头

资料来源：腾讯网，泽平宏观。

综合来看，智能驾驶应用场景的多样化发展已成为趋势。到2022年，全国开放各级测试公路近万千米，实际道路测试里程超过千万千米，无人驾驶出租车、无人驾驶公交车、自主代客泊车、干线物流以及无人配送等多场景示范应用，道路智能化升级改造，装配路侧网联设备等都在有序开展。未来智能汽车应用场景将更加丰富。

三、智能交通运营：智能驾驶时代的服务和支持提供者

智能交通运营或将在智能驾驶时代兴起发展。以网络运营类比，移动、电信、联通等运营商的主要责任是构建网络服务体系，完善联网相关标准，为消费者提供网络服务和售后支持。智能交通运营商的主要职能是构建智能交通生态体系，协助完善智能出行标准，提供出行服务和支持。

成为智能交通运营商的主体理论上需要具备两个条件：一是需要有较强的软件系统集成能力、云平台、大数据运算平台，二是拥有较为成熟的无人驾驶技术。智能交通运营覆盖范围在理想状态下是公路系统的全范围，即使覆盖部分地区，也需要处理海量的道路和用户数据，这无疑是巨大的挑战。智能交通运营商还必须亲自参与市场提供服务，要有投入自动驾驶汽车的能力。短期内，租用或购买其他车企的自动驾驶汽车来投入市场或许是主要智能交通运营商的选择，但长期来看，只有拥有无人驾驶汽车研、产、用能力的运营商才能在竞争中存活。

第六章

新能源新基建：
充电桩和换电站，谁是未来

伴随着新能源汽车的渗透率激增，大众对充电、补能问题也更加关注，这对充电设备的数量和效率提出了更高的要求。充换电基础设施是新能源汽车产业更好更优发展的重要基础，未来新能源充电市场可能呈现的格局是：充换电协同，乘用车看充电桩，商用车看换电站。同时，高压直流快充，数字化、智能化的新型充换电技术发展迅速。

高压快充、直流充电逐渐成为主流。尽管交流桩有成本优势，能够保障家用领域的充电需求。但长期看，高压快充、直流充电服务可大大缓解消费者充电不便、充电慢的种种顾虑。随着充电模块容量、可靠性、安全性能不断提升，直流快充桩将实现成本优化、更快渗透。

换电模式，实现了电动汽车的"车电分离"，极大地节约了新能源汽车初期购置成本、充电时间成本、日常维护成本，提升了新能源车主的用户体验。车企、第三方平台、上游供应商主导的几类换电运营模式正在快速开拓市场、谋求发展。商用车的个性化程度相对低，电池标准更易统一，电池银行等换电模式方便开展。商用场景涉及物流、矿车、网约车等，耗电大、换电易形成规模化，商用车换电站投资回收周期更短。换电站和商用场景匹配度很高，是充换电协同发展的优质切入点。

与此同时，数字化、智能化程度更高的充换电运营新模式将更有竞争力。以后的充电桩、换电站，就是车联网、能源互联网的"流量入口"。电力使用、用户行为、车身情况的数据，都可以给运营商带来更多增值服务，单桩利用率更高、盈利能力更强。新能源汽车的数字化用电、车向电网反向充电（V2G）可以协助解决峰时充电拥堵、电网负载过重、充电自燃等种种问题，给用户和社会创造巨大价值。*

---

* 本章作者：任泽平、王一渌、岑伟铭。

第一节　新能源时代，构建新型充换电模式正当时

"双碳"承诺下，新能源汽车替代燃油汽车已成为大势所趋。目前，我国新能源汽车产业已经走在全球前列，销量全球占比超50%。我国新能源汽车销量已由2015年的33万辆提高到2022年的680万辆，7年时间增长超20倍。新能源汽车渗透率达30%以上，处于国际较高水平。

新能源汽车迅速爆发，对充电设备的数量和充电效率有了更高要求。多年来，我国充电桩建设取得了较大成绩，但总体来看，充电桩、换电站的建设速度是落后于新能源汽车的增速的，仍需要大力发展以满足新能源汽车的充电需求。

充电桩在过去几年保持了较高增速。2016年，我国充电桩仅有20多万台，其中公共桩为14.9万台，私人桩为6.3万台。2022年，全国新增充电桩接近260万台、换电站675座。2023年初，我国建成充电桩累计约520万台、换电站1 973座。公共充电桩共计接近180万台、私人充电桩接近340万台，总体车桩比约为2.5∶1。我国车桩比已经超过海外很多地区，美国公共充电桩车桩比约为20∶1，欧洲约为10∶1。但是，我国充电桩保有量与新能源汽车保有量之间的差距还在逐渐扩大，充电桩建设还有发展空间。2022年，新增充电桩260万台，月均21万台，新能源汽车年销680万辆，月均56万辆，每个月差值有30多万辆。充电桩中，私人桩比例较大，达60%以上。对于没有配建私人桩的新能源汽车而言，车桩比始终高于5∶1（见图6.1）。

(万辆)

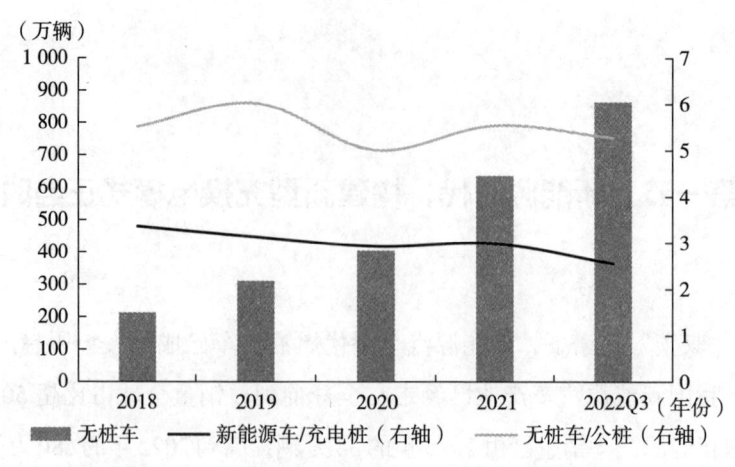

图6.1 充换电站仍需大力发展,以满足汽车用电需求

资料来源:公开资料,泽平宏观。

换电站总量仍相对较少,2023年初保有量1 973座,主要原因是电池和换电标准不统一,各主机厂电池包尺寸不一致。同时,换电站仍属于汽车售后服务的附加环节,综合盈利情况仍待增强。

在效率上,人们对快充桩、换电站的需求更加强烈。大家对电动车的焦虑有两点:续航里程短,充电补能便利性差。因此,提升充电设备的充电效率,降低充电时间,是解决车主们这两大焦虑的关键。现阶段充电桩平均功率为60~100千瓦,平均充电时长是1~1.5小时。而换电站的平均换电时长约为5分钟。换电站充电效率占优,换电流程更短,安全性相对更高。

未来,新能源汽车补能问题的最优解是,按照不同使用场景,选择配置不同的充电、换电方式。充电、换电协同发展,构建高压快充、直流充电,家用车以充电桩为主,商用车以换电站为主的新型充电体系,才是未来的大势所趋。

第二节 充电桩：直流快充大发展，充电运营新模式

充电桩是新能源汽车时代的新型基础设施建设，属于新基建的核心领域之一。按照服务对象分类，充电桩可以分为面向大众的公共充电桩、供个人使用的私人充电桩、面向企业专业客户的专业充电桩。按照所用技术分类，又可分为直流充电桩、交流充电桩和无线充电桩等。

充电桩产业链上中下游涉及环节丰富。上游为充电桩元器件和设备生产环节；中游为充电运营环节；下游则是各类充电场景的消费环节，参与者包括新能源汽车整车企业和个人消费者等。其中，上游充电桩设备零部件生产和中游充电桩运营是充电桩产业链的主要环节（见图6.2）。

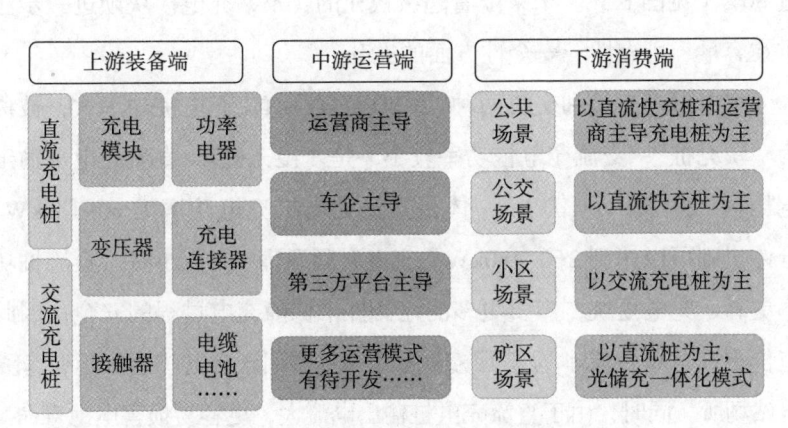

上游装备端			中游运营端	下游消费端	
直流充电桩	充电模块	功率电器	运营商主导	公共场景	以直流快充桩和运营商主导充电桩为主
	变压器	充电连接器	车企主导	公交场景	以直流快充桩为主
交流充电桩			第三方平台主导	小区场景	以交流充电桩为主
	接触器	电缆电池……	更多运营模式有待开发……	矿区场景	以直流桩为主，光储充一体化模式

图6.2 充电桩产业链涉及内容丰富

资料来源：公开资料，泽平宏观。

一、设备制造：发展直流快充桩，聚焦充电模块降成本

上游的设备制造是充电桩新基建的基础环节，也是大规模降成本的关键。充电桩硬件设备成本占总成本的90%以上（见图6.3）。

从具体结构来看，充电设备主要由充电模块、功率器件、接触器等充电设备，显示屏、辅助设备等管理设备，以及变压器、保护设备、低压开关等配电设备组成。其中，充电模块是核心，好比充电桩的"心脏"，是提供能源电力、对电路进行控制和转换的场所，直接关系到充电桩的效率、稳定性、使用寿命和充电速度。充电模块主要包括半导体功率器件、磁性元件、电容等。目前，充电模块的建设成本占充电桩建造成本的50%（见图6.4）。但未来，随着充电桩行业的不断发展，充电设备技术日趋完善、规模持续扩大，将带动直流充电桩模块的成本不断降低，进一步优化充电模块供应商竞争格局。从2015年充电桩开始大规模建设以来，充电模块的价格持续下降，从约0.8元/瓦，已经降至2020年0.13元/瓦左右的水平，5年来降幅超过80%（见图6.5）。未来随着超级快充的普及，充电模块须进一步注重在容量、可靠性、安全性方面的提升。

充电桩有直流和交流两种。一般而言，直流充电桩功率大，被称为"快充桩"；交流充电桩功率较小，是"慢充桩"。直流充电桩输出电压为220~750V（伏），一体机直流充电桩充电功率为60~180kW，分体机则可以达到360~480kW，充电时间只需1.5~3小时。直流桩功率更高、充电更快，需要更多的元器件来保障充电过程的安全，因此造价更高，单台成本为5万~12万元，主要用于公共场所和运营车充电站场所。同时，由于直流充电桩输出电流大，更容易损害电池寿命。

交流充电桩输出电压约为220V，充电功率为7~14kW，充电时间为8~10小时，通过车载电动机进行充电，充电电流小、功率低，因

而建设成本相对低，单台为 1 000~2 000 元，主要用于私人用户，多安装于公共停车场、大型购物中心及居民小区停车场等区域。同时，由于交流充电桩电流小，对电池寿命的损害程度低（见表6.1）。

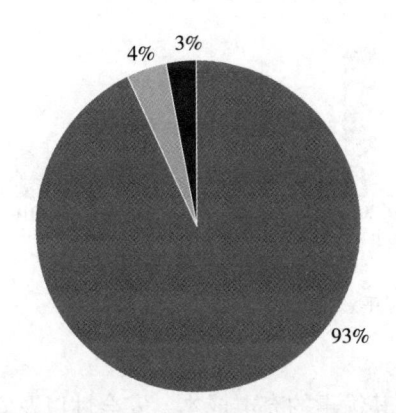

图6.3 充电设备是充电桩新基建的核心内容，成本占比超90%

资料来源：公开资料，泽平宏观。

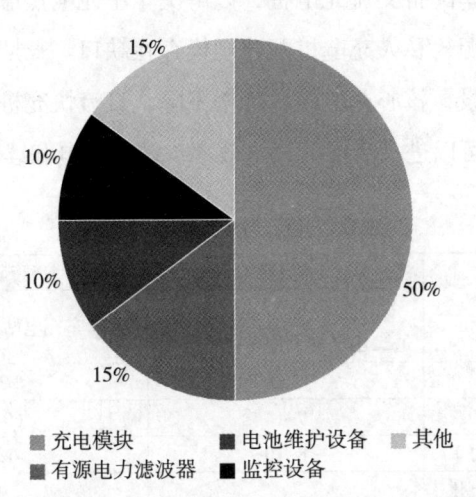

图6.4 充电模块是充电桩的核心设备，成本占比最大

资料来源：公开资料，泽平宏观。

图6.5 充电模块价格正不断下降

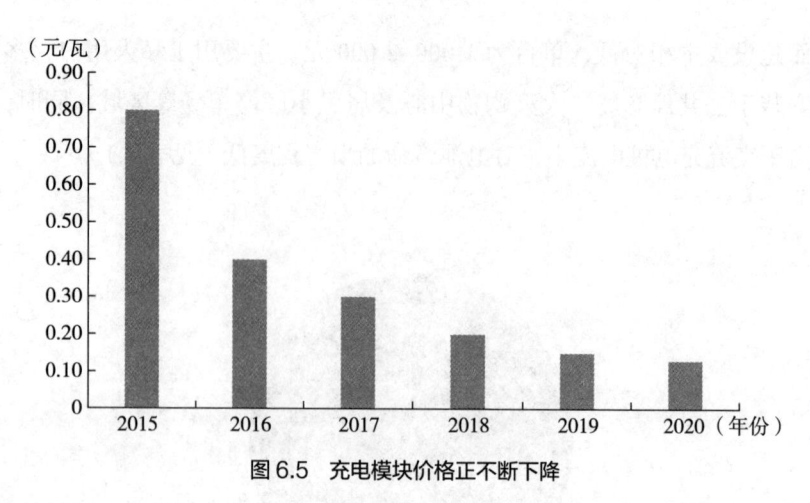

资料来源：公开资料，泽平宏观。

交流充电桩以其优惠的充电成本、安全性以及安装的便捷性，在私人桩上成为主流充电桩类型。短期来看，在私人桩领域推广交流充电桩，有利于以更低的成本实现车桩匹配要求。车企也可以用较低成本为所售私家车配备交流充电桩，以解决车主充电焦虑。但受制于车位、场地等资源，私人充电桩配建规模存在缺口。长期而言，随着充电桩规模化建设，核心充电模块价格下降，直流快充桩将会在公共领域更加普及，可以进一步提升充电效率，缓解充电和续航焦虑。

表6.1 直流与交流充电桩对比

分类	交流充电桩	直流充电桩
使用场景	公共停车场、大型购物中心、小区私人停车位等区域	运营车充电站、公共充电桩等
输出电压（V）	220	380
充电功率（kW）	7~14	60~180
充电时间（小时）	8~10	1.5~3
建设成本价（除土建、改造和扩容费用外）	1 000~2 000元	50 000~120 000元

资料来源：公开资料，泽平宏观。

二、设备运营：探索新型运营模式

中游负责充电桩的建设及运营，是产业链的核心，对满足高效车桩匹配起着极为关键的作用。按照经营主体，充电桩运营可以划分为三大模式：充电运营商主导、车企主导、第三方平台主导。

充电运营商主导模式是目前充电桩市场的主流模式，该模式由专业化的运营商进行充电桩的投资建设、运营维护。这种模式的准入门槛较低，前期资金投入较大，收入主要来自电费差额、服务费和增值服务。但由于该模式市场化程度较高，市场竞争比较充分，因此各地运营商想提升电费和服务费比较困难。整体盈利水平有待增强，大部分实力薄弱的小微充电桩运营企业处于亏损状态，市场头部的集中度普遍较高。2022年，全国充电运营企业所运营充电桩数量超过1万台的共有15家，有特来电、星星充电、云快充、国家电网、小桔充电、蔚景云、深圳车电网、南方电网、万城万充、汇充电、依威能源、万马爱充、上汽安悦、中国普天、蔚蓝快充等，这些运营商的总量占比较高，市场集中度明显。其中，特来电、星星充电有领先优势，运营充电桩超过30万台。充电运营商亟须拓展其他增值服务，以增加客户黏性和提高单客户价值量。

车企主导模式包括两种：车企自建桩模式和合作建桩模式。部分较为成熟的车企采用自建桩模式，如比亚迪、上汽等。在这种模式下，充电桩只面向固定类型车主，利用率相对较低，维护费用相对较高。对车企的资金量有一定的要求，适用于用户数量多、现金流状况良好的车企。合作建桩模式是车企与运营商合作，由运营商为车企提供专业的技术支持。该模式可节省车企的投入资金，提升充电桩的利用率，也可为充电桩运营商提供大量客户，有效增加了客户黏性，提升了品牌信任度，助力运营商拓展更高附加值的业务。目前，由于建桩成本等，部分车企开始切换到这种与运营商合作的模式，例如宝马、北汽均开始与特来电合作。总的来看，合作建桩模式不失为一种更有效率的方式，有望进一步得到推广。

第三方平台主导模式为充电桩运营的辅助方式，平台一般不参与充电桩的投资建设，而是基于自身的SaaS（软件即服务）系统，整合各大运营商的充电桩，为客户提供一站式服务。比如全球充电服务龙头ChargePoint和中国的能链智电提供的就是这种服务，将不同的充电设施接入云服务平台，为充电运营商及电动车车主提供线上、线下的充电解决方案。在这种模式中，平台主要负责后台管理，线下运营成本较低。但第三方平台在与运营商合作时可能存在利益冲突，一旦运营商终止合作，没有充电基础设施的平台将难以为继（见表6.2）。

未来的新能源充电桩运营模式，需要提升单桩利用率和盈利能力。新型运营模式将使电动汽车、充电桩、运营商三方之间互联互通，通过信息数据的共享，充分提高了充电设施的利用效率。各个充电桩和运营商之间的信息共享，使车主需求得到有效匹配，让充电桩好找、好用、高效利用，但仍须继续提高单桩利用率，加强单桩盈利能力。

表6.2 充电桩运营模式对比

运营模式	内容	优点	局限性
运营商主导	运营商自主完成充电桩业务的投资建设和运营维护，为用户提供充电服务	推进行业竞争发展，提升运营管理成效	产品互通性一般，盈利能力有待增强
车企主导	车企为提供更优质的服务，将充电桩作为售后服务提供给车主	确保充电桩的资金投入，降低成本风险，提升效率	关注无序建设问题，兼容性差
第三方平台主导	通过自身的资源整合能力将各大运营商的充电桩接入SaaS平台，智能化管理充电桩运营	充分利用平台信息优势，增强信息的透明度，优化充电桩配置	依赖性强，而各方易存在利益冲突

资料来源：公开资料，泽平宏观。

第三节　换电站：车电分离新模式，商用换电更适配

换电模式实现了电动汽车的"车电分离"，将极大地节约新能源汽车购置成本、充电时间成本、日常维护成本，提升新能源汽车用户的体验。

换电站可以实现快速补能，能够节省等待时间，一般 3~5 分钟即可完成换电，与普通的燃油汽车加油耗时相似，相比动辄数小时的充电过程更加高效。有效解决了新能源车主的里程焦虑，尤其适用于高速公路、长途旅行等应用场景。

车电分离进一步降低了新能源汽车购置成本，以蔚来 ES6 为例，选择标准款换电可节约 7 万元成本，选择长续航款换电车型可节约 12.8 万元。车电分离也可以开展新能源汽车运营新模式，比如在 BaaS（Battery as a Service，电池即服务）电池租用模式下，用户可以用较低的初次购车价格和每月灵活支出价格享受换电服务。

换电模式中，电池使用权与产权分离，维护成本主要由换电站承担。该换电模式帮助用户规避了自身电池贬值的风险，用户无须担心自己的电池损耗，电动车寿命、残值也不会受电池折旧影响，电动车的保值率更高。换下的电池一般由换电站进行维护与管理，换电站内集成的云端电池管理系统，可以为电池包起到养护作用，使其充电效率不会出现明显的下滑，有效延长电池寿命。电池有了统一运营商，充电时间将更加灵活，可以减小高峰充电对电网的冲击，更好地配合电网运营。

此外，退役的电池残值对普通车主而言，价值几乎为零，但是换电站可以通过集中管理，对退役的动力电池进行回收梯次利用，拓展

附加值业务，压缩了电池回收利用成本，物尽其用，也降低环保损耗。

2020年后，国家政策对于换电站的定位从"充电为主、换电为辅"逐渐转为"充换电协同发展"，换电站行业也迎来有效增长。2020年初，乘用车换电站建成数量只有306座，到2023年初，数量已经超过1 900座（见图6.6）。在地域分布上，北京、广东、浙江、上海、江苏的换电站建成数量领先。

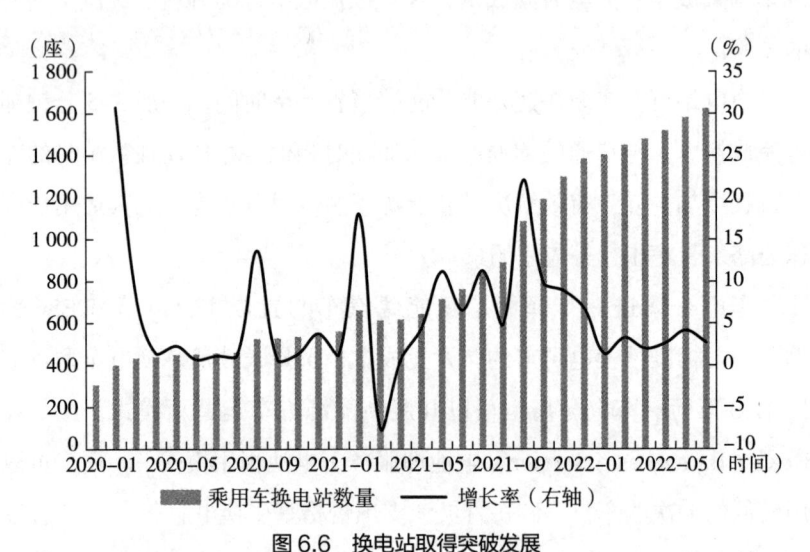

图6.6 换电站取得突破发展

资料来源：中国充电联盟，泽平宏观。

2022年，全国各地对换电站的补贴政策陆续出台。比如北京，2022年6月出台的《2022年度北京市电动汽车充换电设施建设运营奖补实施细则》规定，将换电设施运营奖励分为日常奖励和年度奖励，日常奖励标准为0.2元/千瓦时，年度奖励根据不同考核等级，从A级到D级别，每年分别为106元/千瓦、90元/千瓦、74元/千瓦、0元/千瓦。又如重庆，2022年4月，对提供共享换电服务、运营多品牌、多车型出租的换电站，给予单站补贴和建设补贴。按换电设备充电模块功率，单站补贴最高50万元，一次性建设补贴400元/千瓦。中重型卡车换电站补贴力度更大，单站补贴最高80万元。

2023年2月，工信部、交通运输部、国家发展改革委等八部门发布《关于组织开展公共领域车辆全面电动化先行区试点工作的通知》，强调要建成适度超前、布局均衡、智能高效的充换电基础设施体系，新增公共充电桩与公共领域新能源汽车推广数量比例力争达到1∶1。随着智能有序充电、大功率充电、自动充电、快速换电等新型充换电技术的应用落地，我国将进一步构建数量足、充电快、智能化的新型充电体系。

一、换电产业链：关注换电运营商、电池银行

换电产业链与充电桩类似，上游为设备供应端，包括基座、换电接口、传动系统、电池储存架和连接器等换电站基础零部件，以及动力电池的供应环节等。中游为运营端，包括换电运营，对电池资产进行数字化管理，负责电池回收的电池银行等。下游为消费端，按消费车型可分为商用车型和私家车型，按消费者类型可分为B端用户和C端用户（见图6.7）。

具体来看，上游供给方主要包括设备制造商和动力电池供应商。设备供应取决于软硬件技术成熟度，设备、制造商能提供整套的换电站设备。动力电池供应方面主要以锂电池为主，市场行业集中度较高。

中游则以换电运营商和电池银行为主，是贯通产业链的关键。换电运营商需要整合主机厂、电池厂、设备制造商、能源企业来构建完整的换电体系。与充电桩类似，运营商主体可以分为车企主导、第三方平台主导、上游供应商主导。车企主导的运营商主要服务于自家品牌，对车企有用户基础与资金量要求，代表企业有上汽、广汽、吉利、蔚来、长安等。由于各车企电池型号不统一、技术路线不同，换

电站存在不兼容的问题。第三方平台换电站需要联合主机厂、电池厂、能源企业,以兼容不同车型电池,这对于企业的资源整合能力有一定要求,起着横向整合、贯通产业链的重要作用。此外,宁德时代成立了子公司从事换电相关业务,比如宁德时代子品牌 EVOGO 主打"巧克力换电块",打通电池和车型的适配壁垒。

上游设备供应端	中游运营端	下游消费端
换电站基础零部件	换电运营商	消费车型
基座、换电接口、传动系统、电池储存架、连接器等		商用车 / 私家车
动力电池供应	电池银行	消费用户
硫酸铁锂电池包 / 三元锂电池包	电池资产数字化管理 / 电池回收	B端用户 / C端用户

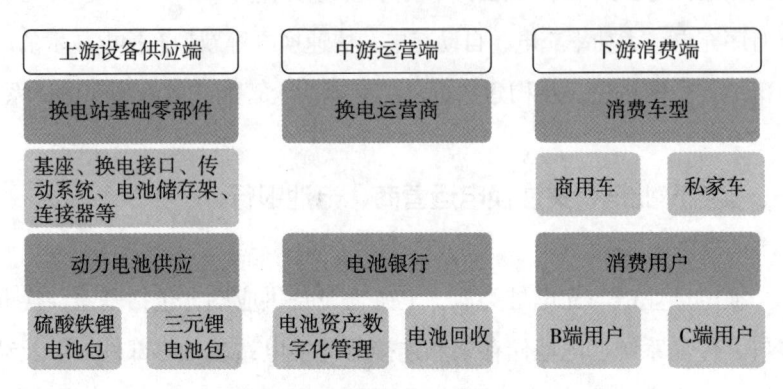

图 6.7　换电站产业链内容广泛

资料来源:公开资料,泽平宏观。

综合来看,由于资金量、品牌优势、电池的兼容性和资源整合能力的要求,国内换电运营商的集中度较高,蔚来、奥动新能源、杭州伯坦、吉利等几家优势突出(见图6.8),奥动新能源、杭州伯坦都是多品牌、多车型换电。

二、换电场景:商用场景和换电更匹配

换电站可分为乘用车换电站、商用车换电站。乘用车换电站主要服务于中小型电动汽车,主要应用场景集中于城市端。商用车换电站主要服务于工程车或专业用车,主要运用于工地、高速公路等固定场景,为特殊车辆提供换电服务。

```
          3% 2%
       4%
    8%

                      56%
29%
```

☒ 蔚来　　　　⊞ 杭州伯坦　　■ 中国石化
☒ 奥动新能源　⊟ 吉利　　　　⊟ 其他

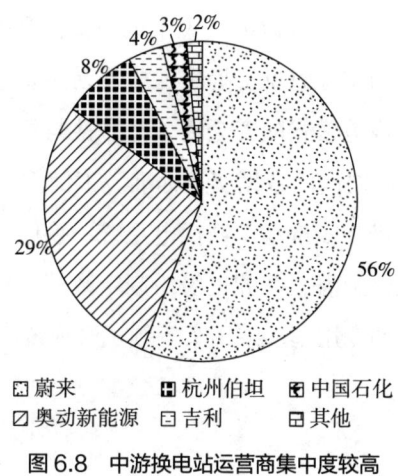

图 6.8　中游换电站运营商集中度较高

资料来源：中国充电联盟，泽平宏观。

现有换电站中，还是以乘用车换电为主。2021 年，换电车型中乘用车占比约为 90%，而商用车占比仅为 10%，这也造成换电站盈利能力有待提升。

其实，换电站和商用场景十分匹配。商用市场的应用场景大多较为集中、使用场所固定，较易形成规模效应，运营商仅需针对性部署换电站就可以取得较高的设备利用率。商用车换电站虽然前期投入较高，但规模化优势明显，投资回收周期更短。比如，根据某运营商项目可行性分析：单个乘用车换电站投资额约 500 万元，投资回收期为 5.14 年；单个商用车换电站的建设投资约 1 000 万元，投资回收期为 4.92 年，可以更快实现盈利（见图 6.9）。未来，随着商用领域电池标准更加统一，商用车换电市场需求将快速增长。物流公司、网约车平台、地方工程企业，进一步加强与换电站运营商合作，预计商用车换电站的初始投资成本会进一步下降，盈利能力也能进一步增强。

完善换电统一标准相关的政策，使电池在容量、能量、电压、材料、尺寸、安装位置、接口标准等方面做到统一，更有助于推动换电模式发展。2022年,国家发改委《关于进一步提升电动汽车充电基础设施服务保障能力的实施意见》提出,要推动主要应用领域形成统一的换电标准,提升换电模式的安全性、可靠性与经济性,完善新能源汽车电池和充电设施之间的数据交互标准。工信部《2022年汽车标准化工作要点》要求进一步推动车载换电系统、换电通用平台和换电电池包等标准的制定。上海、江苏也纷纷制定政策,以打破换电技术跨品牌应用壁垒,推动专用车、乘用车等领域形成统一的换电标准。

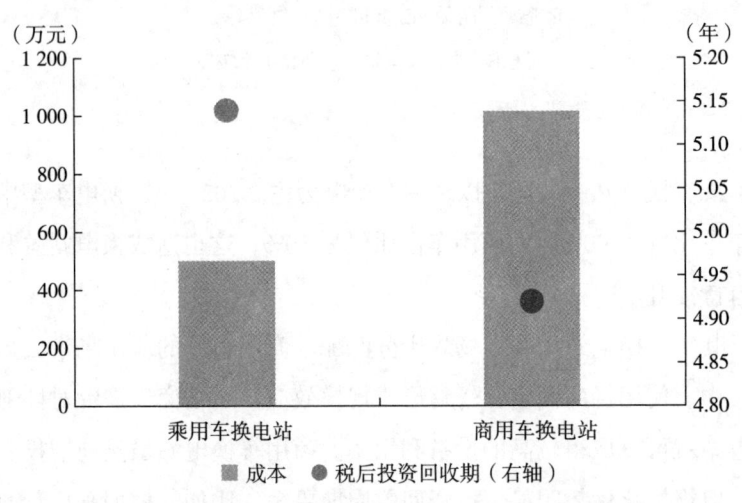

图6.9 商用车换电站初期投入大,但投资回收期更短

资料来源:某换电项目可行性分析报告,泽平宏观。

在新能源汽车乘用车市场,换电标准做到统一不是易事。乘用车的个性化较强,市场上电池型号众多,乘用车换电难免有兼容性问题。而商用车领域,车型个性化程度较低,电池标准相对更易统一。商用车领域也可以参考电池银行模式。电池银行由车企、电池厂、换电运营商合资成立,进行一定程度的绑定,电池银行中电池包规格、换电站接口等都将进行统一。

由于大多数电动汽车充电行为存在趋同性——白天用车，晚上下班后集中充电，遇到晚间用电高峰，用电量会对城市电网造成巨大冲击。尤其是对于新能源重卡来说，未来随着渗透率提升，几十万辆的重卡同时充电将会对城市电网造成巨大冲击（见图6.10）。换电站可以利用自身的充配电系统，在谷时充电、峰时换电，起到削峰填谷的作用，也进一步降低换电站供给方的用电成本。换电模式有效减少了对电网的冲击，国网电动、华能清能院等大型央企也正积极参与商用换电模式的建设中。

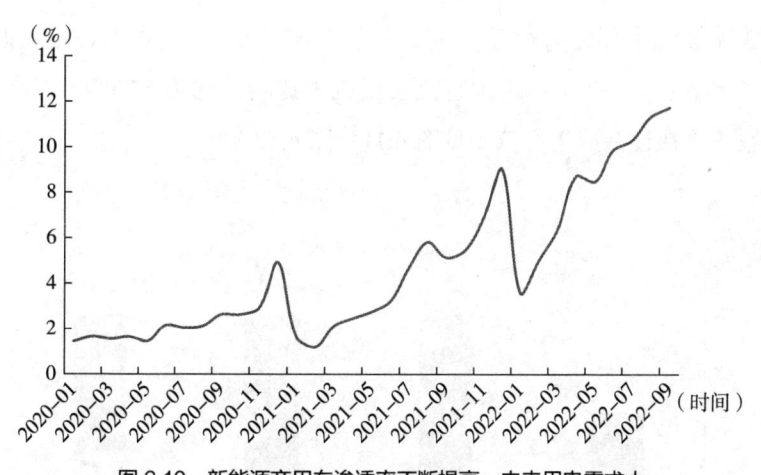

图6.10 新能源商用车渗透率不断提高，未来用电需求大

资料来源：中汽协，泽平宏观。

第四节 智能化充换电：乘用车看充电，商用车看换电

目前我国新能源充电体系是以充电桩为主，以换电站为辅，未来

二者均有提升发展空间。未来构建数量足、充电快的新型充电体系，充电、换电模式并行发展是大势所趋。

高压快充的直流充电桩将继续深化发展。改进充电的主流技术方案有两种：提高充电电流，提升充电电压。但是，大电流对热管理要求相对高，高电压则具备一定的低能耗、高续航、低重量、占地少的优势，方便适配未来的快充需求。高压快充技术推广也是未来的趋势，对新能源车企来说，发展高压快充能吸引更多消费者进入新能源汽车市场，进一步提升行业渗透率。

此外，直流桩充电电流大、电压高、功率大，有发展潜力。直流快充缓解了部分消费者仍存在的充电不方便、充电慢的种种顾虑。2022年，我国32个城市中直流公用桩占比均值约为57.3%，直流快充服务正在逐渐成为主流（见图6.11、图6.12）。

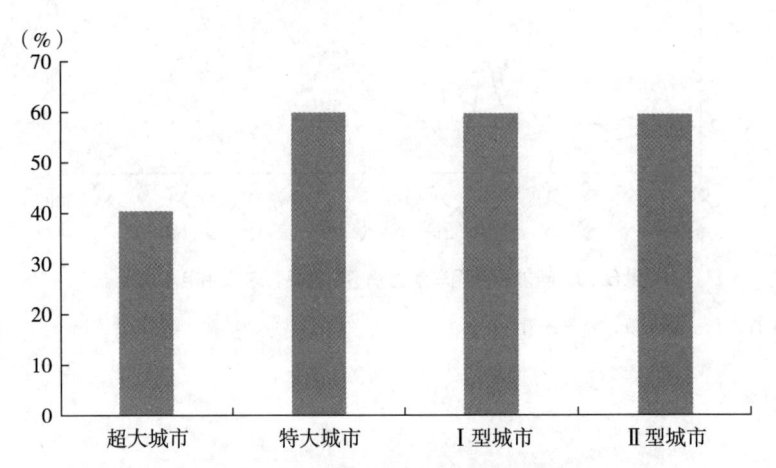

图6.11 在我国大多数城市，直流公用充电桩已慢慢占据主流

资料来源：中规院，泽平宏观。

注：超大城市包括北上广深等，特大城市包括西安、成都等，Ⅰ型城市包括厦门、昆明等，Ⅱ型城市包括泉州、福州等。

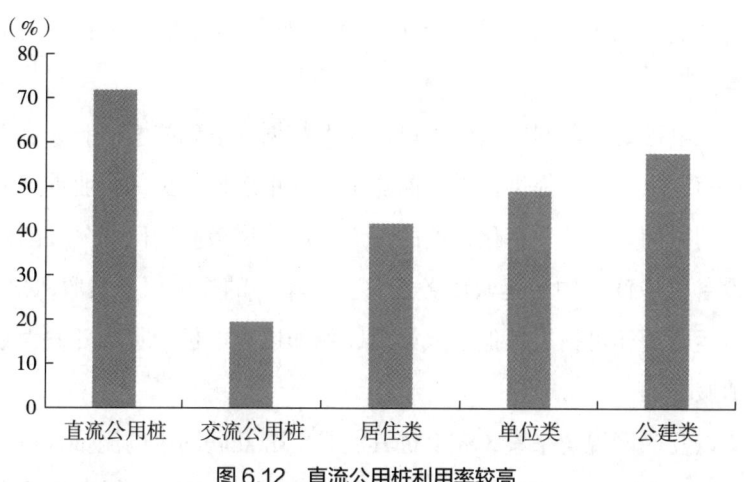

图 6.12 直流公用桩利用率较高

资料来源：中规院，泽平宏观。

推动充电桩和换电站的数字化与智能化，建立智能化管理平台，可以进一步提升利用率。

提升充电体系的智能化管理水平，有助于实现电动汽车的 V2G 技术，打造新型储能市场。电动汽车 V2G 技术是电动汽车给电网送电，其核心是将大量的电动汽车电池作为储能工具，实现电网和可再生能源的缓冲。在这种模式下，电动汽车有着电力消费体和储能系统的双重身份，在闲置时，电动车可向电网反向充电、回馈电能，实现在受控状态下，电动汽车与电网之间的能量、信息双向互动。目前主流的 V2G 实现方法有集中式、自治式和基于换电站的电池统一管理模式等。从市场空间上来看，2022 年，我国新能源汽车保有量超 1 000 万辆，假设每辆车存储 80 度电，则所有车辆存储电量超过 9.2 亿度电，可调负荷容量相当于上海市两天的用电量。若每辆汽车每天返回电网的充电量为 5 度电，则所有汽车全年可充电电量为 5 749 万度电，以 0.6 元 / 度的电价算，V2G 储能一年的市场规模可超过百亿元，一辆电动车每年可盈利超 1 000 元。因此，打造 V2G 商业模式的智能充电桩和换电站系统，可挖掘新型储能市场，降低车主购车成本。

充电桩是车联网的重要入口，以大数据为基础的增值服务可为整车厂商、出行公司提供很大的商业价值，也应该是头部企业重点关注探索的方向。随着数字化程度的深入，产业链最高增值部分逐渐由上游设备供应商向中游运营服务迁移。除单一的充电服务费收入之外，充电运营商还可拓展其他收入渠道，例如以充电桩为基础开发大数据增值服务。

以互联网视角来看，充电桩其实是能源互联网中的流量入口，运营商可以通过充电桩获取用户用电相关数据，进而开创多种盈利模式。其中最核心的是三种数据：电力使用数据、用户行为数据、车身情况数据。比如，运营商可以根据电力使用数据，判断充电桩的供需情况，动态调整充电价格，在电动车比例较高的地区和用电高峰期适当提升服务价格，使部分车主错峰充电，动态调节市场需求，解决电网拥堵的问题。电力现货市场发展后，也可以更加匹配电网电力情况。根据用户行为数据，充电运营商可以与广告商合作，分析充电桩用户的行为模式，定向投放汽车品牌宣传等广告，提高广告传播效率。根据车身情况数据，充电运营商可以对电动车电池安全、车身使用情况进行定期且系统的评估。如果发现问题，可以向车主发送问题报告，提供车辆维修增值服务。

此外，还可以对充电桩进行智能化升级，解决汽车充电自燃、事故多发，充电桩盈利模式单一、利用率低等问题。对于自燃事故，未来可通过智能技术升级，用云计算、大数据、人工智能技术，对充电桩的使用状态进行实时安全监控，通过车桩交互的大数据分析，了解电池安全状态，自动预警危险，系统远程处置，解除安全隐患。车、站、电池、云全程智能网联，配合三级消防系统，及时排除故障，让换电更安全、更高效。

对于单桩盈利和利用率问题，通过将电动汽车、充电桩、运营商三方数据与系统进行互通互联，实现桩与桩之间的全局化管理，利用大数据将充电桩资源与车主需求进行精准匹配，以确保车主好找桩、能用桩、用好桩，提高充电桩的盈利水平和资源利用效率。换电站也是如此，比如换电运营商可通过大数据、物联网技术，来统计一段时间内换电站的充电情况，优化换电网点设置，提高换电站运营效率。消费者用手机即可查询附近的充换电站，看到当前使用状态，方便用户就近充换电，节省用户时间。

未来一种可能的情况是，商用车以换电站为主，乘用车以充电桩为主。和换电站相比，充电桩需要排队充电、实际充电时间长等问题依然存在。出租车、网约车看重盈利能力，换电模式节省司机时间，司机月收入将因采用换电模式而有所提高。服务于沿海港口、大型物流园、矿区等地的重卡、矿卡等，其电池容量大、耗电量高，每天需要充电补能的次数更多，花费时间较长，用换电模式可降低商用车的隐性成本，有效提高运营效率，实现连续运营（见表6.3）。

表6.3 充电、换电模式对比

项目	充电桩	换电站
投资成本	投资成本相对较低，但回收期较长	投资成本高，但投资回收期更短
充电效率	交流桩耗时5~8小时，直流桩平均耗时约1小时，充电效率较低	约5分钟结束换电，充电效率高
政策标准	标准更加完善	电池包等统一标准还有待完善
建设难度	建设难度低，尤其是交流桩更加便利，适合家用充电	占地面积较大，但单位面积利用率更高
安全性	快充充电引发着火事故比例较高	可错峰、低电量对未工作电池充电，安全性有保障

资料来源：公开资料，泽平宏观。

第二部分

绿色能源：
建设新型能源体系，催生新万亿级赛道

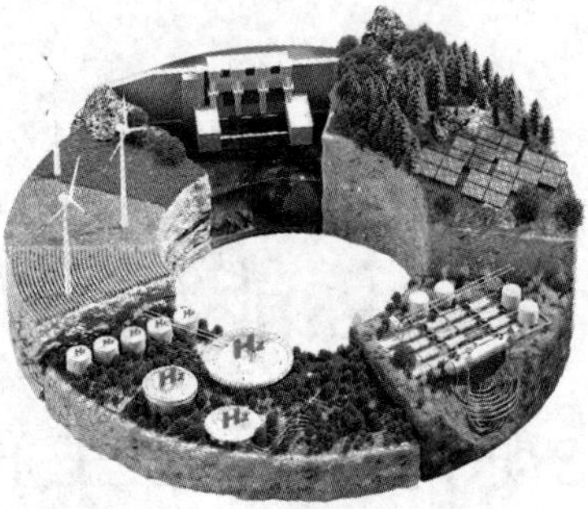

第七章

新能源光伏：
未来最大的绿电来源

新能源建设关系到大国的低碳转型、能源安全和能源服务水平。各国纷纷出台政策坚定"双碳"目标，保障绿电发展，支持光伏产业。党的二十大报告强调"加快规划建设新型能源体系""积极稳妥推进碳达峰碳中和"。得益于政策支持、产业链技术进步，光伏电力新增装机居可再生能源之首，光伏成为绿电之基。

世界能源使用大国对光伏产业的发展与保护尤其重视，对光伏电价持续进行引导。欧美发达国家在历史上出台"双反"政策保护本土光伏产业，又在能源危机背景下积极推动向新能源转型。我国为推动光伏产业发展，合理开放用地，逐步完善环保法规，聚焦因地制宜建设光伏，规范产业长期稳步发展。光伏电价政策上，海外早期以政府定价与补贴为主，未来的发展趋势是市场化交易。我国2021年开启光伏"平价上网"时代，光伏电价向燃煤发电看齐，开启了探索市场化竞价模式。

产业链重点关注上游硅料、中游电池、下游逆变器与光储一体化。上游硅片技术呈现出大型化、单晶化、薄片化趋势。硅料受供需影响大，价格一度波动剧烈。中游电池发展方向在于提高光电转换效率、降低光学和电学损失率。N型电池转换效率优，是主流方向之一；钙钛矿电池成本与效率具备优势，有望在3~5年开启大规模商用。下游的光伏逆变器是核心，随着集中式、组串式、微型逆变器的发展，微型逆变器在分布式光伏的应用上更具效率、安全和成本优势。终端的光储一体化建设将进一步解决光伏"不可控、不可调"的天然属性。

从长远来看，光伏产业将在不断成熟的定价、市场交易机制中扩大规模，提高综合效率，降低度电成本。分布式光伏建设、光储技术突破、虚拟电厂模式成熟，光伏将成为第三次能源革命中的压舱石，是真正的绿电之基。*

---

* 本章作者：任泽平、王一渌、刘家嘉、岑伟铭。

第一节 "双碳"时代,光伏是未来最大的绿电来源

目前新能源亟须替代传统能源,光伏和风电替代传统发电,有三大原因。

一是对能源低碳转型的必然要求。根据碳排放市场调研,过去50年全球平均气温上升的原因,90%与人类使用石油等燃料产生的温室气体增加有关(见图7.1)。我国提出分别于2030年前和2060年前实现碳达峰和碳中和的承诺,在时代趋势下,低碳化的清洁能源将成为时代新宠,将实现对高碳排放传统能源的替代。

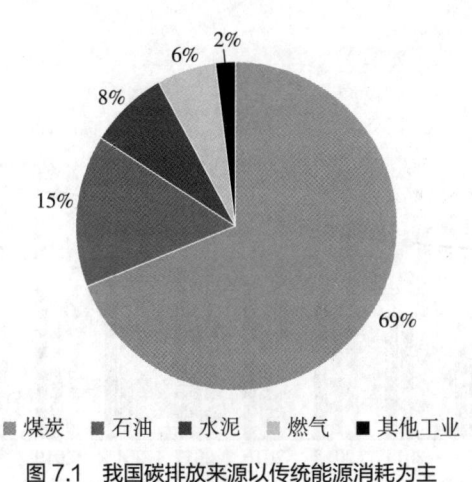

图 7.1 我国碳排放来源以传统能源消耗为主

资料来源:Our World in Data(用数据看世界),泽平宏观。

二是对国家能源安全的保障。在交通运输领域,我国石油消费量正不断走高,从2015年的5.43亿吨/年上升至2022年的7.1亿吨/年。

然而，我国原油产量一直维持在 2 亿吨 / 年。供需矛盾导致我国的原油进口量持续增长，对外依存度超过 70%（见图 7.2）。为保证国家的能源安全和经济的可持续发展，能源消费结构亟须升级。而发展新能源发电有利于减少我国对能源进口的依赖，保障国家能源安全。

三是新能源领域是未来大国竞争的制高点，关系到国家现代能源服务水平。历次能源革命均推动了工业革命，并造就了新的国际秩序。当前正处于第三次能源革命阶段，能源从化石能源转向可再生能源，能源载体是电和氢，中国有望在这一过程中展现新技术优势。大力发展新能源发电，有利于丰富我国能源结构。以华能、国家能源、国电投为代表的"五大四小"电力集团大力布局绿电，从源头开始，转型能源综合供应商。分布式光伏可完善农村和边远地区能源基础设施，全面提升能源服务水平和范围，这也是现代能源产业发展和能源普遍服务的必然要求。

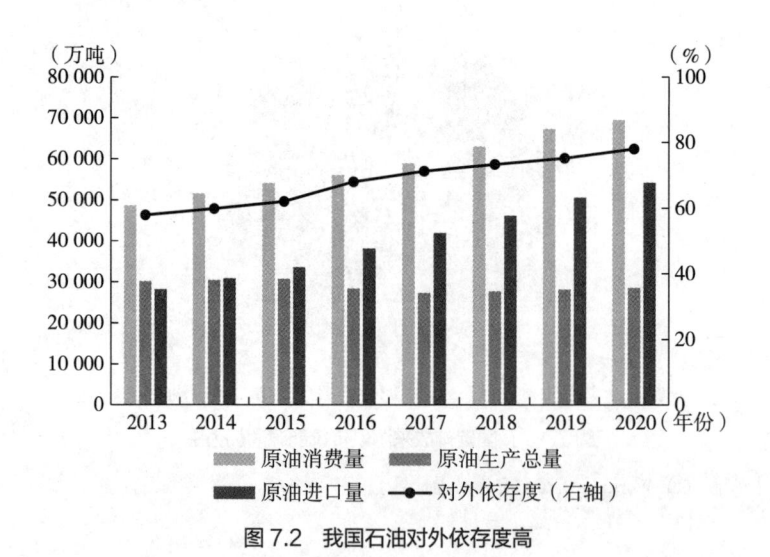

图 7.2　我国石油对外依存度高

资料来源：Wind，国家统计局，泽平宏观。

新能源发电端建设,是我国现代能源体系建设的关键一环,是新能源产业链形成闭环的基础。光伏是建设新能源电力、重整能源生产消费结构的核心领域,是纯正的"绿电"来源。

光伏是新能源发电端建设的核心领域之一。我国新增装机容量以光伏、风电为主(见图7.3)。新能源风电、光伏发电量攀升,在社会用电量中占比增加。2021年,全国光伏发电量为3 259亿千瓦时,同比增长25.1%;全国风电发电量为6 526亿千瓦时,同比增长40.5%。风电、光伏累计发电量共9 785亿千瓦时,同比增长35.0%,占全社会用电量的比重达到11.7%,首次突破10%以上。

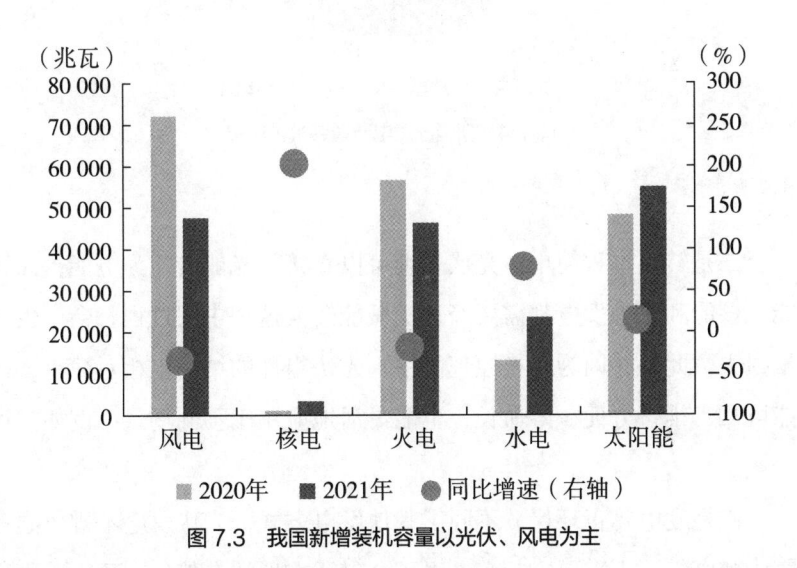

图7.3 我国新增装机容量以光伏、风电为主

资料来源:中电联,泽平宏观。

光伏发电新增装机容量在2022年超过风电(见图7.4),跃居第一,主要是因为三个方面的优势。

一是能量来源稳定。太阳能分布广泛,有光照的地区就能采用光伏发电,供应相对稳定;相比之下,风能、水能、核能发电的地理因素限制较多。

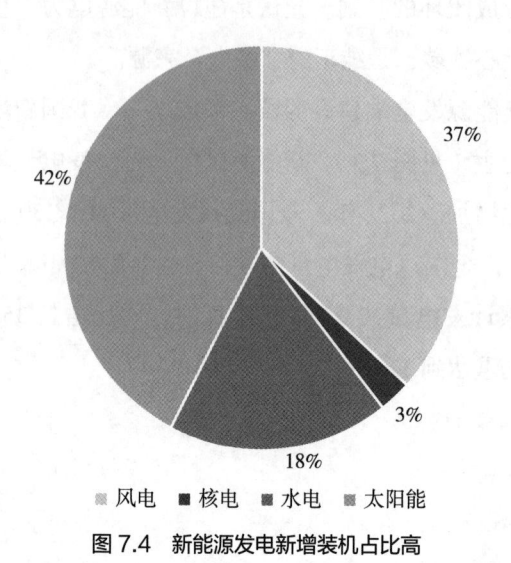

42% 37%

18% 3%

风电　核电　水电　太阳能

图7.4　新能源发电新增装机占比高

资料来源：中电联，泽平宏观。

二是转换过程简单。光伏发电可以直接将光能转化为电能，而风能、核能和水力发电都需要经过机械能转换这一中间过程，会产生能量损失。此外，因为转换原理简单，光伏组件的结构也相对简单，性能可靠，维护方便，寿命长，也能灵活地应用于不同场景，例如户用光伏。

三是发电真正环保。不同于其他发电方式，光伏发电不排放温室气体和废气，不需要冷却水，也不会对所在地的自然生态环境造成影响。同时，设备建设不必占用大片土地，例如"农光互补"和"渔光互补"，仅在种植大棚或鱼塘水面上方铺设太阳能发电装置，就可以实现发电，并且不会影响农作物和鱼苗的生长，在高温季节还能减少紫外线对农作物的破坏。光伏发电是真正环保的可再生新能源，长期来看，光伏发电将是发展绿电建设的核心。

第二节 光伏政策：从补贴到退坡，平价大发展时代来临

一、我国光伏产业：规范用地，完善环保，长期稳步发展

在新能源产业建设上，我国对光伏发展尤为重视，历年出台的光伏相关政策较多。主要可以分为用地政策和综合政策。用地政策关系到光伏项目的立项、收益以及是否环保、合规等界定。综合政策的主要作用是引导我国光伏产业长期发展，制定相关标准，明确未来发展方向。光伏用地政策经历了从放开促进发展，到高环保要求政策收紧，再到现在的多方面综合完善三个阶段（见表7.1）。

2007年我国首次提出光伏建设应主要是在沙漠、戈壁、荒地等非耕用土地上进行。在经过第一、第二批光伏特许示范项目建设后，光伏发电项目发展首次提速，用地政策也进一步明确。2013年，为促进行业发展，政策适度放开，探索采用了租赁国有未利用土地等供地方式，降低工程的前期投入成本，简化程序，并初步完善光伏发电的建设管理。2014年政策进一步鼓励光伏发展与农户扶贫、新农村建设、农业设施相结合，拓宽了光伏建设的适用地范围。

2015年，环境和耕地保护要求提高，用地政策收紧。当年先后出台文件对光伏项目用地管理进行明确分类，并在环境保护方面完善规范，禁止在林地、公园、栖息地、自然保护区等进行光伏建设。2017—2018年继续对光伏在农业用地上的建设做出限定。

2021年起产业逐渐成熟，用地政策开始多方面综合完善，光伏用

地性质再次被分类界定。2022 年推出 5 项政策，进一步在协同管理、环保合规、用地限制、项目审批等方面完善规范。

表 7.1 光伏用地从放开到收紧，再到综合完善

文件	日期	主要内容
《国家发展改革委办公厅关于开展大型并网光伏示范电站建设有关要求的通知》	2007 年 11 月	首次提出并网光伏示范电站建设占地应主要是沙漠、戈壁、荒地等非耕用土地
《国务院关于促进光伏产业健康发展的若干意见》	2013 年 7 月	对利用戈壁荒滩等未利用土地建设光伏发电项目的，在土地规划、计划安排时予以适度倾斜。探索采用租赁国有未利用土地的供地方式，降低工程的前期投入成本
《国家能源局关于进一步落实分布式光伏发电有关政策的通知》	2014 年 9 月	鼓励多种形式的分布式光伏发电与农户扶贫、新农村建设、农业设施相结合，促进农村居民生活改善和农业农村发展
《关于支持新产业新业态发展促进大众创业万众创新用地的意见》	2015 年 9 月	使用未利用土地的，对不占压土地、不改变地表形态的用地部分，可按原地类认定；用地允许以租赁等方式取得；对项目永久性建筑用地部分，应依法按建设用地办理手续。对建设占用农用地的，所有用地部分均应按建设用地管理
《国家林业局关于光伏电站建设使用林地有关问题的通知》	2015 年 11 月	对采用"林光互补"模式的光伏电站用林提出了有关要求。各类自然保护区、森林公园（含同类型国家公园）、濒危物种栖息地、天然林保护工程区以及东北、内蒙古重点国有林区，为禁止建设区域
《光伏发电站工程项目用地控制指标》	2015 年 12 月	对光伏用地按照坡度分为三种类型，按照电压等级、发电效率给出占地面积计算方式
《关于光伏发电用地有关事项的函》	2016 年 10 月	明确表示对于使用农用地新建光伏发电项目的所有用地均应按建设用地管理
《关于支持光伏扶贫和规范光伏发电产业用地的意见》	2017 年 10 月	规定可以利用未利用地的，不得占用农用地；禁止以任何方式占用永久基本农田

续表

文件	日期	主要内容
《中华人民共和国耕地占用税法》	2018年12月	占用园地、林地、草地、农田水利用地、养殖水面、渔业水域滩涂以及其他农用地建设建筑物、构筑物或者从事非农业建设的,依照规定缴纳耕地占用税
《土地卫片执法图斑合法性判定规则》	2021年11月	对"不改变原用地性质的光伏用地"给出界定条件
《中华人民共和国土地管理法实施条例》(2021年修订)	2021年	明确集体经营性建设用地可作为建设项目用地的新来源,为光伏建设项目用地提供了新选择
《关于促进新时代新能源高质量发展的实施方案》	2022年5月	对新能源项目用地管制规则再次完善。建立相关部门和单位的协同机制
《水利部关于加强河湖水域岸线空间管控的指导意见》	2022年5月	明确提出光伏电站、风力发电等项目不得在河道、湖泊、水库内建设
《关于开展光伏电站建设使用林地书面调研的函》	2022年5月	要求根据森林资源管理"一张图"与国土"三调"融合成果,划定光伏电站建设及光伏电池阵列使用林地的地类限制范围
《关于支持光伏发电产业发展规范用地用林用草管理有关工作的通知》(征求意见稿)	2022年6月	对于利用农用地建设复合光伏项目的,不得占用耕地和林地。对于使用农用地的,其面积不超过项目总用地面积50%的情况下,光伏方阵、采用直埋电缆敷设方式的集电线路可不办理用地手续
《关于积极做好用地用海要素保障的通知》	2022年8月	在建设项目用地审批方面,针对性地提出缩小用地预审范围、简化用地预审审查、分期分段办理农用地转用和土地征收、推进建设项目"多测合一"等举措

资料来源:国家发改委、自然资源部、国家林业和草原局等,泽平宏观。

综合政策方面,我国的光伏发展规划主要分为促进快速扩张、稳步长期发展两个阶段(见表7.2)。快速扩张阶段从2007年我国将太阳能发电列为重点发展领域开始。

2018年我国停止新建集中式电站,光伏发电补贴退坡,标志着第一阶段结束,稳步长期发展的新阶段来临。

2021年补贴退坡完成,进入平价时代。2021年10月,中共中央、国务院提出鼓励智能光伏与绿色建筑融合创新发展。2022年的《"十四五"现代能源体系规划》中提出,到2025年,新能源发电量比重达到39%。政策环境方面,光伏发展空间仍然充足。

表7.2 光伏发展从促进扩张到稳步前进

文件	日期	主要内容
《中华人民共和国可再生能源法》	2005年2月	促进可再生能源的开发利用,增加能源供应,改善能源结构,保障能源安全,保护环境,实现经济社会的可持续发展
《可再生能源中长期发展规划》	2007年8月	将太阳能发电列为重点发展领域,并提出到2010年太阳能发电总容量达到30万千瓦,到2020年达到180万千瓦的目标
《国务院关于促进光伏产业健康发展的若干意见》	2013年7月	把扩大国内市场、提高技术水平、加快产业转型升级作为促进光伏产业持续健康发展的根本出路和基本立足点
《太阳能光伏产业综合标准化技术体系》	2017年4月	到2020年,初步形成光伏产业标准体系,基本实现基础通用标准和重点标准的全覆盖,总体上满足产业发展需求
《关于2018年光伏发电有关事项的通知》	2018年5月	叫停了集中式电站的建设,同时加快光伏发电补贴退坡,降低补贴强度,将集中式和分布式光伏电站的上网电价统一降低了0.05元/千瓦时
《关于推动城乡建设绿色发展的意见》	2021年10月	鼓励智能光伏与绿色建筑融合创新发展
《智能光伏产业创新发展行动计划(2021—2025年)》	2022年1月	推动光伏产业与新一代信息技术深度融合
《"十四五"现代能源体系规划》	2022年3月	规划到2025年,非化石能源消费比重提高到20%左右,非化石能源发电量比重达到39%左右

资料来源:国家发改委,泽平宏观。

二、海外光伏产业：从"双反"到复苏，能源危机加速渗透

10年来，海外光伏政策经历了较大波动，在此过程中，其对中国产业链也由不想依赖转为不得不依赖。

第一阶段，2012—2013年，欧美对于我国光伏产业开始进行一些"反倾销""反补贴"政策，围猎我国光伏产业发展。其中，2012年9月6日，欧盟委员会宣布，将对进口自中国的光伏产品进行反倾销调查；11月8日，欧盟委员会宣布发起反补贴调查，至此欧洲针对中国光伏的"双反"拉开了帷幕，一度对中国出口的太阳能电池板施加了40%以上的临时关税。美国商务部也做出裁决，认为中国输入美国的光伏产品，存在政府补贴和低价倾销的可能性。

欧美对中国光伏产业链的"双反"政策，本来意图围猎和遏制中国光伏产业发展，但一度也在无形中遏制了自身产业发展。中国光伏产业链对外出口降低后，大量欧美偏上游光伏企业受到波及，破产重组增多。"双反"、高关税也推高了欧美安装光伏组件价格。欧盟光伏产业成本端走高，组件价格的上涨导致其装机量持续下滑，欧美光伏市场进入了低迷阶段（见图7.5）。

2018年9月，欧盟对于中国光伏产业的"双反"政策结束，双方产业关系趋于缓和。2019年11月，中国国家电网有限公司与法国电力公司签署合作框架协议，双方承诺在创新研发领域开展可再生能源并网技术、储能技术等方面的合作。

随后，欧洲各国也进一步提高了对光伏产业的重视程度，欧盟光伏市场逐渐复苏。欧盟发布《欧洲绿色协议》，提出2030年新能源的能源占比达到32%，2030年碳排放量较1990年减少55%。德国批准了《2030年气候保护计划》，提出在2030年实现温室气体排放比1990年减少55%的目标，同时光伏装机量要达到98GW。意大利发

布《2030年气候与能源国家综合计划》，提出到2030年可再生能源计划发电186.8TWh，包括74.5TWh的太阳能和40.1TWh的风能。

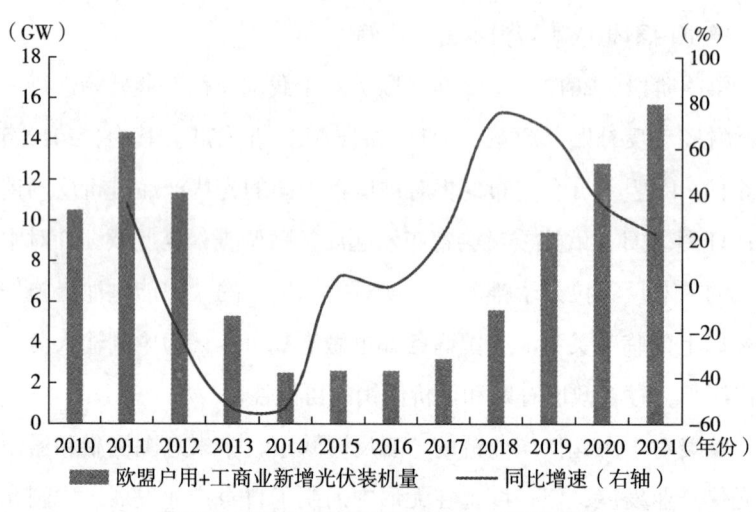

图7.5 欧盟新增光伏装机情况，一度表现低迷

资料来源：彭博，泽平宏观。

2022年以后，俄乌冲突成了欧洲加速能源转型的催化剂。俄乌冲突以来，欧洲陷入天然气短缺的窘境，结合国际原油价格大涨，能源危机一触即发，欧洲多国电力价格出现大幅上涨。为了摆脱对以"俄气"为代表的传统能源的依赖，2022年以来欧洲国家出台了诸多政策以提高其能源独立性。

欧盟方面，2022年5月，欧盟委员会出台"REPowerEU"计划，内容包括2025年将太阳能光伏装机容量翻一番，到2030年光伏安装容量达600GW，并且分阶段强制在新公共和商业建筑以及新住宅建筑上安装太阳能电池板。该计划在2021年《欧洲气候法案》的基础上，进一步在法律层面强制推进了可再生能源发展，表明了欧盟对其"双碳"目标的立场坚定。

德国方面，2022年7月提出了Easter Package（"复活节一揽子计划"），建议到2030年，将绿色能源占电力结构比重提升到80%，确立了到2035年德国100%的电力将来自可再生能源的目标。光伏发电方面，计划从目前的60GW扩大到2030年的215GW。在优先级方面，德国规定碳中和目标的达成高于其他公共事业利益。同时该计划还取消了公民参与的招标要求，简化了电网规划审批流程。

英国方面，2022年4月提出了《能源安全战略》，目标是到2030年，太阳能发电装机容量要从目前的14.9GW增加到50GW，在未来14年将增加70~75GW太阳能发电，年均增长超过5GW。同时，英国政府还宣布将户用光伏系统的增值税从5%降到0，为光伏产业高速发展提供支持。

除了受地缘冲突影响最大的欧洲国家，其他国家也在近两年公布了最新的绿电发展计划。

日本方面，2021年7月，经济产业省发布了《战略能源计划草案（第六版）》，计划到2030年减排目标从26%提升到46%，2050年实现碳中和。光伏发电方面，计划于2030年实现100GW国内装机量，占国内发电量的11.6%，2050年实现300GW国内装机量，占国内发电量的31.4%。

韩国方面，2022年7月发布的《2020—2034年电力供需基本计划》提出，到2034年，韩国电力容量的41.9%将由可再生能源组成。国际能源咨询公司Wood Mackenzie预测，韩国的目标是至2030年实现34GW光伏装机容量。

美国方面，2022年8月颁布了7 400亿美元的《通胀削减法案》，将近一半拨款用于气候变化和清洁能源，整体目标是2030年减少40%的温室气体排放。具体措施有新能源项目和消费者端的税收抵免，并包含对新能源电力公司的重点投资，以及交通部门和传统化工的减排要求。光伏产业方面，该法案延长了太阳能投资税减免（ITC），将 2022—2032 年装机的光伏项目税率补贴提升至 30%，补贴力度超过历史最高水平。

近期海外主要能源政策见表 7.3。

表 7.3　近期海外主要能源政策

国家/地区	文件	日期	主要内容
欧盟	《欧洲气候法案》	2021 年 6 月	承诺 2030 年减排 55% 的二氧化碳和 2050 年实现碳中和，控制温室气体排放从政治承诺转向法律约束
	REPowerEU	2022 年 5 月	2025 年将太阳能光伏装机容量翻一番，到 2030 年安装 600GW，分阶段强制在新公共和商业建筑以及新住宅建筑上安装太阳能电池板
德国	"复活节一揽子计划"	2022 年 7 月	2045 年实现碳中和。2030 年实现 80% 绿电消费。光伏发电方面，计划从目前的 60GW 扩大到 2030 年的 215GW
英国	《能源安全战略》	2022 年 4 月	到 2030 年太阳能发电装机容量从目前的 14.9GW 增加到 50GW，未来 14 年将增加 70GW~75GW 太阳能发电，年均增长超过 5GW。户用光伏系统的增值税从 5% 降至 0
日本	《战略能源计划草案（第六版）》	2021 年 7 月	到 2030 年减排目标从 26% 提升至 46%，2050 年实现碳中和。光伏发电方面，计划于 2030 年实现 100GW 国内装机量，2050 年实现 300GW 国内装机量
美国	《通胀削减法案》	2022 年 8 月	将其中 3 690 亿美元用于气候变化和清洁能源发展。目标是 2030 年减少 40% 的温室气体排放
	联邦投资税收抵免	2022 年 8 月	延长光伏投资税减免，将 2022—2032 年装机的光伏项目税率补贴从之前计划的 26% 提升至 30%

资料来源：Wind，彭博，泽平宏观。

从政策目标来看，欧洲、日本、韩国、美国对新能源产业发展的长期支持力度并没有减弱。因为近年欧洲能源危机叠加地缘政治紧张等，部分发达国家开始重启燃煤发电，新能源和光伏发电替代进度暂时受阻。

短期内，这些国家或将面临能源政策上的反复。长期来看，海外国家实现碳中和的目标不会改变，化石能源发电模式不符合发达国家的自然资源结构和社会发展进程，环境保护、独立自主、稳定可持续发展才是现代国家能源战略的核心。

展望全球光伏发展，以德国、英国为代表的欧洲经济大国正面临能源危机，亟须加速新能源结构转型。欧盟出台法案，将光伏发展从政治承诺进一步推进到立法层面，未来将进一步加速能源独立自主，光伏发电空间充足。日本、韩国继续重视碳中和与光伏发展，美国近期落地政策推进光伏发展，光伏投资税减免额度提升至历史最高水平。在全球范围，光伏产业具备迎来高速增长的政策环境。

三、中外对比：从市场电价波动看用电市场差异

2022 年初，欧洲深陷能源危机，电价大涨。以法国为例，电价最高时每度电价格超 0.3 欧元（约合 2 元人民币）。而我国城镇居民用电基本维持在 0.5~0.7 元/度电。就算是工业用电，一般也在 0.8~1.8 元/度电。

中国和欧洲在电价上的差异如此巨大，除了电力体制发展不同之外，主要原因是电力市场交易机制的差异。

电力市场交易分为现货和中长期两种。现货市场是指以日、时及更短时间单位来交易的市场。电力的现货市场价格更实时，波动性也更大，在用电需求激增时容易出现欧美国家的"天价电费"情况。例如，2019 年 8 月，美国得州高温导致用电需求激增，平时约 10 美分/度的电价暴增至最高 9 美元/度。中长期市场是指发电方、电力运

营商、用户等通过自主协商、集中竞价达成并锁定价格，以月、季、年、10年为时间单位进行交易的模式。虽然价格相对稳定，但也可能因为上游原料涨价，成本无法即时向下游传导，出现发电商亏损、拉闸限电的情况。

海外的电力交易以市场化为主，交易双方可以视自身需求情况与风险承担能力选择合同类型、时间长度，定价遵循市场供需关系。

我国电力交易市场以中长期交易为主，市场化竞价为辅。2004年，我国实施煤电标杆上网电价机制。2016年开展电力中长期市场交易，发电企业可以通过市场竞价形成上网电价。2020年后，我国取消煤电价格联动机制，并将标杆上网电价机制改为"基准价＋上下浮动不超过15%"的市场化机制。2022年，燃煤发电价格上下浮动范围改为"不超过20%"。我国正在从固定的标杆电价向浮动的市场化电价转变。市场化电价即时反映电力成本，有助于发电厂商和电网企业应对市场供需变化。电力交易市场机制决定了燃煤发电价格，燃煤发电价格是绿电定价的标杆，因此电力交易制度不同，我国和海外光伏市场定价存在差异。

四、我国光伏电价：标杆电价、补贴退坡、平价机制

光伏电价政策方面，我国总体经历了从标杆电价到补贴退坡，再到平价上网三个阶段。纵观光伏产业发展的不同时期，电价政策对光伏产业的早期降本起到了重要支撑作用，对中期适应竞争定价产生了深厚影响，进而促进了当下平稳步入平价上网时代。

在光伏补贴时代，我国政府设立可再生能源基金来支付相关补贴（见图7.6），主要有两种方式。对于集中式开发商，政府先制定"固定执行电价"，在电网按该义务价从开发商购买后，政府基金再将

"固定执行电价"中高于当地标杆价格（燃煤发电价）的部分补贴给电网。对于分布式开发商，政府按照全额上网和"自发自用，余额上网"两种情形做出不同规定，全额上网与集中式定价一致；余额上网则按照度电补贴，由电网先转付，政府基金再支付补贴给电网。

电网购得的电价即"上网电价"，在上网价格的基础上加上配输电成本、政府附加、服务价格等，形成"销售电价"，最终按该价格销售电力给下游的居民和企业用户。

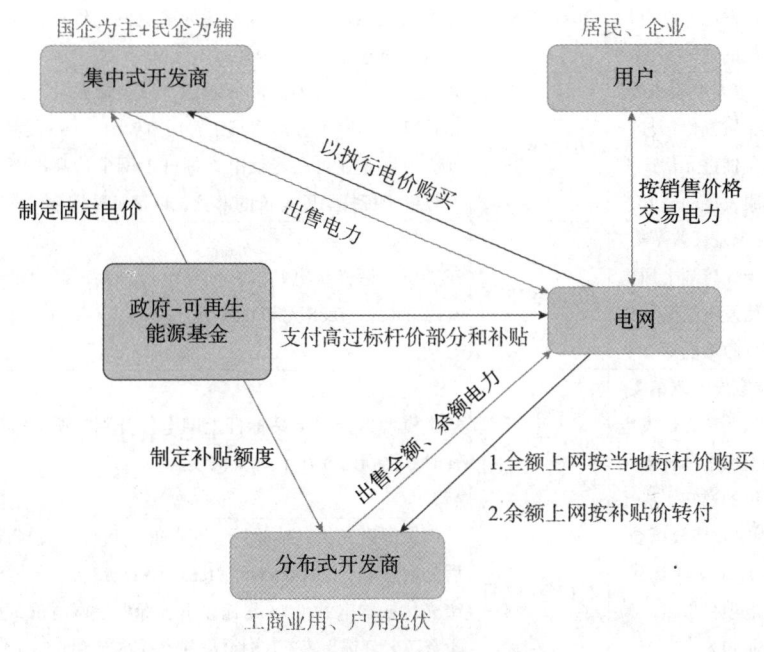

图 7.6　补贴时期光伏市场流程框架

资料来源：泽平宏观。
注：浅灰色为与补贴交易有关部分。

上网电价可按照电站建设场地，分为集中式和分布式两类。集中式发电是指建设在大型地面上，发电直接输送并入电网的模式，一般是国家级或大型企业电站。分布式发电是指在用户附近建设，以自发自用为主，多余发电进行上网的模式，包括安装在住宅顶部的家庭户用发电和企业发电。

在过去 11 年里，我国集中式光伏上网电价下降约 70%，用 10 年时间完成了从标杆定价补贴到平价上网的跨越（见表 7.4）。

表 7.4 历年集中式光伏电价政策

文件	日期	主要内容
《关于完善太阳能光伏发电上网电价政策的通知》	2011 年 8 月	2011 年 7 月 1 日及以后核准的太阳能光伏发电项目，除西藏仍执行每千瓦时 1.15 元的上网电价外，其余地区上网电价均按每千瓦时 1 元执行
《国家发展改革委关于发挥价格杠杆作用促进光伏产业健康发展的通知》	2013 年 8 月	将全国分为三类太阳能资源区，三类资源区光伏电站标杆上网电价分别为每千瓦时 0.9 元、0.95 元和 1 元。电网企业可就光伏电站标杆上网电价高出当地燃煤机组标杆上网电价的部分，申请补贴资金
《国家发展改革委关于完善陆上风电光伏发电上网标杆电价政策的通知》	2015 年 12 月	三类资源区光伏电站标杆上网电价分别下调为每千瓦时 0.8 元、0.88 元和 0.98 元
《国家发展改革委关于调整光伏发电陆上风电标杆上网电价的通知》	2016 年 12 月	三类资源区光伏电站标杆上网电价分别下调为每千瓦时 0.65 元、0.75 元和 0.85 元
《国家发展改革委关于 2018 年光伏发电项目价格政策的通知》	2017 年 12 月	三类资源区光伏电站标杆上网电价下调 0.1 元，调整后分别为每千瓦时 0.55 元、0.65 元和 0.75 元。新增村级光伏扶贫电站（0.5 兆瓦以下）标杆上网电价，三类资源区分别为每千瓦时 0.65 元、0.75 元和 0.85 元
《国家发展改革委 财政部 国家能源局关于 2018 年光伏发电有关事项的通知》	2018 年 5 月	三类资源区光伏电站标杆上网电价下调 0.05 元，调整后分别为每千瓦时 0.5 元、0.6 元和 0.7 元。村级光伏扶贫电站（0.5 兆瓦及以下）标杆电价不变

续表

文件	日期	主要内容
《国家发展改革委关于完善光伏发电上网电价机制有关问题的通知》	2019年4月	三类资源区集中式光伏电站指导价调整为每千瓦时0.4元、0.45元和0.55元。村级光伏扶贫电站（含联村电站）的上网电价不变
《国家发展改革委关于2020年光伏发电上网电价政策有关事项的通知》	2020年3月	三类资源区集中式光伏电站指导价调整为每千瓦时0.35元、0.4元和0.49元。村级光伏扶贫电站（含联村电站）的上网电价不变
《国家发展改革委关于2021年新能源上网电价政策有关事项的通知》	2021年6月	对新备案集中式光伏电站、工商业分布式光伏项目和新核准陆上风电项目，中央财政不再补贴，实行平价上网

资料来源：国家发改委，泽平宏观。

2011年，我国首次对太阳能发电项目规定上网执行电价。2013年8月，定价补贴进一步按区域明细，根据各地太阳能资源条件和建设成本将全国分为三类太阳能资源区，三类资源区光伏电站标杆上网电价分别为每千瓦时0.9元、0.95元和1元。电网企业可就光伏电站标杆上网电价高出当地燃煤机组标杆上网电价的部分，申请可再生能源发电补贴资金。

2015—2017年，国家逐年下调集中式发电指导价格。2018年国家发改委、财政部、国家能源局联合发文，完善光伏发电电价机制，降低补贴强度，进一步加大市场化配置项目力度。鼓励各地出台光伏产业政策，自行安排不需要国家补贴的光伏项目，并确定了普通光伏电站的竞争招标准则。

随着市场化配置的成熟和各地政策的完善，自2021年1月1日起，中央财政退出补贴，集中式光伏发电站上网电价按照当地燃煤发电基准价执行。

分布式光伏发电也经历了从补贴到补贴退坡，再到平价上网的三个阶段（见表7.5）。目前分布式工商业上网已无补贴，户用上网仍有3分/度补贴。

2013年之前，分布式发电定价还没有独立于集中式发电。2013年8月，国家发改委发布的《国家发展改革委关于发挥价格杠杆作用促进光伏产业健康发展的通知》首次明确提出，对分布式光伏提供0.42元/千瓦时的度电补贴，上网电价及补贴的执行期限原则上为20年。

2015年，我国进一步放开限制，允许分布式发电在"自发自用、余电上网"和"全额上网"模式中进行选择，后者让分布式发电也能以集中式三类资源区的电价上网。随着光伏行业的发展，光伏相关技术取得突破，光伏设备价格也大幅下降，维持在0.42元/千瓦时的光伏补贴缺口正不断扩大。

从2018年1月开始，分布式光伏度电补贴出现了首次补贴退坡，至0.37元/千瓦时。随着光伏市场机制的进一步完善，国家发改委在《国家发展改革委关于2021年新能源上网电价政策有关事项的通知》（征求意见稿）中提出对工商业分布式光伏不再进行补贴，户用光伏电站2021年仍有3分/度的补贴，2022年1月开始执行。

表7.5 历年分布式光伏电价政策

文件	日期	主要内容
《国家发展改革委关于发挥价格杠杆作用促进光伏产业健康发展的通知》	2013年8月	对分布式光伏发电提供0.42元/千瓦时（含税）的度电补贴，补贴期限原则上为20年
《国家发展改革委关于完善陆上风电光伏发电上网标杆电价政策的通知》	2015年12月	利用建筑物屋顶及附属场所建设的分布式光伏发电项目，在项目备案时可以选择"自发自用、余电上网"模式，在用电负荷显著减少（含消失）或供用电关系无法履行的情况下，允许变更为"全额上网"模式，并按照当地光伏电站上网标杆电价收购

续表

文件	日期	主要内容
《国家发展改革委关于2018年光伏发电项目价格政策的通知》	2017年12月	2018年1月1日以后投运的、采用"自发自用、余量上网"模式的分布式光伏发电项目，全电量度电补贴标准降低0.05元，调整后为每千瓦时0.37元（含税）
《国家发展改革委 财政部 国家能源局关于2018年光伏发电有关事项的通知》	2018年5月	新投运的、采用"自发自用、余电上网"模式的分布式光伏发电项目，补贴标准调整为每千瓦时0.32元（含税）
《国家发展改革委关于完善光伏发电上网电价机制有关问题的通知》	2019年4月	纳入2019年财政补贴规模，采用"自发自用、余量上网"模式的工商业分布式光伏发电项目，全发电量补贴标准调整为每千瓦时0.10元，采用"全额上网"模式的按所在资源区集中式光伏电站指导价执行
《国家发展改革委关于2020年光伏发电上网电价政策有关事项的通知》	2020年3月	纳入2020年财政补贴规模，采用"自发自用、余量上网"模式的工商业分布式光伏发电项目，全发电量补贴标准调整为每千瓦时0.05元，户用分布式光伏全发电量补贴标准调整为每千瓦时0.08元
《国家发展改革委关于2021年新能源上网电价政策有关事项的通知》（征求意见稿）	2021年4月	2021年纳入当年中央财政补贴规模的新建户用分布式光伏全发电量补贴标准为每千瓦时0.03元，2022年起新建户用分布式光伏项目中央财政不再补贴；2021年起，对新备案集中式光伏电站、工商业分布式光伏和新核准陆上风电项目发电，中央财政不再补贴

资料来源：国家发改委，泽平宏观。

我国的光伏补贴政策对光伏产业的发展起到了至关重要的作用（见图7.7），有利于光伏产业链早期降成本，并逐步形成市场机制，进入平价时代。随着光伏发电建设规模不断扩大，技术进步和成本下降速度明显。从2022年起，无论是集中式光伏电站还是工商业分布式光伏发电项目，都不再获得中央财政补贴。虽然各级地方政府还存有政策接力，但这意味着光伏发电产业已具备相对成熟的市场化条件，行业平价时代来临。

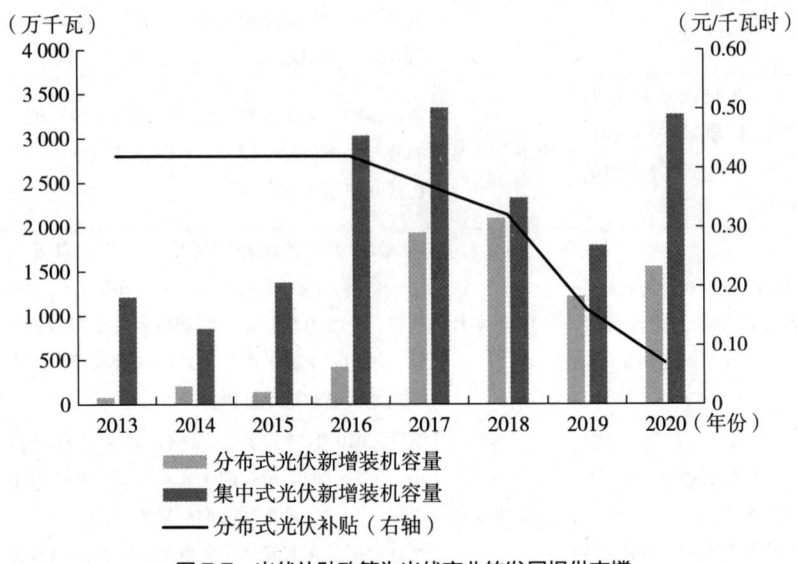

图 7.7 光伏补贴政策为光伏产业的发展提供支撑

资料来源：国家能源局，泽平宏观。

五、海外光伏电价：六类主流模式，市场化是发展方向

海外光伏电价主要有 FIT（固定电价补贴）、FIP（溢价补贴）、Net（净计量）、PPA（长期购电协议）、RPS（配额制）+REC（绿证）、成本补贴六类主流模式（见表 7.6）。

FIT（Feed-in Tariff）是指购电方按照政府规定的"义务收购电价"，从发电方购买长期电力的模式。义务收购电价由标杆上网电价（政府规定，通常是燃煤发电价格）和补贴电价（政府规定）组成。不同国家在电价的最终承担者上有不同规定。

FIP（Feed-in Premium）是指购电方按照"溢价后电价"从发电

方购买长期电力的模式。溢价后电价由市场电价和溢价补贴（政府规定）组成。与 FIT 不同的是，FIP 是在市场电价的基础上，加上政府补贴部分组成，补贴溢价最终由政府买单。而且 FIP 定价会随市场电价波动，而 FIT 是独立于市场的政府定价。

Net 是指用户发电量超过自身需求量时，可以将电量输送至电网以换取信用额度或出售。根据不同国家的规定，出售的价格可以是当前市场零售电价、批发电价、往期均价或者是打折后电价。该模式类似于我国的分布式上网政策。

PPA（Power Purchase Agreement）是指发电方自行与购电方签订协议，确定购电价格、年限和购电量，也是光伏市场化后的主流定价机制。PPA 机制长期锁定价格，对于光伏发电方和购电方都可以起到对冲价格风险的作用。近期，从 PPA 模式中又衍生出了一种新的协议——VPPA（Virtual PPA，虚拟购电协议），本质上是价差合约，仅用于发电方和购电方的财务结算和绿证转移，并不产生实际电力输送。

RPS+REC 模式是碳减排与碳市场的基础。配额指的是政府先规划新能源发电市场份额，并要求责任主体承担一定量的购买义务，未完成配额义务的需要缴纳相应的罚款。绿证是给新能源发电厂商颁发的一种凭证，每诞生一张绿证就代表 1 000 度新能源电力上网。绿证通常可以在市场中被自由交易。这类模式的核心是电量激励，由运营商支付市场电价部分，绿证购买方支付额外的绿证价格部分。相当于由购电方支付发电方的补贴价格，以此来完成购电方的节能减排义务。

成本补贴模式的核心是成本激励，以市场化招标确定电价，由政府给予发电方成本上的补贴或税收上的优惠和抵免。印度采用的是 VGF（Viability Gap Funding），即可行性缺口补助基金模式。美国采用的是 ITC（Investment Tax Credit），即投资税收抵免政策，给予新建的光伏设备税收抵免额度。

表7.6 海外光伏定价政策对比

制度	类型	发电定价	代表国家
电价类	固定电价补贴	发电收入=政府设定的固定义务收购电价（运营商支付，上网电价高于标杆电价的部分通常由政府支付）	德国、丹麦、日本
	溢价补贴	发电收入=政府设定的基准市场电价（运营商支付）+溢价补贴（政府支付）	德国、荷兰
	净电量结算	发电收入=出售全额或超出自用部分的上网电量×零售折后电价或现货批发电价（运营商支付）	比利时、西班牙、葡萄牙、意大利
	无补贴/市场化电价	发电收入=竞标锁定电价（运营商支付）	德国、美国、印度、韩国
电量类	配额制+绿证	发电收入=市场电价（运营商支付）+绿证价格（绿证购买方支付）	美国、印度、韩国、澳大利亚
成本类	成本补贴、投资税减免	成本端享受补贴支持、税收减免	美国、印度

资料来源：《可再生能源配额的机制设计与影响分析》，泽平宏观。

美国方面，早在1978年，《公共事业管制政策法案》（PURPA）就规范了市场化定价及浮动制度购买新能源电力的机制。20世纪90年代后，美国开始在PPA的基础上实施RPS，但各州具有自主裁定权；截至2021年底，已有32个州引进该机制。2006年，美国联邦投资税收抵免政策首次将大型及户用光伏发电设备纳入税收补贴范畴。

德国方面，2014年之前采取的是全面FIT模式。2014—2016年逐步切换至FIP与FIT并行，分别适用于100kW以上与100kW以下发电规模。从2017年开始，德国以750kW为分界点，往上实行PPA

市场化招标，100~750kW 继续实行 FIP 溢价补贴，100kW 以下小型分布式保持 FIT 固定标杆电价。

日本方面，2012 年之前采用 RPS 和剩余电力收购制度。从 2012 年 7 月起，全面采取 FIT 模式，并在 2016 年引入竞标机制。从 2020 年 2 月起至今，日本按照光伏发电建设规模实行新政策，大型发电站采用 FIP 模式，小型分布式采用 FIT 模式。

印度方面，从 2003 年起一直实行 RPS，并在 2011 年推出 REC 作为补充。2010 年，"尼赫鲁国家太阳能计划"（JNNSM）开始实施，自此开启了 PPA 市场化招标时代，并持续至今。2013 年，印度推出 VGF，部分用于支持光伏产业发展。

综合主要光伏大国的电价机制发展来看，市场化定价是主流趋势。位于行业前列的美国和印度已全面采纳市场化定价机制多年。德国选择分级执行，2015 年后大规模的电站上网实行市场化招标。进程较缓的日本也引入竞价机制，未来或进一步推进电价市场化。

第三节　光伏产业链：上游看原料，中游看技术，下游光储结合

光伏产业将半导体技术与新能源需求相结合，其产业链上下游涉及广泛，内涵丰富（见图 7.8）。

光伏上游包括多晶硅料、单晶硅棒、多晶硅锭、单晶硅片、多晶硅片等原材料的生产环节，中游包括单晶电池、多晶电池、薄膜光伏组件、晶硅组件等制造环节，下游包括逆变器和光伏发电系统等光伏电池运用及电站运营环节。此外，还涉及光伏玻璃、光伏支架、光伏

胶膜等辅材环节。

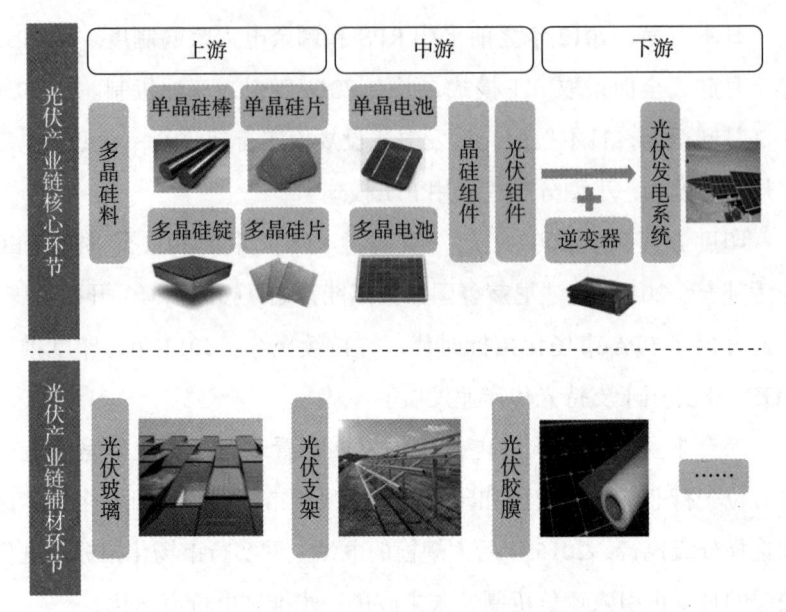

图 7.8 光伏产业链上下游涉及多行业、多领域

资料来源：公开资料，中国光伏行业协会，泽平宏观。

一、上游：价格问题是核心

在光伏产业链上游部分，有"黑金"之称的高纯多晶硅（硅料）是基础原材料，多晶硅经过熔化铸锭或者拉晶切片后，可分别做成多晶硅片和单晶硅片，进而用于制造光伏电池。

近年来，随着光伏产业链下游应用企业不断扩大生产，上游的硅料产品价格持续走高。推动上游多晶硅料形成市场机制和有序健康发展是光伏产业的重点内容之一。

如图 7.9 所示，自 2020 年以来，光伏级多晶硅价格涨势凶猛，从不到 7.2 美元/千克一路攀升至 2022 年 8 月的 38 美元/千克，涨幅超 5 倍。受硅料价格攀升的影响，叠加光伏需求超过预期，全产业链价格持续上涨。此时，中下游光伏企业必然会面临更大的投资建设和运营压力。同时，行业集中度持续增加，我国硅料行业前四位集中度超 60%，上游龙头企业在效益提升后转向中下游布局，切入电池片环节，促进产业链重构，未来市场地位将进一步提升。2022 年底，硅料产能扩张效果开始显现，供需错配得到修复，硅料价格逐渐回归中性。后续光伏产业发展，也需要重点关注产业链上游硅料的生产，加速制硅、提纯等技术突破，解决硅料短缺问题。

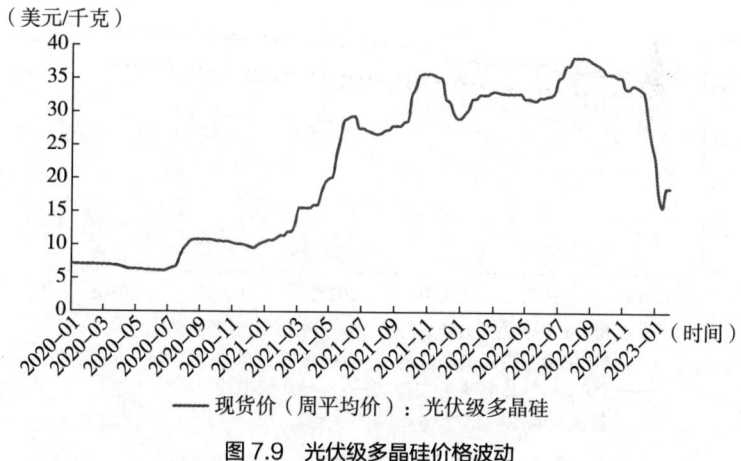

图 7.9 光伏级多晶硅价格波动

资料来源：Solarzoom（光伏太阳能网），泽平宏观。

二、中游：追求更高性价比的电池技术

在中游，单晶硅太阳能电池广泛运用于地面设施当中，是当前开发最成熟的一种太阳能电池。这种太阳能电池以高纯的单晶硅棒为原料，纯度要求达 99.999%，同时其光电转换效率为 15%~24%，是光电转化率较高的电池类型（见图 7.10）。但高纯度也导致其制作成本

较高，因此它还不能被广泛使用。

相对而言，多晶硅太阳能电池的制作成本比单晶硅太阳能电池低，得到了较大发展。但多晶硅太阳能电池的使用寿命要比单晶硅太阳能电池短，光电转换效率也相对降低不少。

光伏产业链中游要重点发展和挖掘具备更高性价比的电池技术，期待低成本和高转化率电池的诞生。

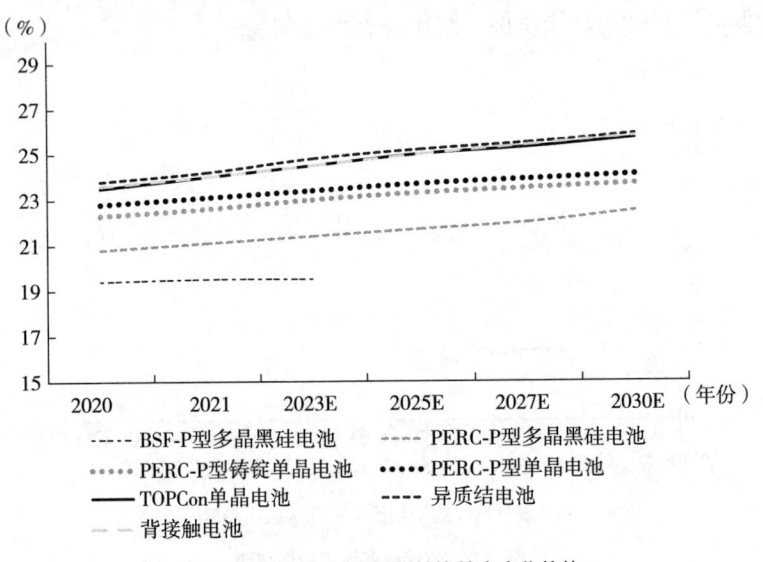

图 7.10　各电池技术平均转换效率变化趋势

资料来源：中国光伏行业协会，泽平宏观。

注：背接触 N 型单晶电池目前处于中试阶段，以上数据均只计正面效率。

三、下游：关注光伏逆变器、分布式电站新模式

光伏产业链下游建设，一是重点关注逆变器环节，光伏逆变器是光伏发电系统的"心脏"，是光伏电站最重要的核心部件。"并网逆变器"能将光伏组件产生的直流电转化为交流电，进行并网或供给家庭使

用；而"储能逆变器"则带有蓄电池，具备了储能功能。在未来"光伏＋储能"的大趋势下，光伏需重点关注储能逆变器的需求提升问题。

二是重点统筹集中式和分布式光伏建设。当前能源供给紧张，能源互用成为大趋势，分布式光伏需求强劲，装机潜力将进一步释放。除此之外，分布式光伏建设成本较低，在组件价格不断攀升的背景下，可有效提升下游工商企业装机意愿，帮助用电用户对冲高昂能源成本，提高大众对可再生能源的接受程度；并且安装地点灵活，有助于解决集中式光伏建设征地难的问题，还可缓解地域电网发展不平衡难题，推动我国东西部与城乡电网均衡发展，提高能源效率，加快实现碳中和。

2016—2021年我国分布式光伏发电复合增长率达60.45%，远高于国内光伏行业整体增速。其中，2021年国内新增分布式光伏装机29.28GW，占新增光伏装机的53.35%，近年来分布式光伏装机规模首次超过集中式光伏装机规模。2022年5月，国务院提出在有条件的地区推动屋顶分布式光伏发电。2022年新增新能源并网20GW以上的地区，例如山东、内蒙古、河北、甘肃、青海、广东等，纷纷提出大力发展分布式光伏。政策与市场并驱推进分布式光伏建设，未来集中式与分布式光伏结合的发电趋势明显。

第四节　光伏技术：硅片、电池、逆变器

一、光伏硅片技术：大型化、单晶化、薄片化

光伏硅片尺寸大型化是一大重要发展趋势。市场上硅片按照尺寸大小，直径从短到长一共包括八种型号，分别是M0、M1、M2、M4、

G1、M6、M10、G12，其边距依次为156mm（毫米）、156.75mm、156.75mm、161.7mm、158.75mm、166mm、182mm、210mm。

从历史发展阶段看，2012年前，中国硅片产业处在为外国代工阶段，使用的硅片主要为M0级；2012—2018年，中国光伏产业遭欧美"双反"，但国内光伏发电需求的增加支撑了光伏产业的发展，这一阶段各大厂商开始转向156.75mm的M1、M2级硅片；2018年后，国内光伏产业逐渐成熟，上游的硅片制造业迅猛发展，G1、M6、M10、G12等硅片型号开始大规模使用。从技术和成本控制看，硅片尺寸增大，能降低度电成本与切片次数，稀释电池中的非硅成本，进而减少硅片的制造费用，符合光伏行业降费提效的发展趋势。根据预测，160~166mm硅片的市场份额在近两年逐渐下降，182mm与210mm硅片逐步成为市场主流（见图7.11）。

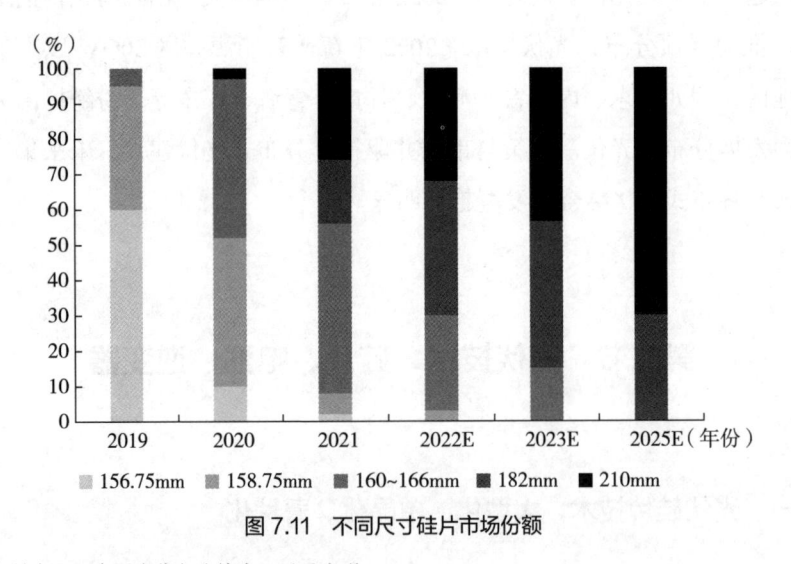

图7.11 不同尺寸硅片市场份额

资料来源：中国光伏行业协会，泽平宏观。

当前，单晶硅片为市场主流（见图7.12）。2021年单晶硅片市场占比达到了94.5%，在市场中处于绝对领先地位。随着硅片制造产业的成熟，硅片造价不断下降，行业的焦点转向效率。就效率而言，单晶多层片的能量转换效率一直高于多晶电池片，未来单晶硅片市场份额，尤其是具备更高转换效率极限值的N型单晶类市场份额将占据主导地位（见表7.7）。

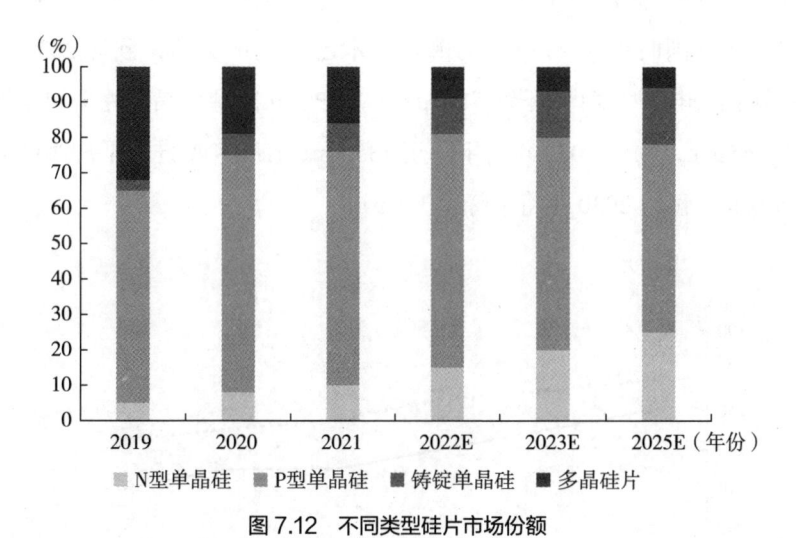

图7.12 不同类型硅片市场份额

资料来源：中国光伏行业协会，泽平宏观。

表7.7 2021—2030年各种电池技术平均转换效率变化趋势

分类		2021年	2022年	2023年	2025年	2027年	2030年
P型多晶	BSF-P型多晶黑硅电池	19.5%	19.5%	19.7%	—	—	—
	PERC-P型多晶黑硅电池	21.0%	21.1%	21.3%	21.5%	21.7%	21.9%
	PERC-P型铸锭单晶电池	22.4%	22.6%	22.8%	23.0%	23.3%	23.6%
P型单晶	PERC-P型单晶电池	23.1%	23.3%	23.5%	23.7%	23.9%	24.1%
N型单晶	TOPCon单晶电池	24.0%	24.3%	24.6%	24.9%	25.2%	25.6%
	HJT异质结电池	24.2%	24.6%	25.0%	25.3%	25.6%	26.0%
	IBC电池	24.1%	24.5%	24.8%	25.3%	25.7%	26.2%

资料来源：中国光伏行业协会，泽平宏观。

同时，硅片薄化趋势也在加速。薄硅片有利于降低硅材损耗，降低单硅片耗硅量。现在市场上的硅片主要包括多晶硅片和单晶硅片，其中单晶硅片分为P型、N型路线。

如图7.13所示，2021年，多晶硅片平均厚度为178μm（微米），因市场对其需求逐渐减弱，所以其厚度改进动力较弱，预计厚度在2030年将保持在170μm以上。2021年P型单晶硅片平均厚度为170μm，同时150~160μm的薄片技术已经趋于成熟，预计2030年P型单晶硅片厚度将下降至140μm。TOPCon-N型单晶硅片平均厚度为165μm，预计2030年将下降至135μm；HJT-N型硅片平均厚度为150μm，预计2030年将下降至110μm。

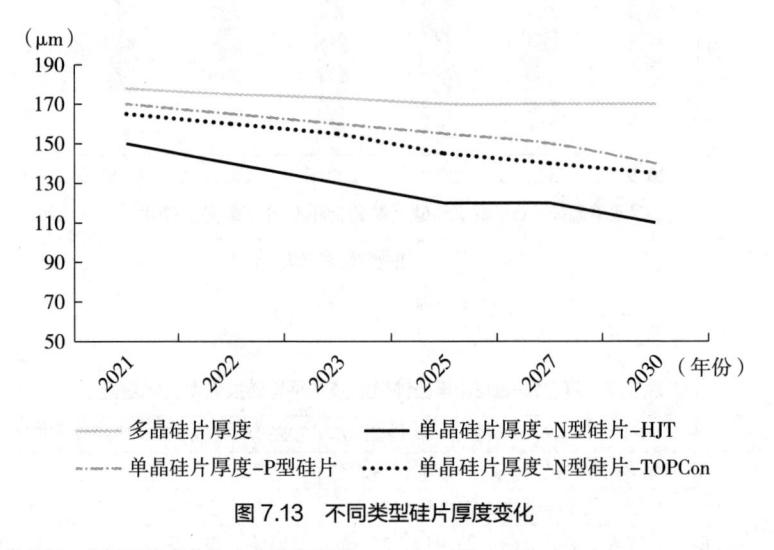

图7.13 不同类型硅片厚度变化

资料来源：中国光伏行业协会，泽平宏观。

当然，硅片在不断薄化的同时也可能影响切片良率，相关的加工技术能否突破也是决定硅片薄化速度的重要因素。

二、光伏电池技术：百花齐放，迭代成熟

光伏电池技术原理，即光生伏特效应，光照使半导体材料的不同部位之间产生电位差，形成电压，进而形成电流的回路。这是太阳光能转换为电能的光伏发电技术基础，将光子转化为电子，将光能量转化为电能量。

光伏电池技术分类见表 7.8。其具体工作过程分为四个部分：一是光子照射到电池表面后被吸收，产生电子空穴对；二是内建电场分离电子空穴对，在 PN 结两端产生电势；三是导线连接 PN 结，形成电流；四是在太阳能电池两端连接负载，将光能转换成电能。

表 7.8 光伏电池技术分类

按电池材料	按晶体类型	按电池结构	按掺杂材料
晶硅电池、钙钛矿电池	多晶电池、单晶电池	PERC、TOPCon、HJT、IBC	P 型、N 型

资料来源：公开资料，泽平宏观。

在此过程中，考察光伏系统的核心指标是"光电转换效率"：在工作温度（25 ± 2）℃，光照强度为 $1\,000W/m^2$（瓦/平方米）的标准条件下，光伏系统"输出电功率"与"入射光功率"之比，即太阳光入射功率转换为光伏电池最大峰值功率的比例。而光伏发电的"光电转换效率"主要被两大因素影响：一是光学损失率，二是电学损失率。

其中，光学损失主要是由"光浪费"造成的，解决光学损失要从以下方面入手，主要包括：减少光谱损失，如能量小于或大于半导体的禁带宽度而导致光子未被吸收；减少玻璃组件或电池板的正反两面发生反射折射的概率；降低表面遮光、电极和栅线的阻隔等。电学损失主要是由复合损失造成的，而解决复合损失主要是解决材料本身的

内部缺陷以及杂质等问题。主要可以通过改变光伏电池的结构，减少复合损失，从而提高光电转化效率的实现。

光伏产业电池技术的发展历经多个阶段。而未来电池技术迭代发展的关键，也是从提高光电转换效率，降低光学和电学损失率入手。

2005—2018年，BSF电池，即铝背场电池，是较为主流的第一代光伏电池技术。铝背场电池的制造是在晶硅光伏电池P-N结制备完成后，通过掺硼或淀积铝层烧结的方法，在硅片的背光面沉积一层铝膜，制备形成高掺杂浓度的P+层，从而形成铝背场。但是，其背表面的全金属复合较高，导致光电损失较多，在光电转换效率方面具有先天的局限性，2017—2018年，铝背场电池技术市占率逐渐走低，现阶段已经面临淘汰。

如图7.14所示，从2016年至今，第二代的单晶P型PERC、PERC+电池市占率逐步走高，成为市场具备经济性的主流产品。PERC即钝化发射极和背面电池，PERC背面有一个额外的层，其主要作用有两点：一是可以捕获更多的阳光并将其转化为电能，因此更高效；二是能够减轻背面复合，并防止较长波长的热量变成会损害电池性能的热量。

2019年，PERC首次超越BSF技术成为最主流的光伏电池技术；2016—2021年，PERC电池渗透率从10%提升至90%左右。从理论和实践发展看，目前PERC电池的光电转换效率已达23%~23.2%，逐步逼近理论转换效率极限24.5%，开发下一代具备更高转换效率极限的电池技术是大势所趋（见图7.15）。

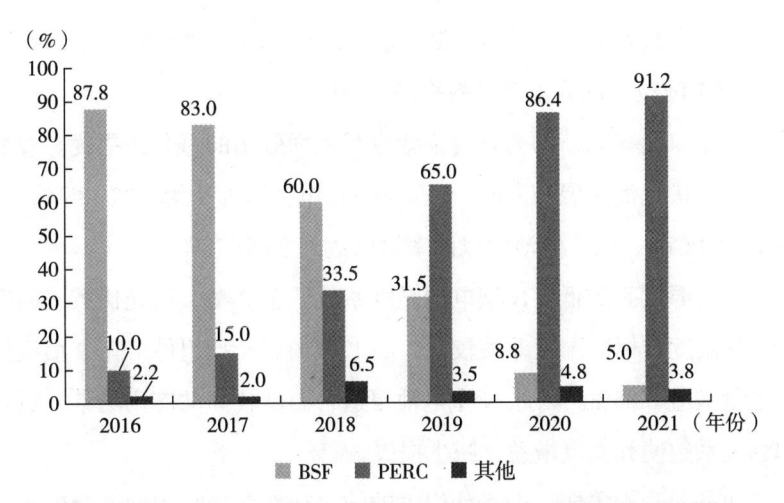

图 7.14　2016—2021 年不同技术路线电池渗透率，N 型电池技术崭露头角

资料来源：Wind，泽平宏观。

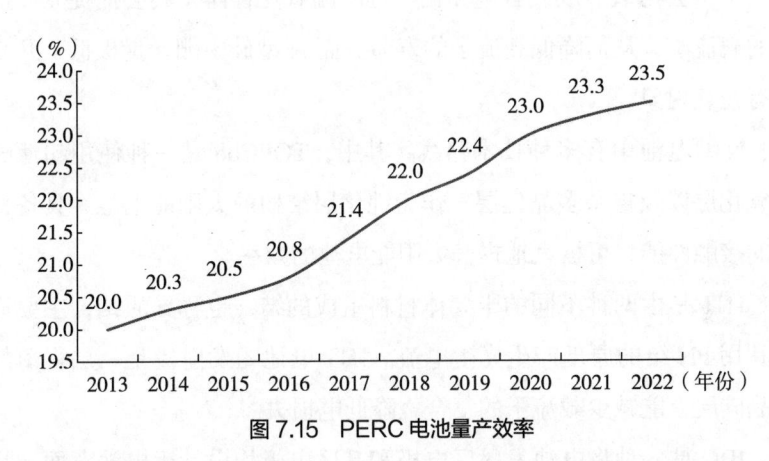

图 7.15　PERC 电池量产效率

资料来源：公开资料，泽平宏观。

未来以 TOPCon、HJT、IBC 为代表的 N 型电池技术将逐渐成为行业下一代高效晶硅电池主流发展方向。相比传统的 P 型电池，N 型电池具有转换效率高、双面率高、温度系数低、无光衰、弱光效应好等优点，是未来的主流电池技术路线之一。

一是转换效率更高。目前 P 型电池的理论转化效率极限为 24.5%，而 N 型电池技术的光电转换效率理论极限为 28.7%。

二是双面率高，即光伏背面效率与正面效率的百分比更优。双面发电是光伏电池发展的方向，P 型 PERC 电池双面率为 75%~85%，而 N 型 TOPCon、HJT 电池的双面率可以达到 85%~95%。

三是温度系数低。N 型电池温度系数低于 P 型，当光伏系统的实际工作温度与标准温度差值较大，如 17℃时，N 型组件可比 P 型组件发电量增益 0.85%。因此 N 型电池更适合温度较高的应用场景，更好的温度系数使其发电增益，减少损失。

四是光衰现象弱，即光伏组件的输出功率在最初和后续全生命流程的使用过程中相对保持稳定。P 型硅片掺杂的硼元素在光照或电流注入下，会与氧形成没有饱和化学键的硼氧复合体，其会捕捉光照产生的载流子，从而降低载流子的寿命。而 N 型硅中硼含量极低，几乎没有光衰现象。

N 型电池中有多种技术路线，其中，TOPCon 是一种使用超薄隧穿氧化层以及掺杂多晶硅层，作为钝化层结构的太阳能电池，具备良好的接触性能，可极大地提升太阳能电池的效率。

HJT 是由两种不同的半导体材料组成的结，也称异质结，主要通过利用 PN 结的原理产生光生电流。HJT 电池的发射极是一层很薄的非晶硅层，能减少载流子的复合，降低电损失。

IBC 是一种将电池发射区电极和基区电极均设计于电池背面，且以交叉形式排布的太阳能电池，也称交叉背接触电池。其前表面可彻底避免金属栅线电极的遮挡，减少光损失；同时背部采用优化的金属栅线电极，以降低串联电阻，减少电损失。

除此之外，IBC 也可叠加其他电池新技术，与 TOPCon 电池叠加为 TBC 电池，与 HJT 电池叠加为 HBC 电池，与 P 型 PERC 电池叠加为PBC电池，效果提升得非常明显。

硅的半导体特性与太阳光谱吻合，一直是光伏使用的主要半导体材料，但是光伏渗透率的快速攀升也激化了上游硅料涨价的行业矛盾。未来多元化光伏电池材料是大势所趋，类似钙钛矿等与硅具有相似特性的技术路线将逐渐成熟。

钙钛矿电池利用钙钛矿型有机金属卤化物半导体作为吸光材料，属于第三代太阳能电池，是一种全新的技术路线。与晶硅电池相比，钙钛矿电池成本与效率优势明显。

从理论效率极值看，钙钛矿电池单层电池可达31%，超过晶体硅太阳能电池的理论极限。

从制造效率看，钙钛矿对杂质的敏感度较晶硅低，通常纯度为90%左右的钙钛矿便可投入制造效率超20%的电池，而晶硅纯度必须达99.999 9%以上才能用于制造；钙钛矿组件生产流程只需45分钟，较晶硅的3天用时明显缩短。

从投资成本看，1GW钙钛矿电池投资强度仅为晶硅的一半，产业链明显短于晶硅电池，因此可大幅降低物流等成本。

从使用场景看，钙钛矿作为一种高柔性的薄膜电池，结构轻便，易于安装，可被使用在晶硅电池无法触达的场景，更适合大规模推广。未来再通过钙钛矿电池结合叠层技术，可制成钙钛矿、钙钛矿叠层太阳能电池。双层理论极限光电转换效率可达到45%，三层可达到49%。

从2009年第一块钙钛矿电池转化率仅达3.8%，到现在技术逐步成熟，最新转化率已经超过25%（见图7.16），钙钛矿电池正在全面追赶晶硅电池。预估实现大规模产业化还需3~5年。从应用来看，钙钛矿电池与光伏建筑一体化（BIPV）市场有天然适配优势，有望在此领域率先开启市场应用。

图7.16 钙钛矿电池量产效率

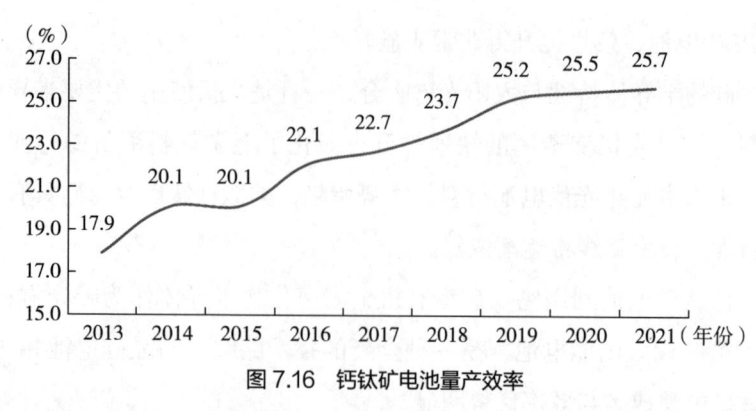

资料来源：公开资料，泽平宏观。

三、光伏逆变器技术：光伏系统的"心脏"和"大脑"

光伏逆变器可以称为光伏系统的"心脏"和"大脑"。未来，随着光伏发电渗透率进一步提升，其对光伏并网的适应性要求也会相应地提高，对于逆变器的需求会逐步升级：从开始的提升并网电力质量，到适应电网、减少电网故障，再到快速响应电网调度需求、支撑电网整体稳定运行。进一步发展光伏逆变器技术，成为发展光伏的核心关键点之一。

光伏逆变器的"心脏"功能体现在，光伏逆变器连接了光伏系统与电网，实现了将光伏电池输出的直流电转换为频率可调节的交流电，使之适用于生产生活。光伏逆变器通过IGBT、MOSFET（金属氧化物半导体场效应管）等电力电子开关器件的高频率开合，实现了这一流程功能，使输出的交流电满足了并网的电能质量要求。

光伏逆变器的"大脑"功能体现在它是智能化设备，通过信息采集、电站监控、人工交互等功能，负责整个光伏系统的智能化控制。逆变器需要匹配较高的软硬件设计制造水平，以及相应的算法机制，以最大限度地实现其数字化功能。

逆变器的最大功率点跟踪（MPPT）功能，是光伏发电系统的核心技术之一。根据不同环境温度、不同光照强度等特性，调节光伏阵列的输出功率，使光伏阵列始终输出最大功率。因此，可以最大限度地发挥光伏电池板的发电能力，提升系统发电效率。

逆变器还对系统状态进行监控、提供故障保护，对系统实现"防孤岛效应"保护、零电压或低电压穿越。"孤岛效应"是指在电网失压或断开的情况下，发电设备仍作为孤立电源对负载供电，形成供电孤岛，存在巨大的安全隐患。而光伏系统核心的光伏逆变器，通过最大功率点跟踪控制、自动运行和停机、被动或主动式电网断电的检测以及其他并网系统所需的一系列功能等发挥效应，实现"防孤岛效应"保护。

光伏逆变器有多种技术形式：集中式逆变器、组串式逆变器和微型逆变器。

集中式逆变器，常见于光照均匀的集中型地面大型光伏电站。其特点为：一是功率相对较大，先汇流，再逆变（见图7.17），将组件直流电汇总成较大直流功率后再逆变，单体容量超500kW；二是技术成熟、系统集成度高、成本相对低。但是其最大功率点跟踪精度不够，在云雨天气或单个组串故障时，会影响整个光伏电站电产能效率，且需要具备通风散热的专用机房。

组串式逆变器，规模小，常见于分布式发电，包括户用、中小型工商业屋顶、中小型地面电站等，在集中式光伏发电中也有应用。其特点为：一是功率相对集中式较小，单体功率一般在100kW以下，也有部分136kW、175kW以上的较大功率产品；二是模块化，先逆变，再汇流（见图7.18），先对几组光伏组串进行单独的最大功率点跟踪、逆变成交流电，再汇流升压和并网；三是适配场景丰富，便于安装、配置灵活、快捷运维；四是最大功率点跟踪精度高。但是其成本价格略高于集中式逆变器。

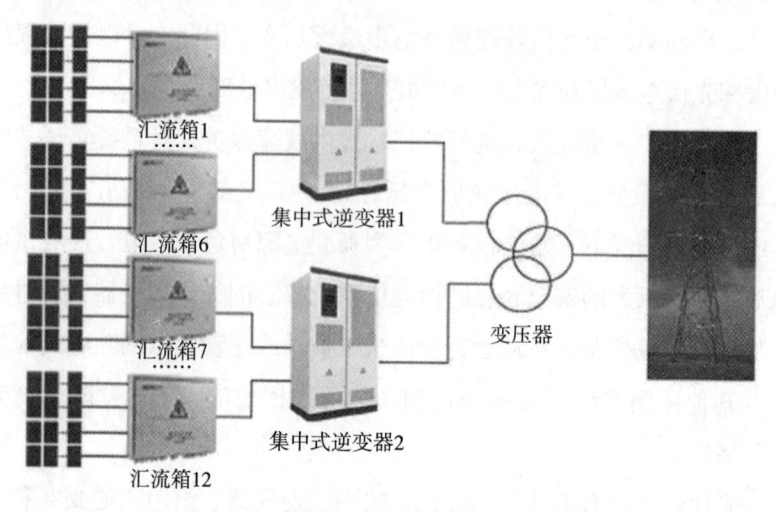

图 7.17 集中式逆变器原理：先汇流，再逆变

资料来源：公开资料，泽平宏观。

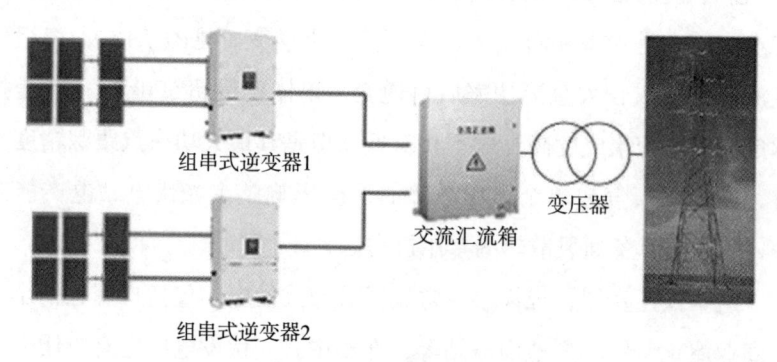

图 7.18 组串式逆变器原理：先逆变，再汇流

资料来源：公开资料，泽平宏观。

微型逆变器常见于户用、小型分布式场景。其特点为：一是对每个组件进行单独的最大功率点跟踪，不汇流，直接逆变并入交流电网（见图 7.19）；二是体积小、单体容量有限，一般在 1kW 以下；

三是可以对组件进行独立最大功率点跟踪，这样可以在组件性能差异情况下，降低安全隐患，保障整体效率。但其初始投资的单瓦价格成本相对高。

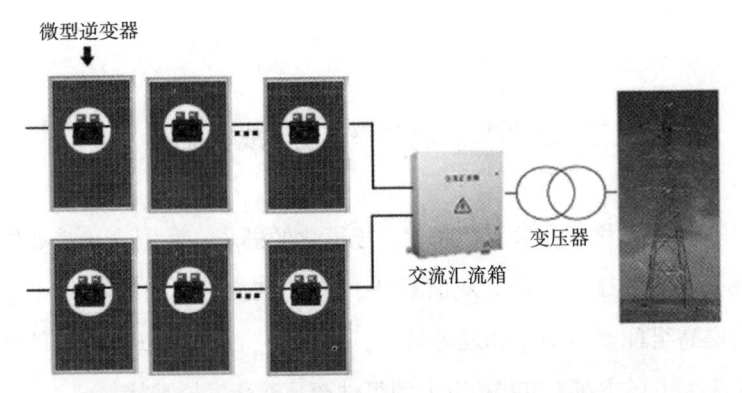

图 7.19 微型逆变器原理：不汇流，直接逆变并入交流电网

资料来源：公开资料，泽平宏观。

从安全性、成本以及系统效率三个方面综合考虑，微型逆变器更适用于分布式光伏应用场景下的户用光伏设施。

一是微型逆变器系统总体效率更高，发电量更大，可以在组件级实现最大功率点跟踪，对各模块的输出功率进行优化，整体输出功率最大化。

二是安全性高，解决高压危险问题。微型逆变器低电压、组件级关断，安全性更好。

三是虽然初始投资成本较高，但精细化控制使其后期维护成本低，综合成本更佳。在海外，由于安全性政策要求，微型逆变器正逐步成为分布式市场的主流选择。

第五节 光伏的未来：电力市场化、分布式、光储＋虚拟电厂

一、光伏产业链：大规模、高效率，度电成本下降

随着光伏发电技术和产业化、规模化的进步，我国光伏产业链中各环节的成本逐年下降。双面双玻、HJT、TOPCon 等 N 型技术应用不断提高组件整体功率和发电效率，2022 年，600W 以上的组件产品逐渐成为市场主流，700W 以上的组件产品逐渐发展迭代。

光伏组件逐渐呈现"高功率、高效率、高可靠、高发电"特征。一是将促使光伏电站投资成本下降，二是度电成本下降，三是电站使用周期更长，全生命周期的发电总量增加，未来光伏度电成本逐步逼近或倒挂燃煤发电成本。

2019 年，全国光伏的年均利用小时数为 1 169 小时，光伏电站建设成本平均 4.5 元 / 瓦，度电成本约为 0.44 元；2020 年底，全国光伏平均利用小时数为 1 160 小时，光伏电站建设成本平均 3.5 元 / 瓦，度电成本为 0.36 元；2021 年底，全国光伏的年均利用小时数为 1 163 小时，光伏电站建设成本平均 3.0 元 / 瓦，度电成本为 0.334 3 元。2022 年，我国光伏发电成本下降至约 0.3 元 / 度。

二、光伏电力市场：平价交易与市场竞价结合

我国光伏电力市场的发展趋势，或将参考燃煤电力市场发展，以

平价中长期交易为主，市场化竞价交易为补充（见图7.20）。

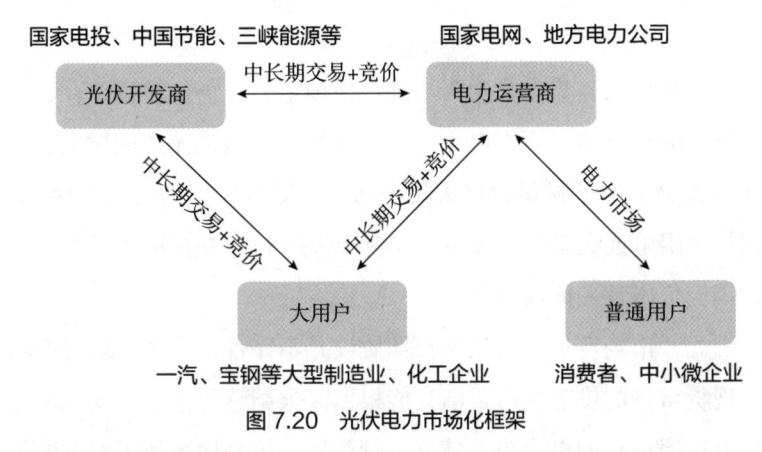

```
国家电投、中国节能、三峡能源等          国家电网、地方电力公司
        ┌─────────┐   中长期交易+竞价   ┌─────────┐
        │ 光伏开发商 │ ←──────────────→ │ 电力运营商 │
        └─────────┘                    └─────────┘
             ↖         中长期交易+竞价        ↗  ↓ 电
              ↖                            ↗    力
          中长期                          ↗      市
          交易+                          ↗       场
          竞价                          ↗        ↓
                    ┌─────────┐            ┌─────────┐
                    │  大用户  │            │ 普通用户 │
                    └─────────┘            └─────────┘
        一汽、宝钢等大型制造业、化工企业      消费者、中小微企业
```

图 7.20 光伏电力市场化框架

资料来源：公开资料，泽平宏观。

平价中长期交易是指，交易模式遵循市场化的双边协商，但是定价模式遵循政策规定的"平价上网"，即按照当地的燃煤发电基准价格上网。燃煤发电的定价是"基准价+上下浮动不超过20%"的市场化机制。光伏定价向燃煤发电看齐，间接考虑了不同地区的电力价格浮动情况。政府基准价使长期价格稳定得到保障，下游的居民和企业用电得到了保护。浮动空间也有助于发电方和电网应对市场供需变化，即时反映和管理电力成本。

市场化竞价交易=PPA（长期购电协议）+现货市场。海外的PPA模式和现货市场完全遵循市场定价。我国的中长期电力交易并非完全市场化，但PPA机制和现货市场仍是有积极作用的市场补充。

PPA协议的优势在于，对光伏开发商而言，能长期锁定价格，给发电方带来持续、稳定、可预测的现金流，这意味着能更容易获得银行贷款审批，从而促进新建光伏项目的融资。锁定电价能更好地应对下游电力市场的价格波动。对购电方而言，不论是电力运营商还是用电大户，都能从长期协议中受益，不仅能在电价波动的电力市场中对冲价格风险，也可以获得稳定、持续的供电来源，提高光伏供能比例。

PPA协议的劣势也是因为长期价格锁定，市场价格调整存在滞后性。虽然能充分应对下游电力市场价格波动，但是无法应对上游价格变化。如果上游原材料价格大幅上涨，会导致发电商无法即时调整，出现拉闸限电或大幅亏损等情况。对于包括PPA在内的中长期协议而言，锁定价格是一把双刃剑。

因此，市场竞价交易仅有长期协议并不完善，还需要现货市场补充。现货市场的供需反应灵活，能根据需求调整价格，协助发电方和购电方按照自身的电力出入情况进行交易，较好地平衡了双方的价格风险。但缺点是现货交易的短期波动较大，有出现投机的可能，并且本质上价格波动是由最终用户承担的。

三、光伏建设：因地制宜，分布式光伏是大势所趋

集中式光伏项目占地范围较大，且涉及土地类型复杂，用地目的多样。实际用地一般包括光伏方阵用地、变电站及运行管理用地、集电线路用地、场内道路四大部分。光伏项目对于土地的需求在增长，但是用地成本高、用地政策在收紧。

用地成本方面，2022年中西部地区光伏电站土地租赁费用为每年每亩200~300元，但山东、江苏及河北部分地区已经达到每年每亩700~800元，浙江等地的光伏竞价项目的土地租金飙升至每年每亩2 500元。总体来看，集中式光伏电站项目中建设用地费用成本约占系统成本的3.5%。

用地供给方面，2021年11月，山东省自然资源厅发布的《关于

对光伏项目用地进行核查的通知》，要求核查光伏项目土地使用情况，并且从发布当日起停止光伏项目用地占用耕地的备案工作。水利部印发的《水利部关于加强河湖水域岸线空间管控的指导意见》，要求光伏电站、风力发电等项目不得在河道、湖泊、水库内建设。另外，林地、草地、永久基本农田等特殊区域均受特殊保护。

展望未来，光伏发电须以分布式、互补式、复合型以及荒漠等未开发用地集中式光伏发电为主。一是分布式光伏与建筑设施结合，发电无须新增供地。二是发展复合型或互补式发电如"农光互补""林光互补""牧光互补""渔光互补"光伏项目，出台支持光伏复合项目建设的税收优惠政策，明确光伏复合项目中光伏阵列的耕地占用税、土地使用税减免等。三是因地制宜，利用沙漠、戈壁、荒漠等人类无法利用的土地资源发展集中式光伏项目，但目前需克服各种成本、技术问题，发展储能、特高压等相关新型基础设施。

四、光储 + 虚拟电厂：解决光伏"不可控、不可调"的属性问题

光伏发电易受天气影响，发电和用电曲线不完全吻合。仅依靠光伏系统供电相对不稳定，光伏利用率仍存在提升空间。根据国际能源署报告，在可再生能源发电的不同配置阶段，电网消纳间歇性可再生能源电力能力不同。第一阶段，可再生能源占比低于3%，电力需求本身的波动超过了可再生电源供应的波动幅度，所以可再生能源对于电网的运行没有明显影响。第二阶段，可再生能源占比为3%~15%，对于电网已经有明显影响，但是可以通过加强电网管理的方式来解决，相对容易。第三阶段，可再生能源占比为15%~25%，需要引入需求侧管理与储能技术的应用。第四阶段，可再生能源占比为25%~50%，在某些时刻可再生能源可满足100%的电力需求，电网稳定性面临

挑战。

未来，无论是集中式还是分布式光伏，都需要与储能相结合，实现灵活调节，保障新能源电力的可靠稳定供应。总之，光储一体化的价值和需求将不断提高。

与光伏配套的储能设备能够有效减缓发电侧波动性。在用电高峰时释放电力，补充电力缺口；在用电低谷时储存电力，减少电力浪费，实现"削峰平谷"。同时，光储一体能够提高整个电网的效率。在电网侧储能可用于调峰、调频、备用等，保障电网稳定运行，增强复原能力。

自 2022 年以来，山东、四川等地陆续提出了更高标准的光伏配储要求。例如在山东枣庄，配储规模要求相对较高，需要为光伏装机容量的 15%~30% 建设储能，且储能时长需达 2~4 小时。

虚拟电厂是光储系统建设的后面环节，能够把分散可调光伏电源和用电负荷汇聚起来。通过数字化手段来做统一管理和调度，能够同时调节光伏发电、储能、用电三侧资源。类似于能源 SaaS 系统，通过其算法能力，平衡发电和用电时的实时需求。目前该类"虚拟电厂 + 光储项目"的案例有特斯拉 Powerwall 推出的基于分布式能源存储系统的虚拟发电厂系统、星星充电公司的家庭光伏储能和电能管理、V2G 新能源汽车与电网能量互动、不同家庭之间的电能互动，这些都是基于未来光储一体化后的能源数字化"新玩法"。

第八章

新能源风电：
走向世界，走向深远海

我国风力发电优势特征明显：依托丰富的陆风资源和政策支持，多年来我国陆上风电发展势头良好。同时，海风稳定性更强、利用率更高，可以在我国东部地区就近消纳，海上风电成为必然选择，由于近海开发资源有限且生态约束强，深远海风电建设是发展的重点。未来，海上风电能协同多产业共同发展，有望形成万亿级的海洋高端装备制造产业集群。

我国风电产业链完备，国产化率高，多种技术路线蓬勃发展。风电产业上游为原材料及零部件制造，专业性强，供应商技术成熟，大部分零部件实现国产化。产业中游为风机制造和总装，行业集中度较高，具备一定议价能力。产业下游为风电场开发与投资运营，央企与省属企业规模较大。

补贴时代结束，风电平价上网加速到来，须持续降本增效。在经历补贴结束和多轮抢装潮之后，未来的风电行业可能打破原有的周期性，由政策驱动转变为市场驱动，平稳进入平价发展时代：陆风平价先行，海风平价已在进程中。风机大型化、发电智能化、材料轻型化，都是实现持续降本增效的路径。

多年来，在政策的有力引导下，中国风电产业得到了高质量发展，如今已实现国产化，开启了平价快速发展时期。陆上风电发展向好，海上风电迎来春天。未来可通过大力发展"储能＋风电"，化解风力不稳定难题，进一步平稳运输利用电力。风电产业陆海共振，进入市场化驱动时代。陆上风电，聚焦分散式风电建设、老旧风电场升级改造。海上风电，聚焦持续降本，走向深远海。*

---

* 本章作者：任泽平、王一渌、廖世祺。

第一节　风力是优质绿色能源，我国引领全球风电发展

能源种类众多，按照产生方式分类，可分为一次能源和二次能源。按照再生能力分类，可分为可再生能源、不可再生能源。可再生能源包括太阳能、水能、风能、潮汐能、地热能等。这些能源是相对清洁、绿色、低碳的能源，在自然界可以自主循环再生。不可再生能源包括煤、原油、天然气、核能等，这些能源在自然界中的形成需要漫长的过程，储量随着使用越来越少，终将迎来枯竭的一天。因此，着力发展、利用可再生能源是人类文明延续的客观需要。

一、全球可再生能源发展迅速，风能保持稳定

近年来，在全球"碳中和、碳达峰"的目标之下，全球可再生能源消费、装机量大幅增长（见图8.1）。过去10年，全球可再生能源消费年平均增速为12.6%，是全球唯一一种在过去10年中以两位数增长的能源。全球可再生能源装机容量占总电源装机容量的38.3%。全球新增可再生能源装机容量之中，中国是最大的可再生能源装机容量新增贡献国，占比约为50%。

世界的可再生能源发展之路已"不可逆转"，全球能源绿色低碳转型的大趋势不会改变，应对气候变化已经成为全球各国的普遍共识。但是近年受新冠肺炎疫情、俄乌冲突的影响，全球能源市场受到

了巨大冲击,从而进一步助推全球能源转型。不知不觉间,新能源发展已然成了各国竞相角逐、争相投入的重点,是新一轮能源技术革命和产业革命的主要战场。

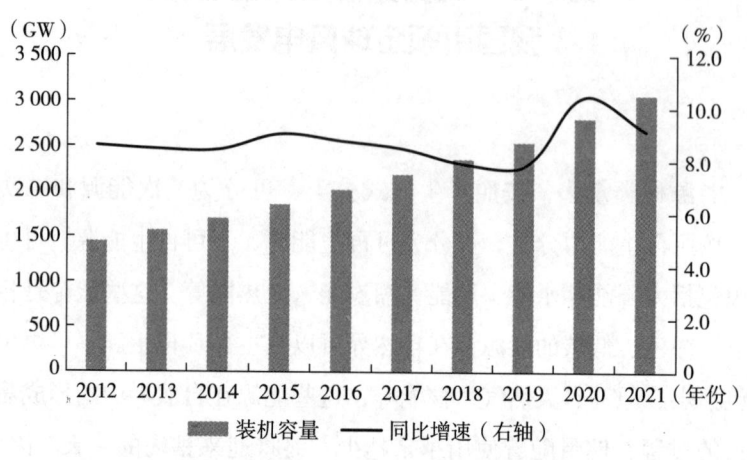

图 8.1 近10年全球可再生能源总装机量

资料来源:国际可再生能源署(IRENA),泽平宏观。

具体来看,风能和太阳能高举可再生能源发展大旗,齐头并进,风电与光伏可谓新能源界的"双子星"。整体来看,2021年全球可再生能源装机比例中,水电、太阳能、风能的占比分别为42.6%、26.6%、25.8%(见图8.2)。2021年新增的257GW装机中,太阳能新增133GW,占比为51.7%;风能新增93GW,占比为36.2%,二者合计占比近90%。

全球风电发展保持稳定,较2012年容量实现3倍增长,亚洲占据主导地位。截至2021年底,全球风电装机容量超800GW,同比增长12.7%,相比2012年267GW的容量,增长近两倍。分地区来看,前三个地区分别是亚洲、欧洲和北美地区,总装机容量分别为385GW、222GW和155GW,占比分别达46.7%、26.9%和18.8%。

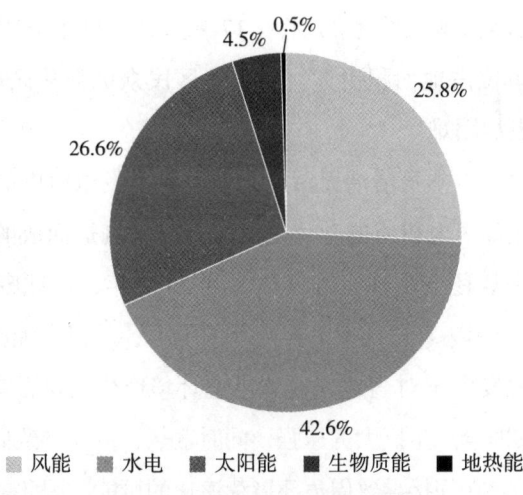

图 8.2　全球可再生能源装机比例

■ 风能　■ 水电　■ 太阳能　■ 生物质能　■ 地热能

风能 25.8%，水电 42.6%，太阳能 26.6%，生物质能 4.5%，地热能 0.5%

资料来源：国际可再生能源署，泽平宏观。

二、相较西方，风电在我国有着更大的发展空间

"十二五"以来，我国已将风电产业列为国家战略性新兴产业之一，如今在产业政策引导与市场需求的双重驱动下，我国风电产业持续高质量发展，处于国际前列。作为能源战略转型的重要支柱之一，风电在我国的未来发展可谓潜力巨大。

然而，欧美一些国家却正在着力拆除风力发电机，主要有以下五个方面的原因。

一是风力发电稳定性较差。风力不能人为控制，若没有足够的风力，西方国家大量建设风力发电，只会加剧资源浪费；同时若风力过强，就需要将剩余的电力储存到蓄电池中，若没有完备的配套储能设施，就会生产很多难以使用的垃圾电，反而增加用电成本。

二是土地占用情况难以协调。风电机的选址地不仅需要在风力足够的地区，而且因噪声大等问题，也不能离居民区太近，一个 1.5MW

（兆瓦）风机的占地大约是17米×17米，约300平方米，若叶片尺寸加大，则单位占地面积更大。欧美地区民众的居住区域更加分散，使风机选址更加困难。

三是风力发电本身清洁无污染，但是风力发电机中的某些零部件并不环保。比如风电机组的叶片是由复合材料制造而成的，无法二次回收利用，焚烧还会出现有毒气体。到2050年，全球废弃叶片或达4 300万吨，若无法掌握处理废弃叶片的能力，就只会加剧环境污染。

四是风力发电会对当地气候和生态环境产生一定影响。风力发电机在高速旋转时会产生巨大的压强，同时散热，从而导致周边的气候发生些许变化，存在间接导致周边环境荒漠化的可能。因此，很多建设风电场的地方都是在大平原，以避免对地形地貌和自然气候造成破坏。

五是受到爱鸟人士的反对。据悉，美国平均每年有10万~44万只鸟死于风力发电机的巨大涡轮叶片之下，其中还包括一些珍稀物种。

相较之下，上述问题对我国风电发展影响较小，我国拥有大力发展风电的先天条件，总体而言利大于弊。

首先，我国人口基数大，用电量远高于其他国家，用电缺口较大。例如，2022年夏季天气十分炎热，多省市常见40℃高温，全国出现17个省市遭遇用电缺口难题，广东、山东、浙江、江苏等地的电力缺口超过1 000亿千瓦时，北京、上海等地的电力缺口也有800亿千瓦时左右。加入风电是我国的一个必要选项，可以使我国发电结构更加多元化。

其次，我国有丰富的风能资源（见表8.1）。依据当前风电技术，发电的基础风速需要每秒3米。我国绝大多数地区风速达标且风天持续时间长，特别是东北、西北、西南高原和沿海岛屿，平均风速更大。目前，我国风能可开发量超10亿千瓦，这些风能发电储量有助于我国大力建设风电场。风能资源丰富，也将有效缩短收回建造成本的时间。

表8.1 我国风能资源丰富，3级及以上可供风能资源技术开发量为20亿~34亿千瓦

距离地面高度	4级及以上（风功率密度≥400瓦/平方米）	3级及以上（风功率密度≥300瓦/平方米）	2级及以上（风功率密度≥200瓦/平方米）
50米	8亿千瓦	20亿千瓦	29亿千瓦
70米	10亿千瓦	26亿千瓦	36亿千瓦
100米	15亿千瓦	34亿千瓦	40亿千瓦

资料来源：《中国风电发展路线图2050》，泽平宏观。

最后，我国国土面积大，有天然的地理环境优势。陆地方面，我国西北部地区以平原为主，中部多为山谷，南部的丘陵高山都能建设一些风电机群。海上方面，我国双面环海，领海面积约300万平方千米。不受地貌地形的影响，不会占用陆地资源，且风速满足发电条件。我国地大物博的优势，为风力发电的发展提供了更大空间，可以将风力发电厂主要建设在新疆、内蒙古等地广人稀的地区，避开居民聚集区。同时为了避免让风力发电成为鸟类杀手，影响生态系统，我国也曾将龙岗湖附近的风力发电机拆除重建，尽力避开鸟类迁徙的必经之路。

三、我国风电发展战略规划稳中有进

自2006年《中华人民共和国可再生能源法》实施以来，风电作为我国可再生能源中最可靠和可行的能源，得到稳步、长足的发展，逐渐成为我国发电结构多元化建设的重要一环。

"十二五"开始，国家在政策层面逐步完善风电行业的顶层建设。技术开发领域，2011年《国家"十二五"科学和技术发展规划》提出重点发展5 MW以上风电机组整机、关键部件设计、陆上大型风电场和海上风电场设计和运营、核心装备部件制造、并网、电

网调度和运维管理等关键技术，形成从风况分析到风电机组、风电场、风电并网技术的系统布局。积极推进100MW级海上示范风场、10 000MW级陆上示范风场建设，推动近海和陆上风力发电产业技术达到世界先进水平。

《风力发电科技发展"十二五"专项规划》强调要注重风电机组整机以及关键零部件技术的开发，注重风电研究人才的培养，加强国际交流合作。

"十三五"期间，国家坚持循序渐进地走风电发展路线。2016年国家能源局印发《风电发展"十三五"规划》，明确风电已成为部分国家新增电力供应的重要组成部分，为风电发展指引方向，包括加快开发中东部和南方地区陆上风能资源，有序推进"三北"地区风电就地消纳利用，利用跨省跨区输电通道优化资源配置，积极稳妥推进海上风电建设等。

2017年《国家能源局关于加快推进分散式接入风电项目建设有关要求的通知》旨在推进技术进步和成本下降，鼓励探索分散式风电发展新模式。

"十四五"期间，在风电技术相对成熟、相关产业形成闭环之后，国家的重心放在风光大基地建设上，加快火电替代速度，从根本上优化我国发电结构。国家能源局多次表示，以沙漠、戈壁、荒漠地区为重点的大型风电光伏基地建设是"十四五"期间新能源发展的重中之重。

2022年发布的《"十四五"现代能源体系规划》提出，到2025年，非化石能源消费比重提高到20%左右，非化石能源发电量比重达到39%左右，电气化水平持续提高，电能占终端用能比重达30%左右，发电装机总容量达到约30亿千瓦。《"十四五"现代能源体系规划》还强调，推进风电和太阳能发电大规模开发和高质量发展，优先就地就近开发利用,加快负荷中心及周边地区分散式风电和分布式光伏建设,推广应用低风速风电技术。有序推进风电和光伏发电集中式开发,加快推进以沙漠、戈壁、荒漠地区为重点的大型风电光伏基地项目建设。鼓励建设海上风电基地,推进海上风电向深水远岸区域布局。

预计"十四五"期间,我国清洁能源占能源消费增量的比重将达到80%,其中风电年均装机有望达45~60GW。当前我国可再生能源发展持续保持平稳快速增长,2022年全国可再生能源新增装机1.52亿千瓦,占全国新增发电装机的76.2%,全国可再生能源发电量2.7万亿千瓦时,占全国发电量的31.3%。

预计到2025年,我国非化石能源占一次能源消费的比例有望超20%,由此推算,"十四五"期间我国风电年均装机有望达到45~60GW。2025年以后,中国风电年均新增装机容量应不低于60GW,2030年总装机量有望达800GW,风电的长期成长空间仍值得期待。

第二节 我国风电产业链完备,海上风电按下"快进键"

风力发电机的原理是将空气流动产生的动能(即风能)转换为机械能,再将机械能转化为电能。以双馈式风机为例,风推动叶片旋转,通过传动系统增速,达到发电机的转速后,驱动发电机发电,实现风能到电能的转化。风能的优势在于储量大、分布广,是可再生的清洁能源,但相对而言,它的能量密度低且不稳定,因此需要充分利用。

一、风电产业：布局完善，国产化率高

风电产业链主要分为三个部分（见图 8.3）：上游原材料及零部件制造、中游风机总装、下游风电场投资运营。

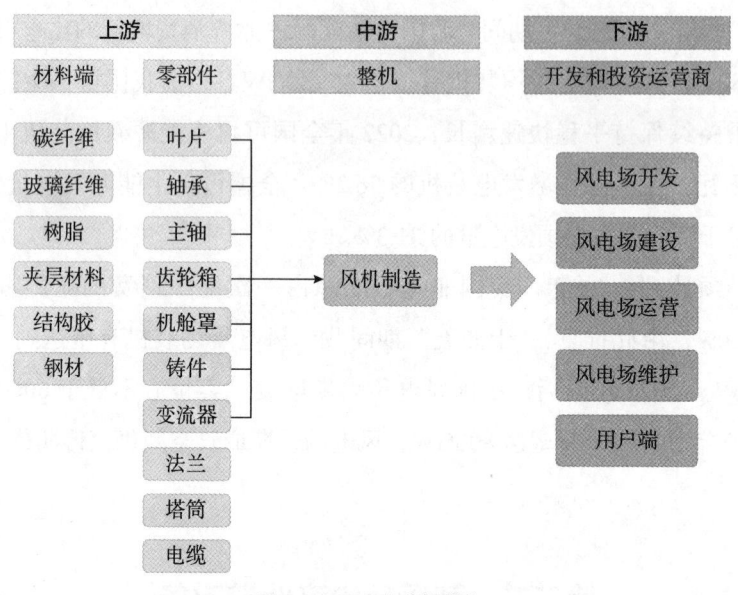

```
上游                         中游              下游
材料端    零部件              整机             开发和投资运营商

碳纤维    叶片                                 风电场开发
玻璃纤维  轴承
树脂      主轴                                 风电场建设
夹层材料  齿轮箱    →   风机制造   →
结构胶    机舱罩                                风电场运营
钢材      铸件
          变流器                                风电场维护
          法兰
          塔筒                                  用户端
          电缆
```

图 8.3 风电产业链结构

资料来源：Wind，泽平宏观。

风电产业链上游整体行业集中度较高，专业性较强，目前我国供应商技术工艺已经十分成熟。核心零部件包括：主轴、轴承、法兰、机舱罩、变流器、铸件、发电机、塔筒、叶片等。国产化率方面，绝大多数零部件均实现国产化，根据 Wood Mackenzie 的数据，我国塔筒、发电机、机舱罩、齿轮箱、变流器、叶片等主要零部件的国产化率已经分别达到 100%、93%、89%、80%、75%、73%。只有轴承环节国产化率最低，其中变桨和偏航轴承国产化率为 50%，主轴轴承国

产化率为33%。成本组成方面，首先是塔筒成本占比最高，达到近30%；其次是叶片，超过20%。直驱风机结构见图8.4。

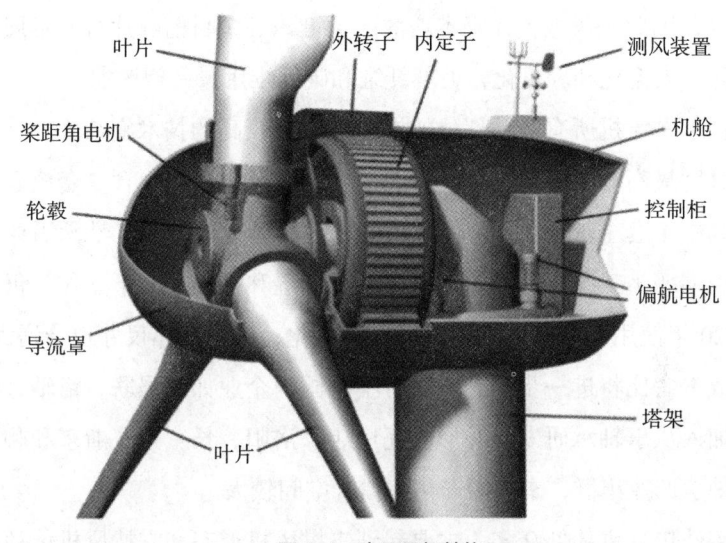

图8.4 直驱风机结构

资料来源：公开资料，泽平宏观。

塔筒是机舱叶片重要的支撑部件，需有效吸收风电机组震动，关乎风机整体的稳定性。塔筒虽然是风机整体成本占比最高的部件，但其在制作工艺上并没有很高的壁垒，因此行业集中度较低。塔筒和桩基价格一般采用成本加成定价模式，成本主要来自原材料和运输。运输成本在7%左右，因此塔筒行业核心竞争力在于产能布局。2021年，大金重工产能为100万吨，天顺风能产能为90万吨，天能重工产能为59万吨。毛利率方面，陆上塔筒吨毛利在1 000元左右。

叶片是风机的关键部件之一，主要由复合材料组成，原材料包括热固性集体树脂、玻纤维和碳纤维。目前一片80~90米的叶片重量大约为30吨。行业集中度较高，叶片环节前三所占市场份额为46%，前五所占市场份额为 64%。国内专业化叶片企业主要有中材科技、时代新材、艾朗科技等。虽然叶片制造技术壁垒不高，但工艺好坏直接决定风能利用率。叶片在风机零部件成本中的占比不低，超过总成本的 20%，因此是风电整体降本增效的关键一环。目前叶片行业发展主要聚焦于大型化和轻量化，玻璃纤维和碳纤维用量有望增加。

轴承是风机所有运动部位的枢纽，具有较高的技术复杂度，是国产化难度最高的风电设备零部件。一般一套风电机组包含 5 套核心轴承，其中 1 套主轴轴承、1 套偏航轴承和 3 套变桨轴承。轴承需要保证在极端恶劣工况下，如腐蚀、风沙、潮湿和低温环境下工作，仍要满足 20 年使用寿命。未来随着风机大型化，轴承整体尺寸也会增大，轴承成本占比将进一步提升。同时不少国内企业如新强联、洛轴、瓦轴等加入从事轴承研发，并形成瓦房店、洛阳、长三角、浙东和聊城五个轴承产业集群，未来国产化率提升空间较大。

铸件包含零部件众多，主要起到支撑风机形态和支持风机传动的作用，包括轮毂、齿轮箱等。风电铸件制造工艺较为高端精细，难度较高且周期较强，属于重资产行业。因风电设备所处工作环境恶劣，其铸件的筛选与认证十分严格，供应商有一定的准入壁垒。从成本占比来看，铸件零部件整体合计约占风机总成本的 10%。我国是全球铸件市场的核心供应国，占据 80% 左右的全球产能。

风电行业中游企业是风机制造商，包括机头装配、塔架设计、风电整机组装等，通过采购上游零部件进行封装组装。中游环节，我国市场集中度较高，代表企业有明阳智能、远景能源、金风科技等。中游对上游有定制化需求，因此对于上游有溢价能力。在风电机组整机设计中，根据传动链是否包含齿轮箱，可以分为双馈型机组、直驱型机组以及半直驱机组三种技术路线。从市场份额来看，当前双馈型机组占据主流，全球市场份额达 80% 左右，我国市场份额也超过 50%。

风电行业下游是风电场的开发和投资运营商。目前，中国风电开发商主要有四类，分别是：中央电力集团、中央和省（自治区、直辖市）所属的能源企业、民营及外资企业。由于单个风电场投资额相对较高，每千瓦风电投资在 6 000~8 000 元，加上政策原因，发电集团在电力投资时需进行一定比例的风电清洁能源投资。当前运营商多以大型国有企业为主，主要包括华能集团、国家能源集团和三峡集团等。根据中国风能专业委员会的统计，主要大型央企集团风电累计装机容量占全国累计装机总量的 63%。总体来看，国家对于风电场掌控较强，央企与省属企业规模较大，市场开拓能力较强。

商业模式方面，我国风电行业在发展之初采取市场化方式，投标企业自行测算投资成本及项目收益，在上网电价上进行竞争，低价者获得项目经营权。但之后，某些企业为抢占资源，不考虑项目盈亏，人为压价，造成风电行业的恶性竞争、资源浪费问题，一度出现"跑马圈地"现象。

2009 年，为改变行业不良发展状态，国家发改委出台《关于完善风力发电上网电价政策的通知》，将全国分为四类风能资源区，相应地制定风电标杆上网电价。风电价格机制不统一的局面得以改善。政策鼓励开发优质资源，限制开发劣质资源，保证风电开发的有序进行。

如今，我国风电企业商业模式主要通过严格控制项目造价以及运营成本，获得所属风电标杆价区的上网电价收入，未来则是平价收入。然而，目前风电项目单纯依靠电量上网仍难以保障收益水平，未来应着手解决电网接纳能力不足、风电不稳定等导致的弃风限电问题，如大力发展储能相关技术，实现进一步的电力平稳运输。

二、风电场景：海上风电加速发展

按照地理位置分类，风电可分为陆上风力发电和海上风力发电。

陆上风电场指的是利用陆地上的风来获得电力的整套设施，其中陆上风电场还分为平原地区的风电场和山区风电场，山区风电场主要建立在西南部山区。国内大多陆上风电场采用串联电容补偿方式向外输送电能。

全球来看，陆上风电发展持续向好。根据国际可再生能源署发布的《2022年可再生能源装机容量统计年报》，截至2021年底，全球陆上风电装机容量为769GW，同比增长10.29%，其中前三名为中国、美国和德国，装机容量分别达303GW、133GW和56GW，增量方面，2021年三国增量分别为29.46GW、13.99GW和1.60GW，占全球总增量的62.8%。

海上风电场又可分为近海风电场和深海风电场，其中近海风电场指在理论最低潮位以下5~50米水深的海域开发建设的风电场，包括在相应开发海域内无固定居民的海岛和海礁上开发建设的风电场。深海风电场指在大于理论最低潮位以下50米水深的海域开发建设的风电场，包括在相应开发海域内无固定居民的海岛和海礁上开发建设的风电场。

海上风电装机增幅高于陆上风电。根据国际可再生能源署，截至2021年底，全球海上风电装机容量为55.68GW，同比增长62.03%，远高于陆上风电。欧洲海上风电发展迅速，装机容量已达27.81GW，占全球总装机容量的近50%。主要原因有两个：一是其海上风能资源丰富，二是存在能源转型的迫切需求。中国、英国和德国装机容量位列前三，分别为26.39GW、12.70GW和7.75GW。国内市场受政策影响，国家发改委明确，自2022年起对海上风电项目不再补贴，因此我国 2021 年迎来海上风电抢装潮，海上风电新增并网装机 16.9GW，同比增长 452.3%。我国陆上风力发电早期依托丰富的陆上风能资源，具备良好的先天开发条件，发展早于海上风电。但发展过程中，陆上发电的诸多问题也逐步凸显，尤其是就近消纳能力不足、弃风限电、远距离输送通道容量有限等问题。虽然我国的"西电东送"工程在一定程度上可以缓解电力供给不足和不平衡的问题，但却不是长久的解决方案，毕竟我国用电量大的城市基本分布在东南沿海地区。因此，海上风电是我国风电发展的必然选择。

相比陆上风电，我国海上风电具有明显优势，发展潜力较大。

一是相较于陆地风电，海上风电稳定性强，利用率高，堪比火电。与陆地风电相比，海上风电风能资源的能量效益比陆地风电场高 20%~40%。海上几乎没有静风期，因此风力机可发电时间更长，海上风机的年发电利用率可达陆上风机的 1.5 倍左右。海上风电的波动性也是小于光伏的。不会因为昼夜问题造成发电量"清零"，甚至晚上发电的效果更好。我国海上风资源呈现由北向南递增的趋势，从利用小时数来看，福建、广东、江苏、浙江利用率较好，最高可达近 4 000 小时，最低也有 2 000 小时。

二是我国海风资源较为丰富。我国海岸线长达 1.8 万千米，岛屿 6 000 多个，东南沿海地区风能基本在 300 瓦/平方米，高则能在 500 瓦/平方米。根据《中国风电发展路线图 2050》，我国近海水深 5~50 米范围内，风能资源技术开发量为 5 亿千瓦，即在水深不超过 50 米的条件下，中国近海 100 米高度层达到 3 级以上风能资源可满足的风电装机需求约 5 亿千瓦。

三是建设距离负荷中心近，极大限度地减少电力运输成本，实现"就近消纳"。我国经济发达地区聚集在东南沿海地区，西部送端系统风电和光伏发电需要与当地火电、水电可控机组相协调，最终输送给终端电力用户,因此光伏及陆上风电都有极大的间歇性和不确定性,无法独立向负荷地区供电。如果能大幅利用东南沿海风力发电,电力运输稳定性及成本优势都将凸显。目前各沿海省份陆续编制了本省海上风电中长期规划,其中山东、江苏、福建、广东等规划规模达千万千瓦。

四是具有不占地、不扰民的优势。陆上风电对建设选址要求高,例如耕地、林地等大多无法获批建场。同时风机噪声对周边居民和动物生态的影响也很大。相较之下,海上风场建设受限更低,不会受到地形、城市规划的影响,对于海洋生物和鸟类造成的影响也相对较小。

风电发展至今,全球集中式大型陆上风场建设已经告一段落,据全球风能理事会统计,2021年陆上风电累计装机占比达93.2%,碾压海上风电。在陆上风电用地增量空间有限的大背景下,未来海上风电建设将成为我国风电行业发展的重中之重,有望成为新蓝海。

海上风电作为技术密集型产业,现阶段政策指导性强,且自身产业链较广,降本趋势明显。未来如果海上风电行业能够协同多产业共同发展,就可以形成万亿级的海洋高端装备制造产业集群。从未来市场规模来看,根据英国克拉克森发布的数据,预计"十四五"末期,中国海上风电投运规模有望达到约60GW,较当前投运水平24GW仍有巨大增长空间。到2030年,预计全球海上风电装机规模达248GW,涵盖约30 000台海上风机。

三、风电技术:三大技术路线逐鹿未来

从风力发电机组技术路线来看,目前全球主流陆上和海上风电整机厂商所采取的技术路线主要有三种,分别是双馈异步、永磁直驱和永磁半直驱。从市场份额来看,双馈型机组占据主流,全球市场份额

能达 80% 左右，我国市场份额也超过 50%。

双馈式风机，传动链需要增速机构，一般通过增速齿轮箱连接至转速较高的双馈异步发电机转子以达到所需频率，是目前我国陆风发电的主流技术路线。优势在于，其技术工艺相对成熟，形成规模效应，因此成本较低，同时还有重量轻、易维护等优点。缺点在于，齿轮箱与风轮机连接，转速较高，易过载，因此齿轮箱损坏率很高，导致后期运维成本较高。

直驱式风机，特点在于主轴直接连接发电机，不包含齿轮箱，国外风机商目前主要采取这一技术路线。优势在于，不存在齿轮箱，因此后期运维成本相对较低。缺点在于，风机相同容量下，体积和重量相比双馈式机组要大，因此风机组装、吊装及运输成本相对较高。

永磁半直驱同步风电机组，是由风叶带动齿轮箱来驱动永磁电机发电，结合了双馈和永磁直驱两种技术路线的优势，介于直驱和双馈之间，是未来最契合我国海上风电发展的技术路线。优势在于，采用中低速齿轮箱传动，对轴承、齿轮箱的制造工艺要求相对较低，在发电机故障率低的同时，能有效摆脱我国对国外高精细轴承以及高速齿轮箱的依赖。同时风机整体结构更加紧凑，有利于运输和吊装，同时发电机的体积与重量相较直驱式风机有所减少，有效降低了发电机成本。缺点在于，在震动、高温等冲击下，容易发生失磁现象，且相对直驱驱动，传动效率有所降低。

近些年，在大型化和平价降本需求下，半直驱机型逐步受到市场青睐，相比于双馈式和直驱式两种成熟路线，表现出后来居上的态势。据 Wood Mackenzie 的数据，到 2029 年，半直驱中速传动机组在全球海陆风电市场的占有率将分别达到 34%、45%，有望坐上风电技术路线的"第二把交椅"。未来将形成三大技术路线根据不同应用场景并行的态势。

第三节　风电平价：降本增效，缓解补贴退坡痛点

自 2009 年起，我国风电装机量受到国家上网电价政策的影响，具有一定的周期性。2022 年，随着海上风电国家财政补贴全面退出，风电平价上网已成为发展的必然趋势。受新冠肺炎疫情影响，传统化石能源价格高涨，加上地缘因素，风电成本已经低于传统火电，正式进入了"准平价时代"，风电行业也因此迎来了新发展期。

降本增效是行业永恒的话题，是行业发展最重要的一环。未来到"十四五"末期，风电成本或能达到"12345"价格目标，即根据风力资源划分，陆上风资源好的地方 0.1 元，风资源中等的地方 0.2 元，风资源较弱的地方 0.3 元，近海 0.4 元，最后远海 100 千米外 0.5 元。

一、回顾行业发展，补贴曾是发展的强驱动力

如表 8.2 所示，2009 年我国风电正式开启补贴时代。2009 年 7 月，国家发改委发布《关于完善风力发电上网电价政策的通知》，将全国分为四类风能资源区，并制定了相应的标杆上网电价，第 Ⅰ、Ⅱ、Ⅲ、Ⅳ类资源区上网电价每千瓦时分别为 0.51 元、0.54 元、0.58 元、0.61 元，我国风电行业正式开启补贴时代。2010 年我国风电新增装机量达到 18.9GW，成为阶段性顶峰。

"十二五"初期，受到第一次大规模弃风限电影响，新增装机量明显下降。发展早期行业管理较弱，导致在风电设备质量把控、风电场开发建设规划、电网建设规划节奏、风电－火电－电网相关利益等

方面产生诸多问题，行业出现第一次大规模弃风限电现象，主要集中在"三北"地区。2010—2012年，弃风率从10%增长至17%。因此，国家能源主管部门放缓"三北"地区项目审批，明确风电利用小时数低的地区不得进一步扩建。这就直接导致2011年、2012年我国风电新增装机同比增速直接转负，分别为-7%、-26%，2013年转正为24%。

表8.2　2009年7月至2020年1月标杆电价和上网指导价下调至完全平价

风力发电类型及资源区		2009年7月	2014年6月	2015年1月	2016年1月	2018年1月	2019年1月	2020年1月
陆上风电	Ⅰ类资源区	0.51	0.51	0.49	0.47	0.40	0.34	0.29
	Ⅱ类资源区	0.54	0.54	0.52	0.50	0.45	0.39	0.34
	Ⅲ类资源区	0.58	0.58	0.56	0.54	0.49	0.43	0.38
	Ⅳ类资源区	0.61	0.61	0.61	0.60	0.57	0.52	0.47
海上风电	近海风电	—	0.85	0.85	0.85	0.85	竞价上网，不高于0.8	竞价上网，不高于0.75
	潮间带风电	—	0.75	0.75	0.75	0.75	竞价上网，不高于所在资源区陆上风电指导价	

资料来源：国家能源局，国家发改委，泽平宏观。
注：电价单位为元/千瓦时。

2015年补贴退坡，我国风电行业迎来第一次抢装潮。"十二五"后期，随着政策引导行业健康发展，风电技术国产化进程良好，行业管理能力提高，度电成本有所下降。2014年国家发改委发布的《国家发展改革委关于适当调整陆上风电标杆上网电价的通知》，2015年1月1日前核准但于2016年1月1日以后投运的陆上风电项目，第Ⅰ、Ⅱ、Ⅲ类资源区标杆上网电价每千瓦时下调0.02元。我国风电行业补贴首次退坡，并于2016年再次下调上网电价，第Ⅰ、Ⅱ、Ⅲ、Ⅳ类资源区上网电价每千瓦时分别为0.47元、0.50元、0.54元、0.60元。因此，2015年，我国风电行业迎来第一轮抢装潮。2015年我国风电新增装机量达到32.97GW，同比增长42.1%，达到第二次阶段性顶峰。

"十三五"初期,行业经历第二次大规模弃风限电,新增装机规模再次同比下降。2015年受政策影响,行业迎来抢装潮,然而全社会用电量需求不足,2015年全社会用电量增速降至0.5%,为5年来新低。供需不平衡使弃风率再次上升,2016年弃风率达到17%。新增装机量进入新的下行周期。之后国家再次加强弃风限电治理,2016年设立风电投资监测预警制度;2019年国家发展改革委、国家能源局联合印发《关于建立健全可再生能源电力消纳保障机制的通知》,决定对各省级行政区域设定可再生能源电力消纳责任权重,建立健全可再生能源电力消纳保障机制。至此,弃风限电问题再次得到抑制,2018年全国弃风率下降至7%,新增装机量也在2018年重新恢复正增长。

2021年起,陆上、海上补贴相继退出,第二轮抢装潮爆发。2019年国家发改委发布《国家发展改革委关于完善风电上网电价政策的通知》,2019年Ⅰ~Ⅳ类资源区符合规划、纳入财政补贴年度规模管理的新核准陆上风电指导价分别调整为每千瓦时0.34元、0.39元、0.43元、0.52元,2020年指导价分别调整为每千瓦时0.29元、0.34元、0.38元、0.47元。同时,宣布自2021年1月1日开始,新核准的陆上风电项目全面实现平价上网,国家不再补贴。因此,我国风电行业迎来第二轮抢装潮。2020年国内风电新增装机量71.7GW,同比增长178.4%,达到第三次顶峰。

对于海上风电,2020年1月财政部、国家发改委、国家能源局三部委联合发布《关于促进非水可再生能源发电健康发展的若干意见》,明确新增海上风电和光热项目不再纳入中央财政补贴范围,按规定完成核准(备案)并于2021年12月31日前全部机组完成并网的存量海上风力发电和太阳能光热发电项目,按相应价格政策纳入中央财政补贴范围。受此政策影响,海上风电在2021年迎来抢装潮,2021年全国风电新增并网规模47.6GW,其中海上风电新增并网装机16.9GW,同比增长452.3%。

值得注意的是，2020年抢装潮之后，全国弃风率并没有上升（见图8.5），2020年、2021年均维持在3%的水平。未来，由于补贴和消纳两个影响都已基本消除，风电行业或将打破原有的周期性，由政策驱动真正转变为市场驱动。预计未来几年装机量将进入平稳上涨阶段。

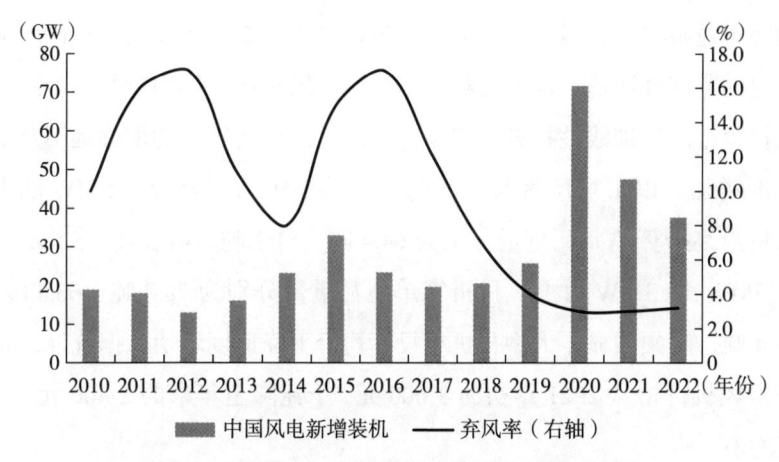

图8.5 全国风电新增装机量高增伴随弃风率显著下降

资料来源：国家能源局，泽平宏观。

二、行业降本，风机大型化是核心技术路径

风电机组大型化是风电降本增效的主要途径。近些年，大功率机型销售明显上升。陆上风电2021年交付的主流机型为3~4MW，2022年以来，投标机型功率普遍在5MW以上，单机容量5MW及以上的陆风机组招标占比超50%。海上风电项目招标机型已扩大至8~9MW，甚至个别项目采购机型超10MW。

首先，大型化机组可以有效提升风机利用小时数。大型化机组通过使用更大、更长的叶片，可以有效增加扫风面积，降低对最低风速的要求，从而提升发电量。以 3MW 机组为例，若叶片加长 5 米，扫风面积可增加 0.81 平方米/千瓦，年利用小时数可提升 208 小时；在切变为 0.13 的情况下，3MW 机组的塔筒每增高 5 米，年利用小时数可提升 26 小时。

其次，大型化机组可以带动风机单位成本下降。风机中原材料成本很高，占比超 50%，原材料的定价方式多数是以重量计价的。这里的降本逻辑在于，虽然风机大型化带动风机零部件大型化，从而增加一定的零部件制造，即原材料成本，然而风机耗材使用量并不会随着风机容量的增加线性提升，即单台机组零部件使用量的增幅远不及功率的增加。以市场所售某机型为例，其 2.5MW、4MW、5MW 陆上风机最终折算单兆瓦重量分别为 64.4 吨、51.3 吨、47.5 吨，5.5MW、6.45MW、8.3MW 海上风机折算单兆瓦重量分别为 78.4 吨、66.8 吨、55.4 吨，降幅明显。大型化机组投标均价下降速度较快。据统计，4S 机组风机价格从 2021 年初的 3 000 元/千瓦降至年末的 2 400 元/千瓦左右。

最后，大型化机组可以降低风电场整体系统成本，包括土地成本、基础安装费用等多维度建设成本（见图 8.6）。更大容量的风机，不仅能够更好地提升风能利用率，还能减少土地占用率，解决风电机组点位不足的问题；在减少风机台数的同时，进一步减少后期的运维成本。据测算，在项目规模容量统一为 100MW 的情况下，机组单机容量由 2MW 增加至 4.5MW，塔架、基础、安装、道路、线路、土地的每千瓦投资成本都呈明显下降趋势，静态投资从 6 449 元/千瓦降至 5 517 元/千瓦，全投资 IRR（内部收益率）从 9.28% 提升至 11.68%，资本金 IRR 从 18.24% 提升至 27.49%，LCOE（平准化度电成本）从 0.345 1 元/千瓦时降至 0.298 3 元/千瓦时。

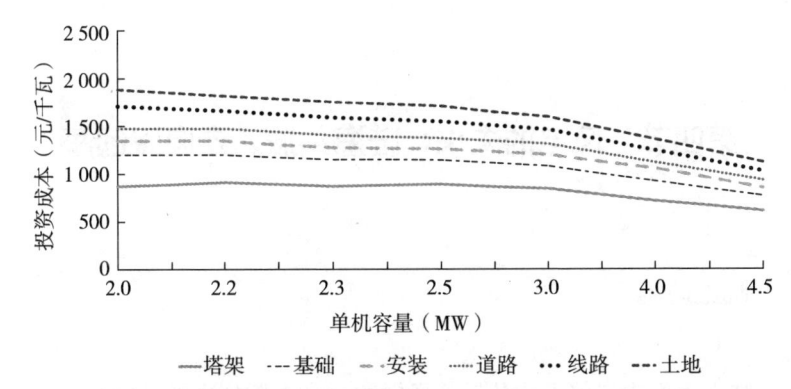

图8.6 机组大型化使塔架、基础、安装、道路、线路、土地等投资成本明显下降

资料来源：《平价时代风电项目投资特点与趋势》，泽平宏观。

三、新材料、智能融合，风电下阶段重要突破

除机组大型化外，未来风机降本也可关注化工新材料的应用以及智能化技术融合等方面。新材料的应用有望进一步降低风机重量，使零部件性能实现提升，从而提高整机功效。例如，碳纤维作为叶片原材料，能更好地平衡叶片重量与长度，若其成本下降且更多地用于叶片生产中，则能更好地助力叶片向更长、更大、更轻的方向发展。根据赛奥碳纤维技术统计，2014—2021年全球来自风电叶片领域的碳纤维需求由0.6万吨上升至3.3万吨，年复合增长率高达27.6%。同时若能将一些热塑性材料、高分子材聚合物等新材料与风电融合，也将助力风电大型化的发展。

若能将AI、无人机等智能化技术与风电行业建设相结合，将使我国风电行业更加智能。通过信息化、自动化、可视化、智能化管理，构建智能化的风电数据运营平台，对维持风电机组的高效稳定运行、日常维护方面降本增效将起到重要作用。

第四节　风电的未来：陆海共振，走向深远海

一、陆上风电

陆上风电未来将聚焦分散式风电建设和老旧风电场升级改造。

原本的大型风电项目更多的是集中式项目，相比之下，分散式风电有其独特优势，主要是其单体规模较小，便于利用乡村闲散土地资源来提升风资源利用率。创新风电投资建设模式和土地利用机制，实施"千乡万村驭风行动"，大力推进乡村风电开发，鼓励村集体利用存量集体土地通过作价入股、收益共享等机制，参与分散式风电项目开发。

《"十四五"可再生能源发展规划》提及，集中式与分布式齐发展是"十四五"期间我国风电开发的重要战略。未来，集中式开发模式主要布局在海上和"三北"地区，而分布式开发模式则主要针对我国中东南部地区，同时广大农村地区也将是分散式风电开发的主阵地。未来或将有更多的企业积极布局，抢占分散式风电市场。风电下乡方案预示着我国在分散式风电建设上将进一步提速，是未来陆上风电建设的重要增量。

风电场改造升级将为市场带来新容量。风电场改造升级意义较大，主要有两个。一是部分机组使用寿命临近，2000年初我国安装的机组，在20年的使用寿命后，如今已逐渐老化。二是老旧风电场容量低、利用率低，我国早期安装风电机组单机容量较低，明显落后于当前水平。2020年新增装机的风电机组平均单机容量为2008年的2.2

倍。在2021年新增装机中，1.5MW以下风机占比约为4%，1.5MW机型占比约为30%。随着大型化机型的效益逐步凸显，小容量机型存在一定的潜在更新需求。若以上风机全部升级，实施"以大换小"，即整体拆除老旧机组后，重新建设新型高效的风电机组，并以1∶2进行扩容，预计将增加200GW的市场。届时，风电企业将受益于优质风资源，有望迎来装机容量与利用小时数的双重增长，运营效率有望进一步大幅提高。

二、海上风电

海上风电未来将聚焦持续降本和走向深远海。

陆上风电已经实现平价上网，海上风电也在政策趋势下加速平价进程，其降本之路还需延续。全球海上风电新建项目度电成本从2010年的0.162美元/千瓦时降至2020年的0.084美元/千瓦时，降幅达48%；其中，我国海上风电度电成本从2010年的0.178美元/千瓦时降至2020年的0.084美元/千瓦时，度电成本在0.55元/千瓦时左右。相比于沿海各省0.35~0.4元/千瓦时的燃煤基准价格，海上风电成本仍有下降的必要。保守估计，海上风电实现全面平价的时间节点会在2024年。未来海上风电降本仍会围绕大型化、规模化方向发展。大型化方面，"十四五"末期预计海上风电风机容量能达到20MW。规模化方面，广东省已开启大规模、连片式的开发模式。

未来深远海风力发电也是一大发展重点。"十四五"以来，我国海上风电建设刚刚起步，开发仍以近海为主。但实际我国深远海拥有更加丰富的资源，初步估计，我国深远海地区风能储量是近海的3倍以上。因此，中国海上风电建设海域由近及远发展是必然趋势。远海风电场的优势在于，风速更快，利用小时数更高，发电效率更高，如果能成功在远海建设大型风机,将有助于捕捉更好的风能,有效摊薄初始投资以及后期运维成本。目前,各省市也积极出台远海风电建设相关规划,如国务院支持山东打造千万千瓦级深远海海上风电基地,江苏省盐城市"十四五"期间已规划902万千瓦近海和2 400万千瓦深远海风电容量,同时推进千万千瓦级远海海上风电基地建设等。从2022年最新招标项目来看,青州一、二、四项目离岸距离分别为50、55、55千米,而2018年项目平均水深12米,离岸距离20千米,我国海风项目正加速向深远海迈进。

第九章

新能源储能:
"绿电+储能"是最终梦想

储能是新能源行业三大主赛道领域之一，三大赛道分别是：从电动化到智能化，从煤电到"绿电+储能"，从锂电池到氢能源。

储能与绿电建设、绿电应用密切相关。现在的新能源汽车并非最终解，甚至带有伪新能源的概念，主要是因为还在用煤电，很多绿电也无法完全消纳。未来从煤电到"绿电+储能"，有了储能作为备用能源保障、作为缓冲，风电、光伏等上游的清洁能源替代传统能源就更加顺畅，新能源电源工程、电网系统建设将更加完备。

简单来说，储能就是通过介质或设备，把能量存储起来，在需要时再释放。储能是新一代电网可靠性建设的关键装备，通过和电源侧、电网侧、用户侧系统深度协同，可以充当发电侧和用电侧之间的"缓冲垫"，通过减少弃电、削峰填谷、电网调频、平滑输出等"缓冲路径"发挥关键作用。

储能可以应对新能源发电随机性、波动性和碎片化，解决新能源电力消纳问题，调峰调频、安全稳定地保障电网运行。户用、工商业用等多场景储能深化发展，有效缓解全球能源价格高企、海外电价高涨等问题。

储能系统和电力系统的各个环节融合发展，是实现新能源绿色清洁电力系统建设的关键一环，可以均衡能源结构，提高绿色非化石能源在一次能源消费中的比重，进一步提升国家能源安全。"绿电+储能"的模式是真正的新能源。*

---

* 本章作者：任泽平、王一渌。

第一节 储能，新型电力系统建设的关键

2020年以来，以全球煤炭、天然气为代表的"传统发电能源"价格骤增，叠加风电、光伏等"非稳定性发电"的占比提升，全球电力供给和电力需求不平衡问题凸显。这种不平衡问题体现在三个方面。

一是"数量"上的不平衡，即新能源发电量和用电量曲线不能实时匹配。受制于资源禀赋，风光等自然资源在一天内是非均衡分布的，发电高峰与用电高峰不同。

二是"质量"上的不平衡，即发电的瞬时波动性、间歇性和电网调节能力不匹配。风电、光伏等新能源发电形式加剧了发电的日内波动性、瞬时波动性和间歇性，对电网调频能力和安全稳定性提出了更高的要求。

三是"价格"上的不平衡，即标杆电价、中长期交易电价存在一定滞后性。传统火电企业用煤成本提高，却无法做到在收入端通过电价即时传导，导致被动"拉闸限电"；新能源电力价格也无法完全反映实时的电力供需结构。

储能系统为解决上述三个不均衡问题提供了条件。

在用电数量方面，储能实现了在不需要时将能量存储，在需要时再将能量释放的过程。储能技术正在改变电力的生产、传输和使用等各个环节必须同步完成的模式。就像大容量版的"充电宝"，在用电低谷时可以作为负荷充电，在用电高峰时可以作为电源释放电能。

在用电质量方面，储能可以进行快速、稳定、精准的充放电调

节，能够为电网提供调峰、调频、备用、需求响应等多种服务，是构建弹性电力系统建设的重要一环，实现"电网—储能"的更友好互动。

在用电价格方面，随着储能项目逐步参与电力现货市场交易，未来除参与调峰调频等辅助服务进行营收外，还可以利用在负电价和高电价不同时段购电放电以获得电量价差营收。解决峰谷价差问题，减少用户侧电费成本，促进电力现货交易市场化更进一步发展。

储能作为新型电力系统建设的重要一环，是"源网荷储"的一大重要环节。储能一边连接能源生产，另一边连接能源消费使用，覆盖电力生产及调配的各个环节，实现了对传统电网系统服务升级和服务增值，为传统以"源网荷"为主体的"产电—输电—用电"系统提供了重要补充。在新能源占比逐渐提高的电力系统中，起到了进一步优化系统资源配置的重要作用。

第二节　储能多技术路线协同，加速应用落地

"十四五"规划对能源新技术、新模式、新业态建设方面提出了更高要求。国家和地方多部门陆续出台了多项储能行业发展支持政策，大力推动储能行业发展，政策聚焦多种技术推进、储能项目落地、电价机制完善等重大领域。

根据《"十四五"能源领域科技创新规划》，到2025年，主流储能技术要总体达到世界先进水平，电化学储能、压缩空气储能技术要进入商业化示范阶段。我国新型储能建设主要覆盖两大目标（见表9.1）。

一是要针对电网削峰填谷、可再生能源并网等应用场景，发展大容量、长时间储能器件与系统集成，即能量型和容量型储能。包括锂

离子电池、铅碳电池、高功率液流电池、钠离子电池、大规模压缩空气、机械储能、储热蓄冷、储氢等。

二是要针对增强电网调频、平滑间歇性可再生能源功率波动，以及容量备用等应用场景，开展长寿命、大功率储能器件和系统集成研究，即功率型和备用型储能。包括超导、电介质电容器等电磁储能，电化学超级电容器、高倍率锂离子电池、飞轮储能等。

不同技术类别的储能设施有不同适用场景。例如锂电池、抽水蓄能等容量能量型产品适配调峰场景，飞轮储能等功率型适配调频场景。由于充放电倍率和终端需求不同，各技术类型储能系统之间的通用性有限，发展多元化储能路线具有必要性和迫切性。

表9.1 新型储能建设的主要覆盖目标

储能类型	特点	技术类别	应用场景
能量型和容量型	大容量、长时间	锂离子电池、铅碳电池、高功率液流电池、钠离子电池、大规模压缩空气、机械储能、储热蓄冷、储氢	电网削峰填谷、可再生能源并网
功率型和备用型	长寿命、大功率	超导、电介质电容器等电磁储能，电化学超级电容器、高倍率锂离子电池、飞轮储能	增强电网调频、平滑间歇性可再生能源功率波动

资料来源：泽平宏观。

从技术原理来看，当前储能技术路径主要有物理机械储能、电化学储能、电气储能、化学储能、热储能等几大关键类别。物理机械储能涵盖抽水蓄能、压缩空气储能与飞轮储能；电化学储能按正负极材质不同，分为铅酸电池、锂离子电池、钠硫电池与液流电池等，其中锂离子电池为当前主流选择；电气储能包含超导储能与超级电容储能；化学储能主要有电解水制氢储能、合成天然气储能等；热储能包含熔盐储能与储冷等。

在众多技术中，物理机械储能中的抽水蓄能、电化学储能中的锂离子电池储能是当前储能发展的主流选择。从市场主流程度来看，一是在存量装机中，抽水蓄能占比最高（见图9.1）。根据中关村储能产业技术联盟（CNESA）全球储能数据库，2021年全球储能总装机205GW，抽水蓄能占比86%，达177GW。电化学储能装机占比为10%，约达21GW。二是在新增装机中，电化学储能增量最快（见图9.2）。2021年全球新增储能装机13GW，其中抽水蓄能占比为40%，新增5.3GW；电化学储能占比为58%，新增7.5GW。

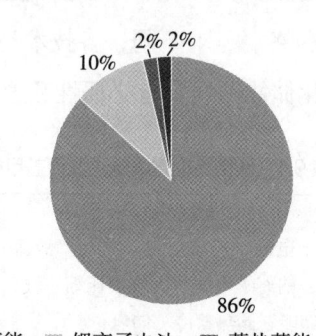

图9.1 存量市场，抽水蓄能占比最高

资料来源：CNESA全球储能数据库，泽平宏观。

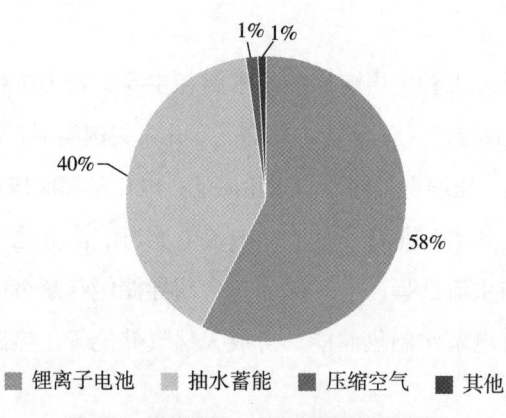

图9.2 增量市场，电化学储能增速最快

资料来源：CNESA全球储能数据库，泽平宏观。

抽水蓄能，是利用水作为储能介质，通过电能与势能相互转化，实现电能的储存和管理。在用电低谷时，利用过剩电力，将水从低标高水库抽到高标高水库；在电网峰荷时，高标高水库放水，回流至低标高水库，推动水轮发电机释放电能。具体来看，抽水蓄能是当前技术最为成熟、最具经济性的储能方式，适用于大规模调峰与长时间调频。抽水蓄能主要围绕电网公司展开，受地理环境制约较大，建设周期较长。

电化学储能按正负极材质不同，分为锂离子电池、铅酸电池、钠硫电池、液流电池等，锂离子为当前主流路线（见图9.3），钠离子电池、全钒液流电池等储能技术路线也在蓬勃发展。电化学储能能量转换效率较高，响应速度较快，能有效满足电力系统调峰调频需求，功率与能量可根据不同应用需求灵活配置，几乎不受地理位置等环境因素影响。此外，钒电池电解液安全性更高、钠电池钠元素资源存储丰富，未来多类电化学储能技术将协同发展，近期宁德时代等企业开始在新技术路线领域领航布局。中国电化学储能产业链相关的重点环节见图9.4。

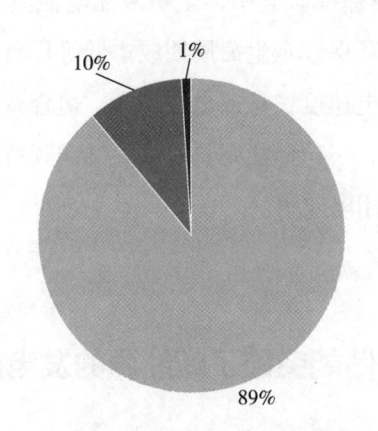

图9.3 中国各类电化学储能电池占比

资料来源：CNESA 全球储能数据库，泽平宏观。

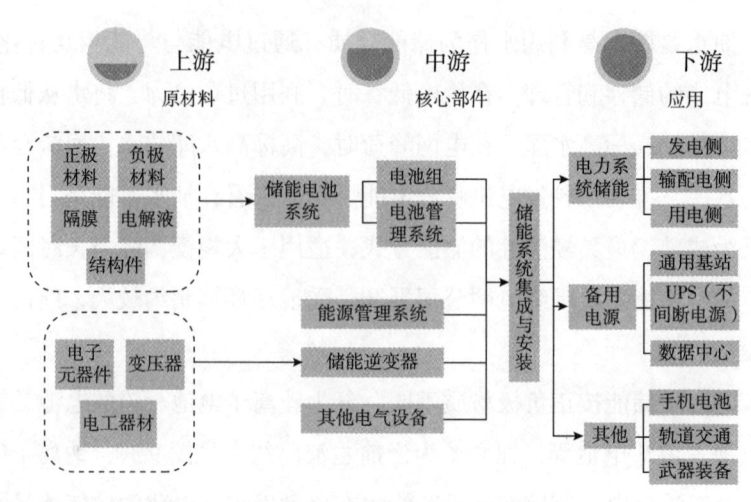

图9.4　中国电化学储能产业链相关的重点环节

资料来源：泽平宏观。

基于各种储能技术的特定优势，未来的储能电站不会拘泥于单一储能方式，而是集多种技术路线于一体的综合解决方案。例如，一个特定的大型储能电站涵盖70%的全钒液流电池储能、20%的锂电池储能和10%的飞轮储能。其中，全钒液流电池具备高安全性、储能时间长、寿命长、环保、全生命周期成本低等优点，更适合规模化储能；锂电池储能充电速度快且放电功率大，适合及时应对用电端大规模缺电事件的发生；飞轮储能则具有更好的调频特性，可有效平滑功率输出，提升储电用电效率。

第三节　储能突破了新能源的发电用电短板

在新型电力系统中，新型储能可以在发电侧、电网侧、用户侧等各类场景深化应用。

一、电源侧储能："清洁电量的搬运工"

随着新能源风电、光伏发电量的攀升，其在社会用电量中的占比也在不断提高。2022 年，全国风电、光伏发电新增装机突破 1.2 亿千瓦，连续 3 年突破 1 亿千瓦，再创历史新高，较 2021 年同比增长 21%，占全社会用电量的 13.8%，接近全国城乡居民生活用电量。全年可再生能源新增装机 1.52 亿千瓦，占全国新增发电装机的 76.2%，已成为我国电力新增装机的主体。

但与此同时，弃风和弃光电量的绝对量增长显著。2021 年，全国弃风电量为 206.1 亿千瓦时，弃光电量为 67.8 亿千瓦时。弃电总量约为 267.48 亿千瓦时，同比增长约 22.7%。2022 年，弃风最严重的蒙东地区风电利用率仅有 90%；弃光最严重的西藏光伏利用率仅有 80%，青海光伏利用率为 91.1%。随着电力供给结构向风光倾斜，新能源发电量大幅上涨，弃风和弃光电量将在未来一段时间保持上升趋势，新能源发电消纳上网问题仍不容小觑，需要积极运用储能系统解决弃电问题。

在电源侧，储能系统将是电源调峰、削峰填谷的重要抓手（见图 9.5），成为"清洁电量的搬运工"。未来一段时间，我国电力供应结构仍将以燃煤发电为主，"传统＋新能源"混合发电模式并行。在用电低谷时，燃煤机组可进行灵活性调节，整体发电降至最小出力限制附近。但如果此时的发电供给仍高于电力需求，则传统能源端无法进一步调节，只能从新能源端选择弃光、弃风。

储能系统加入后，有利于平滑可再生能源输出，使弹性调度、"源网荷储"互动成为可能。在风电、光伏的发电高峰时段内，储能系统

"充电"，消纳新能源电量，有效降低弃风率、弃光率；在无风、无光时，储能系统"放电"，支撑电力系统正常运行。在此模式下，新能源电力并网消纳水平将大幅提高。《国家发展改革委 国家能源局关于加快推动新型储能发展的指导意见》提出，要"大力推进电源侧储能项目建设"，布局配置储能的新能源电站，保障新能源高效消纳，为电力系统提供容量支撑，保证一定的调峰能力。

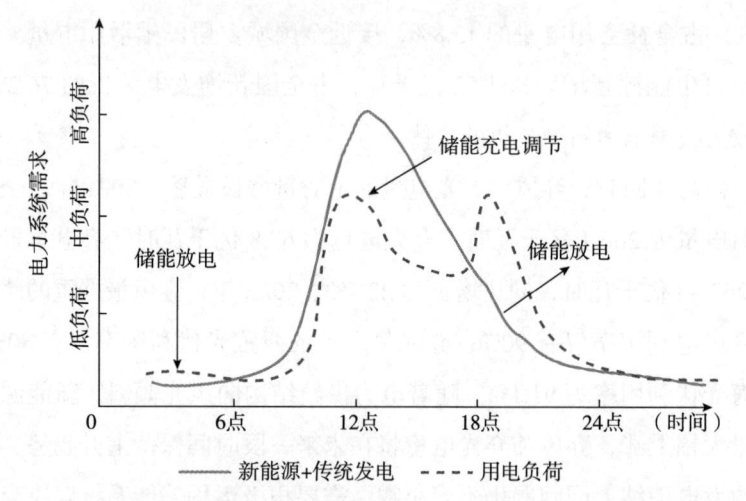

图 9.5 电源侧，储能吸收过剩电力，减少弃电、增加并网

资料来源：泽平宏观。

二、电网侧储能："安全稳定有保障"

在传统火电、水电系统中，发电机与电力系统强耦合，可以提供系统惯量，维持频率相对稳定。而在风电、光伏发电系统中，新能源电力通过电力电子控制器设备连接电网，一是系统自身惯性相应能力弱，调频能力差；二是新能源发电本身就具有瞬时波动、间歇、不可预测等特征。当新能源发电大量并网，会增加电网的波动，如果电网调节能力不匹配，电网频率稳定性将面临挑战，电网安全性将受到冲击。

相对于传统调频，储能系统的爬坡能力强，响应速率和调节速率快，调节精度高，可有效避免调节延迟、调节偏差、调节反向等问题，综合调频能力较优（见图 9.6、图 9.7、表 9.2）。诸如飞轮储能等新储能系统加入调频辅助市场，可以有效保障电网安全稳定运行。《国家发展改革委 国家能源局关于加快推动新型储能发展的指导意见》提出，要"积极推动电网侧储能合理化布局"，在大规模高比例新能源及大容量直流接入后，提升系统灵活调节能力和安全稳定水平。

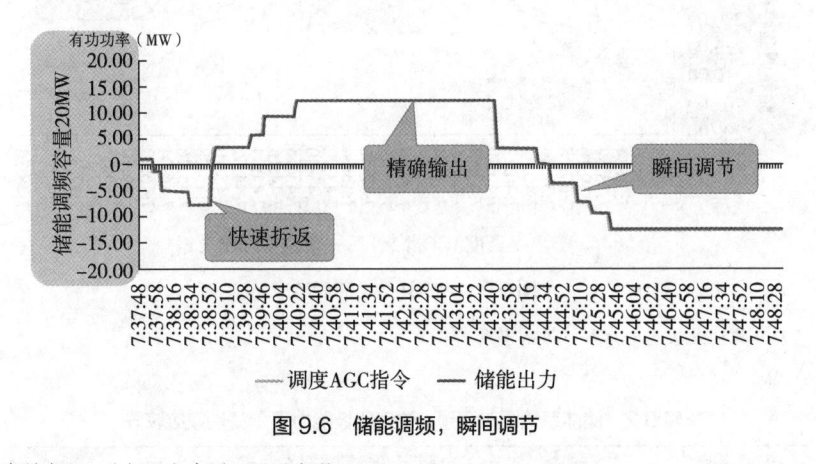

图 9.6 储能调频，瞬间调节

资料来源：北极星电力网，泽平宏观。

储能调频作为电网辅助服务的重要部分，市场化的交易程度较高。储能主体可以通过市场化竞标方式执行电网调频指令，调频性能优异度决定了项目盈利可行性。衡量储能系统的综合调频能力主要看 K 值，主要受响应速度（K1）、调节速率（K2）、调节精度（K3）影响，其中调节速率（K2）是最重要的指标。二次调频是当前储能参与调频的主要环节，价格机制比较成熟。未来相关主体参与市场一次调频，相关机制也将逐步落地。2022年6月，《南方区域新型储能并网运行及辅助服务管理实施细则》明确"谁提供、谁获利，谁受益、谁承担"原则，电力用户参与一次调频、二次调频、调峰等辅助服务的补偿费用由发电企业、市场化电力用户等所有并网主体共同分摊。《山西电力一次调频市场交易实施细则（试行）的通知》提出，鼓励新能源企业通过双边协商交易向独立储能运营商购买一次调频服务。

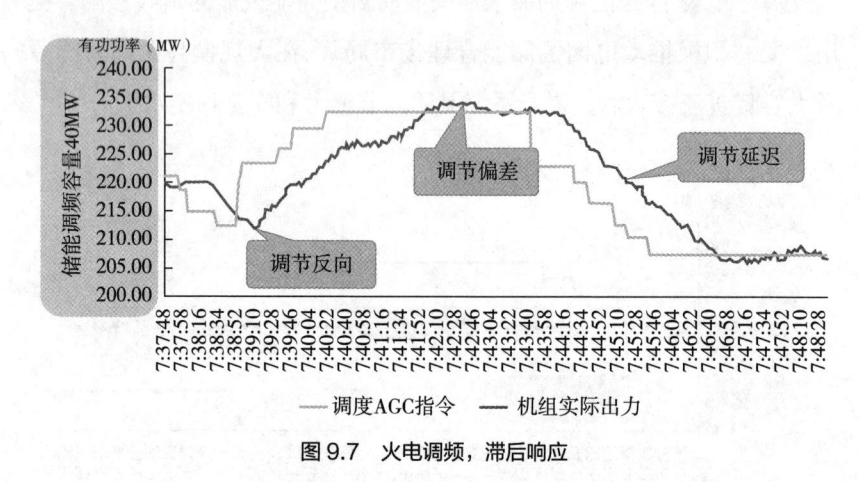

图9.7 火电调频，滞后响应

资料来源：北极星电力网，泽平宏观。

表9.2 储能系统瞬时调频，快速爬坡能力强，替代效应较好

电网调频爬坡需求	发电机组	爬坡能力	满足调频需求时，所需总功率	储能替代效果倍数	局限性
10MW/分钟	水电机组	30%/分钟	33.3MW	1.67	地理区域限制、速率精度限制、设备寿命损耗、燃料消耗增加
	燃气机组	20%/分钟	50MW	2.5	
	燃煤机组	2%/分钟	500MW	25	
	储能	瞬时	20MW	—	

资料来源：《电力系统自动化》，泽平宏观。

三、用户侧储能："多元场景促发展"

在能源转型趋势下，新能源并网终端更多，终端用电需求更广，用户需求也将从"用上电"向"用好电"升级。"以电代油""以电代煤"等电能发展战略持续推进。2022年，新能源汽车产销快速增长，市场保有量正式突破1 000万辆。未来，工商业、产业园、港口岸、空调、电采暖、电动汽车、充电桩等多元化电力需求侧相应的市场潜力巨大。未来新型电力系统的负荷结构将更加多元化，用户侧对电力智能控制、双向互动的需求更加深入，用户侧储能引领电力需求侧变革具备必然性。

欧美户储场景拉动新需求，全球用户侧储能发展潜力巨大（见图9.8）。2020年以来，全球能源价格高涨，海外通胀高企、欧美电价大幅提高。居民用电成本居高不下，激化了海外户用储能需求的爆发。根据IHS Markit的数据，2021年欧洲户用储能装机达1 717MWh（兆瓦时），同比增长60.2%。根据美国清洁能源协会（ACP）的数据，美国在2022年共部署了4.027GW/12.155GWh的电池储能，同比增速超30%。通过"光伏＋储能"模式，户用储能大幅节省了海外家庭的购电用电费用。中国供应商在全球户用储能系统中的光伏组件、逆变器、电池电芯等核心环节占据重要位置。2022年中国光伏组件出口量达158.5GW，同比增加58%，逆变器出口金额89.8亿美元，同比增加75.4%。

用户侧储能多场景融合发展，广泛涵盖工业园区、商业中心、数据中心、5G通信基站、充电设施、分布式新能源、微电网等各类终端用户。例如，在工商业场景中，储能作为备用电源在保证特殊情况下电力供应的同时，也为工商业企业节省了用电费用。国家能源局要求"工商业厂房屋顶总面积可安装光伏发电比例不低于30%"，光储协同促进本地能源生产与用能负荷基本平衡，光储一体化是未来重要的发展方向。

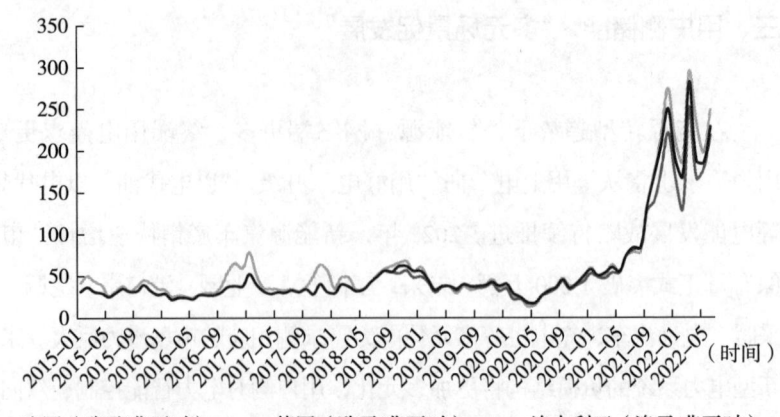

——法国（欧元/兆瓦时） ——德国（欧元/兆瓦时） ——澳大利亚（澳元/兆瓦时）

图9.8 欧美电价激增，户用储能需求爆发

资料来源：泽平宏观。

用户侧储能深化发展，催生了新技术和新商业模式，诸如虚拟电厂等。虚拟电厂可以聚焦用户侧资源，依托大数据、云计算、人工智能、区块链等技术，运用通信、计量、算法调度等手段，将居民用户侧、工商业用户侧、分布式新能源设施等储能系统资源智能相连。统一调度管理，分析、控制并优化系统运行，参与电网服务获取应用收益，最终实现发电、用电资源的高效利用。

第四节　储能的未来：多类技术协同，数字化运营模式

一是规范完善促进储能行业发展的各项标准，营造良好的发展环境，这是中国储能行业实现长远健康发展的根基。

深化研究完善促进储能发展的相应行业标准，包括产品设备技术

质量标准、安全强制性检测认证制度标准、规划设计与调度运行标准等，充分考虑新型储能在发输配用等环节的协同融合。

按储能发展与安全运行需求，完善行业准入条件与交易机制标准。建立健全储能全产业链技术标准体系，储能设备制造、建设、安装、运行监测的安全标准与管理体系要针对不同的应用场景，加强储能应用与现行能源电力系统相关标准的衔接。2022年6月，国家能源局《防止电力生产事故的二十五项重点要求（2023版）》提出，中大型化学储能电站不得选用三元锂电池、钠硫电池，不宜选用梯次利用动力电池。

规范多类型电池储能电站大数据中心运营标准，搭建电池溯源机制、大数据远程管控与智能运维系统。对储能电池，尤其是梯次利用储能电池，建立电池一致性管理与溯源系统，取得相应资质机构出具的安全评估报告，并建立在线监控平台，实时监测电池性能参数，定期维护并进行安全评估，是保证储能配置安全性与可靠性的重要一环。

建立可实现整个生命周期追溯与查询的碳足迹，推动储能电池出口环节。从上游材料生产制造、运输到储能电池全生命周期使用、退役，注重控制碳排放，能够有效满足具备严格碳排放政策的海外市场需求，储能电池产业链碳足迹认证体系是衡量国际竞争力的重要指标。

二是探索储能新商业模式（见图9.9），如共享储能、云储能、储能聚合，这是未来加快市场化节奏的关键创新。

在运营模式方面，除了自建和购买，新能源电站也可以用租赁等形式配置储能，发挥储能"一站多用"的共享作用。通过建设共享储能交易平台和运营监控系统，采用市场化方式合理分配收益，新能源电站可减轻前期资本开支，投资方可获取后期运营租赁费。

在投资主体方面，吸引多类主体入场，开展新模式探索，加速市场化进度。比如发电企业、储能运营商可以联合投资等。这样可以将原本由新能源电站配建的储能，转由社会资本集中建设。

用户需求侧方面，探索诸如虚拟电厂等新型电力信息化管理模式，利用数字化技术，对分布式储能设施开展平台聚合利用。比如企业用户、综合能源服务商可以根据用户负荷特性，自主建设用户侧储能；第三方虚拟电厂运营主体可以将规模化但是分散的小微主体聚合起来，实现需求侧响应，主动削峰填谷，优化区域电网负荷，实现源荷双向互动。

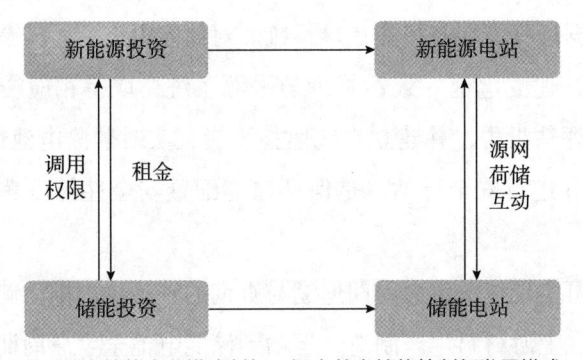

图9.9 储能商业模式创新，探索共享储能等创新发展模式

资料来源：泽平宏观。

三是发展较高资源自给率的储能技术路线，如钠离子电池、全钒液流电池、氢储能等，这是加强我国能源安全与强化储能全产业链控制能力的重要一环。

当前我国已建成了以抽水蓄能、锂电池为主体的储能产业链，但锂电池中的镍、钴等资源稀缺、外部依存度较高，将成为继续选择锂电池为主的储能发展路径的潜在风险因素。因此，发展较高资源自给率的多元化储能技术路线是未来的必然选择。

储能电池发展多元化技术路线（见表9.3），要兼顾资源可得性、成本控制和市场化商用进程等多个层面。一要注重资源可得性，钠离子电池、镁离子电池、全钒液流电池的原料资源丰富，其中，中国镁、钒资源丰富，镁产量占据全球70%以上，钒产量在全球占比高达66%。氢储能可以通过利用多余电量电解制氢并将其用于发电，原料易得且可无限次循环利用。二要突破多元电池技术在市场化商用推进层面的短板，比如要找到兼顾经济性与安全性的钠离子电池负极材料；有效解决镁基电池电压滞后、正极材料钝化问题，使其化学性质更加稳定，具备更高的安全性；有效解决氢储能在储能周期中损失约60%的初始电能问题，提高运氢储氢的安全性与储存效率。

重点扶持具备较高的资源自给率的储能技术发展，加大资源勘探力度，动员生产企业、科研机构等主体参与开发和商用。以资源禀赋为基础条件，提高资源自主供应能力，通过政策倾斜与投资扶持推动相关技术发展，助力能源保障和能源转型并进。

深度挖掘系统集成关键储能技术。深化产学研用协同创新，开展示范应用，重点推动大容量、长周期储能、核心技术装备研发与系统集成以及储能安全防护的技术攻关。

表9.3 各类电化学储能技术发展

发展程度	储能类型	特点
商用阶段	铅蓄电池	技术成熟度高，能量密度偏低，循环使用寿命较短，度电成本偏高，对环境腐蚀性强，自放电较大
	三元锂电池	技术成熟度高，能量密度高，耐高温性能较差，三元正极材料中镍、钴等元素的价格处于高位，在大型储能中应用安全性有待提升
	磷酸铁锂电池	技术成熟度高，能量密度高，度电成本相对可控，耐高温性能稳定，在大型储能中应用安全性较高，耐低温性能有待提升

续表

发展程度	储能类型	特点
示范阶段	钠离子电池	钠元素存储量丰富,安全性能更好,钠离子体积更大,对储能电池正负极材料要求更高,需要更低成本、结构稳定的正负极材料配合
	全钒液流电池	电池循环寿命长、易回收,全生命周期成本低,高温安全性能好,钒产量资源端有保障,能量密度和转化效率偏低,刚开启商业化,技术路径待成熟
	超级电容电池	介于电容器和电池之间的储能器件,既具有电容器可以快速充放电的特点,又具有电池的储能特性,电池充电速度快、工作效率高,循环使用寿命长、耐充,能量密度偏低,技术路径待成熟

资料来源:泽平宏观。

四是深化发展市场化电价机制,进一步完善电力现货交易,是新增多样化辅助品种、推动储能多元主体加速入场的有效保障。

电力现货交易由于实时交易、实时结算特性,可以更好地反映市场供需和成本,更好地发现价格。完善峰谷电价政策,落实分时电价、尖峰电价,推进电力现货交易,有效利用峰谷价差,为用户侧储能发展创造更大的市场空间。电力现货交易推进储能主体对新能源发电的消纳,通过有效利用市场峰谷价差,为储能项目的盈利打开空间。

完善储能主体参与电力辅助服务市场机制,允许新型储能作为市场主体注册、交易。建立电网侧、用户侧电价机制。一是在电网侧,制定电网侧储能收费电价核价范围,建立电网侧独立储能电站容量电价机制。推动快速调频、爬坡、惯量支撑、备用等新型多样化储能品种作为市场主体参与电力市场交易。二是在用户侧,建立电力市场用户可调负荷参与市场的分担共享新机制,支持用户侧储能资源参与电力系统调节服务,明确服务补偿范围和分担责任,培育更多合格的电力现货市场参与主体。

第十章

新能源氢能：
最清洁的能源解决方案

能源安全、清洁化是重大国家战略。氢能元素资源丰富、储能时间长、能量密度大，符合人类能源演化方向，是21世纪最清洁的能源解决方案。现在的氢能产业就像数年前的锂电池和光伏产业，发展潜力巨大，氢能正在引发一场深刻的能源革命。氢能源行业包括上游制氢、中游储运氢、下游应用氢等环节。重点关注绿氢制备、氢化工、氢储能、氢燃料电池等领域。

一是电解水制氢，碱性电解槽制氢、PEM制氢大发展。制氢最大的成本——绿电的价格正在下降，未来用绿电电解水制氢，有可能和化石能源制氢平价。二是氢储能。氢储能，即把电转化成氢，再把氢储存起来，是最适合的大规模、长周期能量存储方案。高压气态、液化储氢等技术蓬勃发展：气态储氢方面，碳纤维等储氢瓶原材料国产化加速，性能高、储量大、轻质化；液氢储氢方面，目前发展进入窗口期，逐渐开启了民间商业化使用。三是氢燃料电池。重点关注电堆、膜电极，以及氢能商用车、加氢站。电堆、膜电极是氢燃料电池系统的核心，成本占比高，技术难度大。氢燃料电池看电堆，电堆关键看膜电极。氢燃料电池可用于交通运输、发电、建筑热电联供各个领域。氢燃料电池和商用车更匹配，"先商用，后乘用"。我国加氢基础设施已经走在全球前列，油氢共建站是主流。四是绿氢化工、冶金。这些领域消耗氢气规模巨大，用绿氢制备甲醇、合成氨等化工品，用绿氢冶金，给传统钢铁冶金行业、化工行业带来了革命性变革，摆脱了化石能源依赖，减少了煤炭消耗，实现了人工碳循环和清洁化发展。

氢是最清洁的能源，氢能产业正在快速发展，制、储、运、用等商业闭环逐渐打通。各地区应把握好发展氢能的优势资源，风光等绿电丰富区域发展制氢，物流中心、载重运输聚集地重视氢燃料电池应用。提前进行加、储、运氢基础设施建设，打造好我国的"氢能大通道""氢走廊"。氢能是新万亿级赛道，有望成为继新能源汽车、锂电池之后又一革命性的爆发点。*

---

* 本章作者：任泽平、王一渌、岑伟铭。

第一节　能源清洁化时代，氢能突出重围

在"双碳"目标承诺下，能源清洁化成为大势所趋，氢是世界上占比达 75% 左右的元素，氢能源被誉为 21 世纪最清洁的能源。氢气可以作为燃料，也可以与氧气结合反应，释放出不包含任何污染气体的水蒸气，生成电流。氢是热门的二次能源，属于第三次能源革命的重点技术路线和攻关方向。氢能源产业链涉及多个子领域，总体上可分为上游制氢、中游储运氢、下游加氢用氢等方面（见图 10.1）。

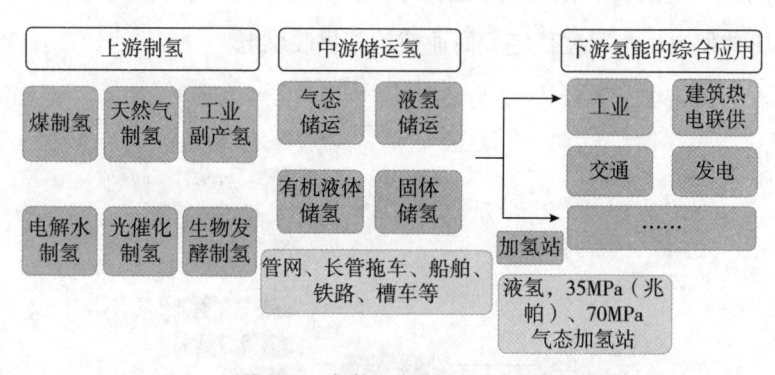

上游制氢	中游储运氢	下游氢能的综合应用
煤制氢　天然气制氢　工业副产氢	气态储运　液氢储运	工业　建筑热电联供
电解水制氢　光催化制氢　生物发酵制氢	有机液体储氢　固体储氢	交通　发电
	管网、长管拖车、船舶、铁路、槽车等	加氢站 液氢, 35MPa（兆帕）、70MPa气态加氢站

图 10.1　氢能源产业链各个环节

资料来源：中国氢能联盟，泽平宏观。

氢能源产业正从导入期过渡到快速发展期。我国氢能相关政策陆续出台，从 2017 年开始，《中国燃料电池汽车发展路线图》《中国氢能源及燃料电池产业白皮书》陆续对氢能技术和产业路线做出指引。2021 年，《2030 年前碳达峰行动方案》《中共中央　国务院关于深入打

好污染防治攻坚战的意见》《"十四五"节能减排综合工作方案》，对氢能全产业商业化发展规划提出了更高要求。

2022年3月，国家发改委和能源局联合发布《氢能产业发展中长期规划（2021—2035年）》，提出了氢能产业发展各阶段目标：到2025年，基本掌握氢能源产业链相关的核心技术和制造工艺，每年可再生能源制氢量达10万~20万吨，部署建设一批加氢站，争取燃料电池车辆保有量约达5万辆，每年实现二氧化碳减排100万~200万吨。到2030年，形成较为完备的氢能产业技术创新体系、清洁能源制氢及供应体系，有力支撑碳达峰目标的实现。到2035年，形成多元氢能应用生态，可再生能源制氢在终端能源消费中的比重明显提升。

如图10.2所示，氢能既可以通过燃料电池技术应用于汽车、轨道交通、船舶，降低长距离高负荷交通对石油和天然气的依赖；还可以利用燃气轮机技术、燃料电池技术以及氢储能技术，应用于分布式和集中式发电，为家庭住宅、商业建筑等供暖供电。

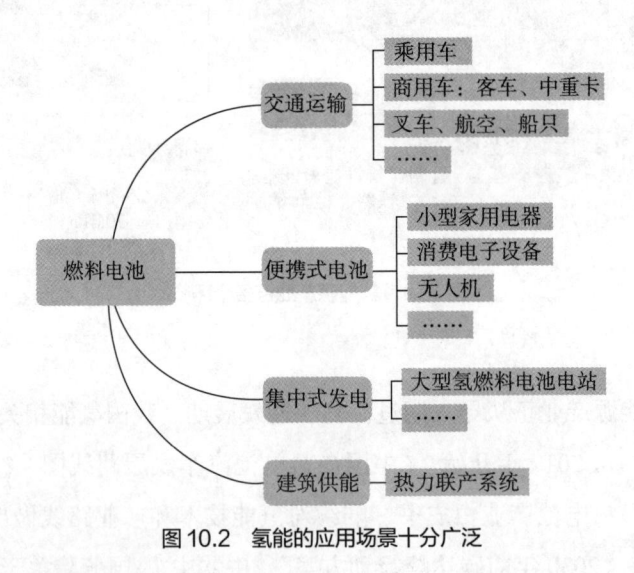

图10.2 氢能的应用场景十分广泛

资料来源：公开资料，泽平宏观。

目前氢能技术正处于不断突破和迭代的窗口期，商业化进程加速，应用落地情况振奋人心。氢能有望成为继光伏、风电、锂电池汽车产业链后极具希望的领域之一，成为规模巨大的万亿级赛道。

第二节　绿氢来源：风电、光伏电解水制氢

电解水制氢是通过向电解质水溶液中通入直流电，将水分解成氢气和氧气。再使用气液分离装置分离氢氧气体，最后进一步将氢气纯化储运使用。制氢环节的成本以电费为主（见图10.3），占比很高。未来需要降低度电成本，提高电氢转化效率。用绿电电解水制氢气，是将光能等其他形式能源转化为氢能存储的关键。一是要关注制氢的用电成本，二是要关注电解槽技术的突破。

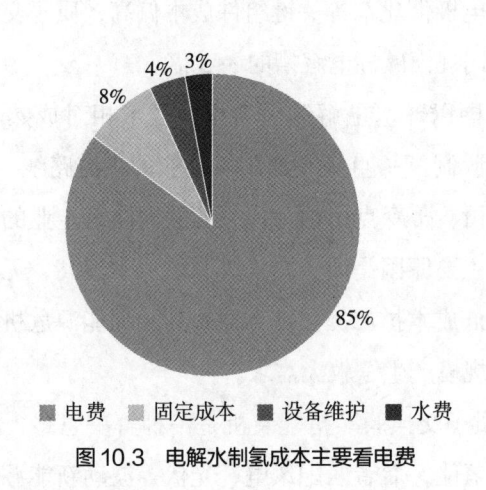

图10.3　电解水制氢成本主要看电费

电费 85%　固定成本 8%　设备维护 4%　水费 3%

资料来源：中国氢能联盟，泽平宏观。

由于纯水的电离度很小，导电能力低，属于典型的弱电解质，所

以需要加入氢氧化钠、氢氧化钾等更强的电解质，以加强溶液的导电能力。根据电解质和隔膜的不同，可分为碱性电解水制氢技术（AWE）、质子交换膜电解水制氢技术、固体氧化物电解制氢（SOEC）技术。

电解水制氢系统由电解槽、电力转换系统、水循环系统、氢气处理系统等组成，其中电解槽是电解水制氢的核心部分（见图10.4），包括槽体、阳极和阴极，多数用隔膜将阳极室和阴极室隔开。制氢系统成本属于制氢固定成本，电解槽占制氢系统总成本的40%~50%。目前主流的电解槽技术有碱性电解槽、质子交换膜电解槽等，适用于不同场景。

第一，质子交换膜电解槽技术具有反应无污染、槽体结构紧凑、运行灵活、更适合可再生能源波动性等优点。质子交换膜设备制氢可调范围更大，更加有利于在不稳定电源供电情况下制氢，比如和新能源风光伏一起耦合，在离网、非并网状态制储氢。目前已有越来越多的新建绿电制氢项目开始选择使用质子交换膜电解槽技术。但是，质子交换膜、铂电极催化剂等关键组件成本偏高，质子交换膜电解槽的制造成本为相同规模碱性电解槽的3~5倍。

第二，我国以碱水电解制氢为主，技术相对成熟。在过去多年间，质子交换膜制氢一直是欧洲制氢企业的主流路线。2022年开始，以Nel氢能公司、蒂森克虏伯为代表的欧洲制氢企业的碱性电解槽订单增长迅速。主要原因是质子交换膜制氢成本偏高，无法和碱性槽一样迅速大规模低成本扩产，在俄乌冲突和欧洲能源危机的背景下，欧洲对整体制氢规模产生了较大需求。

"碱性＋质子交换膜"搭配装机是一种解决思路，前者提供大规模、低成本的氢能，后者匹配风电、光伏等波动新能源制氢场景。多数的制氢企业也会同时布局"碱性＋质子交换膜"两种路线的电解槽，比如派瑞氢能、阳光氢能、国富氢能、瑞麟科技、上海电气等。

未来电解水制氢成本会不断下降：一是度电成本下降，二是电解槽技术进一步突破。全球攀升的氢气需求，提升了质子交换膜电解槽的工作时长，使其成本更低、商业化加速（见图10.5）。

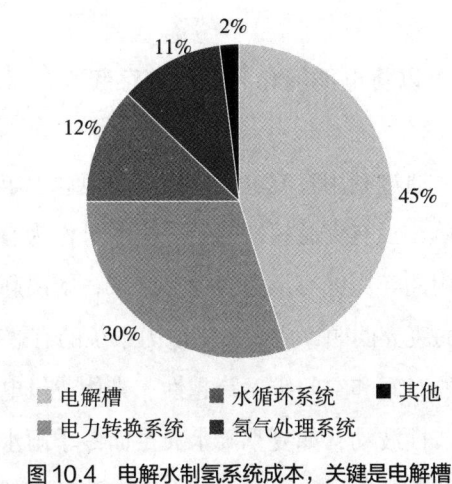

图10.4 电解水制氢系统成本，关键是电解槽

资料来源：IRENA，泽平宏观。

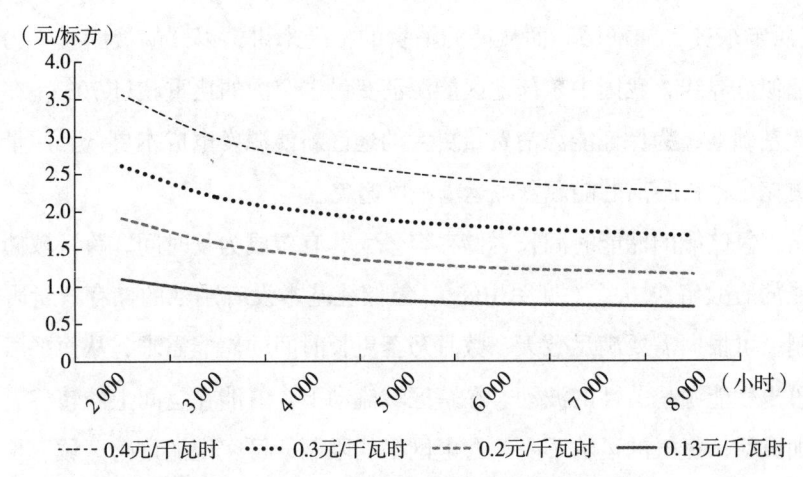

图10.5 随着电费下降、总工作时长提升，质子交换膜电解槽制氢成本降低

资料来源：北极星氢能网，泽平宏观。

第三节　绿氢储能：大规模、长周期的能量存储方案

电解水制氢可以将电能转化为氢能储存起来，氢储能具备诸多优势。

第一，氢能可通过利用直流电，直接电解地球上丰富的水资源得到氢气，原料简单，没有资源短缺问题。氢能可作为有效媒介，将无法上网或难以利用的弃光或弃风资源储存起来，解决新能源发电间歇性、随机性导致的废弃问题，成为新型电力系统的有效补充。

第二，极强的时间和空间维度跨越性。光伏、风电与水电等新型能源发电存在季节性波动，如夏季雨水充足而冬季雨水稀少，夏季光照充足而冬季光照较少等。除了在季节上存在波动之外，新能源发电在空间分布上也极不均匀。以光伏发电为例，我国光照资源分布呈现"西丰东贫"的格局。而从能源消费的格局来讲，以"胡焕庸线"为近似分界线，我国中东部地区能源消费量占全国的比重超过70%。在此基础上，为保证能源消费量更大的地区新能源发电成本更低、用量更充足，长距离的能源资源运输不可避免。

氢储能的储存时间长、储存容量大，有望成为长时间、跨区域储能的有效解决方案（见图10.6）。氢储能基本没有刚性的储存容量限制，可根据需要满足数天、数月乃至更长时间的储能需求，从而平滑可再生能源季节性的波动。在跨区域流动上，氢能在空间上的转移更加灵活，氢气的运输不受输配电网络的限制，可实现能量跨区域、长距离、不定向的转移。

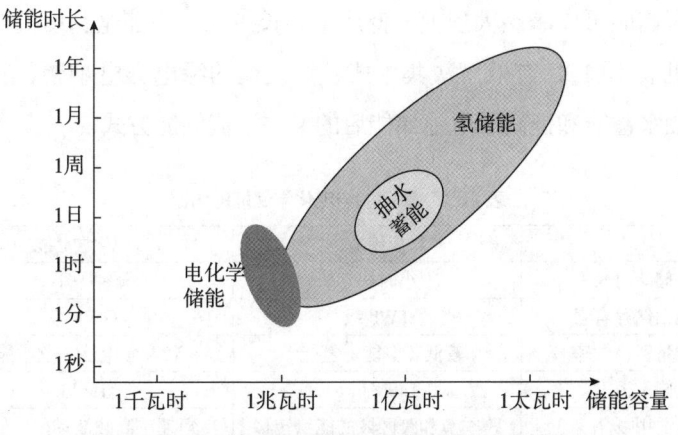

图10.6 氢储能具备更强的时间和空间维度跨越性

资料来源：Joi Scientific，泽平宏观。

第三，氢储能具备极大的能量密度和热值（见图10.7）。氢能量密度可达到140MJ/kg（兆焦耳/千克），是锂电池等电化学储能的100多倍，以更小的体积存储更多的能量，能有效避免能量浪费。氢气热值可达120MJ/kg，是煤炭、天然气和石油等传统化石能源的3~4倍。

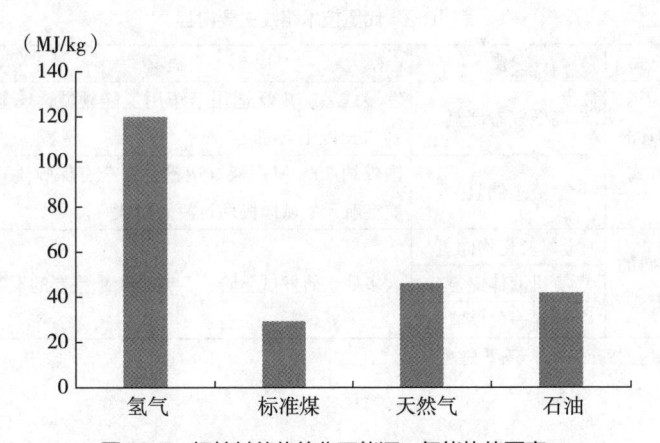

图10.7 相较其他传统化石能源，氢能热值更高

资料来源：中国氢能联盟，泽平宏观。

氢储能可以满足大规模、低成本、长周期、高能量密度的储能需求（见表10.1），有效解决集中式、大规模的绿电弃电难题，有望成为继抽水蓄能和锂离子电池储能后的又一主流储能方式。

表10.1 氢储能与电化学储能的对比

	氢储能	电化学储能
储能时长	小时—年	分钟—小时
最大储存容量	TWh级	GWh级
能量转换效率	较低（电能→氢能）	较高（电能→化学能）
能量密度	140MJ/kg	<1MJ/kg
适用场景	跨季节和跨区域的能量转移	短期、高频波动的电储能

资料来源：Joi Scientific，CNESA，泽平宏观。

氢能源的储存形式主要有基于材料的储存和基于物理的储存两种技术路线（见表10.2）。在基于材料的储存中，氢储存在金属氢化物（固体介质）、液氢载体、材料表面三种不同的介质中，技术还有待开发。在基于物理的储存的技术路线中，高压气态储氢和液态储氢为两种主要储氢形式，也是目前氢储运技术重点突破的两大储氢方式。

表10.2 储氢技术路线主要内容

储氢方式	分类	概况
基于物理的储氢方式	高压气态储氢	发展成熟，广泛运用于车用氢能领域，储氢瓶升级到70MPa Ⅳ型瓶
	液态储氢	国外约70%使用液氢运输，安全有保障。我国处于航空航天领域向民用过渡的阶段
基于材料的储氢方式	金属氢化物储氢	大多处于研发试验阶段，或是未来重要的发展方向
	有机液体储氢	
	材料表面储氢	

资料来源：公开资料，泽平宏观。

第一，高压气态储氢主要通过储氢瓶或储氢罐存储气氢，是我国目前最为常见的储氢方式，技术更加成熟。原材料、储氢瓶发展日益完善。

原材料方面，碳纤维等高压储氢瓶的关键原材料的国产化程度在逐年提升。早期由于研发起步晚、原材料性能差，碳纤维多以进口为主，但近年来，进口碳纤维占比已从2015年的80%以上下降到2020年的60%左右。随着国家对新能源、新材料的重视，未来碳纤维生产工艺日臻完善，规模效应逐渐显现，碳纤维生产的单位成本逐年下降，其国产化还会进一步提速（见图10.8），气氢储能进一步发展的潜力很大。

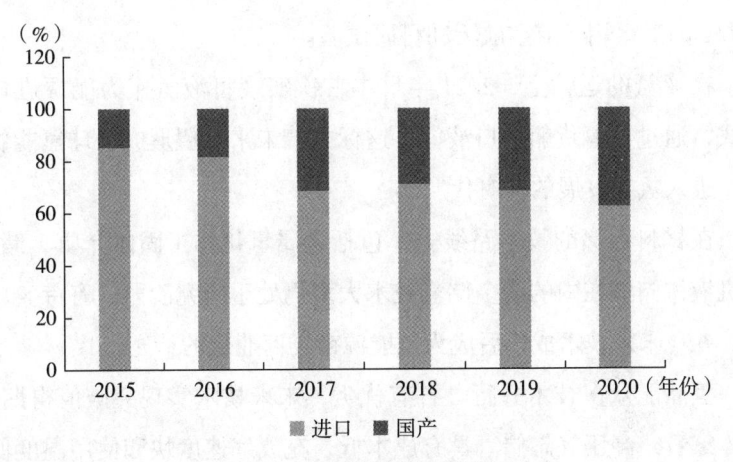

图10.8 我国碳纤维国产化程度

资料来源：公开资料，泽平宏观。

气态储氢瓶更加轻质化，能量密度高。规格较高的气氢存储系统多为质量更轻、工作压力更大、能储存更多氢气的70MPa塑料内胆纤维，缠绕Ⅳ型瓶组。而我国则以30MPa的Ⅲ型瓶为主。随着车载储氢瓶的兴起，我国储氢罐逐渐向更轻质化、储存密度更高的70MPa Ⅳ型瓶靠拢，已有相当多的国内企业开始布局Ⅳ型瓶的技术研发与制造。

第二，液氢的储氢方式已在多个领域取得突破。在产能方面，从世界范围看，全球目前已有数十座液氢工厂，总产能约为470吨/天。其中，美国液氢产能约为300吨/天，欧洲约为20吨/天，日本约为40吨/天，国内产能约为5吨/天。

在应用领域，我国液氢应用目前多用于军工及航天领域，未来有逐步引入民用的趋势，而国外液氢则进入高速发展的快车道。液氢率先在欧美民用市场逐渐成熟，目前美国1/3的加氢站为液氢储氢模式，液氢民用占据主流市场，其中33.5%用于石油化工行业，37.8%用于电子、冶金等其他行业，约10%用于燃料电池汽车加氢站，仅有18.6%的液氢用于航空航天和科研试验。

在液氢的运输上，2021年日本首次实现将液氢作为能源进口的形式，通过液氢货船进口液氢。这标志着未来有望形成全球氢能供应链，进入氢能发展的新时代。

在材料存储的技术路线上，包括金属氢化物（固体介质）储氢、有机液体储氢在内的诸多储氢技术大多仍处于研究阶段，有待实现突破，并在未来技术成熟后成为氢能源市场商业化的补充。

氢储能众多技术并行，各有优劣，未来技术实现突破值得期待。具体来看，高压气态储氢具有成本低、充放气速度快和使用温度低等优点。但储量小、耗能大，需要耐压容器壁，存在氢气泄漏与容器爆破等不安全因素的缺点也较为明显。液态储氢储量大，安全性更高但所需温度低，对储存容器要求高。未来高安全性、低成本、能实现长距离运输的储氢方式亟待开发，并有望引领氢储能进入全面产业化时代。

第四节 绿氢交通：氢燃料电池应用的关键领域

氢燃料电池以氢气为原料，将氢能转化为电能，具有高能量转换效率、零排放、无噪声等优点。燃料电池从组成上分为电堆、支持系统两个部分，前者是核心动力组件，后者由空气压缩机、加湿器、燃料回路、空气回路等支持组件构成。燃料电池工作经过三个过程：一是进行反应的氢气先在气体扩散层内扩散；二是氢气被催化剂层的催化剂吸附后离解；三是氢离子从燃料电池的阳极通过质子交换膜到达阴极与氧气反应，电子通过外电路到达阴极产生电。只要向燃料电池的阳极和阴极持续供给氢气和氧气或空气，外电路就会持续产生直流电（见图10.9）。

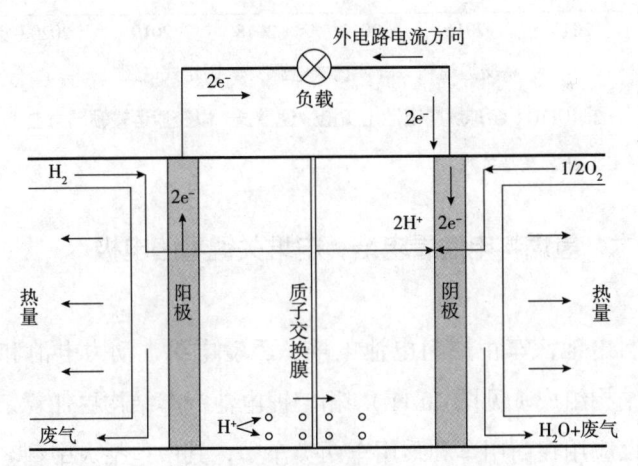

图10.9 质子交换膜燃料电池工作原理

资料来源：公开资料，泽平宏观。

近年来氢燃料电池的出货量主要集中在交通运输、便携式发电和固定发电站等新能源领域。其中交通运输领域是燃料电池装机重点，根据国际可持续能源咨询公司 E4tech 的数据，2020 年全球交通运输用燃料电池出货量为 994MW，年复合增长率达 34.1%。交通运输领域出货量占全球燃料电池出货量的比例提升至 75.4%，增长迅速（见图 10.10），产业正在从导入期步入发展期，大幅商业化成为可能。车规级燃料电池技术要求更高，也为其他领域的应用奠定了基础。

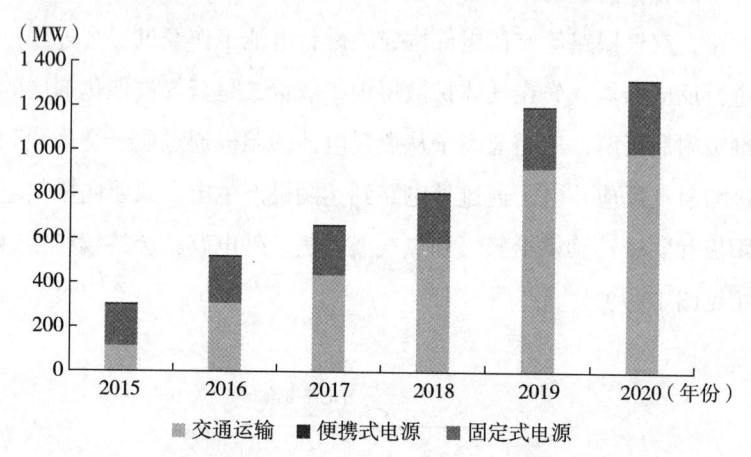

图 10.10　全球燃料电池出货量快速增长，以交通运输领域为主

资料来源：E4tech，泽平宏观。

一、技术：氢燃料电池看电堆，电堆关键看膜电极

燃料电池汽车由燃料电池电堆、驱动电机、动力电池和高压储氢罐等结构组成（见图 10.11），相较锂电池汽车结构更加复杂。燃料电池可以应用在商用车和乘用车两类车中，其中包括大中型客车、叉车以及重型卡车等搭载乘客或运输货物的大、中型车辆，以及轿车、SUV 以及轻型客车等小、微型车辆。比如一汽、上汽、宇通、北汽福

田等企业推出氢燃料商用车，丰田、现代、海马、长安深蓝等车企有燃料电池乘用车车型。

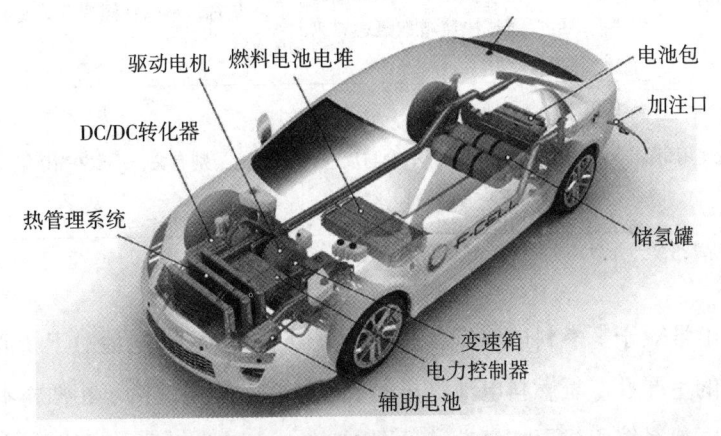

图10.11 燃料电池汽车结构

资料来源：Alternative Fuels Data Center（美国能源部替代燃料数据中心），泽平宏观。

对比锂电池汽车，燃料电池汽车具备无污染、加氢快、续航里程长、电池使用寿命长等优势（见表10.3）。随着储氢技术、电池电堆技术成熟，燃料电池汽车逐渐商业化，有望成为汽车电动化趋势的有效补充，成为第三次能源革命中的关键一环。

表10.3 燃料电池汽车与锂电池汽车对比

项目	氢能源汽车	锂电池汽车
原料	氢气可从水中制得，仅催化剂涉及重金属，未来用量有大幅减少的趋势	锂电池生产要用到钴酸锂、铜、铝、镍等大量重金属
加氢或充电速度	加氢站加氢只需要3~5分钟，与加油无异	根据电池类别充电时长不等，但平均充电时长仍较长

续表

项目	氢能源汽车	锂电池汽车
续航情况	续航里程长，可轻松达到500千米以上，主要跟汽车的载氢量相关，可以通过快速增加氢燃料来提升续航能力	与电池性能有关，目前普遍在500千米左右，难以在短时间内通过充电续航
电池使用寿命	电池的电极只作为化学反应的场所和导电的通道，自身不参与反应，因此没有损耗，电池寿命较长	跟电池类别有关，一般在10年以下

资料来源：公开资料，中国氢能联盟，泽平宏观。

电堆对于氢燃料电池汽车而言，类似于现在动力电池对于新能源汽车的重要性。氢燃料电池汽车的成本结构与锂电池汽车相似，不过燃料电池系统组成更加复杂（见图10.12）。总结一句话，即燃料电池技术主要看电堆，电堆关键看膜电极。

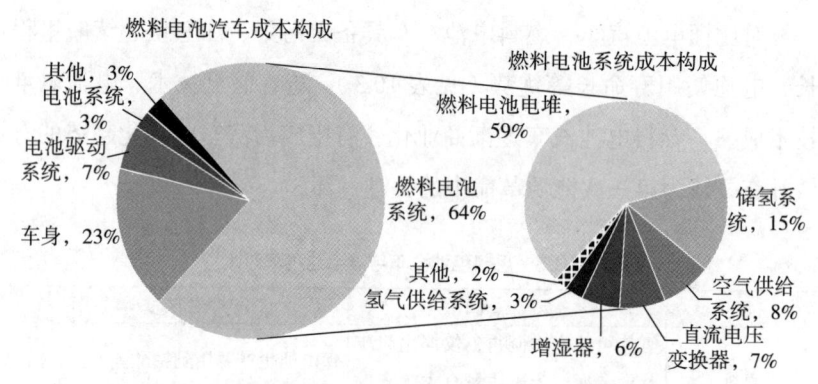

燃料电池汽车成本构成：其他，3%；电池系统，3%；电池驱动系统，7%；车身，23%；燃料电池系统，64%。

燃料电池系统成本构成：燃料电池电堆，59%；储氢系统，15%；空气供给系统，8%；直流电压变换器，7%；增湿器，6%；氢气供给系统，3%；其他，2%。

图10.12　燃料电池汽车关键看燃料电池系统，电池系统关键看电堆

资料来源：新材料在线，中商情报网，泽平宏观。

电堆是燃料电池系统最核心的部分，其成本占燃料电池成本的比重接近60%。电堆主要由多层膜电极、双极板堆叠而成。石墨堆占据

燃料电池市场主流，金属堆逐渐发力。电堆企业大多采取双重发力策略，同时布局研发石墨和金属电堆产品，突破了单堆功率的上限。

其中膜电极是燃料电池中多项物质传输和发生电化学反应的场所，由质子交换膜、催化剂与气体扩散层组成，占燃料电池电堆成本的65%，是其核心部件（见图10.13）。膜电极的制备技术直接影响电池性能，也影响电池成本、电池比功率和比能量。可以说，膜电极对于燃料电池的重要性，相当于正极材料对于锂电池的重要性。

未来在燃料电池系统设计、集成更加成熟后，更多的车企或将根据电池进行正向设计整车，重新组合装配底盘，比如把氢瓶设计在底盘、加强系统集成，再如整车轻量化，等等。

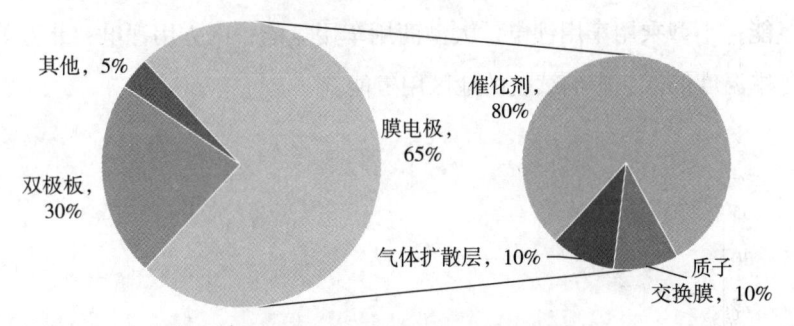

图10.13 燃料电池电堆成本以膜电极为主

资料来源：中商情报网，美国能源局，泽平宏观。

二、市场：燃料电池适配商用场景，解决商用车电动化难题

商用车的体型更大，行驶相同的里程消耗更大能量、尾气排放更多，亟须进行动力系统的清洁化替代。2022年3月，国家发改委联合国家能源局联合发布的《氢能产业发展中长期规划（2021—2035年）》明确指出，要重点推进氢燃料电池在中重型车辆方面的应用，有序拓

展氢燃料电池在新能源客、货汽车市场的应用空间，逐步建立燃料电池电动汽车与锂电池纯电动汽车的互补发展模式。

商用车碳排放占比高，但电动化水平低，2022年商用车新能源渗透率为11.3%，远低于乘用车（见图10.14）。商用车实现电动化一直存在一大难题：大规模装配电池的成本高昂，无法长距离续航。究其原因，动力电池早期能量密度小、充电速度慢、续航里程短，只能先在乘用车市场领域大规模适配，待成本下降、技术水平提升后，才能慢慢拓展到商用车市场。此外，动力电池渗透进商用车市场还需要匹配商用充换电基础设施运营，全面实现商用车锂电化也不具备完全经济性。而燃料电池则与锂电池汽车不一样，氢能电池更适配于重卡、大巴等商用长途重载领域。未来的格局可能是：市区用锂电，长途用氢能；小型乘用车用锂电，大型商用车用氢能；南方用锂电，北方等冬季温度偏低、影响续航的地区用氢能。

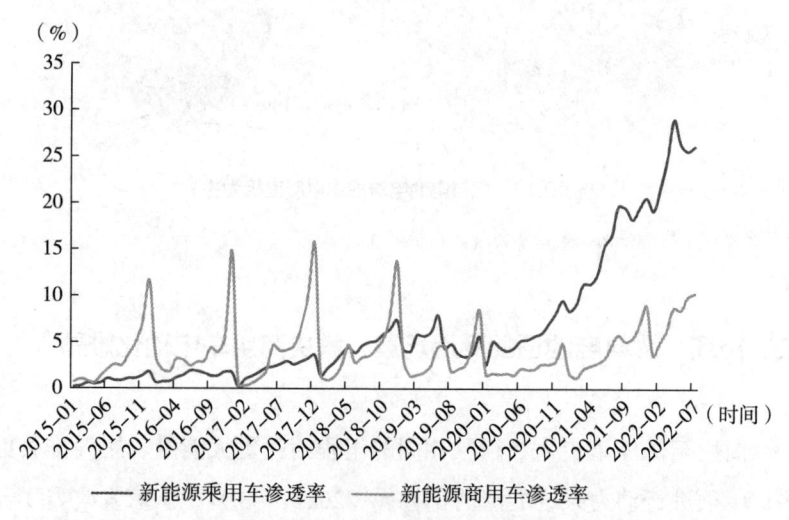

图10.14 新能源商用车领域渗透率相对较低，是燃料电池的重点应用领域

资料来源：中汽协，泽平宏观。

第一，氢燃料电池经济性要优于锂电池。氢是高品质热源，能够减少汽、柴油消费，节省行驶燃料成本，对商用车司机、运营方来说更具备经济性。商用车行驶里程较长，燃料电池可以通过迅速加氢实现燃料补充，节约时间。也可减少携带动力电池数量，只需少量电池和储氢瓶即可满足汽车长途行驶，节约动力系统的材料成本。燃料电池的重量更轻，商用车便于装载更多货物以实现更低的运货成本。

在考虑氢能车成本时，更应该从总拥有成本（Total Cost of Ownership，TCO）全生命周期角度考虑，综合车辆购置成本、加氢的燃料等使用成本、司机成本和运维成本。在初期，政策补贴整车，拉低单车购置费用；到后期，更应该考量百公里氢耗量、氢气价格等关键影响因素。相比于燃油汽车，随着单吨氢价更低，成本优化的天平将向氢车倾斜。

车用燃料电池系统的降本路径如下：一是系统成本下降，2025年、2035年、2050年商用车燃料电池系统成本目标分别为3 500元/千瓦、1 000元/千瓦、500元/千瓦；二是系统功率抬升，2025年燃料电池重卡、客车、物流车的系统功率分别为150千瓦、100千瓦、55千瓦，2050年分别为300千瓦、200千瓦、100千瓦；三是百公里耗氢下降，2025年燃料电池重卡、客车、物流车百公里氢耗分别为8.5千克、5.5千克、2.5千克，2050年分别为6千克、3.5千克、1.5千克；四是氢气成本控制，2025年为每千克20元，2035年下降到每千克10元以内。

第二，燃料电池系统结构复杂、占位更大，商用车有充足的电池存放空间。由于燃料电池的峰值输出能力很差，在启动、爬坡时，无法通过进行电机功率的调节来满足汽车的制动要求。因此，燃料电池车除了储氢瓶、燃料电池电堆系统，还需要配备一套动力电池系统，来满足汽车驱动对峰值功率的要求。燃料电池汽车的动力系统结构相比锂电池汽车更加复杂，大型的商用车适配燃料电池储存空间的需求。

第三，商用车的行驶路线通常都会提前规划、相对固定，在商用车频繁行驶的路段进行加氢站建设，更方便解决加氢焦虑问题。2022中国全年燃料电池商用车销量达到3 164辆，同比增长105%。氢能车中，客车的交强险上牌销量占比达55%，重卡占比达41%。氢能商用车正从示范到商业化落地，从产品导入期到行业快速成长期。

汽车智能化时代，电池除了为汽车提供前进的动力，还需要为智能化的感知系统（环境感知与定位）、决策系统（智能规划与决策）以及执行系统（控制执行）三大核心模块提供运行的能量支撑。氢燃料电池能解决汽车智能化时代的大规模车载耗电问题。一是储氢技术有望实现突破，未来更高压力、更轻质化的储氢瓶和新型车载储氢方式，能为车辆提供更多的动力支撑。二是燃料电池可在3~5分钟的时间内快速充氢兜底，解决电池能量焦虑问题。

三、配套：加氢站是商业化进程的晴雨表

加氢站是氢燃料电池车补充能量的场所，其建设进度与行业的发展程度息息相关，是氢能产业发展完善程度的晴雨表。

我国加氢站建设走在全球前列（见图10.15），全球占比逐年提升。截至2022年底，全球主要国家在营加氢站数量达到727座，同比增长22.4%；我国在营加氢站数量达到245座，占比为33.7%，位居世界第一。我国加氢站主要分布在京津冀、山东、广东、长三角、湖北等区域。其中，山东是"氢进万家"示范工程落地区域，氢能发展被寄予厚望。京津冀是氢燃料电池汽车示范城市群，冬奥会也带来了众多氢能应用场景。湖北构成了包括武汉理工大学、华中科技大学、东风汽车、雄韬氢雄、中船重工、宝武钢铁在内的氢能产学研体

系。广东省也位列首批氢车示范城市群，佛山市以南海区丹灶镇仙湖氢谷为特色示范，构建了包括燃料电池、制氢设备、关键材料在内的氢能产业基地，汇聚了上百家企业，打造了氢巴士、市政车等应用场景，到 2025 年，佛山有望建成加氢站 60 余座。

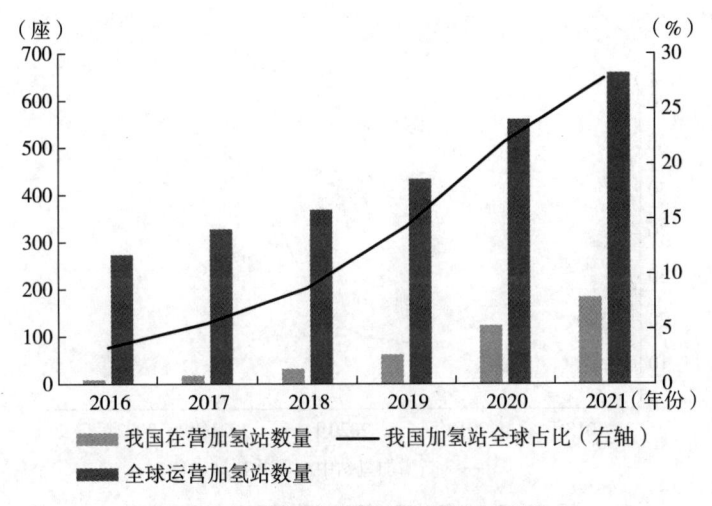

图 10.15　我国加氢站建设走在全球前列

资料来源：中国氢能联盟，H2Stations.org，泽平宏观。

在加氢站建设方式上，油氢共建站能有效实现加油站向全面氢能时代的过渡，其优势主要在于：一是可以有效、快速地解决加氢站的规划布局和建设问题，不改变商用车行驶路线和行驶习惯；二是节约土地，减少城市近郊、远郊土地供应压力；三是油氢共存，有利于靠近终端客户，方便车辆加注氢气，形成一个可持续发展的加氢基础设施推广新模式；四是合理利用现有加油站的人力资源和管理制度，便于统一管理，提升加氢站的运营管理水平；五是油氢共建站可以减少危险性场所数量，尤其是城市建成区危险性场所数量，有利于保障城市居民生命安全。

加氢站建设运营的经济性是关键，油氢共建站是满足未来相当长时间内油、氢燃料电池车共存期的能源补给最佳方式。在加氢站新增量中，油氢共建站的占比近年来迅速上升，达到约60%，已经成为加氢站建设的主流（见图10.16）。适度超前的加氢站建设，能在一定程度上缩短氢能产业由导入期进入成长期、爆发期的时间。

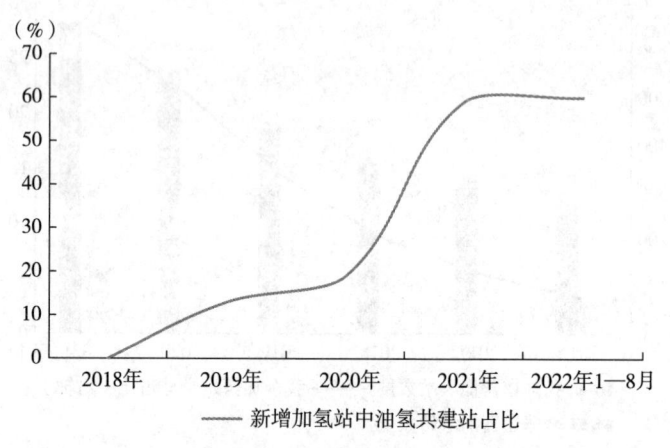

图10.16 油氢共建站逐渐成为加氢站建设主流

资料来源：GGII，泽平宏观。

第五节 绿氢化工、冶金：实现低碳化的重要原材料

绿氢也是一种工业原料，可广泛应用于石油、化工、冶金、电子、医疗等领域。

在"双碳"目标背景下，化工行业面临着严峻的碳减排压力。全国化工行业的碳排放占工业领域总排放的20%，占全国二氧化碳总排放的13%。化工领域是氢气消费需求占比最大的领域，是化工产业的

"血液"。在我国氢能消费结构中（见图10.17），化工行业对氢能的需求占比超过80%。氢化工可以合成氨、甲醇，应用在石油炼化和煤化工等领域。绿氢化工，就是使用电解水制得的绿氢替代灰氢，实现化工行业的深度脱碳。

绿氢也可以用于金属冶炼。中国每年使用大约4亿吨焦炭和1亿吨半焦炭，每年排放大约12亿吨二氧化碳，超过中国二氧化碳年排放量的10%。

随着绿氢制备技术的进步与成本的下降，把绿氢推广到化工、材料领域，可以有效提高可再生资源利用率。绿氢化工将成为短期内最大规模消纳氢气的领域，反向推动绿氢制备的商业化进程。

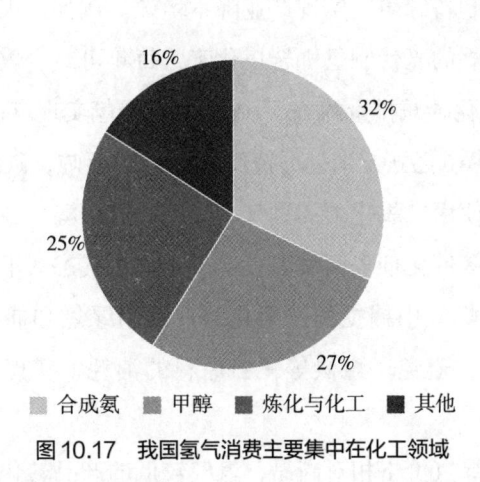

图10.17 我国氢气消费主要集中在化工领域

资料来源：中国氢能联盟，泽平宏观。

一、绿氢化工：绿氢合成氨、甲醇，用途众多、减碳增效

合成氨、甲醇都要大量使用氢。目前合成氨、煤制甲醇所用到的氢源，几乎都是化石原料生产的灰氢：煤制甲醇的比例占76%左右，合成氨中的灰氢占比约为77%，产生的碳排放较高。使用低碳绿氢替

代煤炭或高碳灰氢,可以有效降低碳排放。如果中国所有的合成氨都改为采用绿氢生产,那么每年碳排放量可以减少1亿吨以上,每年的煤炭消耗可以减少5 000万吨。

氢气合成甲醇主要有两种技术路径。

第一种是和传统煤制甲醇相耦合,直接向煤气化后的粗合成气中注入绿色氢气,合成同样的甲醇可以消耗更少的煤炭,实现更低碳排放。这种方式不需要对化工厂进行大规模改造,只需要建造水电解设备厂房并铺设氢气管道,慢慢地将传统甲醇合成工厂向绿色甲醇工厂转化,在兼顾社会环境效益的同时,还可以降低产业升级成本。

煤制甲醇等煤化工的龙头企业纷纷布局电解水制氢项目,利用当地便宜的电价制备绿氢,实现产业降本增效。例如,煤化工龙头宝丰能源在宁东建立的光伏制氢耦合煤化工,每年可减少煤炭资源消耗约38万吨,二氧化碳减排量约66万吨;通过绿氢实现煤化工节能减碳,绿氢年生产规模6亿立方米,可替代原料煤80万吨,碳减排140万吨。

第二种是使用二氧化碳加氢气,直接合成甲醇。二氧化碳和氢气在多原子金属簇催化剂表面吸附,逐步转化为气态的甲醇。甲醇的碳元素来自工业烟气中捕捉的二氧化碳。使用绿氢和捕捉的二氧化碳直接合成甲醇,避免了煤炭等化石原料的消耗,实现低碳、人工碳循环。

由于目前绿氢价格相对高昂,氢气较低的产品转化率,以及碳捕集、利用与封存技术成本较高,使用绿氢和捕捉的二氧化碳直接合成甲醇的经济性还不如煤与氢气耦合制甲醇。未来,随着绿氢制备技术的进步,以及碳捕集、利用与封存技术实现商业化和规模化发展,二氧化碳与氢气合成甲醇的技术路线也将实现突破。

合成氨可由水中的氢和空气中的氮合成。使用绿氢替代灰氢,制备绿氨,能大幅降低合成氨对煤炭、天然气等化石能源的依赖。绿氨极具发展前景：绿氨可以作为绿氢的载体，解决氢储运难题。绿氨也可以直接应用于重要化工产品：液氨可直接作为肥料，农业上使用的氮肥，例如尿素、硝酸铵、磷酸铵、氯化铵以及各种含氮复合肥，都以氨为原料。在能源领域，氨可以用在氨燃料电池、氨内燃机、燃料燃烧等方面，发挥重要的战略资源价值。

现阶段，受制于电解水电费、绿氢成本问题，绿氢占合成氨生产成本的90%。未来随着化石能源价格进一步上涨，绿色发电和制氢电解槽成本下降，且效率和耐久性提高，以绿氢为主导的绿色合成氨产业将更具经济性。

二、绿氢冶金：摆脱焦炭依赖，实现清洁化发展

钢铁行业是我国主要的能源消耗及二氧化碳排放行业，二氧化碳排放量约占全国排放总量的15%。当前我国钢铁行业主要采用高炉——转炉冶炼技术路线，能源消耗以煤炭为主体，吨钢二氧化碳排放量约1.76吨，其中炼铁环节占70%以上。

原料或燃料替代是实现钢铁冶炼二氧化碳减排的重要措施。与传统焦炭冶金相比，氢冶金以氢气为燃料和还原剂，可以使炼铁过程摆脱对化石能源的依赖，从源头上解决碳排放问题。氢冶金因巨大的减排潜力，已成为钢铁企业坚定转型的方向，将有效减少长流程炼钢二氧化碳排放，保障钢铁工业绿色可持续发展。

当前的氢冶金研发热点和主流工艺有高炉富氢还原法和气基直接还原法两种（见表10.4）。

高炉富氢还原法，即通过喷吹天然气、焦炉煤气等富氢气体参与炼铁过程。高炉富氢还原炼铁在一定程度上能够通过加快炉料还原，减少碳排放。但由于焦炭的骨架作用无法被完全替代，该工艺的氢气

喷吹量存在一定极限，碳减排幅度一般只有10%~20%，效果不够显著。

气基直接还原法是通过使用氢气与一氧化碳混合气体作为还原剂，将铁矿石转化为直接还原铁，再将其投入电炉中进一步冶炼。加入氢气作为还原剂可使碳排放得到有效控制，二氧化碳排放量可减少50%以上。

表10.4 氢冶金的两种主流工艺优劣势

工艺名称	优势	缺陷
高炉富氢还原法	不受制于制氢、储氢技术，成本更低	减碳幅度较低，为10%~20%，效果有限
气基直接还原法	不需要炼焦、烧结、炼铁等环节，环境负荷小，能够从源头控制碳排放，减碳幅度大、潜力大，可达50%以上	气基竖炉存在吸热效应强、入炉氢量增大、生产成本升高、氢气还原速率下降、产品活性高和难以钝化运输等问题

资料来源：公开资料，泽平宏观。

事实上，高炉炼铁、气基竖炉直接还原铁这两种氢冶金主流工艺，均具备明显的减碳作用。面向未来，钢铁行业无论是在能源结构创新上还是在工艺结构创新上，绿色的氢能应用都是实现低碳、零碳排放的最佳途径。从碳冶金到氢冶金，国内宝武、河钢、鞍钢、包钢、武钢等多家钢企都已经开始布局。随着氢冶金技术的发展，传统钢铁冶金技术将迎来革命性变革，使钢铁生产摆脱对化石能源的绝对依赖，实现清洁化发展。

第六节　氢能的未来：制氢低成本、储氢高技术

虽然氢能的商业化仍面临着多重阻碍，产业链各环节存在诸如用

氢贵、储运成本高、相关核心部件依赖进口、加氢难等问题，但就目前来看，各项难题都取得了较大突破。

一是新能源发电成本不断下降，光伏发电实现与煤电平价，未来电解水制氢成本进一步下降将从原料端解决用氢贵问题。根据世界氢能理事会的预测，2030 年全球范围内可再生能源电解水制氢的平均成本将降至 2.3 美元/千克以下，与 2020 年 5.4 美元/千克的水平相比下降超 50%。而在一些风力、太阳能资源较好的地区，可再生能源电解水制氢的成本将低至 1.4 美元/千克，达到与化石能源制氢成本相当的水平。

二是储氢技术正不断实现突破。在气氢上，储氢瓶原材料国产化进程加速，自身性能正在往高储量、轻质化的方向发展。叠加输氢管道里程扩张，能解决氢储运成本高的问题。在液氢上，其逐渐过渡到民间使用，其他储氢形式也在开发应用窗口期。

三是我国加氢站建设走在全球前列。随着储氢技术的进一步发展，油氢共建降低了运营成本，加氢基础设施进一步扩张，加氢难的问题也会逐渐解决。

未来重点技术路线会快速迭代，氢储能和燃料电池重点应用场景将加速落地。

在氢储能方面，一是未来需开发更轻质化、更高储氢密度的新型储罐。二是进一步开发液态储氢和基于材料的储氢等技术。两种或多种储氢技术在不同的领域和场景中互为补充，可进一步提高储氢效率。三是继续寻找高储氢密度、高放氢效率、高氢气浓度的储氢方法。

在燃料电池方面，一是随着燃料电池电堆对重金属催化剂铂的用量减少，膜电极的国产化程度加深，氢能源汽车产业链将逐渐完善。行业发展从导入期过渡到发展期，量产下燃料电池成本将会大幅下降（见图 10.18），燃料电池商业化应用可期。二是继续丰富拓展更多新能源商用车如氢能源叉车、挖掘机等场景。三是基于其优势，未来应用场景将不局限于氢燃料电池商用车等交通运输领域，可拓展各大动力和发电端领域的应用。氢能源需求上升将进一步推动技术进步。

未来氢储能与燃料电池形成商业化闭环，多种应用场景和应用领域将持续拓展。例如，大规模的弃电或无法在当地消纳的电量可通过绿电制氢的方式存储，随后通过下游的燃料电池发电，调剂各地的发电和用电成本。可实现有效利用资源，保证各地绿色能源的经济性和充足性。

此外，类似于 2014 年、2015 年，政策驱动和补贴力度大，有效地促进了新能源电动车产业刚起步时的渗透。加强对氢车的单车补贴，加强对制氢、加注氢的补贴，也可以迅速有效地促进行业渗透。超前进行氢能储运的基础设施建设，进行氢能立法，可以促进氢运输、加注等领域大规模铺开市场。

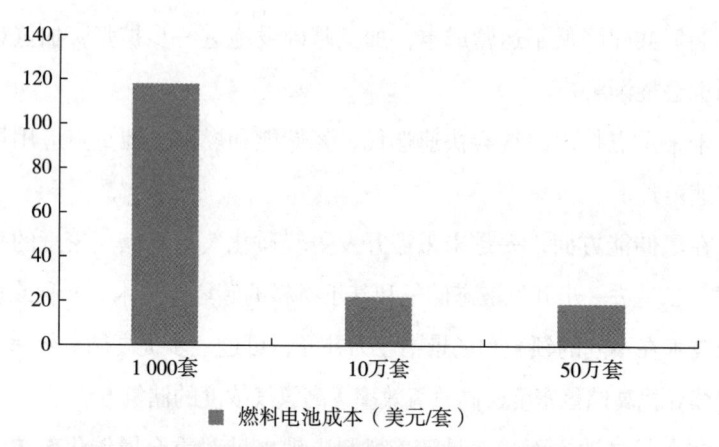

图 10.18　未来量产下燃料电池成本将大幅下降

资料来源：美国能源局，泽平宏观。

第三部分

绿色机遇：
新能源酝酿新商业模式

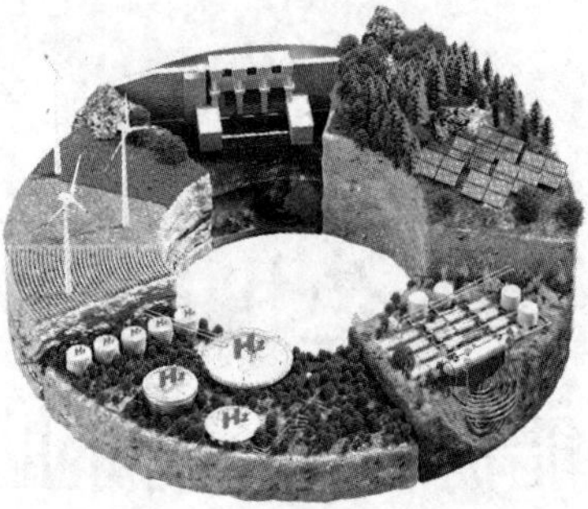

第十一章
碳足迹、碳交易：
碳中和带来巨大机会

目前全球 30 多个国家和地区出台了碳中和时间表，产业低碳发展是大趋势。2021 年，全国统一碳排放权交易市场正式启动。建设全国性碳市场，利用市场机制降碳，是重大理论和实践创新，对全球的绿色低碳发展有重大的意义。

党的二十大报告强调，我们要"加快发展方式绿色转型""发展绿色低碳产业""推动形成绿色低碳的生产方式和生活方式""积极稳妥推进碳达峰碳中和"。那么如何通过碳市场实现绿色低碳发展？答案是通过碳的核算、碳的控制，即"碳足迹"和"碳交易"。

一是碳的核算（碳足迹），要考虑全生命周期，对企业、产品的全部环节进行碳核算。混合生命周期评价方法更科学、精准，结合了宏观微观维度，可以更好地适用于碳市场。碳足迹涵盖从企业原材料采购到技术开发、外部生产经营、市场营销等方面，从生产到消费，做到全产业链清洁化。

二是碳的控制（碳交易），碳交易比碳税政策更灵活，以配额为基础，以国家核证自愿减排量（CCER）交易为补充。碳交易有一级、二级市场，一级市场对碳排放量进行调控，二级市场对碳排放权进行定价。碳排放多的企业可以从市场上购买排放权，实现对社会碳排放总量的控制，降低社会减排成本，保障减排经济性。碳金融市场工具也是发展重点，服务实体经济，服务碳中和。比如，推出碳期权、碳期货、与碳排放权相挂钩的债券产品，可以拓展企业碳融资渠道，提升企业参与碳市场的积极性。

碳足迹和碳交易是实现低碳的"组合拳"。未来应建设完善全国碳市场，顺畅碳价传导，缓解区域碳价差异。促进碳管理行业纳入范围，扩大碳交易覆盖主体，提高碳交易市场的成交量与成交额。推动碳金融服务实体经济、服务碳中和，从而实现低碳发展、绿色发展、可持续发展。*

---

* 本章作者：任泽平、王一渌、岑伟铭。

第一节　碳足迹和碳交易：实现碳中和的必由之路

党的二十大对"双碳"做出了战略部署："推动形成绿色低碳的生产方式和生活方式""积极稳妥推进碳达峰碳中和"。低碳理念已经深入人心，企业和个人都要践行绿色生产生活方式。同时，"碳足迹"和"碳交易"已逐渐成为减排环节中的重要名词。

碳足迹是从全生命周期的视角，核算研究排放的温室气体总量，反映了经济活动主体的能源意识和能源行为对自然界产生的影响。

具体来看，一个行业不仅自身使用化石燃料会排放二氧化碳，其中间品在生产过程中也会排放二氧化碳，从而成为该行业碳足迹的一部分。因此，一个行业完整的碳足迹包含该行业从产业链的起点开始，所有生产环节对应的碳排放。

企业也是一样的，碳足迹包括直接碳排放和间接碳排放。直接碳排放是企业产品直接产生的，间接碳排放是整个供应链所产生的排放。例如一家发电公司可能跟一家批发和零售公司的平均碳足迹相同：发电公司97%是直接排放，3%是间接排放；批发零售公司2%是直接排放，98%是间接排放。

碳交易是指，为各市场主体设定排放上限，将碳排放权作为一种商品发放给市场主体，并允许自由交易。其核心是利用市场机制来实现节能减排（见图11.1），主要分为配额型和项目型两种。

图 11.1 碳交易市场运行机制

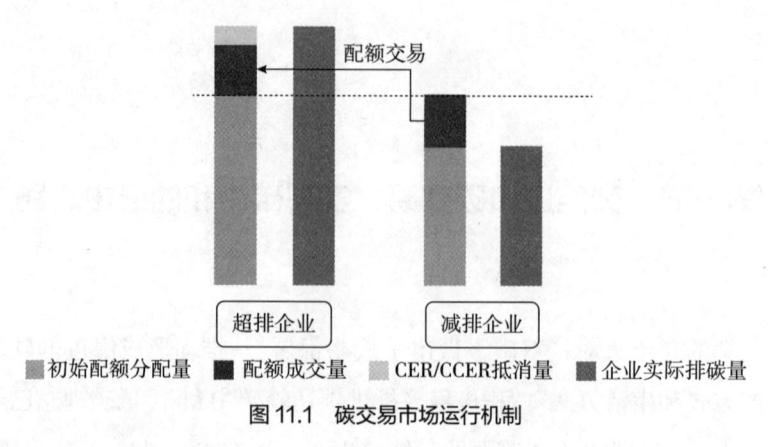

图例：初始配额分配量　配额成交量　CER/CCER抵消量　企业实际排碳量

资料来源：碳排放网，泽平宏观。

碳足迹和碳交易，从碳排放量的核算到控制，二者相互衔接、共同作用，成为推进节能减排、实现碳中和目标不可或缺的重要工具。

碳足迹可更加精准地核算碳排放量，是实施碳交易、实现碳中和的基础和前提。碳足迹建立在全生命周期的基础上，能够对企业或产品的全部环节进行核算。这种核算不仅能够激发个人的能源与环保意识，也能对企业碳排放行为进行衡量与约束。

碳交易是实现碳中和的主流选择。相对于碳税等其他减排政策，碳交易机制具有灵活高效的优势。碳交易首先是交易主体的多样化。碳交易市场不仅包括控排主体，还涉及各种投资机构、中介公司、个人投资者，形成了丰富的产业生态圈。其次是交易产品的多样化。作为一种市场化机制，碳交易市场中包括碳排放配额和国家核证自愿减排量之间的交易，还可以与期权、保险、证券、碳基金、碳信用等金融产品有机结合，碳金融市场充分服务实体经济主体参与碳市场，发挥减碳积极作用。最后是碳减排的高效化。一是政府通过直接确定一段时期内的碳排放配额总量，对减排有最直接的效果，控制力度较大；二是碳交易为市场主体参与减排提供了长期的经济激励，使减排企业具有主动、积极的减排动力，也促进了企业对节能减排技术的开发与应用；三是碳交易降低了高效、低碳企业的生产经营成本，增加了高碳、低效企业的成本，淘汰了落后产能，几方叠加下，行业格局进行新一轮洗牌，排碳能力更强的企业得以存活，将实现更高的碳减排效率。

碳足迹叠加碳交易制度，已成为低碳环保下最为重要的政策措施，是世界各国的主流选择，也是实现碳达峰、碳中和目标的必由之路。

第二节　碳足迹，核算全生命周期的碳排放

碳足迹，就是核算人类生产消费活动产生的温室气体总排放。目前，碳足迹核算的主流方法是生命周期评价法，即对产品生产制造过程中的每个步骤都进行核算，评估生命周期中直接、间接产生的温室气体总量。

一、核算方法：混合评价精准化

碳足迹比较常用的生命周期评价方法为：过程生命周期评价法、投入产出生命周期评价法、混合生命周期评价法（见表11.1）。

第一，过程生命周期评价法是最主流的评价方法，该方法为"自下而上"进行核算。通过实地监测调研、数据库资料收集，获取产品或服务在生命周期内所有的碳输入和输出，核算总的碳排放量和对环境的影响。优势在于，精确评估产品或服务的碳足迹和对环境的影响，可以根据具体目标，设定评价的目标、范围、精确度。对于微观层面的具体产品或服务，一般使用过程生命周期评价法进行核算。

第二，投入产出生命周期评价法克服了过程生命周期评价法中

边界设定和清单分析存在的弊端，引入了经济投入产出表。此方法主要通过"自上而下"进行核算：一是借助投入产出表，核算行业、部门层面的能源消耗和碳排放水平；二是根据平衡方程，估算经济主体与评价对象之间的对应关系；三是依据对应关系、总体行业部门能耗，对具体产品进行核算。优势在于，能够比较完整地核算产品或服务的碳足迹和环境影响。但投入产出表间隔发布，使该方法时效性欠佳，同时部门、行业不一定能与评价对象一一对应，较难用于具体产品。故该方法一般用于国家、部门、企业等宏观层面的计算，较少用于评价单一产品。

第三，混合生命周期评价法将过程生命周期评价法和投入产出生命周期评价法相结合。可分为三种：分层混合、基于投入产出的混合、集成混合。利用三种评价模型，规避截断误差，能更有针对性地评价具体产品碳排放，是更加精准化的评价方法。但分层混合、基于投入产出的混合模型可能造成重复计算；集成混合模型难度较大，对数据要求较高。

表 11.1 目前我国碳足迹核算以过程生命周期评价法为主流

方法	优点	缺陷	适用范围
过程生命周期评价法	精确评估产品或服务的碳足迹和对环境的影响，可以根据具体目标，设定评价的目标、范围、精确度	边界设定主观性强以及截断误差等问题，其评价结果可能不够准确，甚至出现矛盾的结论	微观层面的碳足迹计算
投入产出生命周期评价法	能够较完整地核算产品或服务的碳足迹和环境影响	受投入产出表的制约，时效性欠佳，同时不一定能够很好地与评价对象一一对应	宏观层面的计算
混合生命周期评价法	可规避截断误差，还能更有针对性地评价具体产品及其整个生命周期阶段的碳排放	三种混合生命周期评价模型中，前两种模型易造成重复计算；后一种模型难度较大，对数据要求较高	难度偏高、正在发展

资料来源：公开资料，泽平宏观。

碳足迹衡量企业碳排放量，是碳交易市场的基础，是我国更好地实现"双碳"目标的首要环节。因此，未来亟须发展更合理、更科学化和精准化的碳核算方法，从假说到实践，全方位为低碳健康发展助力。

二、影响巨大：全产业链清洁化

碳足迹贯穿全产业链环节，从企业内部原材料采购、技术开发和生产活动，到外部经营活动、市场营销等，方方面面都能对企业产品的全生命周期和全产业链产生影响。碳足迹为全产业链的清洁化奠定了基础。

从企业内部环节来看，应该对采购、技术开发、生产各个环节实施碳足迹管理，以达到降碳目标。一是在采购物流上，企业更多地采购绿色原料，优先合作具备可持续发展优势的供应商和物流伙伴。例如，宝武集团构建了绿色采购管理体系，引导供应商进行环境管理体系认证。京东逐步使用新能源汽车代替传统燃油汽车，在50多个城市部署新能源汽车进行物流配送，实现了每年12万吨以上的碳减排。二是在技术开发上，企业也进一步向低碳清洁化的方向倾斜。例如，宝武集团钢铁厂试点了富氧高炉和熔融还原炉，引进富氢技术，有效减少了生产碳排放。百度的超大规模数据中心，配备GPU加速异构计算和新一代供热系统技术，将数据中心的平均PUE（电源使用效率）降低至1.14，基础设施能耗相较行业平均水平低76%。三是在产品生产上，企业用可再生绿色能源替代传统能源，提升能效。

从企业外部环节来看，在运营层面，企业将考虑减少产品在后续使用过程中的碳排放。大多数企业的碳排放其实来自产品在价值链下游被进一步加工和使用。企业提供后续绿色使用服务，协助下游环节的碳减排，有重要意义。蔚来汽车大力推广公用性充换电，通过减少汽车生命周期中需要的电池总数量，降低碳排放。在产品包装环节，企业进一步减少材料用量，选择可回收环保原料，实现碳减排。在对外出口时，企业将更多地考虑碳标签对消费者行为的影响，企业在核算碳足迹后，需在产品上添加碳标签，把产品生命周期中各个环节的碳排放量用数据标示，告知消费者产品的碳信息。企业也将考虑碳足迹对贸易壁垒、销售渠道的影响。

截至2022年，有12个国家和地区立法要求实行碳标签制度，未来将会有更多企业加入"碳标签"生态。随着全球碳中和进程的推进，大众减碳意识不断增强，没有碳标签的产品将更难进入国际市场。

第三节　碳交易，市场化交易结算碳排放权

碳交易市场是为了对企业能耗进行碳排放控制，主要具备三种功能。一是通过市场机制，提升企业减排积极性，降低社会减排成本。碳排放配额和国家核证自愿减排量成为一种可交易的无形资产，兼具商品和金融属性，使社会减排成本逐渐向企业内部转移，实现社会总体减排成本最小化。二是提供碳定价机制和价格发现功能。碳价格及时准确地反映各种碳排放权交易信息，如碳排放权稀缺程度、交易风险和污染治理成本等，引导企业实施碳减排。三是风险管理和风险转移功能。碳市场衍生出碳金融产品，市场参与者可根据风险敞口和个人需求，有选择性地利用碳金融制定交易策略，进行风险管理。

碳交易市场发展的目的在于，实现对碳排放的高效控制。在运行机制上，以强制配额交易为基础，以国家核证自愿减排量为补充，不

仅实现对碳排放进行总量上的控制，还能进一步实现碳排放控制的经济性，降低社会减排成本。

碳交易分一级市场和二级市场。一级市场对碳排放量进行调控，二级市场则对碳排放权进行定价，充分发挥市场机制的作用。政府通过行政和法律，在一级市场上确定企业的碳排放权和碳资产数额，并允许不同碳资产情况的企业在二级市场上进行交易，通过市场价格机制实现对碳排放的控制。

碳金融正在快速发展，碳交易衍生品逐渐丰富。推出碳期权、碳期货与碳排放权挂钩的债券产品，可以拓展企业融资渠道，提升企业参与碳市场的积极性。碳金融产品可对冲碳价波动，满足市场参与者的风险管理需求。

放眼全球，碳交易是实现碳中和的重要市场机制，已日益成为各国节能减排的重要举措（见图11.2）。国际碳行动伙伴组织发布的《2022年度全球碳市场进展报告》显示，截至2022年初，全球共有25个正在运行的碳交易市场，覆盖了全球1/3的人口，占全球GDP的55%，减少了全球约17%的温室气体排放量，较2005年欧洲碳排放交易系统初启动时提升了3倍。

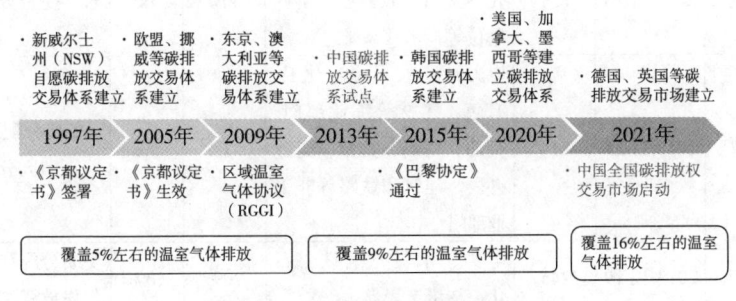

1997年	2005年	2009年	2013年	2015年	2020年	2021年
·新威尔士州（NSW）自愿碳排放交易体系建立	·欧盟、挪威等碳排放交易体系建立	·东京、澳大利亚等碳排放交易体系建立	·中国碳排放交易体系试点	·韩国碳排放交易体系建立	·美国、加拿大、墨西哥等建立碳排放交易体系	·德国、英国等碳排放交易市场建立
·《京都议定书》签署	·《京都议定书》生效	·区域温室气体协议（RGGI）		·《巴黎协定》通过		·中国全国碳排放权交易市场启动
	覆盖5%左右的温室气体排放			覆盖9%左右的温室气体排放		覆盖16%左右的温室气体排放

图11.2　全球碳交易市场发展历程

资料来源：ICAP（国际碳行动伙伴组织），泽平宏观。

从国内看，自 2005 年以来，我国持续推进碳交易市场建设，经历了三个发展阶段：参与国际碳交易体系、开展国内区域试点、推进全国碳排放市场体系建设。

第一个阶段为 2005—2012 年，我国主要通过参与清洁发展机制（CDM）项目进行节能减排，主要集中在风电和水电两大领域。但该项目存在一些问题，无法满足我国对于节能减排的客观要求。因此，我国开始逐步建设自己的碳交易市场。

第二个阶段，我国于 2013 年在全国 7 个重点省市开启了碳交易市场的试点（见表 11.2），选择了"先试点，后铺开"的策略。在试点期间，各试点地区依据自身经济结构及产业规划目标，出台了一系列碳交易实施方案、交易规则。虽然由于各地区经济基础、产业结构、营商环境、政府执行力、碳交易管理规则不尽相同，各试点地区碳交易市场在碳价水平、运行效率和制度建设等方面均有所差异，但仍然对全国碳交易市场的形成起到了搭桥铺路的作用。

表 11.2　我国碳交易试点概况

试点地区	启动时间	覆盖企业个数	行业范围	覆盖排放比例	抵消机制上限	配额发放方法
北京	2013.11.28	831	电力、热力、水泥、石化、交通、服务业、事业单位等	40%	5%	逐年免费分配
上海	2013.11.26	314	电力、钢铁、石化、化工、有色、建材等工业部门，交通、商场、宾馆、商务办公、建筑和铁路等非工业部门	57%	5%	免费分配，新旧区分
广东	2013.12.19	245	电力、水泥、钢铁、石化、造纸、民航	70%	10%	免费分配和有偿发放相结合
深圳	2013.6.18	690	能源、水利、制造、建筑、交通	40%	10%	无偿分配和有偿分配相结合

续表

试点地区	启动时间	覆盖企业个数	行业范围	覆盖排放比例	抵消机制上限	配额发放方法
天津	2013.12.26	113	电力、热力、钢铁、化工、石化、油气	60%	10%	免费分配
湖北	2014.4.2	373	电力、热力、有色金属、钢铁、化工、水泥、石化、汽车制造、玻璃、化纤、造纸、医药、食品饮料	42%	10%	免费发放
重庆	2014.6.19	153	电力、电解铝、铁合金、电石、烧碱、水泥、钢铁	62%	8%	免费发放

资料来源：各地碳交易所网站，泽平宏观。

全国碳交易市场于 2021 年 7 月正式运行，我国碳交易市场建设进入第三阶段。我国以 45 亿吨配额跃居全球碳市场规模首位，首批纳入碳交易市场的电力行业企业达 2 000 多家。如图 11.3 所示，2021 年末，全国碳市场第一个履约周期累计成交量为 1.79 亿吨，成交额为 77 亿元，二氧化碳成交均价达到每吨 42.85 元。

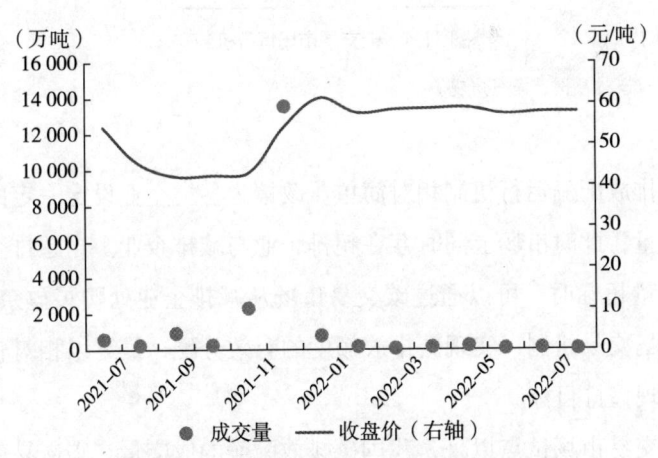

图 11.3　全国碳交易市场月度成交量与收盘价

资料来源：碳排放网，泽平宏观。

一、运行机制：配额为主，自愿减排量为辅

国际上大多数碳交易市场采取"碳排放配额+自愿减排量"的交易机制。我国参考国际经验并结合实际国情，确立了以碳排放配额交易为主、自愿减排市场交易为辅的碳交易结构，在碳交易市场中引入了碳排放配额（CEA）与国家核证自愿减排量两种基础交易产品（见图11.4）。

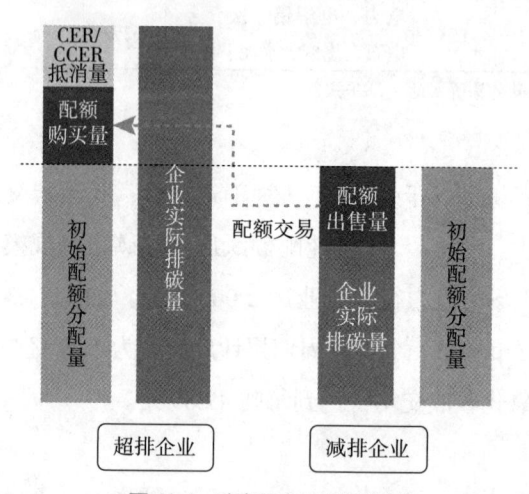

图11.4 碳交易市场运行机制

资料来源：碳排放网，泽平宏观。

碳排放配额运行机制相对简单。政策为各类企业设定一定的碳排放配额量，此时市场上同时存在超排企业与减排企业。当超排企业的碳排放量超标时，可以通过碳交易市场从减排企业处购买盈余额度。通过市场交易机制，实现碳排放额度的有效分配，最终以相对较低的成本实现控排目标。

碳交易市场试点以来，我国碳排放配额的成交量在碳交易市场中占据核心地位（见图11.5）。根据河北碳排放权服务中心的数据，到

2022年8月，我国八大碳排放重点区域配额成交量为674.6万吨，自愿减排量成交约为60.1万吨，配额交易占据碳交易市场的90%以上。

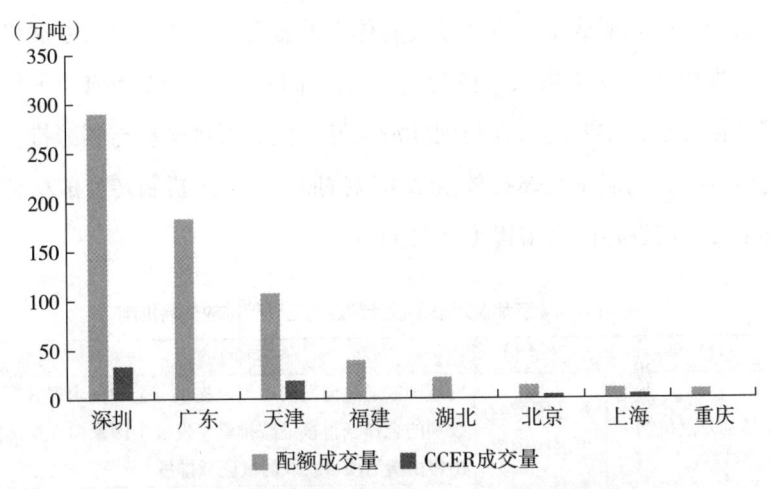

图11.5 我国各主要区域的碳交易市场以配额交易为主

资料来源：河北碳排放权服务中心，泽平宏观。

项目制是对配额制的有力补充，通过自愿减排量实现，是一种碳抵消机制。其主要运行机制是：业主通过清洁能源使用、增加碳汇等自愿减排方式，获取抵消碳排放的核证量。控排企业可通过购买核证自愿减排量，实现对自身排放量的控制。

核证减排量起源于2005年正式生效的《京都议定书》，这是人类历史上首次以法规的形式限制温室气体排放。《京都议定书》规定：一是两个发达国家间可进行排放额度买卖的"排放权交易"；二是以"净排放量"计算温室气体排放；三是可采用绿色开发机制，如清洁发展机制等，促使发达国家和发展中国家共同减排温室气体；四是可采用"集团方式"，即欧盟内部的许多国家可视为一个整体，国家碳排放允许有余缺，但在总体上完成减排任务。《京都议定书》促进各国完成温室气体减排目标，构建全球碳排放权交易体系。

《京都议定书》设计制定了三种碳排放的交易机制（见表11.3），分别为国际排放贸易（IET）、联合履行（JI）和清洁发展机制，这三种碳交易机制形成了碳排放权交易体系的雏形。其中，清洁发展机制对发展中国家意义重大。按规定，发展中国家在2012年前均无须承担减排义务，主要通过参与国际清洁发展机制项目来参与碳减排，境内所有减少的温室气体排放量都可以按照清洁发展机制转变成核证减排单位，向发达国家出售（见图11.6）。

表11.3 《京都议定书》设计制定的三种碳排放交易机制

交易机制	交易主体	具体内容
清洁发展机制	发达国家与发展中国家	发达国家通过向发展中国家提供资金和技术展开项目级别的合作获得核证减排量，发展中国家向发达国家出售由清洁项目获取的核证减排量
联合履行	发达国家与发达国家	发达国家在项目上展开合作，实现的减排单位（ERU）可以转让给另一个发达国家缔约方
国际排放贸易	发达国家与发达国家	发达国家间的排放权交易，发达国家将其超额完成减排义务的指标（AAU）以贸易的方式转让给另外一个未能完成减排义务的发达国家

资料来源：公开资料，泽平宏观。

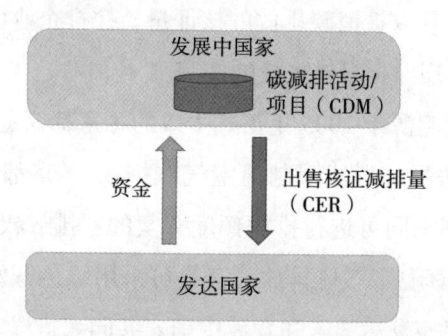

图11.6 发展中国家用清洁发展机制，向发达国家出售核证减排单位，实现总体减排目标

资料来源：中国碳排放交易网，泽平宏观。

2012年之后,我国清洁发展机制项目的主要客户——欧盟碳市场——需求持续下降,无法消纳持续增加的核证碳减排项目所产生的减排量。于是,在借鉴清洁发展机制的基础上,我国开始发展自己的自愿碳减排市场。在自愿碳减排市场,企业的项目中,不足基准线排放量的部分可申请成为国家核证自愿减排量(见图11.7)。随后可通过交易机制向控排企业出售,实现控排企业的碳抵消。与中国核证自愿减排量类似的主要国际自愿减排标准见表11.4。

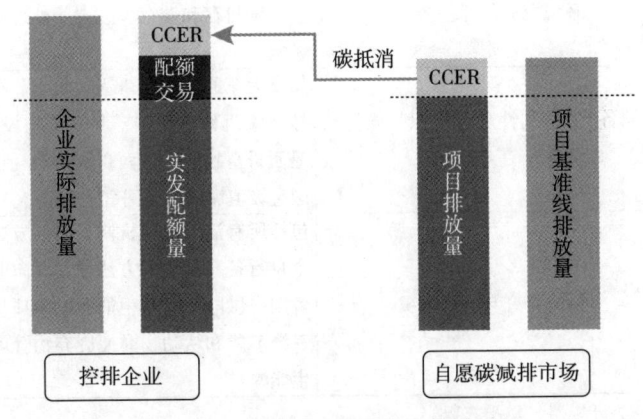

图11.7 中国核证自愿减排量实现机制

资料来源:公开资料,泽平宏观。

表11.4 与中国核证自愿减排量类似的主要国际自愿减排标准

温室气体减排机制	成立组织或文件	涉及领域
清洁发展机制	《京都议定书》	能源工业、能源分配和能源需求、制造业、化工、建筑、交通、采矿、矿物生产、金属生产、燃料的逃逸排放、HFC(混合光纤同轴电缆)和SF_6(六氟化硫)生产和消费中的逃逸排放、溶剂适用、废弃物处理、造林和再造林、农业等

续表

温室气体减排机制	成立组织或文件	涉及领域
核证碳标准（VCS）	非营利组织 Verra	能源、制造过程、建筑、交通、废弃物、采矿、农业、林业、草原、湿地和畜牧业等 49 个项目
黄金标准（GS）	黄金标准基金会管理，世界自然基金会和其他非营利性组织共同设立，登记机构为黄金标准登记	土地利用、林业和农业、能源效率、燃料转换、可再生能源、航运能源效率、废弃物处理和处置、用水效益和二氧化碳移除等八个领域
美国碳登记（ACR）	环境资源信托基金	减少温室气体项目、土地利用变化和林业、碳封存和储存、废弃物处理和处置等领域
气候行动储备（CAR）	非营利性环保组织气候行动储备	加拿大草原、墨西哥锅炉效率、墨西哥森林、墨西哥卤化碳、墨西哥垃圾填埋场、墨西哥畜牧业、墨西哥臭氧消耗物质、美国垃圾填埋场、美国畜牧业等
全球碳委员会（GCC）	海湾研究与发展组织	包括所有清洁发展机制备案的方法学和三个自行备案开发的方法学：面向电网或自备用户供电的可再生能源发电项目、抽水系统节能和从动物粪便废弃物管理项目产生能源

资料来源：公开资料，泽平宏观。

直到 2017 年，为规范施行办法中存在的温室气体自愿减排交易量小、个别项目不够规范的问题，中国核证自愿减排量项目备案暂停受理，但存量的中国核证自愿减排量交易仍在各大试点进行。自愿减排市场试点以来，总体上中国核证自愿减排量抵消的碳排放量一般不超过当年配额总量的 5%~10%（见图 11.8）。

2018 年 5 月，中国核证自愿减排量注册登记系统恢复上线运行，至此中国核证自愿减排量市场逐渐进入恢复期。《碳排放权交易管理办法（试行）》于 2021 年发布，中国核证自愿减排量全国统一市场启动在望。

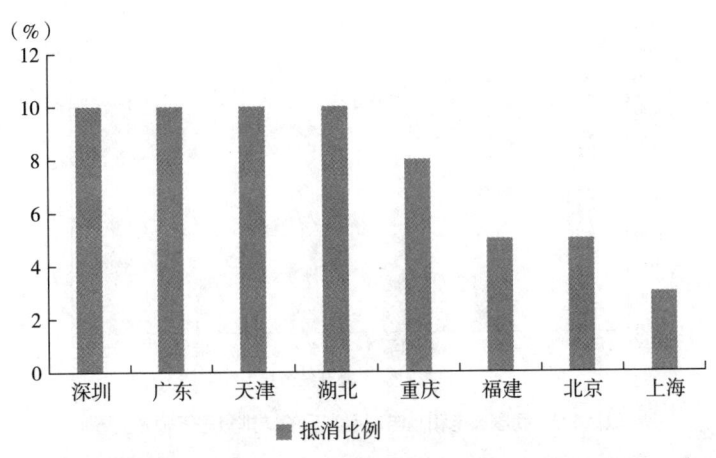

图 11.8 我国各试点国家核证自愿减排抵消比例不超过当年配额的 5%~10%

资料来源：北京绿色交易所，泽平宏观。

中国核证自愿减排量项目的市场交易能够有效激励减排行为，抵消碳排放。虽然中国核证自愿减排量使用范围与碳排放额相比较为受限，但通常其价格会低于配额价格，从而企业可以以更小的代价完成碳排放指标。

在碳交易市场中，供给方可在减排成本较低的地区开发中国核证自愿减排量项目，并通过出售中国核证自愿减排量，获得对自愿减排行为的补偿，这一机制对企业开发减排项目具有较高的激励作用。而作为需求方的控排企业，当其碳排放量高于初始配额分配量时，可以选择购买价格更低、基于环保项目的中国核证自愿减排量以抵消碳排放量，进而实现节能减排。

从中国核证自愿减排量的项目开发和成交量来看，2012—2017年，我国累计公示项目审定 2 800 多个，已完成项目备案 1 000 多个和减排量备案 254 个，累计实现国家核证自愿减排量备案 5 300 万吨。从已完成减排量备案的项目看，风电和水电项目实现的减排量居于领先位置，水电项目的单体减排量最大（见图 11.9）。

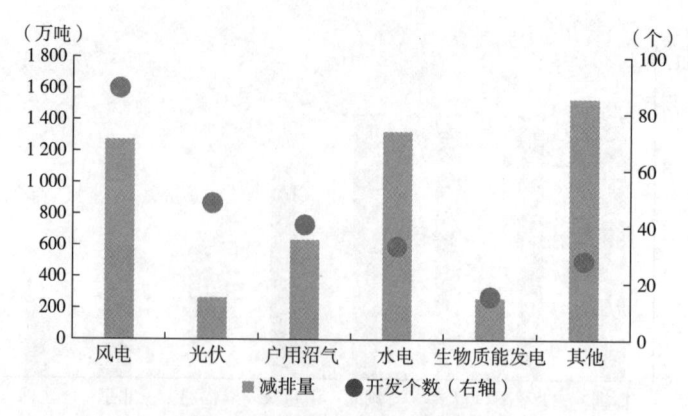

图11.9 我国风电和水电项目实现的减排量居于领先位置

资料来源：中创碳投，中国自愿减排交易信息平台，泽平宏观。

在成交量方面，上海和广东区域市场领跑全国（见图11.10）。2021年，我国9家交易中心中国核证自愿减排量累计交易量达到2.68亿吨，其中上海市场中国核证自愿减排量累计成交量为1.1亿吨，占比为41%；广东市场成交量超过5 600万吨，占比为21%；北京、天津、深圳、四川、福建的累计成交量为1 000万~3 000万吨，占比分别为4%~10%。

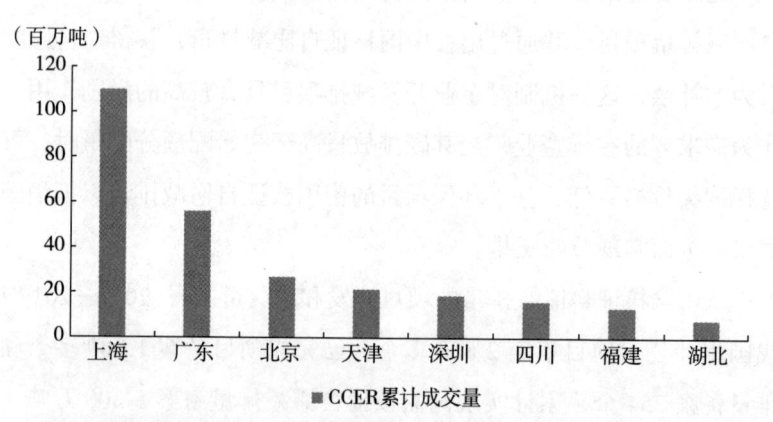

图11.10 上海和广东区域市场中国核证自愿减排量累计成交量领跑全国

资料来源：上海环境能源交易所，泽平宏观。

二、功能定位：一级市场调控，二级市场定价

碳交易市场按照功能定位分类为一级市场和二级市场。配额和核证减排量两类产品均有一、二级市场。

以碳配额市场为例，碳配额的一级市场和二级市场分别对应配额的分配与交易两大环节。配额分配是基础环节，也是碳排放权交易制度设计中与企业关系最密切的环节，直接实现对企业碳排放总量的调控。配额分配主要在一级市场完成，政府通过法律和行政手段，将完成注册登记后的碳配额规定为持有机构或企业所拥有的可自由交易的碳资产。

目前一级市场的碳排放额分配包括免费发放和有偿分配两种形式（见表11.5）。免费发放适用于初期碳交易市场的形成和推广阶段，控排企业的接受意愿更强。有偿分配是通过拍卖和固定价格等形式发放，附带竞价机制，遵循配额有偿、同权同价的原则，对控排企业的经济效益产生直接影响，接受度有待提升。

表11.5 免费配额与有偿配额的优缺点

类型	含义	优点	缺点
免费配额	政府直接免费发放配额给控排企业	企业接受意愿强，政府更容易推行碳交易；对经济的负面影响小；企业压力也较小	可能会出现寻租的问题
有偿配额	政府通过拍卖分配和固定价格的形式出售配额	政府有额外收入，可再通过补贴政策降低负面效应；避免寻租问题；碳配额分配更有效率	不容易被企业接受，可能影响企业经济效益

资料来源：公开资料，泽平宏观。

在碳交易市场运行初期，我国以免费发放为主。未来，有偿分配以信息透明度更高、分配更有效率、政府可调控、避免寻租等优点，

将成为一级市场大力发展的方向。以欧盟市场为例，目前超一半的碳排放额均为有偿分配，预计到2027年，其计划全部配额都将以有偿拍卖形式进行分配。

我国部分区域逐渐开始试点有偿碳排放权分配。深圳市生态环境局印发的《深圳市2021年度碳排放配额分配方案》和《深圳市生态环境局关于2021年度深圳碳排放配额有偿竞价发放公告》指出，2021年度深圳市碳配额分配采取97%的无偿叠加3%的有偿的形式进行分配。

中国核证自愿减排量的一级市场，是项目减排量产生的市场。根据国家主管部门颁布的相应方法，完成项目审定、监测核证、项目备案、减排量签发等一系列程序，当项目减排量完成在注册登记簿上的注册程序后，就变成了持有机构能交易、履约和使用的碳资产（见图11.11）。

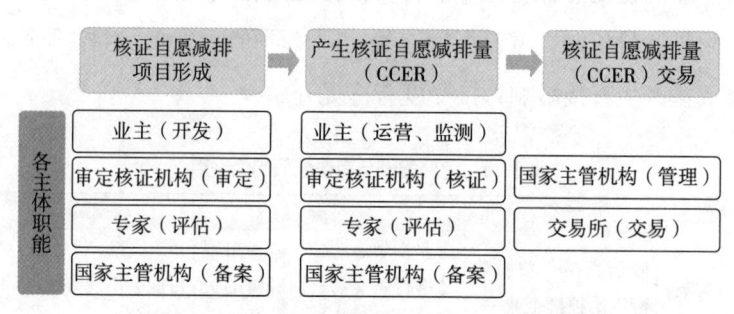

图11.11 中国核证自愿减排量从开发到交易的过程

资料来源：公开资料，泽平宏观。

参与主体的碳排放权资产确定后，二级市场是碳交易制度的核心环节，也是实现低成本减排目标的关键。二级市场主要通过调节配额供给与需求，将各种碳排放信息有效衔接，对碳排放权进行定价。通过市场价格机制，降低整体减排成本，产生减排激励，助力减排成本最小化目标。

在碳排放配额的二级市场中，交易产生的价格也被称为"碳价"，是配额总量控制与市场供求两股力量共同博弈的结果。碳价通过创造价格信号、传递市场信号、发出金融信号，鼓励企业节能减排，引导资金流向绿色行业，体现低碳投资的长期价值。碳价不仅可以反映配额总量的分配情况、使用情况，也能间接反映经济发展状况、气候变化状况。完善碳价调控机制，促使碳价保持合理水平，能够更好地促进碳交易市场可持续发展，对减排也有更好的激励效果。

目前我国碳交易市场处于初级阶段，仍有较大发展空间，碳价水平低于国际碳价。从成交额上看，中国碳市场年交易规模为76.61亿元，欧盟是5 589亿欧元，差异较为明显。从价格层面上看，2021年欧盟碳价大约为56欧元/吨，中国是42.79元/吨，中国的碳价远低于欧盟。在碳交易和碳价差异的背后，是国家和地区的发展阶段及碳市场发展节奏的差异。欧盟于1990年实现了碳达峰，在2005年开始建设碳交易市场，起步比较早，经过了两个15年的发展，碳交易相对成熟。我国尚未实现碳达峰，碳交易市场发展尚未成熟，碳排放跨区域交易仍待发展，与国际相比偏低的碳价水平有待合理化。

发展供需匹配的碳市场，是实现我国碳价合理化的关键。需求上，扩大碳交易市场覆盖范围，差异化不同类型企业的减排成本，充分发挥碳减排市场的调节作用。供给上，发展多层次的碳配额制度，将以免费配额为主的碳市场，逐步发展成信息透明度高、拍卖配额占比多、中国核证自愿减排量项目多、层次完善的碳交易市场，满足不同主体的碳需求。

碳价的合理上涨预期，一是能够提高排放成本，激励企业把减排纳入决策，并最终落实到减排行动中；二是能够吸引更多企业合理规划碳资产，更好地利用新能源，用新能源产业引领和完善低碳市场发展，为能源转型提供动力。

当前全球碳价水平尚未形成联动效应（见图11.12）。国际碳交易市场的一些变化，将驱动全球碳价市场形成一定的联动效应。一是欧盟碳边境调节机制（CBAM），以售卖证书的方式，对进口商品征收碳排放费，相当于对他国出口商品征收碳税。如果要免除此类碳税，要求必须有相应的碳价，否则未达到的部分由欧盟收取。因此，全球碳价水平联动要向更合理化的价格看齐，降低企业对外的额外碳税风险。二是国际货币基金组织发布了"国际碳价格下限协议"（ICPF），保证各国的碳底价，推动世界更快地向绿色低碳转型。该协议也将提高碳价的下限，推动全球碳价整体水平联动。

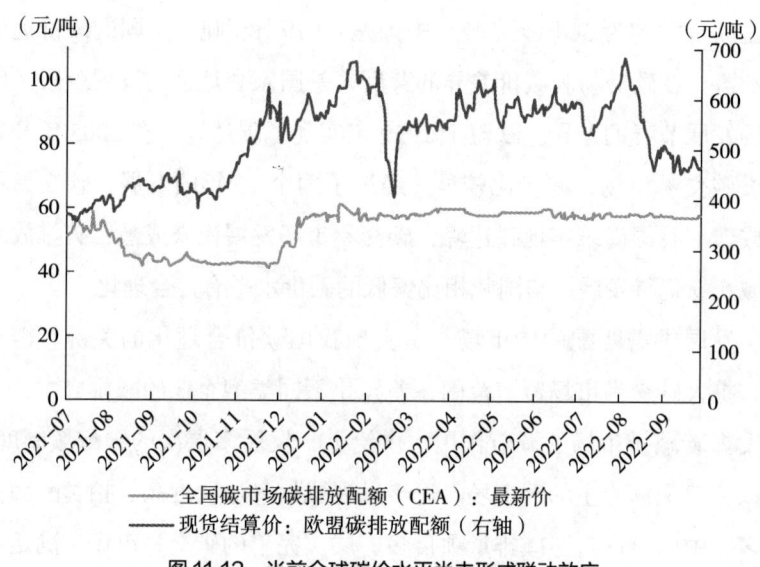

图 11.12 当前全球碳价水平尚未形成联动效应

资料来源：上海环境能源交易所，欧洲能源交易所，泽平宏观。

三、未来发展：碳金融服务实体，营造减排新生态

碳金融是指低碳经济的投融资活动，或称碳融资和碳物质买卖，

服务于温室气体减排项目技术的直接投融资、碳权交易、银行贷款等金融活动均属于此类范畴。碳金融市场与碳交易市场相辅相成，正在逐步发展。

多层次碳金融工具的安排补充，是促进碳交易市场成熟的重要一环。欧盟拥有规模最大的碳金融市场，包括各类金融投资主体、可交易衍生品，市场流动性处于较合理水平。欧盟碳市场的期货交易量、交易额远超碳现货，碳金融工具在发展碳市场上的作用不容小觑（见表11.6）。2021年，美国洲际交易所主力碳期货合约成交总量达到40.8亿吨，占碳交易总量的95%左右。

表11.6 欧盟碳交易市场主要碳金融工具极其丰富

交易所	碳金融工具
欧洲气候交易所（ECX）	EUA（欧洲碳排放配额）拍卖，EUA、ERU（联合履行机制下的减排量）和CER（清洁发展机制下的核证减排量）、CEA（中国碳排放配额）类期货产品、期权产品，EUA和CER类现货产品、期货期权产品
欧洲能源交易所（EEX）	EUA、EUAA（欧盟航空碳排放配额）、EUA、EUAA、CER期现货、EUA与CER价差、时间价差、EUA期权
北欧电力库（INP）	EUA和CER类现货、期货、远期和期权产品
Climex交易所	EUAs、CERs、VERs（自愿减排量）、ERUs和AAUs（分配数量单位）

资料来源：公开资料，泽平宏观。

未来我国碳交易市场逐渐成熟，碳金融将助力形成包括政府、企业、核查机构、中介机构、碳资产管理公司、金融机构等在内的多元市场主体结构，营造出碳交易市场的新生态。碳金融为碳市场发展出重要的融资工具和风险管理工具，对碳交易具有重要的支撑作用。

利用碳期货的价格发现功能，提高定价效率，将碳排放权价格维持在合理区间，减少市场交易摩擦。碳价随市场供需关系及时变化，吸引各类市场主体按需灵活交易，增强市场流动性，将碳价控制在合理预期范围内。碳金融工具可以有效缓解碳价周期性问题。碳金融工具可通过交易、风控的手段把碳价波动的风险平摊到每个月度、每个季度甚至每个年度，帮助企业有效管理碳资产的价格波动。

目前来看，我国碳金融市场正处于发展期，我国各金融机构加强与碳市场试点省市的合作，陆续开发了碳债券、碳期权、碳基金、碳排放权抵质押融资等产品，但整体仍处于零星试点状态，区域发展待均衡，系统完善的碳金融市场仍待建设。2022年4月，中国证监会公布了碳金融产品的行业标准，分类明确了碳期货、碳资产证券化等碳市场交易工具，碳质押、碳托管等碳市场融资工具。深圳建立的碳金融服务体系如图11.13所示。

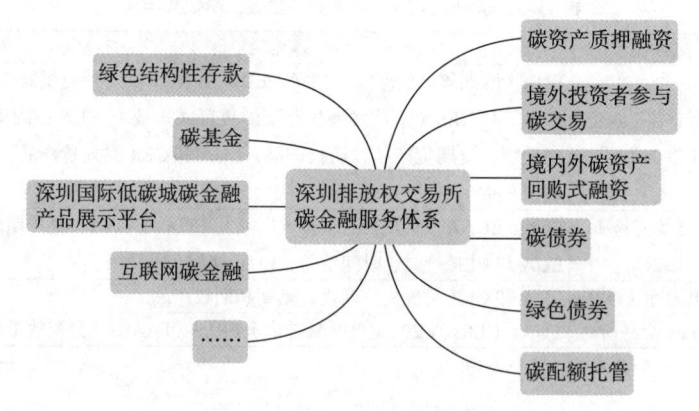

图 11.13　深圳正逐步建立起碳金融服务体系

资料来源：深圳碳排放交易所网站，泽平宏观。

第四节　碳市场的未来：完善机制，扩大主体覆盖，多元化工具

我国碳排放市场初步发展，碳价调控机制、碳市场规模、碳行业

覆盖范围、发展碳金融服务实体经济等环节还需进一步优化。未来须进一步完善碳价调整机制，将更多的行业企业纳入碳交易的范围中，逐步建立成熟的碳市场。

一是多措并举，建设和完善全国碳市场，顺畅价格传导机制。区域市场中碳价不统一，如2021年北京的碳价约为83元/吨，而重庆仅为6.91元/吨，有一定差距。全国统一碳市场，有助于缓解碳价区域差异，形成统一的碳价体系。引导多元化市场主体进入，包括碳排放供需企业、个人投资者、碳资产管理公司、碳金融机构、碳做市商等，形成活跃的买卖和成交，增加市场流动性。

二是逐步扩大碳管理的行业纳入范围，逐步扩大碳交易覆盖主体，实现碳交易在成交量、成交额等方面的突破。2021年我国碳排放交易量大约为17亿吨。未来，石油化工、建材、钢铁、有色、造纸、航空等更多高耗能、高排放行业会加入碳交易体系，企业将增加到8 500家以上，预计覆盖排放比例超70%。不同行业排放特征不同，更多行业企业纳入进来，可以有效增加潜在交易主体，提升市场交易活跃度。预计2030年前碳达峰时，碳排放交易量将上升至30亿吨以上的水平。以目前的中性碳价水平计算，累计交易额有望达到1 000亿元以上。

三是合理发展和利用碳金融工具，有效发挥碳金融服务实体经济、服务碳中和的重要使命，最终实现低碳发展、绿色发展、可持续发展的目的。碳金融工具可以发挥对碳资产价格发现和风险管理的功能，还能够发现碳远期价格，解决碳交易量时间分布不均的问题，对碳价具有调节作用。试点发展与碳排放权相关的期货、期权产品，从场外到场内、从非标到标准化，逐次完善各类碳金融体系，提高定价效率，减少在履约期间的碳价波动性，降低企业的履约成本。一些业务创新，如碳抵押贷款、碳担保、碳保险等，都可以助力实现碳金融工具服务碳中和发展的作用。同时，完善和建立对碳市场的协同监管，碳金融工具丰富，涉及范围广，创新内驱力强，应当严格规范、审慎监管。

第十二章
碳捕集、碳封存、碳利用：技术减碳新模式

碳捕集、利用与封存（CCUS）就是积极用固碳手段，先立后破地解决高碳排问题，最大限度地实现人与自然的和谐共生。

要实现碳中和，需要在发电、能源消费和固碳方法上共同发力。新能源发电以风电、光伏为代表，新能源消费以新能源汽车为代表。那么在固碳上，碳捕集、利用与封存技术将作为碳减排最有效、最直接的手段，减排的潜力大，应用场景广，潜在效益高。

上游碳捕集是固碳技术的核心。有传统捕集、生物质能碳捕集、空气碳捕集等多种技术，有燃烧前捕集、富氧燃烧捕集、燃烧后捕集等多种捕集工艺，还有化学吸收法、物理吸收法、膜分离法等多种分离吸收途径。未来，新一代的捕集技术将从实验室走到现实，进一步优化碳减排捕集成本。

中游碳运输能够实现"碳转移"。以管道输运为主流，辅以罐车运输和船舶运输等方式，建立起多方式结合的碳输运体系，满足规模化碳减排需求。

下游碳利用与封存。陆上咸水层封存、海上咸水层封存、枯竭油气田封存等碳封存技术飞速发展，地质利用、物理利用、化学利用等碳利用技术初具规模。未来的碳封存，可将二氧化碳储存于地层或海底中，成为碳元素的"储备池"；碳利用，可从"储备池"提取碳元素进行利用，多种方式加强二氧化碳中碳元素的经济效益，实现人工碳循环。

发展碳捕集、利用与封存技术，是稳健推进我国能源体系转型的关键。高碳排能源由此变得清洁化，先立后破，加强煤炭清洁高效利用。未来，碳减排需求将规模化增长，碳捕集、利用、封存等各环节，需要更加注重安全性、可靠性、经济性的提升，构建新型商业模式、多元化产业格局。*

----

* 本章作者：任泽平、王一渌、岑伟铭。

第一节　实现碳中和，就要固定"不得不排放的二氧化碳"

碳中和，一般指国家、企业、产品、个人通过植树造林、节能减排等形式，抵消自身产生的二氧化碳或温室气体排放。最终达到在一定时间内自身直接或间接产生的二氧化碳或温室气体排放总量相对"零排放"的状态。

碳中和的提出，是为了使大气中二氧化碳的浓度不再增加，减少人类活动对气候的影响。联合国政府间气候变化专门委员会在发布的报告《气候变化 2013：自然科学基础》中指出，人类活动导致的气温升高的可能性高达 95% 以上。而自然界产生的二氧化碳排放通过生态系统的固碳抵消，对气候变暖的影响可以忽略。从这个角度上来看，实现碳中和的关键点在于如何处理人类活动所产生的二氧化碳。

目前，生产经营活动产生的二氧化碳排放主要集中在能源发电端和能源消费端，其中发电端占比超过 40%，能源消费端（包括工业、交通运输、居民消费等）占比超过 50%（见图 12.1）。根据碳排放现状，实现碳中和目标必须从电力端、能源消费端以及固碳端三端共同发力。

一是在电力端，要大力发展清洁能源，优化能源结构。未来电力和热力的供应结构从以煤为主，优化发展为以风、光、水、核、地热、氢能等可再生能源和非碳能源为主，最大限度地减少发电端的碳排放。

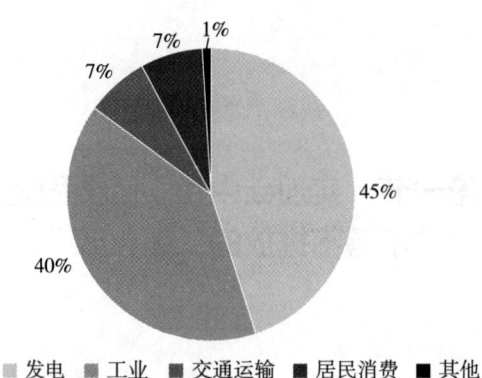

图 12.1　我国二氧化碳排放主要集中在发电、工业和交通运输端

发电 45%　工业 40%　交通运输 7%　居民消费 7%　其他 1%

资料来源：公开资料，泽平宏观。

二是在能源消费端，要推动工业生产、交通运输领域使用低碳化的原材料，减少使用高碳排材料，比如水泥生产过程把原料石灰石的使用量降到最低等。同时在生产过程中加大绿电消纳，如建材、钢铁、化工、有色金属等原材料生产的用能，以绿电、绿氢为主。

三是在固碳端，推动二氧化碳捕集、利用与封存等固碳技术发展，实现商业化和规模化发展，真正实现人类生产生活碳排放对气候环境的"零"影响。实际上，无论电力端和能源消费端如何发展，技术上要实现"零"碳排放是不现实的。

短期来看，目前全球能源体系仍然以化石能源为主，发展中国家对于化石能源更加依赖，新型清洁能源暂时无法独挑大梁。发电端仍以煤电为主的事实，短期内难以逆转，能源端的高碳排放缓解仍需要时间。长期来说，即使绿电发展到能够足以替代化石能源，但在某些领域，仍然会产生大量的二氧化碳排放。国际能源署发布的报告《世界能源技术展望2020——钢铁技术路线图》指出，2050年多数国家实现碳中和之际，钢铁行业在工艺改进、效率提升、能源和原料低碳化后，仍将剩余34%的碳排放量，即使叠加氢直接还原铁技术的突破，剩余的碳排放量也将超过 8%。水泥行业通过采取其他常规减排方案后，仍将有 48% 的碳排放量剩余。

因此，我们迫切需要发展固碳技术，将"不得不排放的二氧化碳"用各种人为措施固定下来。

在固碳技术中，碳捕集、利用与封存技术是最关键的，可为我国碳中和目标的如期实现助力。例如，未来对绿电的占比要求提高了以后，如果新能源储能没有及时匹配，可能导致电力系统波动性增大。而碳捕集、利用与封存技术使火力发电也有了低碳排放的可能，从这个角度而言，随着火电的低碳化转型，火电也能成为绿电。碳捕集、利用与封存技术也是钢铁、水泥等高碳行业实现净零排放的必要技术选择。未来，碳捕集、利用与封存技术与新能源结合，整体或实现负排放。

相比其他碳减排手段，碳捕集、利用与封存技术减排潜力大、减排效益可观。国际能源署预测，未来碳捕集、利用与封存技术可满足我国各行业巨大的碳减排需求，到 2030 年约可实现碳减排 2.49 亿吨/年，2050 年实现碳减排 10.3 亿吨/年，2060 年则可实现碳减排 14.1 亿吨/年，减排能力显著提升（见图 12.2）。碳捕集、利用与封存技术对实现碳减排直接有效、贡献大。根据国际能源署的可持续发展情景，预计全球将于 2070 年实现净零排放，2050 年碳捕集、利用与封存技术的减排贡献比将达到 9%，2070 年减排贡献比将上升至 15% 以上。

碳捕集、利用与封存技术可深度赋能多个领域。在能源电力领域，"火电＋碳捕集、利用与封存技术"的组合在电力系统中极具竞争力，能够实现低碳发展与发电效率之间的平衡。在工业领域，碳捕集、利用与封存技术能够激励许多高排放、难减排行业的低碳转型，为传统高耗能行业产业升级、低碳发展提供技术保障。如在钢铁行业，捕集的二氧化碳除了可以进行利用与封存之外，还可直接用于炼钢过程，能够进一步提高减排效率。在水泥行业，石灰石分解产生的二氧化碳排放约占水泥行业总排放量的60%，碳捕集技术可捕获该过程中的二氧化碳，是水泥行业脱碳的必要技术手段。在石油化工行业，碳捕集、利用与封存技术可以实现石油增产和碳减排双赢。

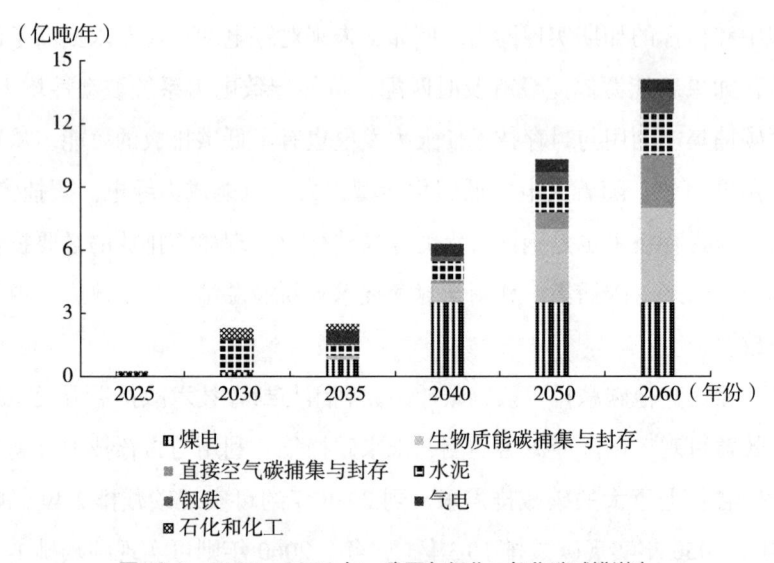

图12.2 2025—2060年，我国各行业二氧化碳减排潜力

资料来源：生态环境部环境规划院等，泽平宏观。

此外，碳捕集、利用与封存技术还可加速能源清洁化发展进程。氢能产业的爆发，化石能源制氢叠加碳捕集、利用与封存技术，将是未来较长一段时间内低碳氢的重要来源。目前，全球经过碳捕集、利用与封存技术改造的7个制氢厂年产量高达40万吨，是电解槽制氢量的3倍。预计到2070年，全球也将有40%的低碳氢源来自"化石能源+碳捕集、利用与封存技术"。

碳捕集、利用与封存技术的负碳技术能够降低实现碳中和目标的整体成本。碳捕集、利用与封存技术的负碳技术包括生物质能-碳捕集与封存技术（BECCS）与直接空气碳捕集与封存技术（DACCS），分别从生物质能源转换过程和大气中直接捕集二氧化碳，能够以更低成本、更高效率实现深度脱碳，减少项目显性成本。据测算，通过生物质能-碳捕集技术和空气碳捕集技术实现电力部门的深度脱碳，要比以间歇性可再生能源、储能为主导的系统总投资成本减少37%~48%。碳捕集、利用与封存技术可降低资产搁浅风险，减少隐性成本。利用碳捕集、利用与封存技术对相关工业基础设施进行改造，可实现化石能源基础设施的低碳利用，降低碳排放约束下的设施闲置成本。

不同减排技术的比较见表12.1。

表12.1 不同减排技术的比较

项目	碳捕集、利用与封存	核电	太阳能发电	风电	水电
稳定性	高	高	相对低	相对低	较高
优势	减排潜力大，应用场景多元化，推动传统行业低碳化转型，减排效益可观	核燃料储量大，储存运输方便，总体成本低，发电总成本稳定	资源丰富、清洁、可再生	资源丰富、清洁、可再生，基建周期短，装机规模灵活	资源丰富、清洁、可再生，发电效率高，发电启动快
挑战	捕集、封存、监测环境存在技术挑战，二氧化碳泄漏带来安全隐患	核废料处理要求高，存在泄漏风险，投资成本大，放射性物质安全隐患大	能量密度低，能源利用率低，多晶硅的生产过程耗能大，并网存在挑战	风电不稳定、不可控，并网存在挑战，占用大片土地	受季节和旱涝灾害影响，部分不均蓄水淹没大量土地，居民搬迁成本高，社会影响大

资料来源：中国知网《中国CCUS技术发展趋势分析》，泽平宏观。

整体而言，得益于减排潜力大、应用场景广、潜在效益高等优势，碳捕集、利用与封存技术将为我国如期实现碳中和目标持续发力，成为在固碳端上减少碳排放的最佳方案。

第二节　运行机制：把碳捕集、利用、封存起来

碳捕集、利用与封存技术是指将二氧化碳从工业过程、能源利用或大气中分离出来，直接加以利用或注入地层和海底，以降低大气中二氧化碳浓度的过程。

碳捕集、利用与封存技术的上中下游各个环节相互联通，关系紧密，共同构成完整的碳减排技术体系。主要包括碳捕集、碳运输、碳利用和碳封存四个环节。整个产业链环环相扣（见图12.3）：上游端从化石燃料、工业排放、生物质能利用等排放源处捕集二氧化碳，中游用罐车、船舶等方式输送至对应地点，最终在下游开展碳利用或封存，实现碳减排。

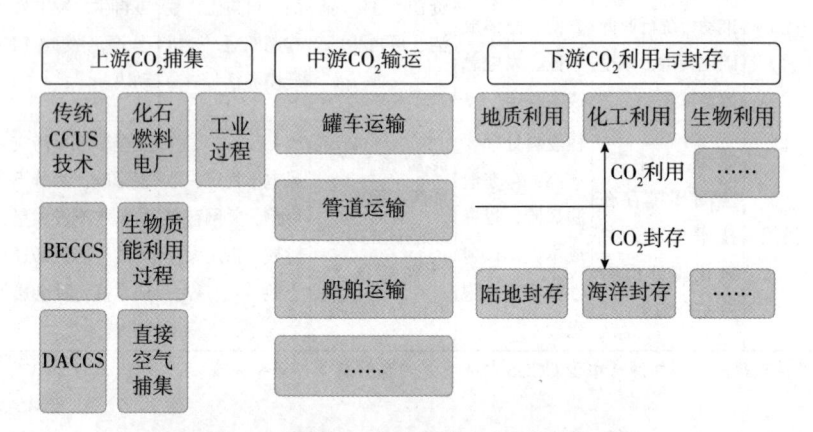

图12.3　碳捕集、利用与封存上中下游技术环节

资料来源：中国21世纪议程管理中心，泽平宏观。

一、上游碳捕集：多元技术路线发展降成本

碳捕集是碳捕集、利用与封存技术中的核心环节，在整个技术链中成本占比超过70%（见图12.4）。近年来，我国碳捕集技术快速发展。从规模上看，我国已经具备大规模捕集、利用与封存二氧化碳的能力，年碳捕集达300万吨。

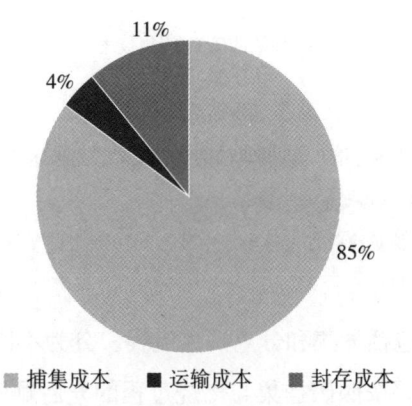

图12.4 碳捕集、利用与封存技术链中碳捕集成本占比最高

资料来源：生态环境部环境规划院，泽平宏观。

碳捕集主要通过三种途径：一是传统的碳捕集、利用与封存技术，主要对化石燃料和工业过程产生的二氧化碳进行捕集；二是生物质能－碳捕集技术，利用生物质能源从大气中捕集二氧化碳；三是空气碳捕集技术，直接从空气源捕集二氧化碳，进一步降低大气中的二氧化碳浓度，实现负碳效果。以传统捕集途径为主，辅以生物质能和空气碳捕集途径，未来固碳途径将朝着多元化方向前进。

按照可持续发展情景估计，生物质能－碳捕集和空气碳捕集途径的占比将进一步提高（见图12.5），从2050年的19.6%上升至2070年的36.2%。

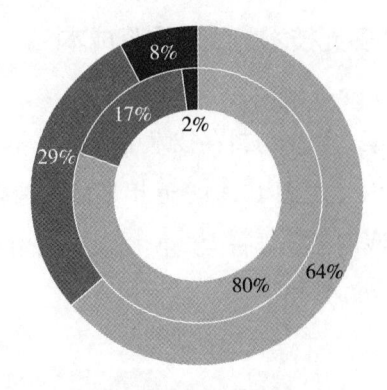

图12.5 未来生物质能－碳捕集和空气碳捕集的固碳途径占比将大幅上升

资料来源：生态环境部环境规划院，泽平宏观。

注：内圈是2050年各捕集途径占比情形，外圈是2070年各捕集途径占比情形。

碳捕集主要包括捕集和分离两大流程，分为不同的技术路线。

在捕集环节，按照碳捕集与燃烧过程的先后顺序进行分类，可分为燃烧前捕集、富氧燃烧捕集以及燃烧后捕集三种技术路线（见表12.2）。其中，燃烧后捕集更具技术优势。燃烧后捕集具有较高的适用性和捕集率，是目前最成熟的捕集技术，国内外的技术差距较小，应用最为广泛。而燃烧前捕集和富氧燃烧捕集相关的示范项目占比较少，相关技术还不够成熟，应用场景具有更大局限性。

二氧化碳排放浓度和流量是影响碳捕集成本的主要因素，二者呈现反向相关关系。二氧化碳排放浓度越高，捕集成本越低；排放浓度越低，捕集成本越高。燃烧后捕集气体杂质较多，能耗较大，投资和运营成本高。因此，对于燃烧前捕集和富氧燃烧捕集技术的发展仍需重视。随着技术成熟，未来将有望形成多元化技术发展路线：在特定范围内使用燃烧前捕集和富氧燃烧捕集，在其他范围使用燃烧后捕集，以综合最低成本进行碳捕集。

表12.2 不同碳捕集方式的对比

项目	燃烧前捕集	富氧燃烧捕集	燃烧后捕集
工艺流程	将化石燃料气化后，在燃烧前将燃料中的含碳组分离并转化为以氢气、一氧化碳和二氧化碳为主的合成气，后将二氧化碳从中分离，实现前端脱碳	以纯氧（而非空气）作为氧化剂进入燃烧系统，化石燃料在纯氧中燃烧得到浓度较高的二氧化碳，进而实现碳捕集	烟气通道安装二氧化碳分离单元，直接捕捉燃烧后的烟气中的二氧化碳组分
成本（元/吨二氧化碳）	250~430	300~400	300~450
优势	成本相对较低，效率高	碳捕集能耗和成本相对较低	仅需在现有燃烧系统后增设二氧化碳捕集装置，对原有系统变动较小
局限	局限于基于煤气化联合发电装置，适用性较差	对操作环境有要求，额外增加制氧系统，会提高总投资和能耗	能耗相对较高，设备尺寸大，投资和运营成本高
适用范围	一般用于煤气化联合发电装置	用于新建燃煤电厂及部分改造后的燃煤电厂	用于各种改造和新建的碳排放源，如电力、钢铁、水泥等行业

资料来源：公开资料，泽平宏观。

在分离环节，碳捕集分离技术有物理吸收技术、化学吸收技术以及膜分离技术等（见表12.3）。化学吸收技术吸收量大、吸收效果好、吸收效率高，且具备更加广泛的应用和商业化场景。细分来看，其主要包括有机胺法、氨吸收法、热钾碱法、离子液态吸收法等，目前有机胺法是最主要的化学吸收法，已广泛运用于国内外碳捕集示范项目中。但总体而言，三种分离方法各有侧重，须并行发展，在各自优势领域应用，实现二氧化碳吸收、分离效果的最优化。

表12.3 主要二氧化碳分离技术对比

项目	物理吸收技术	化学吸收技术	膜分离技术
概述	采用水、甲醇等作为吸收剂，利用二氧化碳在这些溶剂中的溶解度随压力而变化的原理来进行吸收	利用弱碱性吸收剂与二氧化碳发生反应进行吸收	利用膜材料对不同气体的不同渗透率来分离二氧化碳
优势	选择性强、吸收量大、腐蚀性较小	吸收量大、吸收效果好、吸收剂循环利用并能得到高纯度二氧化碳	分离过程中无相变、操作性强、能源效率较高
劣势	吸收或再生能耗和成本较高	吸收剂再生热损耗较高、吸收剂损失较大、操作成本高	能耗较高，投资和发电成本高
适用范围	适用于二氧化碳排放浓度较高的行业，如天然气处理、煤化工等	应用于发电、燃料改造和工业生产等项目	应用于制氢、天然气处理等

资料来源：公开资料，泽平宏观。

目前国际主流碳捕集技术（见图12.6）为第一代的燃烧后捕集+化学吸收法，已处于大规模的示范和应用阶段。国内燃烧前物理吸收法已经处于商业应用阶段，燃烧后化学吸附法尚处于中试阶段，其他大部分捕集技术处于工业示范阶段。第二代和第三代如新型膜分离技术、新型吸收技术、新型吸附技术、增压富氧燃烧技术、化学链燃烧技术等均处于研发阶段，预计技术成熟后能耗和成本将比第一代技术降低30%以上。

未来新一代捕集技术有望从实验室走到现实项目应用中，多元化的技术路线并行发展，能大幅降低碳捕集成本，提升整体的经济性，助力碳捕集、利用与封存技术进一步推广与应用。

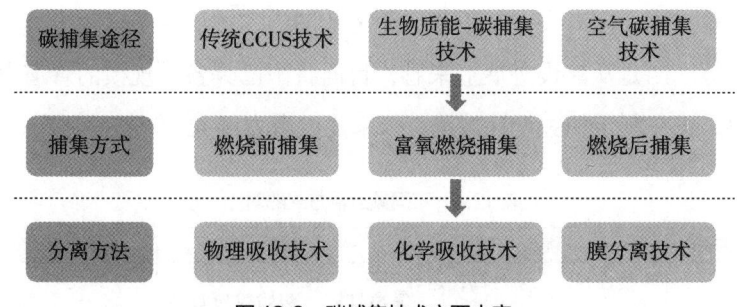

碳捕集途径	传统CCUS技术	生物质能-碳捕集技术	空气碳捕集技术
捕集方式	燃烧前捕集	富氧燃烧捕集	燃烧后捕集
分离方法	物理吸收技术	化学吸收技术	膜分离技术

图12.6 碳捕集技术主要内容

资料来源：泽平宏观。

二、中游碳运输：多种运输方式，满足规模化需求

碳运输将二氧化碳进行空间转移，是连接碳捕集、利用与封存技术链上下游的关键。现阶段我国二氧化碳的运输方式主要有罐车运输、管道运输以及船舶运输三种类型（见表12.4）。限于目前碳捕集、利用与封存技术示范项目规模较小，尚无大规模碳运输需求，70%以上的二氧化碳是采用罐车输送的。未来，减排量的高速增长将衍生出对碳运输的规模化发展要求，管道运输等能实现大规模二氧化碳运输的方式亟须发展。根据国际能源署的测算，我国碳减排需求将从2025年的0.24亿吨/年增长至2060年的14.1亿吨/年，增长近58倍。

未来，能满足大规模二氧化碳运输需求的管道输运方式将脱颖而出，成为主流。一是从运输效率上来看，管道运输连续性强，运输量大且不受天气影响，稳定性强，可满足长距离大规模运输的需求。二是从安全性上来看，管道运输二氧化碳泄漏量极少，对环境污染小，安全性远高于其他运输方式。三是从成本上来看，大规模运输条件下，管道运输的成本更低。根据APEC（亚太经济合作组织）的分析，在不考虑初始投资成本的情况下，若每年管道运输量大于1 000万吨，则运输费用会下降至2~6美元/（100千米·吨）的水平，远低于罐车运输方式。同时在650千米的距离范围内，相比船舶运输也具备成本优势。四是从建设进展上来看，目前我国已具备大规模的管道设计能力，正在制定相关设计规范，未来建设潜力巨大。

表12.4 不同碳运输方式的对比

运输方式	优点	局限	适用范围
管道运输	连续性强，安全性高；运输量大，运行成本低；输运二氧化碳密闭性好，对环境污染小	灵活性差，初始投资成本高，对二氧化碳浓度、温度和气压要求高	大规模、长距离，定向二氧化碳输运
船舶运输	灵活性高，远距离运输成本低	连续性差，适用性差，交付成本高，近距离运输成本高，对二氧化碳形态要求高	大规模、长距离的海洋封存
公路罐车运输	灵活性高，适应性强，机动性好，初始投资成本低	运输量小，单位运输成本高、连续性差，远距离运输安全性差、连续性差	较小量的二氧化碳运输
铁路罐车运输	运输距离长，通行能力强，成本相对较低	连续性差，运输装卸费用高，地域限制大	较大规模、较长距离的运输（管道运输的替代品）

资料来源：公开资料，泽平宏观。

以管道运输的发展为重点，未来多样的碳运输方式各展所长，建立起多种运输方式相结合的碳输运体系，满足碳中和目标下大规模的碳减排需求。

三、下游碳利用与封存：多途径处理助力碳循环

在碳捕集、利用与封存技术链中，将项目捕集到的二氧化碳进行处理的主要技术为碳利用和碳封存两种。两种技术相辅相成，共同提升碳元素的经济性，助力实现人工碳循环。

碳封存能够有效完成"碳安置",建立碳元素的"储备池"。它能将一部分二氧化碳进行封存处理,将液态或气液混合状态的二氧化碳注入一定深度的地层或海底,实现与大气隔绝的目的。

碳封存技术主要分为陆上咸水层封存、海上咸水层封存和枯竭油气田封存三大类。其中陆上咸水层占据主导地位,是最主要的碳封存场所。一是从封存条件上看,陆上咸水层地质条件优良,封闭性较好,分布广泛,是最理想的二氧化碳封存场所。枯竭油气田封存则需要完整的构造、封闭稳定的地质环境和详细的地质勘探基础等条件,限制条件更多。二是从封存潜力上看,我国碳捕集、利用与封存技术陆上咸水层地质封存潜力巨大,为 1.21 万亿~4.13 万亿吨。根据水环地调中心发布的《中国及毗邻海域主要沉积盆地二氧化碳地质储存适宜性评价图(1∶500 万)》,我国深部咸水层二氧化碳地质储存潜力占总潜力的 90% 以上,是我国未来实现规模化二氧化碳地质储存的主力储存空间。其中松辽盆地、塔里木盆地和渤海湾盆地这三个陆上最大的封存区域就能封存占总封存量一半的二氧化碳。

其他碳封存技术正处于方案设计与论证阶段,2021 年中国海油对外宣布,恩平 15-1 油田群正式启动我国首个海上二氧化碳封存示范工程。未来更多封存方式商业应用落地可期。

世界主要国家和地区碳捕集、利用与封存技术陆上咸水层地质封存潜力与二氧化碳排放情况见表 12.5。

表 12.5 世界主要国家和地区碳捕集、利用与封存技术陆上咸水层地质封存潜力与二氧化碳排放情况

国家/地区	理论封存容量(百亿吨)	2019 年排放量(亿吨/年)	至 2060 年二氧化碳累计排放量(百亿吨)
中国	121~413	98	40
亚洲(除中国)	49~55	74	30
北美	230~2 153	60	25

续表

国家/地区	理论封存容量（百亿吨）	2019年排放量（亿吨/年）	至2060年二氧化碳累计排放量（百亿吨）
欧洲	50	41	17
澳大利亚	22~41	4	1.6

资料来源：《中国二氧化碳捕集利用与封存（CCUS）年度报告（2021）》，泽平宏观。

碳利用是处理二氧化碳的第二种途径。碳利用是指通过工程技术手段，将捕集的二氧化碳实现资源化利用的过程。在减少碳排放的同时，能够利用二氧化碳的物理、化学或生物性质，实现能源增产增效、矿产资源增采、化学品转化合成、生物农产品增产等，大大提高碳元素的经济性，实现碳元素循环。

碳利用技术内容丰富，主要分为地质利用、物理利用和化学利用三种类型。在节能减排的大趋势下，我国碳利用技术的发展初见成效。在碳捕集、利用与封存技术捕集的二氧化碳处理上，碳利用是最主要的二氧化碳处理方式，处理量占我国所有碳捕集、利用与封存技术项目捕集碳排放总量的70%以上（见图12.7）。

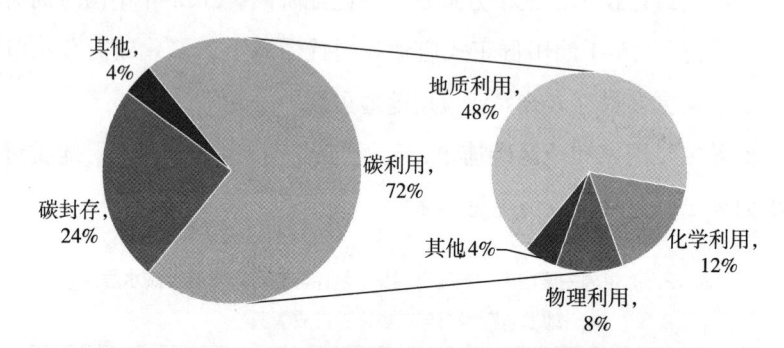

图12.7 碳利用处理方式在我国碳捕集、利用与封存技术项目捕集的二氧化碳总量中占70%以上

资料来源：《中国二氧化碳捕集利用与封存（CCUS）年度报告（2021）》，泽平宏观。

从各技术类型的发展情况来看，现阶段地质利用已初具规模，成为我国最主要的碳利用方式。地质利用主要通过工程技术手段将捕集的二氧化碳注入地下，在地质条件下强化能源和资源的开采。具体来看，我国碳利用中，地质利用的比重高达48%，已封存的二氧化碳规模超过580万吨。碳的地质利用与封存见图12.8。

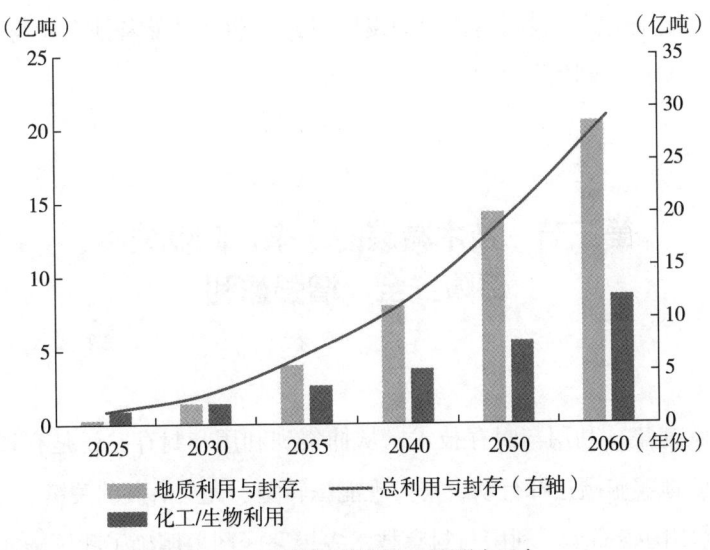

图12.8　碳的地质利用与封存潜力巨大

资料来源：生态环境部环境规划院，泽平宏观。

此外，化工利用和生物利用也正在稳步推进中。在化工利用方面，电催化、光催化等新技术大量涌现，如合成有机碳酸酯、可降解聚合物、制备聚酯材料等利用二氧化碳合成化学材料技术大放异彩，推动碳元素加速循环。在生物利用方面，微藻固定和气肥利用技术取得重大突破。2021年9月，中国科学院宣布人工合成淀粉方面取得重要进展，在国际上首次实现了二氧化碳到淀粉的从头合成，使淀粉生产从传统农业种植模式向工业车间生产模式转变在技术上成为可能。

碳利用技术是实现碳循环、提升碳元素经济效益的关键。在《能源技术革命创新行动计划（2016—2030年）》中，二氧化碳利用被我国列为重点攻关任务。不局限于地质利用，未来生物利用和化工利用技术的进一步发展，将拓宽碳利用的商业应用范围。据测算，至2060年，我国化工利用和生物利用方面的碳利用潜力最高可达8.7万吨。

理论上，碳封存技术将二氧化碳储存于地层或海底中，成为碳元素的"储备池"，碳利用技术的发展成熟有望从"储备池"中将碳元素进一步提取利用，实现人工碳循环。

第三节　技术减碳的未来：降低成本、保障安全、增强盈利

碳捕集、利用与封存技术，从捕集到利用和封存，就是有计划、分步骤地实施碳达峰行动，是实现能源转型、先立后破的关键。

《中国碳捕集、利用与封存技术发展路线图》明确了我国碳捕集、利用与封存技术至2030年、2035年、2040年及2050年的阶段性目标和总体发展愿景：到2030年，现有技术开始进入商业化应用阶段并具备产业化能力；到2035年，部分新兴技术实现大规模运行；到2040年，碳捕集、利用与封存技术系统集成与风险管控技术得到突破，初步建立碳捕集、利用与封存技术集群。到2050年，碳捕集、利用与封存技术实现广泛部署，建成多个碳捕集、利用与封存技术集群。

国内外主要碳捕集、利用与封存技术环节见表12.6。

表 12.6 国内外主要碳捕集、利用与封存技术环节

碳捕集、利用与封存技术环节			国内所处阶段	国外所处阶段
碳捕集	燃烧前	物理吸收法	商业应用	商业应用
		化学吸附法	工业示范	工业示范
		变压吸附法	工业示范	工业示范
		低温分馏法	工业示范	工业示范
	燃烧后	化学吸收法	工业示范	商业应用
		化学吸附法	中试阶段	工业示范早期
		物理吸附法	工业示范	工业示范
		膜分离法	中试阶段	工业示范早期
	富氧燃烧	常压	工业示范	工业示范
		增压	基础研究	基础研究
		化学链	中试阶段	中试阶段
碳输送		罐车运输	商业应用成熟	商业应用成熟
		船舶运输	商业应用	商业应用
		管道运输	中试阶段早期	商业应用
碳利用与封存	生物/化学利用	重整制备合成气	工业示范	工业示范
		制备液体燃料	基础研究	基础研究
		合成甲醇	工业示范	工业示范
		制备烯烃	中试阶段早期	工业示范
		光电催化转化	基础研究	基础研究
		合成有机碳酸酯	工业示范	工业示范
		钢渣矿化利用	工业示范	工业示范
		磷石膏矿化利用	商业应用早期	商业应用早期
		钾长石加工联合矿化	中试阶段	中试阶段
		混凝土养护利用	中试阶段	中试阶段
		微藻生物利用	中试阶段	中试阶段
		气肥利用	基础研究	基础研究
	地质利用、封存	强化石油开采	工业示范	商业应用成熟
		驱替煤层气	工业示范早期	中试阶段
		强化天然气开采	基础研究	中试阶段早期
		置换水合物	中试阶段早期	中试阶段
		地浸采矿	商业应用	商业应用
		采热利用	基础研究	基础研究
		强化深部咸水开采与封存	中试阶段	工业示范

资料来源：《中国二氧化碳捕集利用与封存（CCUS）年度报告（2021）》，泽平宏观。

目前碳捕集、利用与封存技术的多数细分环节仍处于研发和早期的系统示范阶段，在成本、能耗、安全性、可靠性方面有较大发展空间。未来有如下几大发展方向。

第一，进一步规范完善碳捕集、利用与封存技术的应用标准、技术需求，政府部门加强规划，引导风险资本踊跃参与、科研机构创新研发。

第二，完善碳捕集、利用与封存技术基础设施建设，保障安全性。加大二氧化碳输送与封存的基础设施投资力度，扩大建设规模，建立共享的二氧化碳运输与封存网络，降低二氧化碳的泄漏风险，增强技术安全性。

第三，碳捕集、利用与封存技术细分技术发展，以技术革新推动降本增效（见图12.9）。注重多元化碳捕集技术，未来10~20年，碳捕集成本有望下降30%~50%。包括电化学分离技术、加压富氧燃烧、化学链燃烧、吸附强化水煤气变换技术、新型膜分离、新型吸收吸附等。完善管道运输、公路运输、铁路运输、船舶运输等多种碳运输方式，实现碳运输成本最优。发展智能化钻井技术、勘探技术，到2040年碳封存成本可减少20%~25%。发展多样化的碳利用，实现经济效益。

第四，促进多渠道对碳捕集、利用与封存技术的资金支持，加速商业化、规模化。比如参考欧洲创新基金，引入气候投融资，吸引多元投资主体，使公共资金和社会资本共同进入产业。可以为碳捕集、利用与封存技术项目提供优先授信与优惠贷款，以及相应的税收优惠、财政激励。

第五，打造独立的碳捕集、利用与封存技术运营商，可以优化效率。传统油企的全流程独立运营模式使油气企业既是碳捕集、利用与封存技术的运营商，也是碳捕集、利用与封存技术最终服务的客户，缺乏市场竞争，效率有待提高。而未来，具备独立市场化运营机制的碳捕集、利用与封存技术运营商，能将技术商业化，拓展更多企业加入碳捕集。捕集的二氧化碳既可出售给食品、化工制造的企业，又可出售给油企用于驱油封存，灵活高效。

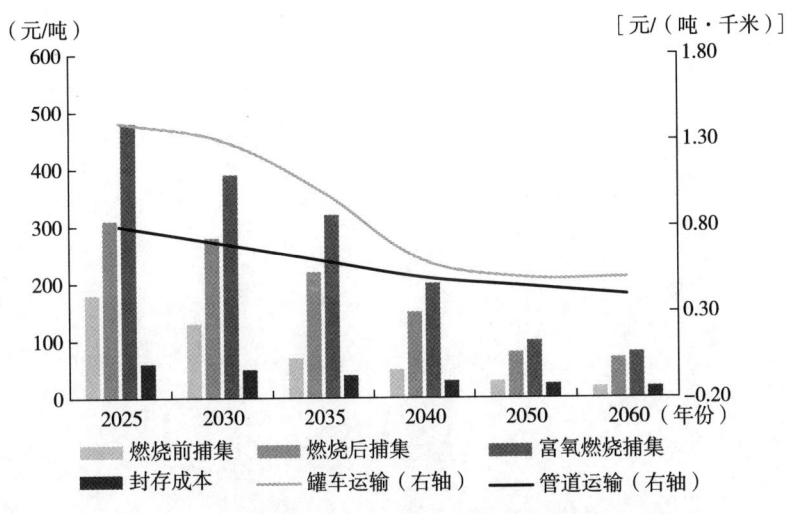

图12.9 未来我国碳捕集、利用与封存技术各环节降本潜力明显

资料来源：生态环境部环境规划院，泽平宏观。

第六，碳捕集、利用与封存技术可以与其他碳中和机制、技术协同发展。碳中和技术体系是一个互为支撑的体系，比如把碳标价、碳交易等市场化交易融入碳捕集、利用和封存中，建立"碳捕集、利用与封存技术＋中国核证自愿减排量"的商业闭环，建立长期、公平、可持续发展的盈利模式，让更多企业以更低成本减碳。

第十三章
能源数字化,新能源新场景

数字经济正深刻改变着人类社会的生产和生活方式，成为全球经济发展的新动力。新能源革命不仅要在能源生产、能源消费模式上进行颠覆式改变，也要以数字化转型为载体，实现"能源"与"数字"的加速融合，驱动能源行业结构性变革。构建以数字化为特征的新型能源系统，推动"新能源技术＋信息技术"深入结合，最终实现新的能源利用体系变革。

从能源供给到传输，再到能源消费，数字技术通过优化能源利用，实现高效产能、用能，正推动着能源革命向前发展。能源数字化或正在成为继煤炭、石油、天然气、电力、节能后的"第六能源"。

一方面，数字化模式拓展了能源供给来源，虚拟电厂、电网V2G都是能源数字化新模式，电力负荷也成了新储能工具，比如电动车给电网反向供电，创造了新盈利模式。

另一方面，能源消费的数字化，便利了人们的用能需求。比如通过数字化资源调度，绿色建筑可以实现高效用能、低耗能和清洁化。又如在交通运输领域，数字化打破了信息壁垒，解决了行业长期存在的公路货运的空驶、空置和空载问题，让车货协同，节省能耗，为货运行业带来新动能。此外，大数据、云计算、区块链、人工智能、车联网等数字技术，也可以推动充电桩、换电站智能化，调节用户消费和电网能耗差，构建新型充电体系。

"数字化＋新能源技术"将优化能源从生产到消费的全过程，未来的能源也要逐步实现数字化、智能化，将产能、用能效率进一步提高。*

---

* 本章作者：任泽平、王一渌、王玮、岑伟铭。

第一节　数字能源时代：能源不仅要低碳化，
　　　　　还要智能化

能源和信息是推动人类文明进步的两大引擎。随着移动互联网、人工智能、大数据、云计算、物联网等数字技术的快速发展，数字经济深刻改变了人类社会的生产生活方式，成为全球经济的新动能（见图13.1）。能源系统也将更低碳化、分散化、智能化。

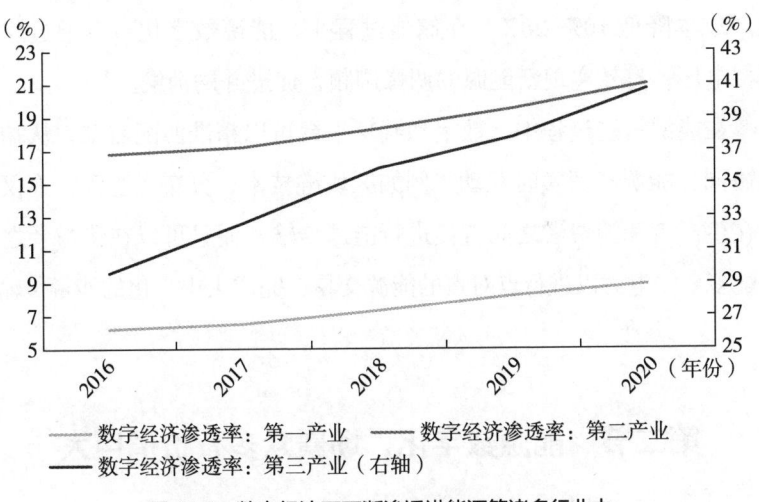

图13.1　数字经济正不断渗透进能源等诸多行业中

资料来源：信通院，泽平宏观。

新能源革命，不仅要在能源生产、能源消费模式上进行颠覆式改变，也要以数字化转型为载体，实现"能源"与"数字"的加速融合，这样才能驱动能源行业整体的变革发展。构建以数字化为特征的新型能源系统，将新能源技术和信息技术深入结合，最终实现新的能源利用体系变革，既是刚需，也是大势。

云计算、大数据、物联网、移动互联、人工智能等数字化技术，催生了数字能源产业，开启了数字能源新时代，蕴含着巨大的价值。

一是平台价值，能源的供需双方可以在数字能源平台上更快速地匹配需求和互动，更高效地使用能源。二是产品价值，即使用算法、算力和数据来重构能源供需，开发新的产品服务和交易类型，增加经济回报。

数字化优化了能源的生产、存储和消耗过程。数字化可以降低能源的生产、运营和维护成本，提高发电厂和电网效率，减少停电和故障时间，拉长资产使用寿命。国际能源署指出，数字技术的普及可使生产成本降低10%~20%。在储能过程中，能源数字化可以通过建立虚拟电厂，有效实现新能源的调峰调频，促进并网消纳。

在能源消费过程中，数字和共享平台可以精准匹配需求，从端到端协同，能源产消实时互动。例如区块链技术、分布式能源，不仅可以在生产者和消费者之间直接进行能源传输，而且可以在参与者之间分配多余的电力以进行点对点的能源交易，完成去中心化的能量传输。

第二节　能源数字化：场景众多，价值巨大

能源数字化拥有巨大的应用场景。能源的基础保障属性决定了能源数字化存在强大的外部性，主要体现在三个方面：能源供给数字化、能源输送数字化、能源消费数字化。

一是能源供给数字化。通过数字化的能源生产体系，精准协助生产者预判能源需求者的类别、用能时机、用能体量，在可控范围内进行最大限度的降本增效。例如，分布式光伏电站的数字化软件，可以在第一视角下进行光伏电站场景漫游，基于3D（三维）虚拟现实，进行光伏电站的数字化管理。城市的自然资源管理部门可通过数字化技术，对分布式电源的地理信息系统进行聚集、平衡分析、统一管理。又如，越来越多的加油站开始向"油、气、氢、电力服务"的一体化能源供应商转型，也在利用屋顶罩棚建设自己的分布式光伏。例如中石化计划在"十四五"期间，建设分布式光伏发电站7 000座，油氢合建站、加氢站1 000座。一个电站提供的能源类型种类数目众多，进行数字化管理、数字化改造就变得越发重要，数字化转型为它们成为具备多种能源管理能力的供应商打下了坚实的基础。

二是能源输送数字化。运输、分配系统的数字化能够协助能源运输者以最高的效率水平分配能源，创新了能源输送统筹的模式，打破了能源"孤岛"。例如跨地区调度，用物联网、云计算，对不同省、市、区域的电力进行实时、全面、准确的调度配合，构建中国集成化的智慧能源网络。再如，未来一个家庭可以成为一个智慧能源网络的节点，在电网以及其他用户之间进行交互，让电网、设备和用户之间就用电、输电、储电利益的预先设定进行自我调节，根据不同时间段的负荷情况，双向甚至多节点之间互相调度输送能源。综合实时平衡各节点的电气冷热情况，兼顾低碳成本。

三是能源消费数字化。为消费者提供个性化、多样化、定制化的能源消费方式。例如，团油App（应用程序）数字化整合了消费需求，帮用户寻找充电、补能的最佳优惠时间段，通过B2B（企业对企业）、B2C（企业对个人）等模式，降低单次能源消费的交易成本，经济便捷。除此之外，能源数字化平台还能够支持售电商以B2C模式向用户直接销售用电套餐，支持企业园区等用电大户与电厂直接进行 B2B 电力交易，并将逐步支持用户之间开展 C2C（个人对个人）以及用户与售电商之间开展 C2B（个人对企业）的电能交易模式，大大丰富了各类客户的能源消费方式和途径。

虚拟电厂是从能源供给、能源输送、能源消费三个方面进行变革的。用控制计量、通信等技术，将可控负荷、分布式电源、储能系统以及电动汽车等各种类型的分布式能源实现聚合，用高层级的软件架构，实现多个分布式能源的协同优化运行，对资源合理优化配置。虚拟电厂带来了新的商业模式，保障了分布式能源的安全和智能电网的稳定，成为新能源的新增长引擎。

从能源供给到输送，再到能源消费，能源数字化转型已成大势所趋。数字化正推进能源革命不断向前，数字化手段可以使能源系统实现高效连接、共生与融合，构建完整的能源数字化生态。

第三节　能源供给数字化：虚拟电厂、V2G 高效有序利用能源

可再生能源如风、光发电，在电力系统中的占比和重要性日益提升。但以分布式电源为代表的新能源发电方式，在不同季节具有随机性和波动性的特征，对电网安全产生挑战，导致部分地区有弃能等现象发生。电网电力系统急需可靠的解决方案，虚拟电厂应运而生。

虚拟电厂用信息、数字化、软件系统，协调管理电力市场，调度电网运行（见图 13.2）。聚合多渠道的能源使用需求，包括分布式光伏、储能系统、电动汽车以及各样的电力负荷。虚拟电厂在"正电

厂"时成为电源供电，在"负电厂"时成为负荷消纳电力，加上规模化、高效化运营，可以有序调节原本杂乱无序的能源调度。

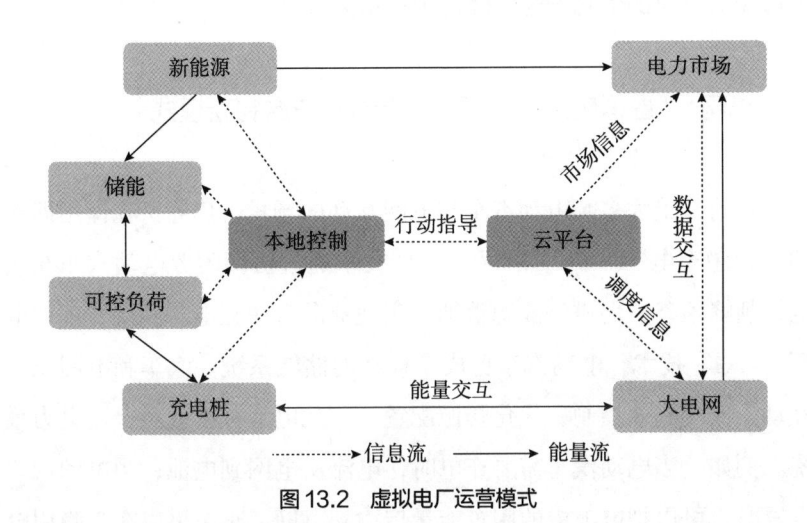

图 13.2 虚拟电厂运营模式

资料来源：公开资料，泽平宏观。

近几年，我国全社会用电总量屡创新高，第三产业、居民用电占比持续升高，用电峰谷差距大、时段波动明显。虚拟电厂在"正电厂"时，削峰填谷，消纳电网多余电力。以自身的灵活性，平滑新能源发电波动，保障电力系统的安全稳定。从供给侧聚合了风电、光伏、储能等分布式能源，缓解用电紧张。虚拟电厂在"负电厂"时，优化用户的能源利用。利用 5G、边缘计算、区块链技术，可以提升市场用电信息的数字化流动。用边端的智能传感器，感知监测、数据采集，利用边缘计算对用电负荷进行预测，对用户数据进行分析。协调可控负荷错峰用电，解决电力系统分配问题，缓解高峰时段电力供应紧张情况。企业用户接入虚拟电厂参与调峰辅助服务，用低谷电价生产，享受调峰补贴。

虚拟电厂集控平台利用区块链技术保障公开透明，在电力交易中心下发交易指令后，虚拟电厂可将发电量及价格上传至区块链，让信息加速传递与透明化，加快电力服务合约签订，保障虚拟电厂参与电力市场交易时的信息安全，降低用户用能成本。

一、电网："虚拟电厂+V2G"，电动汽车盈利新模式

目前，绝大多数电动汽车与电网互动的场景，仍停留在即用即充的"无序充电"（V0G）阶段。V2G技术通过协调闲置电动汽车充放电、削峰填谷、促进新能源消纳，实现双向有序充电。利用"虚拟电厂+V2G"技术，电动汽车也成了移动的储能系统。汽车和电网双向互动，实现高效控制，优化资源配置，车载电池被有效融合进电力系统。例如，当电动汽车需要充电时，电流从电网到电池；当电动汽车空置时，可以把电池中的闲置能量传输到电网，车主可以在夜晚用电低谷时充电，在白天行驶到公司后给电网放电。

有序充电、V2G等技术是国家政策支持的方向，鼓励车企研发具有车网互动功能的新能源汽车，鼓励行业机构、企业开展应用示范。将人、车、桩、网和云等各环节融合衔接，充电运营企业也要运营双向充电桩。

近年来我国各地纷纷开展试点，为大规模V2G推广应用做好了准备（见表13.1）。例如2022年大湾区首次利用网地一体虚拟电厂，实行精准削峰。又如供电局调度台发送削减电力负荷指令，V2G充电站1分钟内将充电功率降为零，将车载电能返送电网，实现电动汽车与电网互动的迅速调节。

对电网端来说，V2G有望成为虚拟电厂的重要组成部分，帮助用户储能、放能，帮助电网实现压力缓冲。假设每辆车存储80度电，我国新能源汽车的保有量达上千万辆级以后，所有车辆存储的电量将

接近10亿度，可调负荷容量相当于一线大城市全市约两天的用电量。这样一来，车就成了最好的分布式储能工具。若每辆汽车每天能向电网输送的充电量为5度电，则所有汽车全年可充电电量为几千万度电，以均衡电价算，V2G储能一年的市场规模可超过百亿元，一辆电动汽车每年可盈利超千元。

表13.1 V2G试点经典案例

日期	项目	内容
2018年	特斯拉V2G业务布局	第一代汽车Roadster，电动车的电池组可以为家庭供电
2020年6月	威马汽车V2G业务布局	搭载反向充电，可以通过慢充接口反向输出220伏电力，支持1万多个电器
2021年4月	浙江省宁波市梅山	国网首个配网台区智能融合终端参与智能双向互动的V2G充电站
2021年12月	新疆首座电动汽车V2G充电站	V2G充电站可使车辆由低电量充至80%的电量仅需40分钟，1小时即可充满
2022年4月	长城汽车V2G业务布局	量产搭载V2G技术的汽车，运营补贴模式
2022年8月	深圳虚拟电厂管理中心	利用V2G技术，将分布式能源接入虚拟电厂，集中管理

资料来源：公开资料，泽平宏观。

二、市场：商业模式发展，虚拟电厂走向市场化

虚拟电厂正在逐步从邀约型向市场型和自主调度型过渡，包括加快推进虚拟电厂试点（见图13.3），业务模式逐步趋向商业化、可盈利。虚拟电厂主要有四个商业模式：一是参与相对成熟的需求响应市场，提供电力市场交易，获得利润分成；二是参与调峰调频，获取收益；三是配置储能装置，获得辅助服务收益，以及节能、用电监控等增值服务收益；四是进一步市场化，探索新模式，如参与电力现货市场。

未来虚拟电厂的获利性将进一步增强，加上数据的积累，会使新

能源形成从生产到利用,再到交易各环节可优化的闭环。虚拟电厂在运行过程中,会不断产生各种能源运用和交易的数据。利用大数据算法,可进一步协调控制能源的生产和利用。比如可进行负荷预测、新能源出力预测,也可以向电网输出数据,实现最优信息配置,维持电网的安全。通过使用数字化技术、"虚拟电厂+储能",协调电力体系智能化,提升效率。

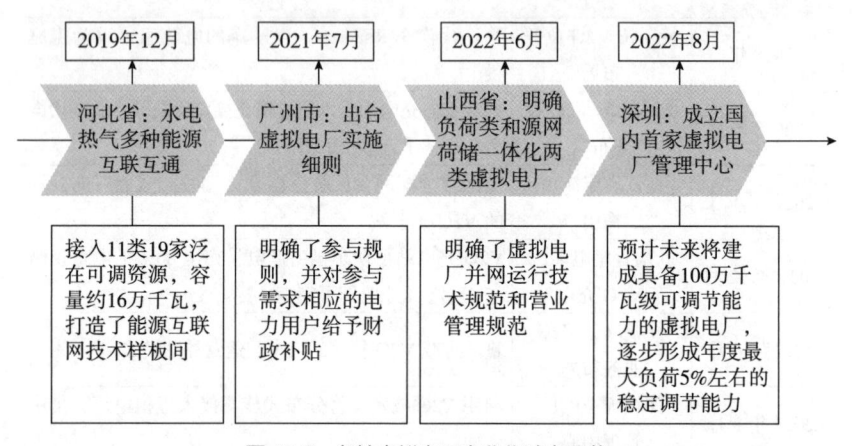

2019年12月	2021年7月	2022年6月	2022年8月
河北省:水电热气多种能源互联互通	广州市:出台虚拟电厂实施细则	山西省:明确负荷类和源网荷储一体化两类虚拟电厂	深圳:成立国内首家虚拟电厂管理中心
接入11类19家泛在可调资源,容量约16万千瓦,打造了能源互联网技术样板间	明确了参与规则,并对参与需求相应的电力用户给予财政补贴	明确了虚拟电厂并网运行技术规范和营业管理规范	预计未来将建成具备100万千瓦级可调节能力的虚拟电厂,逐步形成年度最大负荷5%左右的稳定调节能力

图13.3 各地虚拟电厂商业化试点示范

资料来源:公开资料,泽平宏观。

第四节 能源消费数字化:从绿色建筑到交通运输

能源消费端数字化持续为人们的能源利用提供便利,通过数字化平台的资源调度,从绿色建筑到交通运输,不断降低行业成本、提升用能效率。

一、绿色建筑：构建管理平台和数字化互联网，实现能源可视化管理

在全球碳排放行业占比中，建筑碳排放占极大比例（见图13.4）。因此，进一步推动建筑领域绿色低碳至关重要。目前，建筑领域正在大规模应用能源数字化技术，高标准、高质量、高效率地推动全产业链实现节能减碳。比如，杭州的一些园区可以根据人流量调节空调、灯光等资源，就是运用智能物联网和传感器，员工人均能耗成本下降了10%以上。

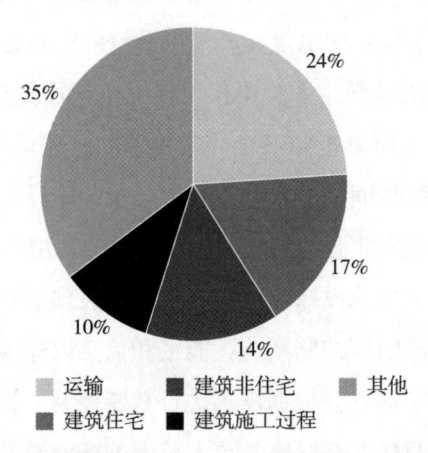

图13.4 全球碳排放行业占比中，建筑碳排放占极大比例

资料来源：国际能源署，全球建筑建设联盟，泽平宏观。

绿色建筑，一是对设备和建筑材料进行升级；二是对房屋整体进行节能设计，例如以风环境为导向的建筑节能设计，夏季提高通风效率，冬季增强防风功能；三是与新能源数字化技术结合，实现对建筑能源的可视化、数字化、信息化和智能化管控。以人工智能技术为驱动，以数字化为支撑，打造碳排放管理与智能楼控相结合的绿色双碳

楼宇。

能源数字化的智能建筑能耗管理平台，可以通过能耗监测、设备集中控制和节能运行，实现对建筑能耗使用的全参数、全过程高精准化管控，高效建设绿色建筑。

一是光储运维及调度管理。利用光伏发电是建筑实现低能耗的重要手段，智能建筑能耗管理平台可以在收集建筑物不同时间段的详细能耗后，通过对屋顶光伏发电系统进行系统性管理，达到有效提高光伏运维效率，实现储能系统效益的最大化。

二是水、电、气精细化管理。通过设备层和关口层的水电气监控模块部署，实现区域级、楼层级和楼宇级的能源系统管理。实现对所有建筑物的总用水量、用电量和燃气用量精细化的能源调度。

三是配电系统管理。系统不仅可以对电能质量进行 24 小时实时监控，进行容量负荷分析和安全异常预诊断，还可以以日、周、月、季、年为固定的统计间隔，自动进行能耗量的统计计算。在完善建筑物功能的同时，减少能源的消耗，提高能源的利用率。

通过能源数字化建设绿色建筑的另一种表现形式是建筑能源互联网。这是一个能源闭环控制系统，能量和信息以建筑物为载体，通过网络互联实时传感信息并根据需求进行智能控制。相较于智能建筑能耗管理平台，能源建筑互联网是更大范围的产业链及泛建筑生态，实现多元能源结构，多能协同，更加突出节能减排的价值。

建筑在接入建筑能源互联网后，实现建筑储能、用能、电力供给的实时联动，有效平衡电力供需。建筑能源互联网还可以使网络中的建筑群体整体能耗更低，运用分类和预测 AI、人机交互 AI、神经网络和强化学习等算法，以建筑能源互联网能耗最小和能效最大为目标，优化控制方法，预测未来状态点的能耗，提前启动和停止设备，自动、自主、自学习式优化控制建筑能耗设备集群，实现群体智能。

目前，建筑能源互联网的发展仍处于初期阶段，未来清洁能源、新能源在建筑能源互联网中的深度介入和应用值得期待。未来应探索并构建符合当地实际情况的建筑能源互联网架构，形成有效的建筑能源互联网商业模式。

二、交通运输：车货协同推动行业变革，智能充电助力新型充电体系构建

能源数字化管理赋能交通发展，做到了"线上一平台、线下一张网"，提升了民众出行体验。

对货运环节来说，作为传统的高油耗行业，数字技术赋能可以为货运行业带来新动能。据相关测算，2021 年，整车运输市场约占公路货运市场规模的 60%。其中，数字货运渗透率开始提升，达到 10.7%；数字货运运单总量同比增长 290%，达到 6 912 万单。货运数字化变革开启，数字货运成为潮流。

车货匹配平台以信息技术为基础，数字化平台为支撑，打造"人－货－车"等要素的网络协同。具体来看，在车货匹配平台的支持下，车货协同正在逐步落地，从信息端和供给端为货运行业带来了巨大的变革与突破。

在信息端，数字化平台促进货运行业打破信息壁垒，推动资源集约化。传统货运存在沟通渠道单一、运输效率低下、价格不透明等痛点，车货匹配平台中的区块链技术，可以应用于物流大数据场景，通过去中心化和多方共创的方式，提供高效、便捷、透明共享以及安全可靠的数据交换服务。

为货主提供多元的沟通渠道和高度透明的价格体系，为车主提供车辆有效运行时间和资产服务。同时，数字化的交流平台可以为车货

双方提供完整的数据链条与证据链条，保证车货平安。

车货匹配平台实现了货运、运力和人力三大资源之间的全面整合，通过去中介化推动资源集约化，提高货运车辆利用率，实现了货运行业的降本增效。企业可以实现货源与运力在跨地域、跨时间上的平衡。通过车货匹配平台整合货源车源信息，为货物快速准确地匹配有效运力，可将平均等货时间缩短至 0.38 天，为车主、货主节省了大量时间成本和交易成本。数字技术的应用实现了货运供应链的可追溯，优化了资源利用率，降低了成本，并有效地提高了行业协作。

在供给端，数字化平台解决了行业中长期存在的公路货运的空驶、空置、空载（简称"三空"）等问题，线路优化助推节能减排。车货协同平台不仅能够实现人、车、货之间的协同，也能体现经济发展与自然环境之间的协同，在提高运输效率的同时，也与我国"双碳"目标相契合。据统计，在传统货运模式下，公路货运的"三空"情况会造成大量毫无效益的尾气排放，运力路线的不当选择不仅影响各个产业的流通效率与物流运输成本，也是影响碳排放的重要因素。

车货协同平台依托覆盖全国的公路网络规模和司机集聚等优势，利用大数据算法提升匹配效率，有效减少了数千万吨公路货运的碳排放量。案例表明，通过车货协同平台，找货距离可缩短 50%，实载率可提高 45%，减少约 11 吨碳排放量，相当于一年节省了 4 400 升柴油，约合人民币 2.6 万元；除此之外，数字化技术还应用于物流行业的诸多方面，如优化路线、运力调度和供应链上下游协同等，实现动态决策和资源分配。

早在 2018 年，车货协同平台就通过数字化技术多角度地为承运商提供最佳的运力往返路线，节省的燃油排放量达到 1 000 多亿，换算为碳排放可达 7 000 多万吨。以满帮平台为例，通过为卡车司机提供有效的回程货源和多个货源点之间的网络路线规划，2020 年共减少碳排放1 168万吨。通过降低车辆在装卸货点之间车厢利用不足造成的空置率，2020年共减少碳排放170万吨。该平台将通过整合大量个体货车司机，实现货运物流市场的集群式减碳。

未来，全链条化是持续推进车货协同的发展目标。进一步横向延伸，将物流、货运与企业产、销、库存完全对应、连接起来，构建一个智慧供应链生态共享平台，实现全供应链的数字化升级。继续加强车货协同的智能化水平，比如硬件智能化，通过无人车、无人机、智能机器人等各类智能硬件，完成运输、仓储、配送等全环节自动化作业，进一步实现降本增效；还有软件智能化，引入区块链、人工智能和云计算等新兴技术构建数字世界，推动供应链全要素的物联网化，实现全程可视与信息集成共享，进一步提升数字化水平。

在充电环节，通过深度融合大数据、云计算、区块链、人工智能、车联网等数字技术，可以将充电桩作为数据接口，实现"车—桩—电网—互联网—增值业务"的智能充电网络模式。动态监测、滚动更新公路沿线充电设施信息，能够有效解决充电桩分散广泛、供电容量有限和缺少人工管理的痛点，为公众提供安全、便捷与高效的服务。

把大数据、云计算等技术引入充电桩，将提升市场运营能力，助力建设智慧城市。充电资源调配的数字化、网络化、智能化将随着上百万充电设施的建成和更多新能源汽车的接入成为必然。充电设施运营商可以通过采集终端数据，深度分析车辆和用户画像，为商圈建设、房地产开发、商业运营及电子交付等行业提供数据咨询服务。地方政府通过云端管理的加强和大数据平台的建设，不仅能提升充电设施的协调分配能力，也能为城市规划、民生服务和基础建设提供有力的数据支撑，这是建设智慧城市的重要部分。

人工智能技术引入充电桩，实现无人化操作，协助调节用电峰谷波动。根据电动汽车的实际电力需求，充电设施可以结合人工智能和无人调度等技术，实现无人化操作功能，例如自动识别、自动匹配充电、智能云端管理等。引导车主在负荷低谷充电，帮助电网调峰调频，保证电网安全稳定运行。

未来，推动充电桩和换电站的数字化与智能化进程，建立智能化管理平台，可以满足新能源汽车时代下对补能的数量和效率需求。

第五节　数字能源的未来：更高效地产能、用能

当前，数字化技术融合能源技术，大数据、区块链、云计算、数字孪生等数字技术推动能源产业变革，重塑了能源自生产到消费的全产业链。比如，使用大数据监测生产过程中的二氧化碳排放，提升能源利用效率。区块链代表的分布式能源交易，把用户的交易信息互联，进行交易自动清算，共享信息管理。再如，云计算能够高效分析用户的能源需求，及时精准地供给能源、调度电网资源。又如，利用数字孪生技术，数字电网可以映射物理电网，实现真实世界、虚拟世界之间的精准映射，达到用数字技术对实际能源消耗的精准控制。

能源数字化作为"第六能源"，也需要庞大的数字基础设施作为支撑。未来应进一步推动数字基础设施建设，适度超前建设数字中心、云计算、人工智能等新型基础设施，将 AI 云服务等融合性基础设施的发展，应用到能源领域。不仅做到让能源企业都积极转型数字化，让每个人都能够用数字化的方式监控自己的能源使用行为，而且要让大家以更低成本、更高效率的方式进行这场能源数字化变革。

能源企业可以利用数字化技术进行电网监测、变电站自动倒闸。在国网福建，就利用智能化模型进行电力巡检。无人机接到指令，就

可在一线自主完成输电线路巡检。利用 AI 识别和智能算法，数字化让能源行业的巡检工作效率大幅提升，识别准确率提升了近 30%，识别效率提升了近 5 倍。在变电站运维方面，运维人员可直接从线上接入智能调控系统，"一键顺控"，无须到场便可完成千伏变电站的倒闸，既提高了效率又保证了安全，启动送电时间缩短了 80%。

什么是能源革命？一是高碳能源的有序退坡，逐步构建新型能源体系；二是能源数字化水平的大幅提升。未来的能源社会将更加清洁化、个性化。

附　录
中国新能源企业实力排行榜 2023：
换道超车

新能源革命正在到来，传统燃油汽车迎来"诺基亚时刻"，中国正迎来换道超车的历史性机遇。发展新能源、参与能源转型是大势所趋，新势力千帆竞发，传统车企积极转型，大型央企、国企大力布局绿电、储能。

变才是最大的不变。继新能源汽车、锂电之后，氢能、储能、智能驾驶正处于爆发前夜，新万亿级赛道蓄势待发。电动化后，各大车企在竞争中开始逐鹿智能化赛道。动力电池领域，赛道空间大、技术进步快，不断有优质企业脱颖而出，行业格局激烈搏杀。光伏领域，新技术发展、钙钛矿等值得关注。氢能产业在爆发前夜迎来投资热潮，制、储、运、用氢各个场景翻倍增长，是极具希望和潜力的新能源领域。

新能源企业进行产业链整合布局是一大竞争方向。比如在汽车领域，整车企业布局动力电池制造和智能化是趋势；智能化公司也在向下游造车迈进，探索多种业务模式。在电池领域，动力电池厂商扩大矿产资源投资，储能设备生产商朝下游充换电和上游发电侧布局。

新能源产业集群式发展，地区发展格局正在被新能源重新改写。长三角、珠三角、京津冀、长江中上游城市带、关中平原、山东半岛区域，不断吸引企业、人才进驻。

本章旨在全景式展现新能源各领域的实力格局，数据均来自公开权威渠道，算法采用公允方式。（本章对提及企业仅做客观分析，不作为具体的投资机遇。）*

---

* 本章作者：任泽平、王一渌、刘家嘉、岑伟铭。

第一节　新能源品牌车企排行：
中国"换道超车"，万马奔腾

传统燃油汽车正迎来"诺基亚时刻"。当下，中国汽车产业在存量竞争中以新能源开启新阶段（见附图1），用增量新能源智能汽车替换传统燃油汽车，引领我国走向汽车强国。

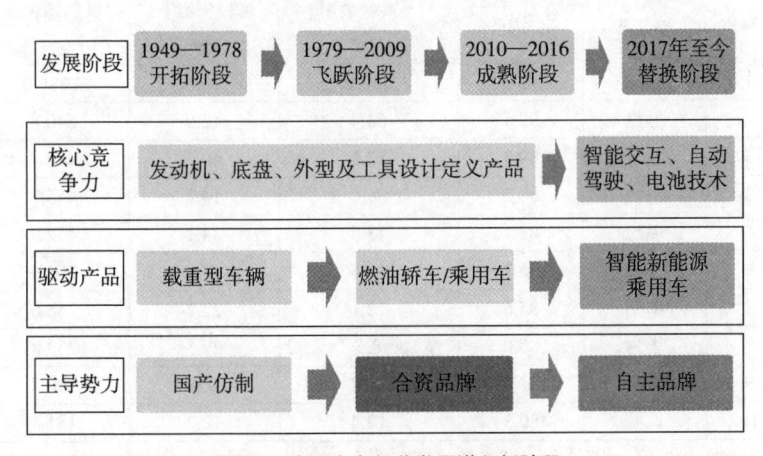

发展阶段	1949—1978 开拓阶段	1979—2009 飞跃阶段	2010—2016 成熟阶段	2017年至今 替换阶段
核心竞争力	发动机、底盘、外型及工具设计定义产品			智能交互、自动驾驶、电池技术
驱动产品	载重型车辆	燃油轿车/乘用车		智能新能源乘用车
主导势力	国产仿制	合资品牌		自主品牌

附图1　中国汽车行业发展进入新阶段

资料来源：公开资料，泽平宏观。

新阶段应关注汽车产业价值创造的三大方向。

一是"电动化+智能化"。具备自动驾驶功能的电动汽车将替代传统燃油汽车，动力电池、车载软硬件、算法芯片、系统是关键。

二是汽车品牌的自主化。本土品牌崛起是汽车强国的必经之路，德国、日本的本土品牌在本国的市占率分别为70.3%、84.2%,中国的自主汽车品牌市占率仅为50%,上升空间很大。

三是汽车销售的全球化。中国汽车走出国门,与德、日、美系车竞争全球份额是趋势。也可以在本土竞争激烈的背景下,创造增量。2022年,我国汽车累计出口311万辆,同比增长54.4%。其中,新能源汽车出口67.9万辆,同比增长1.2倍。

中国新能源车企呈现分化格局(见附表1):1家龙头电动车企(比亚迪)+2家民营车企(吉利、长城)+3家国有车企(上汽、广汽、长安)+4家新势力参与方(蔚来、理想、小鹏、华为)。

附表1 新能源车企实力排行榜

序号	参与方	实力指数	新能源销量（万辆）	车均售价（万元）	新能源营收（亿元）
1	比亚迪	99.3	180.0	16.0	2 880.0
2	上汽	92.1	53.4	12.0	640.8
3	蔚来	89.3	12.2	40.4	492.7
4	广汽	88.2	31.0	14.7	455.7
5	理想	88.1	13.3	34.1	452.9
6	吉利	86.7	30.5	10.0	305.0
7	小鹏	85.6	12.1	22.2	268.6
8	华为	85.0	8.5	27.5	233.8
9	长安	82.5	21.2	9.0	190.8
10	长城	80.3	12.4	12.2	151.3

资料来源:Wind,乘联会,公开资料,泽平宏观。

注:(1)所属行业为整车制造业;(2)研发、制造、销售为中国企业;(3)有3款或以上车型实现量产、销售、交付进入乘用车市场;(4)采用2022年狭义新能源乘用车销量;(5)营收指标:蔚来、理想、小鹏为年报数据,比亚迪采用新能源车营收,其余企业根据加权的车均售价测算。

比亚迪在新能源整车赛道领先。2022年新能源汽车销量为180万辆,远超特斯拉。秦、汉两款车型长期占据新能源汽车榜单前列,宋以 47.9 万辆的销量在新能源 SUV 中排名第一。2022 年是比亚迪汽车出海元年，其乘用车出口 5.6 万辆，实现 300% 增长。2023 年新能源车企开始降价潮，竞争更加激烈，比亚迪凭借自主的三电技术实力，以及王朝系列、海洋系列形成品牌影响力，仰望等产品高端化持续升级，有望实现强者恒强。

华为本身不造车，但是赋能其他车企造车，凭借强大的研发优势，有望成为一匹黑马。目前，华为赋能造车有智选模式、Huawei Inside 模式，智选模式对应的产品是问界 AITO，Huawei Inside 模式对应阿维塔、极狐等车型。在"软件定义汽车"的趋势下，汽车成为新型移动智能终端，华为依靠在 C 端消费电子领域的深厚用户积累，产品定位能力强。华为作为参与方，也能为客户提供价值增量，强化用户情感共鸣。华为赋能、参与的新能源造车 2022 年达到 8.5 万辆，总销售额约为 230 亿元。

新势力代表之一蔚来汽车，走的是高端化路线，2022 年营收 492 亿元，总销售量为 12.2 万辆，同比增长 34%，占国内新能源汽车市场份额的 2.2%。蔚来精准定位用户群，注重用户社群打造，包括在充电网络、升级服务、节日驾享、"蔚来 3.0"等服务领域不断投入，提高用户黏性，已经构筑起较高的市场壁垒。但蔚来在财务方面也有短板：年亏损 144 亿元，单车净利润亏损约 11 万元，若不改善，将影响长期发展的可持续性。

理想汽车的优势在于，品牌定位清晰，供应链成本有优势。2022 年，理想汽车销量达到 13.3 万辆，同比增长 47.2%，营收 452 亿元，是新势力车企第二名。毛利率为 16.4%，也超过行业平均水平。理想的品牌定位是家用场景新能源 SUV，理想 ONE 车型在 2022 年销量达 7.9 万辆，在新能源 SUV 中排名第七。产品专注于增程式动力，有效节省电池、发动机与变速箱成本，供应成本有优势。

上汽集团是传统国有车企转型新能源车企的代表，2022年全集团新能源汽车销量达到107万辆，其中新能源乘用车销量为53.4万辆。上汽五菱宏光MINI EV是爆款车型，续航里程为100~300公里，车型定价为几万元，性价比高。2022年该车型全国销量达到40.4万辆，在新能源乘用车销量中排名第一。

广汽集团的转型之路成绩突出，其新能源"二代品牌"广汽埃安2020年独立，2022年销量达到27万辆，两大主力车型AION S、AION Y的月均销量过万，是估值最高的独角兽车企。埃安新车型上市快、价格优惠，代表是AION Younger版，定位在10万元左右的市场。此外，广汽埃安也在逐步尝试切入高端化新能源市场，比如Hyper GT，定位在20万元以上的市场。

长安汽车2022年新能源汽车的销量突破21万辆，旗下有多系列新能源车型，包括LUMIN、深蓝、阿维塔等，主打差异化定位。LUMIN对标五菱宏光MINI，2022年销量为6万辆，深蓝子品牌系列定位中高端市场。

吉利、奇瑞、长城等车企也在积极探索新能源转型。其中，吉利汽车2022年完成30.5万辆销售，同比增长278%。其中极氪品牌销量达到了7.2万辆，占总销量的23.6%，向中高端发展的战略见到成效。奇瑞汽车新能源品牌在2022年总计销售22.1万辆，集中在A0和A00级小型轿车市场，QQ冰淇淋和eQ系列分别位列新能源乘用车榜单的第七、第八。长城汽车的新能源汽车销量为12.4万辆，虽未过20万辆大关，但在动力电池和氢燃料电池领域提前布局。蜂巢能源进入动力电池行业前十，未势能源也在2022年完成新一轮融资。

汽车行业不断洗牌，新势力车企排名更是年年更迭，需要正视的是，未来各个汽车品牌之间，还会有一轮大周期，经历一轮大洗牌。无法实现品牌价值突破、走出利润困境的车企，将会在逐轮洗牌中被淘汰。迄今为止，力帆、众泰、江铃等老牌车企都已离场，威马、拜腾、极星等一些新势力车企也面临生存问题。"熬过寒冬"成了当下车企竞争的主旋律。在更加充分的竞争背景下，将会有众多车企失去阵地，或残酷出局，或无奈重组。强者恒强、赢家主导是汽车行业今后发展的主要趋势。中国汽车的黄金15年是"危"与"机"并存的15年。

第二节 动力电池排行：领先全球，巨人之战

电池是新能源汽车的核心，是价值含量最高的零部件，占比达40%。动力电池企业价值主要取决于技术、行业份额、未来的成长空间。新能源品牌车企装机量与装机市占率见附表2。

附表2 新能源品牌车企装机量与装机市占率

序号	企业名称	实力指数	装机量（GWh）	装机市占率（%）
1	宁德时代	90.1	142.0	48.2
2	比亚迪	89.7	69.1	23.5
3	中创新航	88.9	19.2	6.5
4	国轩高科	86.8	13.3	4.5
5	欣旺达	86.5	7.7	2.6
6	亿纬锂能	85.9	7.2	2.4
7	蜂巢能源	85.8	6.1	2.1
8	孚能科技	81.7	5.4	1.8
9	瑞普兰钧	80.6	4.5	1.5
10	捷威动力	79.2	2.4	0.8

资料来源：中国汽车动力电池产业创新联盟，泽平宏观。
注：所属行业为电池制造，产品为新能源汽车用动力电池，仅含中国大陆企业，采用2022年数据。

宁德时代2022年动力电池的装机量达142.0GWh，在国内市场的

占比为48.2%，在国内和全球都排名第一。2023年即将量产上市麒麟电池，CTP、体积利用率达到了72%，在续航、快充、安全、寿命、效率及低温性能等方面得到全面提升。

比亚迪已布局新能源汽车全产业链，打通了闭环。2022年电池装机量为69.1GWh，市占率达23.5%，排名第二。得益于新能源整车的市场优势、电池出海战略，其动力电池等业务正从自供走向外供，未来市场份额有望继续上升，成长性较高。

动力电池领域的竞争格局并非一成不变，在潜力巨大的赛道上不断有优质企业脱颖而出。2022年，中创新航装机量达到19.2GWh，增长高达112%，成为国内第三大、世界第七大动力电池供应商。其高压电池技术带来的能量密度提升远超行业平均水平。工信部数据显示，中创新航的电池系统能量密度高达225Wh/kg。截至2022年中期，市场上电池系统能量密度在180Wh/kg以上的新能源汽车车型只有不到5%。

国轩高科、欣旺达、亿纬锂能的锂电产品凭借能量密度优势，2022年装机量分别为13.3GWh、7.7GWh、7.2GWh，市占率分别排第4~6位，正在积极拓展国际市场业务。

电池封装制造的叠片技术，在空间利用与内阻放热方面表现更优，随着工艺逐渐成熟，其优势凸显。蜂巢能源是叠片技术创新的代表，也是动力电池领域的后起之秀，蜂巢的第三代高速叠片技术将叠片效率提升至0.125秒/片，超越了前一代技术200%。

此外，进入前十梯队的瑞普兰钧和捷威动力也值得关注。捷威动力是复星高科领投的科技企业。瑞普兰钧背靠"镍王"青山控股，在动力电池高镍化趋势下，拥有上游原料的供应优势。

新能源汽车销量的高速增长，带动了上游碳酸锂需求的扩张，对于锂资源的争夺愈演愈烈（见附表3），拥有资源储备的企业有竞争优势。2020年1月至2022年12月，碳酸锂市场价格从4万元/吨涨到超过 51 万元 / 吨，涨幅达 10 倍以上。赣锋锂业、天齐锂业等上游企业受益，部分布局了国内外锂矿的电池企业也间接获利。

从 2023 年初开始，上游产能扩张效果开始显现。截至 2023 年 3 月，电池级碳酸锂价格已回落到 32 万元 / 吨，较高点跌去 37%。未来 3 年，电池上游供需再平衡，供给不再紧缺，电池行业有可能面临产能过剩，也将迎来新阶段的竞争。

电池在新能源整车系统中占比较大（见附图 2）。

附表 3 全球锂资源供需再平衡，缺口缩小

	单位（万吨）	2021 年	2022 年	2023 年（预计）
需求	动力电池	26.0	36.0	50.0
	其他	33.5	39.8	47.8
	总需求	**59.5**	**75.8**	**97.8**
供给	大洋洲、非洲矿山	20.0	26.3	30.5
	南美洲盐湖	15.7	21.1	32.5
	中国矿山	2.3	5.9	10.1
	中国盐湖	6.3	7.8	11.0
	锂云母	7.2	10.0	12.5
	总供给	**51.5**	**71.1**	**96.6**

资料来源：公开资料，泽平宏观。

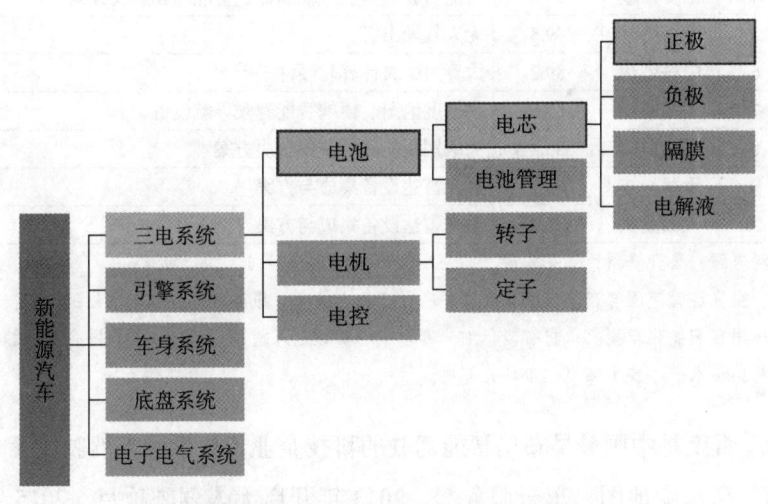

附图 2 电池在新能源整车系统中占比较大

资料来源：公开资料，泽平宏观。

第三节 新能源智能化排行：
新万亿级赛道，第二次浪潮

汽车智能化是新万亿级赛道，是继电动化之后的第二次浪潮。2022年，具备L2级驾驶辅助功能的乘用车渗透率超30%，市场迎来L2向L3迈进的关键节点。科技企业、互联网巨头先后布局，传统汽车供应商也积极转型到智能化领域。新能源智能化排行榜见附表4。

附表4 新能源智能化排行榜

序号	企业名称	实力指数	智能化领先领域
1	百度	96.9	智能驾驶综合、高精度地图、无人驾驶汽车
2	华为	96.7	智能驾驶解决方案、操作系统、激光雷达、汽车芯片
3	地平线	92.5	智能驾驶芯片硬件与方案
4	德赛西威	91.0	智能驾驶与座舱域控制器、智能驾驶解决方案
5	小马智行	89.8	无人驾驶出行
6	中科创达	89.2	大算力中央计算软硬件平台
7	四维图新	87.6	高精度地图、便携智能驾驶导航设备
8	经纬恒润	85.4	高级别智能驾驶整体解决方案
9	禾赛科技	83.9	激光雷达设备集成与方案
10	大疆览沃	81.2	激光雷达设备集成与方案

资料来源：公开资料，泽平宏观。

注：主要经营范围与汽车智能化直接关联；产品、技术、服务已进入整车供应链，或被实际应用在智能化车型上；在智能化细分赛道市场份额进入前列；仅含中国大陆企业；综合最新估值水平、技术实力、市场关注度。

百度是中国最早布局智能驾驶的科技企业，包括无人驾驶、无人车、高精度地图、车云服务等。2013年开启无人驾驶项目，2015年实现国内首次混合路况自驾，总测试里程已超过5 000万千米。在国内率先实现 L4 级无人车量产。2022 年百度高精度地图以 28% 的市占率排名第一。此外，根据 IDC（互联网数据中心）的数据，百度 Apollo 目前已完成"车路行"多赛道布局，其中，汽车智能化解决方案已在 31 个品牌 134 个车型量产，累计搭载超 700 万辆；自动驾驶出行服务"萝卜快跑"订单量已超 200 万；智能交通解决方案落地国内 69 个城市。

华为也是科技企业布局智能化的代表。优势主要在信息通信技术、硬件设备、智能化系统。第一，华为依托自身的通信业务积累，为其车云生态赋能，掌握仿真训练、数字孪生、5G+车联网等前沿技术。第二，硬件方面，华为提供昇腾系列 Soc（系统级芯片）、激光雷达、AR-HUD（是增强现实技术和抬头显示相结合的一种新型车用抬头显示），具备车规级芯片量产能力。第三，智能化系统方面，华为搭建起了以 MDC（智能驾驶计算平台）、CDC（智能座舱平台）、iDVP（数字汽车平台）三大平台为基础的智能车生态，为北汽、长安、广汽、比亚迪等整车企业提供支持。

地平线是智能化芯片供应商，征程 3、征程 5 等自动驾驶芯片平台，打破了英伟达、德州仪器等海外厂商在行泊一体域控制芯片的垄断。地平线车规级 AI 芯片征程 2 就实现了车规级量产前装。地平线是国产芯片自主可控进程的代表。

传统汽车供应商中转型成功的企业有德赛西威。2022 年德赛西威在国内乘用车市场的智能驾驶、智能座舱域控制器份额占比分别达 10%、11%，位列行业第二、第三。中科创达和经纬恒润在智能域控制器软件方面发挥优势，中科创达专注于研发域控和中央计算软硬件平台，2022 年汽车业务同比增长 46%。经纬恒润是 AutoSAR 组织的一级会员，2022 年在车身域控制器领域的市占率为行业第七。

四维图新跨界参与智能化赛道，以 21.6% 的份额位居高精度地图行业第二。禾赛科技、大疆览沃是智能驾驶激光雷达龙头，2022年在国内乘用车激光雷达市占率分别达到40%、18%。小马智行是自动驾驶领域的头部企业，2022年投后估值接近570亿元，是无人驾驶领域独角兽。

第四节 新能源潜力榜：
各领域独角兽辈出，机遇无限

新能源产业发展充满机遇，各类型新独角兽不断出现。值得关注的细分赛道主要有：整车制造、智能芯片、激光雷达、出行服务独角兽。新能源潜力排行榜见附表5。

附表5 新能源潜力排行榜

序号	企业	成立时间	潜力指数	估值（亿元）	所属领域	主要产品与服务
1	广汽埃安	2017	98.9	1 000	整车	智能电动乘用车
2	极氪汽车	2012	91.0	580	整车	智能电动乘用车
3	小马智行	2016	90.8	570	智能化	智能出行服务
4	地平线	2015	90.6	560	智能化	车载芯片
5	智己汽车	2020	85.7	300	整车	智能电动乘用车
6	文远知行	2017	85.7	300	智能化	智能出行服务
7	特来电	2014	82.9	155	电动化	充电产品与服务
8	星星充电	2014	82.9	155	电动化	充电产品与服务
9	国氢科技	2017	82.3	130	氢能	燃料电池与制氢设备
10	海辰储能	2019	80.9	110	储能	新型储能电池

资料来源：公开资料，泽平宏观。

注：参考泽平宏观报告《中国独角兽报告2022：发展趋势和投资机会》，增加2022年获得融资的、有代表性的各细分领域独角兽，2022年度估值中位数不低于100亿元，在细分赛道估值排名进入前三。

第一，整车独角兽：广汽埃安、极氪汽车等。

广汽集团旗下的广汽埃安2022年销量为27万辆，估值千亿元，是新能源领域估值排名第一的独角兽。吉利汽车孵化的极氪汽车，2022年销量达7.2万辆，在30万元以上纯电品牌单车型交付中排名第一。上汽与阿里巴巴、张江高科联合打造的智己汽车受到市场关注，估值超300亿元。哪吒汽车在2022年是新势力车企中的销量第一，但较2022年7月完成D轮融资时估值缩水，现估值107亿元，未能上榜。

早期的独角兽车企如蔚来、小鹏、理想已成功上市，进入主流车企梯队。长期来看，整车赛道还将面临洗牌，独角兽车企突出重围后能否长期胜出还有待市场验证。部分造车新秀独角兽如零跑汽车等，离追赶"蔚小理"还存在一定距离。

第二，智能化独角兽：独角兽企业分布在车载芯片、激光雷达、智能出行赛道。

车载芯片，包含智能座舱芯片、AI算法芯片。我国汽车半导体行业国产化加速，包括地平线、黑芝麻、百度昆仑芯、芯驰科技等芯片厂商，是有技术实力且待市场验证的重点企业。2022年，地平线的J3芯片已成为自动驾驶域控制器的主流芯片之一，市占率近9%，排名第五。百度昆仑芯自研的第二代AI芯片，2021年已量产交付，当前商业化进展顺利。昆仑芯的产品已与多款通用处理器、操作系统、AI框架完成端到端的适配，生态完备。黑芝麻A2000芯片，也在性能、算法、集成等方面实现全面升级。

激光雷达是自动驾驶感知系统的关键，2022年是激光雷达落地开启年，全年渗透率从0.1%提升至1.5%。国内独角兽厂商中有禾赛科技、览沃科技（大疆）、速腾聚创。2022年，禾赛科技的中国市场份额升至近40%，是最大的乘用车激光雷达供应商，于2023年2月成功上市。同年，览沃科技的首款车规级激光雷达 HAP 上市装配小鹏 P5。速腾聚创凭借激光雷达扫描技术，荣登电子科技媒体 EE Times 发布的"全球最值得关注的 100 家半导体公司"榜单。

智能出行有望正式商业化。2022 年之前，受限于自动驾驶法规与道路条件不成熟，智能出行停留在技术准备、限定场景试验阶段。2022 年后，北京正式开放国内首个无人化出行服务商业化试点，深圳落地了国内首部 L3 级及以上智能驾驶法规。众多出行服务的独角兽企业迎来了自动驾驶的发展机会。独角兽小马智行也在中国和加州分别推出面向公众的自动驾驶打车 Robotaxi 服务。自动驾驶车辆进入日常出行服务领域指日可待。

第三，充电运营独角兽。

2023 年初，我国新能源汽车保有量约为 1 310 万辆、充电桩 521 万个，车桩比 2.5∶1，离长期 1∶1 的车桩比目标还有发展空间。公桩少、充电慢、区域充电设备短缺是亟待解决的问题。特来电、星星充电是该领域的独角兽，2022 年特来电运营充电桩数量达 36.3 万个，位列行业第一。

第四，氢能独角兽。

氢是优质的清洁能源，行业还在爆发前的蓄力期，但赛道已受到投资机构热捧。国氢科技作为国家电投集团孵化的独角兽企业，2022 年 12 月投后估值达到 130 亿元。

第五，储能独角兽。

新型储能完善"源网荷储"，可用在电力系统的发电侧、电网侧、用户侧。海辰储能是储能领域的一匹黑马，2022 年储能锂电池出货量增速较高。

第五节　新能源光伏排行：硅料企业看产能，电池企业看技术迭代

光伏是纯正的绿电来源。我国光伏产业主要关注点是：硅料价格波动、电池技术创新迭代。新能源光伏排行榜见附表6。

附表6　新能源光伏排行榜

序号	企业名称	实力指数	营业收入（亿元）	主要细分领域
1	通威股份	97.5	1 273	硅料、电池片、多晶硅
2	隆基绿能	95.4	1 230	光伏硅片、电池片、组件一体化
3	天合光能	93.1	873	光伏组件、光伏系统
4	特变电工	92.9	801	多晶硅、输变电
5	TCL中环	91.3	754	光伏硅片、高压器件
6	晶科能源	91.1	749	硅片、电池片、光伏组件
7	晶澳科技	89.4	696	光伏组件、建设运营
8	协鑫集团	88.4	564	硅料、建设运营
9	阳光电源	85.8	391	光伏逆变器
10	东方日升	82.3	282	光伏电池片、光伏组件

资料来源：Wind，公开资料，泽平宏观。

注：主要经营范围是光伏产业链制造类企业；参考市值不低于500亿元；在细分领域有较大影响力，或出货量进入业内前三；营收数据参考2022年Wind预测值。

光伏产业上游主要是硅料，硅料是典型的重资产产业，投产周期长，资金门槛高。2021年我国硅料环节产能同比增长8%，远低于下游其他环节的产能增长，导致硅料环节供需偏紧。2022年底硅料产能逐步扩张，价格回归。中游是光伏组件，技术迭代快，双面双玻、HJT、TOPCon、钙钛矿电池等新技术涌现，不断提高组件整体功率、发电效率。下游是集中式和分布式电站，加速装机。

通威股份主营光伏硅料、电池、农业，经历了多次大型技改升级，是全球多晶硅行业领军企业，是硅料、电池的双龙头，利用"农业＋光伏"，打造了独特的"渔光一体"发展模式。2022年，通威股份实现营收1 273亿元，季度净利率高达20%以上，在光伏领域排名第一。随着进军光伏组件业务，其逐渐实现了光伏产业链一体化发展的闭环，发展潜力大。

组件企业直接与光伏电站企业对接，隆基绿能是光伏组件龙头、全球最大的太阳能单晶硅制造商，主要从事单晶硅棒、硅片、电池和组件的研发、生产、销售。在中国、越南、马来西亚等国家和地区布局了多个制造基地，业务遍及全球150多个国家和地区。2022年实现营收1 230亿元，排名第二。

天合光能同为组件龙头，出货量常年稳居世界前三，以对外出口为主，境外业务占比70%以上。目前正在进行销售渠道扩张与一体化布局，延续市场竞争优势。第二梯队的东方日升在光伏组件领域也实力较强，在HJT技术研发上拥有优势。TCL中环从半导体材料转型新能源光伏硅片，光伏、半导体双轮驱动。单晶硅技术领先，布局也向下游延至光伏电站领域。

此外，产业链垂直一体化是光伏制造业的发展趋势。晶科能源，全球化程度领先，海外销量占比达78%。2022年，一体化产能扩张明显，硅片、电池片、光伏组件产能分别达到65GW、55GW、70GW。协鑫集团是颗粒硅龙头，在效益提升后转向中下游布局，切入电池片环节。光伏逆变器龙头阳光电源布局储能，推动风、光、储一体化。

光伏产业技术迭代快，行业降本增效明显，光伏发电平价上网。该产业有三大特点：一是新技术门槛高，二是资金需求大，三是迭代周期短。2022年主要光伏企业研发投入超过100亿元。2012—2022年，光伏行业累计研发投入超过1 800亿元。钙钛矿技术、大尺寸硅片、分布式光伏等领域加速发展。未来，诸如高景太阳能、极电光能、首航新能等光伏领域独角兽企业值得期待。

光伏级多晶硅价格波动情况见附图3。

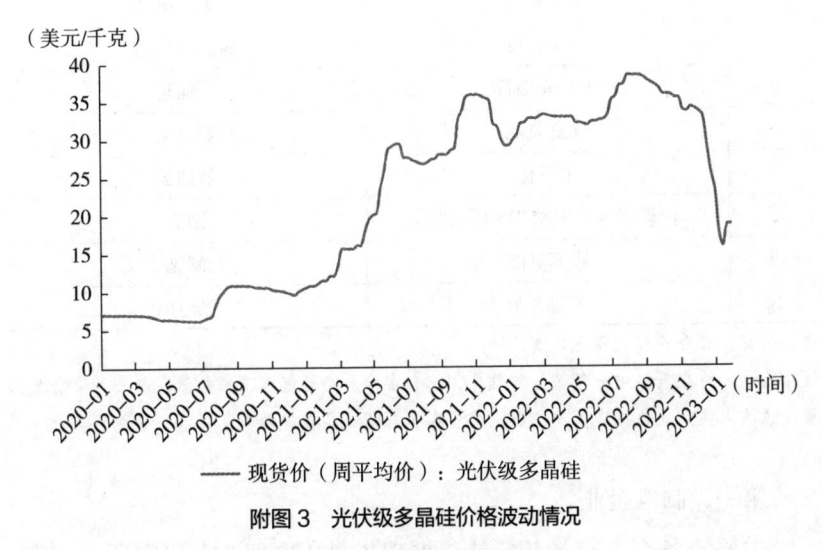

附图3 光伏级多晶硅价格波动情况

资料来源：Wind，泽平宏观。

第六节　新能源氢能排行：制加储用，新型能源体系蓄势待发

氢是最清洁的能源，氢能产业链企业主要有几大类：上游制氢，中游储运氢、加氢，下游燃料电池应用。新能源氢能实力企业排行榜见附表7。

附表7 新能源氢能实力企业排行榜

序号	企业名称	主要细分领域
1	亿华通	氢燃料电池
2	国鸿氢能	氢燃料电池
3	重塑集团	氢燃料电池
4	国氢科技	氢燃料电池
5	中集安瑞科	氢储运
6	国富氢能	氢储运
7	中石化	氢储运
8	派瑞华氢（中船718研究所）	制氢
9	隆基氢能	制氢
10	宇通客车	氢应用

资料来源：公开资料，泽平宏观。

注：所选公司在氢能细分领域优势领先，综合中标、经营重点项目数量、融资估值情况，氢能领域尚在商业化推广前夕。以上公司在各自领域具有代表性，排名不分先后。

第一，制氢企业。

主要装备企业有隆基氢能、派瑞华氢（中船718研究所）、考克利尔竞立等，是主流的碱性电解槽行业装机量前三名。

我国已具备大规模制氢能力，年产量约3 300万吨，是世界上最大的制氢国，但是目前灰氢仍是主流。近年来，大型绿氢制备项目逐步投运，应用于化工、冶金等领域。煤化工、大型能源型企业是制备氢气和氢能利用的主要推动者。

电解槽是核心制氢装备，包括膜电极、电池管理系统等关键部件，逐步实现国产替代。鸿基创能、捷氢等企业膜电极出货占比较高。我国氢能企业平均研发费用率约为4.2%，研发支出比重较高，为技术进步和产品革新奠定了基础。

第二，加氢企业。

加氢站设备集成商主要有国富氢能、厚普股份和上海舜华，位列前三。加氢站是氢能产业商业化进程的晴雨表。在政策支持下，我国加氢站建设明显提速，2022年底，我国共建成投运加氢站274座。加氢站行业集中度较高，中石化是国内加氢站主要的建设商之一。

第三，储氢企业。

氢气具有易燃爆、易泄漏等特点，对储运装备材料、设计要求较高，技术难度大，开发成本高。碳纤维、阀等产品关键零部件逐步实现自主替代。

储氢技术有高压气态、低温液态储氢等。中集安瑞科是高压管束氢气运输车龙头，提供四型车载储氢瓶及供氢系统，布局了中国、东南亚等高压储氢市场。中集安瑞科也是加氢母站、橇装加氢站的自主制造设备供应商。

中科富海、有研集团等也在液态储氢、固态储氢方面的行业中率先探索。中科富海大型氢液化装置，填补了国内大型氢液化器核心装备空白。

第四，氢燃料电池及应用企业。

燃料电池市场集中度较高，前五集中度高达69%，亿华通、国鸿氢能、潍柴都是燃料电池系统的重点企业。燃料电池装配需要下游市场协同，以需求拉动供给，在这个过程中，重卡、客运类企业，有应用场景的企业都功不可没。比如宇通客车就是氢燃料电池在商用领域推广的重要企业之一。

2022年，国内燃料电池汽车销量超1万辆，到2025年预计可达3~4万辆。宇通累计交付508辆氢燃料客车、干线公交。短期来看，商用车是氢燃料电池的主要应用领域。

氢能行业突破发展需要政策与市场协同。总体上，氢能领域竞争格局远未确定，市场空间巨大。业内还有捷氢科技等拟IPO（首次公开募股）企业，也有如国氢科技、合肥氢聚等众多优质独角兽企业。

第七节　新能源风电排行：走向世界，走向远海

风电行业发展迅速，风力资源储量大、分布广，风力发电优势特征明显。2022年风电新增吊装容量近50GW，仅有一家企业新增装机容量超过10GW，CR3占比为54%，行业集中度高。在风机多样化、出口化的趋势下，头部企业优势会更明显。新能源风电排行榜见附表8。

附表8　新能源风电排行榜

序号	企业名称	实力指数	容量（GW）	市占率（%）
1	金风科技	97.4	11.36	23
2	远景能源	96.6	8.13	17
3	明阳智能	94.3	6.79	14
4	运达股份	93.6	6.22	13
5	三一重能	87.5	4.0	8
6	中国中车	86.2	3.17	6
7	电气风电	86.1	3.0	6
8	中国海装	84.9	2.74	6
9	东方风电	83.2	1.83	4
10	联合动力	81.9	0.98	2

资料来源：Bloomberg，泽平宏观。

注：主要经营范围为风机制造与组装；采用国内风电装机制造新增吊装容量数据；采用2022年数据。

金风科技新增吊装容量第一，市占率达23%，在海上风机领域位列第四，是国内较早进行风电设备制造的企业。主营风机制造、风电场投资、风电服务，其中风机制造收入占比超过65%，风电场投资、风电服务收入占比分别达20%、11%。注重研发投入，7年累计研发

投入120亿元。2021年顺利切入半直驱路线，实现中速永磁产品，采用"大叶轮直径+高塔筒"方式有效提高发电量，成为国内少数同时具备直驱、半直驱出货能力的厂商之一。同时，金风科技也是全国出海最早的风电企业，公司海外在手订单同比增长迅速。

远景能源以8.13GW的新增吊装容量排名第二。陆上风电建设具有优势，在我国陆上风力最丰富的内蒙古地区布局。远景能源在风电行业的优势在于，深耕风机研发，同时注重智慧风场软件服务、智慧能源解决方案服务，帮助行业形成数字化供应。基于智能传感网、大数据和云计算的智慧风场全生命周期管理系统，管理包括北美、欧洲、中国等市场在内的全球超1 000万千瓦新能源资产。2022年以来，远景加速扩张：2022年末中标中核新源250MW风电源网荷储一体化项目，2023年初风机出海东南亚，中标老挝600MW跨境风电项目。

三一重能得益于三一集团在吊装设备方面的优势，其风机整体解决方案拥有效率优势，毛利率和净利率分别达到25%和16%，超出行业平均水平。明阳智能在海上风电领域优势明显，2022年整机海上风电中标2 516MW，比海风第二名电气风电多一半以上。2022年装机中标总计达到12.4GW。其毛利率、净利率分别为23.2%、16.4%，也高于行业平均水平。

我国风电产业链完备，国产化率进程快的企业更具有优势，如远景能源、明阳智能，其主轴综合国产化率较高。

未来风电企业应关注出海参与全球市场，关注海上风电建设。依托陆风资源和政策支持，多年来我国陆上风电发展良好，但增速已逐渐放缓。未来企业出海将成为主要业绩增长点，目前金风科技在出海方面表现相对较好，海外收入占比超10%，运达股份也在逐渐发展海外业务。相较于陆上风电，海上风电稳定性更强，利用率更高，受地形限制小，可以在我国东部地区就近消纳。在陆上风电用地增量空间有限的大背景下，海上风电逐步成为必然选择，深远海风电是发展重点。

第八节　新能源储能排行：风光配储，各大技术路线竞争

在新型电力系统中，储能可以用在发电侧、电网侧、用户侧。电化学储能产业链分为：上游设备，主要为电池组、储能变流器、电池管理系统；中游设备，系统集成加工程总承包；下游设备，发电端、电网端、户用商用端、通信场景。多数企业参与其中一两个细分领域，少数企业从电池到系统集成甚至EPC（工程总承包模式之一）环节全参与。上游核心企业包括宁德时代、亿纬锂能、国轩高科、赣锋锂电等（见附表9），中游核心企业包括鹏辉能源、比亚迪、南都电源等。

附表9　新能源储能排行榜

序号	企业名称	实力指数	储能电池出货（GWh）	市占率（%）
1	宁德时代	91.0	50.0	38.5
2	比亚迪	88.5	14.0	10.8
3	亿纬锂能	86.2	10.0	7.7
4	国轩高科	82.6	8.0	6.2
5	赣锋锂电	82.2	7.0	5.4
6	鹏辉能源	81.9	5.8	4.5
7	海辰储能	81.6	5.0	3.8
8	南都电源	81.3	4.0	3.1
9	派能科技	81.1	3.5	2.7
10	瑞普兰钧	80.6	2.0	1.5

资料来源：国际储能网，中国储能网，Wind，泽平宏观。
注：参照储能技术提供商的电池出货数据，不含PCS（储能变流器）提供商、系统集成商；根据Wind全球储能电池2022年出货预测数据测算。

2022年中国储能锂电池出货量达到130GWh，同比增长达170%；其中电力储能应用占比超70%，风光配储是大趋势。类似动力电池市场，储能市场也呈现出头部集中、尾部竞争激烈的行业特征。CR2市占率合计49.3%，CR5市占率合计68.6%，市场份额竞争较为激烈。

宁德时代2022年全年储能锂电池出货量排名第一，遥遥领先。2022年全年储能锂电池出货量为50.0GWh，市占率为38.5%。根据2022年年报，储能业务正在成为宁德时代的第二增长极。储能电池系统产品营收449亿元，同比增长230%，占总营收比重提升至13.7%。同时储能系统毛利率也在不断提升，提升至25%。

第2~5名分别为比亚迪、亿纬锂能、国轩高科和赣锋锂电，出货量分别为14.0GWh、10.0GWh、8.0GWh、7.0GWh。

国内储能电池龙头企业正在加速出海。比亚迪涉足海外集中式储能和户用储能，目前储能产品已覆盖全球6大洲、70多个国家和地区，储能系统累计出货量超6.5GWh。2022年以来，比亚迪储能全球订单总量超14GWh。宁德时代2022年公司境外收入为769亿元，同比增长176%。2022年与美国公用事业和分布式光伏、储能开发运营商Primergy Solar LLC达成协议，为Gemini"光伏＋储能"项目独家供应电池，是美国最大的光伏储能项目。宁德时代的海外系列产品还应用于美国的FlexGen（储能技术平台）、意大利国家电力公司ENEL、英国Gresham House（新能源投资商）等全球大型项目。

亿纬锂能和国轩高科属于老牌动力电池企业，如今也寻求在储能行业中找到成长新机遇。亿纬锂能储能电池收入在电池总收入中占比已达60%，国轩高科从2022年中期开始单独成立储能部门、单独披露储能电池业绩。

第九节 新能源充电排行：
新能源新基建，运营新模式

新能源充电桩是新基建的重要领域。2022年，全国新增充电桩259万个、换电站675座。截至2023年初，我国累计建成充电桩521万个、换电站1 973座。新能源充电企业排行榜见附表10。

附表10　新能源充电企业排行榜

序号	企业名称	实力指数	充电桩数量（万个）	市占率（%）
1	特来电	98.2	36.3	20.2
2	星星充电	97.1	34.3	19.1
3	云快充	93.6	25.9	14.4
4	国家电网	90.3	19.6	10.9
5	小桔充电	84.9	9.4	5.2
6	蔚景云	83.8	7.3	4.1
7	深圳车电网	83.1	6.9	3.8
8	南方电网	82.2	6.1	3.4
9	万城万充	81.5	4.8	2.7
10	汇充电	80.3	4.6	2.6

资料来源：中国充电联盟，泽平宏观。
注：充电桩产业链中下游运营商和服务商，数据参考2022年公共充电桩运营情况。

2022年全国充电运营企业所运营充电桩数量超过1万个的共有15家，其中前10家是"2+2+6"格局、三大梯队。总竞争格局上，充电运营商CR3市占率差距不大，相差在5%以内，CR3市占率为53%，CR5市占率为69%，行业第6~10位市占率均不足5%。

第一梯队的特来电和星星充电分别占据20%左右的市场份额，运营超过30万个充电桩，优势明显。特来电是青岛上市公司特锐德的充电服务主体，星星充电是高瓴资本集团领投的科技服务企业，2022

年投后估值超过150亿元，是新能源新基建的中坚力量。

云快充是蔚来资本投资的物联网服务商，国家电网是全国电力能源巨头，两家分别以14.4%、10.9%的市占率构成充电桩行业的第二梯队，运营充电桩数量在20万个左右，覆盖主要新能源城市。

第三梯队的小桔充电、蔚景云、深圳车电网、南方电网、万城万充、汇充电等运营商，市场份额相对分散，聚焦不同地域。

充电基础设施建设要解决私家车的随车配桩问题，优化公共充电站利用率，普及快充技术，扩大建设规模。充电行业生产商、运营商数量增多，新商业模式涌现，充电桩运营商主要收入构成有三个部分：一是充电桩销售和服务费用收取，二是SaaS平台增值收入、会员制费用、桩体广告投放收入，三是政策补贴收入。目前充电桩运营模式主要有三种：运营商主导模式（特来电）、众筹商业模式（星星充电）、车桩联动商业模式（安悦充电）。

充电运营商亟须拓展其他增值服务，以增加客户黏性和提高单客户价值量。比如星星充电作为民营电动汽车充电运营商，在大功率充电技术、智能运维平台等方面优势显著，也包括V2G双向充电、电动车当电网的充电宝等新型数字化能源调度业务。长期来看，行业增长空间依然充足，头部企业将维持市场优势地位，或将进一步整合行业资源，提高集中度。

第十节　新能源城市排行：改写区域格局，长三角、珠三角、京津冀发力

城市是鼓励新能源产业创新、技术发展、低碳转型的重要依托。

城市为新能源企业提供土地园区、人才、交通、原料等重要支持，新能源企业也为城市发展节能减碳，帮助其他传统企业转型，比如制氢企业带动冶金行业低碳化、氢燃料电池企业降低物流重卡污染。新能源产业发展改善区域生态环境，拉动区域经济升级发展。

要从产业生态完善程度、政府引导投资力度、新兴领域发展速度三个维度衡量城市在新能源领域的发展（见附表11）。

附表11 新能源城市排行榜

序号	城市	综合指数	产业生态完善程度	政府引导投资力度	新兴领域发展速度
1	深圳	96.1	99.4	96.2	92.7
2	上海	94.9	96.4	93.2	95.1
3	广州	93.7	95.2	95.0	90.9
4	北京	92.2	93.3	93.5	89.8
5	苏州	91.6	92.3	92.5	90.0
6	杭州	90.4	89.4	93.2	88.6
7	成都	89.4	88.8	88.6	90.8
8	宁波	87.2	86.7	86.5	88.4
9	合肥	86.1	84.0	90.0	84.3
10	常州	85.4	82.0	90.2	84.0

资料来源：公开资料，泽平宏观。

注：产业生态完善程度，参考新能源企业布局情况，从城市、所辖区县的新能源企业（含子公司）的数量、种类、规模、资质等方面汇总评定；政府引导投资力度，根据2021—2022年各地政府成立或主导的投资母基金在新能源领域的投资情况，综合重大投资事件评定；新兴领域发展速度，有较大发展潜力的赛道，包括但不限于制氢、储能、燃料电池等领域，汇总所辖该赛道企业数量、综合研究成果。

产业生态完善程度，衡量城市拥有的新能源产业的广度与深度，以及新能源生态健康情况。从城市、所辖区县的新能源企业数量、种类、规模、资质等方面进行数据汇总和综合评定。产业生态评分高的城市通常有三个特点：一是有业内龙头公司入驻、建厂或设立子公司与研发中心；二是吸引了大批上下游企业落地，孵化了一些研发型创业公司；三是领先布局了新能源几大赛道，横跨产业链上中下游，并且在研发、制造、应用等环节均有布局。

政府引导投资力度，是指政府对新能源的重视程度和财政支持力度。地方政府成立新能源基金，有三大优势。一是能超前布局吸引企业，通过优惠政策促进当地的新能源产业生态布局。二是可引导社会资本支持创新，发挥股权投资杠杆作用，优化投资结构，形成"地方引导＋基金投资＋企业发展＋产业回馈"的良性循环，将金融创新与新能源产业深度结合。三是有利于整合区域性资源，发挥牵头作用，合理引导、配置、整合，将人才、资本、技术等引入，打造新能源产业集群。

新兴领域发展速度，是城市在新能源领域的发展速度、未来潜力。主要是指还未进入爆发期、成长空间巨大的新能源赛道，通常技术壁垒高，投资布局难，竞争格局尚未成熟。在新兴领域有先发布局、提前吸引企业进驻的城市会超前发展，聚集业内人才与资源，较早完善产业链建设。随着赛道的逐渐成熟，也将具备更多区位优势，成为更多企业落地的主要选择。

以氢能为例，众多燃料电池企业、氢燃料应用车企均布局在北京、上海、广州，技术领先的制氢设备供应商也集中在京津冀、长三角、珠三角地区。超前的配套布局城市在未来进入爆发式增长时，会获得技术、人才、供应链的先发优势，成为新能源新领域发展最具潜力的城市。

长三角汇聚了较多的新能源企业、产业资源。包括上汽集团、协鑫集团、阳光电源等龙头企业，也孵化吸引了蜂巢能源、中创新航等优质企业入驻，还储备了大量本地创业团队，包括上海、常州、苏州、杭州、无锡、南通、南京等重点新能源城市。

珠三角、京津冀地区新能源产业蓬勃发展。珠三角作为全国运输体系枢纽，拥有新能源汽车龙头比亚迪、新势力小鹏汽车，还有小马智行、文远知行等自动驾驶运营企业。北京有百度、四维图新等新能源智能化赛道企业，也有国家能源、华能、国电投等能源集团转型的总部基地。

新一线城市也是新能源产业辐射全国的关键点。武汉、成都、重庆、青岛、西安等分别辐射长江中游城市群、长江上游城市群、山东半岛城市群、关中城市群，构成了新能源发展潜力巨大的城市群，有通威股份、特来电、隆基绿能等新一线城市代表性企业。